21世纪高等院校金融学教材新系

保险学

（第五版）

Insurance

魏丽　杨建垒　编著

（中国人民大学）

东北财经大学出版社　大连

Dongbei University of Finance & Economics Press

图书在版编目（CIP）数据

保险学 / 魏丽，杨建垒编著 . —5版 . —大连：东北财经大学出版社，
2025.8 . —（21世纪高等院校金融学教材新系）. —ISBN 978-7-
5654-5799-9

Ⅰ.F840

中国国家版本馆 CIP 数据核字第 20252W8B74 号

保险学

BAOXIANXUE

东北财经大学出版社出版

（大连市黑石礁尖山街 217 号　邮政编码　116025）

网　　址：http://www.dufep.cn

读者信箱：dufep@dufe.edu.cn

大连金华光彩色印刷有限公司印刷　东北财经大学出版社发行

幅面尺寸：170mm×240mm　字数：376千字　印张：18　插页：1

2025 年 8 月第 5 版　　　　　　　　2025 年 8 月第 1 次印刷

责任编辑：田玉海　　　　　　　　　责任校对：石建华

封面设计：张智波　　　　　　　　　版式设计：原　皓

书号：ISBN 978-7-5654-5799-9　　　定价：45.00 元

第五版前言

自《保险学》第一版问世以来，已走过了近二十年的发展历程。教材从最初构建起"精、专、新"的保险知识体系，到不断融合行业实践本土化，再到全面服务高校专业教育与国家人才培养战略，始终坚持守正创新、与时俱进的修订理念。第二版在强化保险理论体系基础上，突出保险制度在经济社会发展中的作用；第三版系统补充了我国保险制度改革和保险市场演进的案例资料；第四版出版于2022年，结合"十四五"发展目标，全面更新了数据资料，强化了保险对民生保障与国家治理的支撑作用，初步探索了课程思政的教学路径。

进入新时代，面对保险行业高质量发展新要求、金融监管体制深度调整、科技日新月异和人才培养目标持续提升等背景，《保险学》第五版应运而生。本次修订是在总结前四版经验的基础上，进一步呼应国家发展战略、对接行业前沿趋势、服务教育教学改革的一次全面升级。

党的二十大报告明确提出"健全多层次社会保障体系""完善覆盖全民的社会保障体系"，对保险行业提出了更高的期待和要求。2023年5月，国家金融监督管理总局挂牌成立，我国金融监管体系从"一行两会"迈入"一行一局一会"新格局，标志着金融治理体系迈入更加集中统一的新阶段。2024年9月，《国务院关于加强监管防范风险 推动保险业高质量发展的若干意见》（国发〔2024〕21号）发布，以强监管、防风险、促高质量发展为主线，全面贯彻新发展理念，强调坚守金融工作的政治性和人民性，充分发挥保险业的经济减震器和社会稳定器功能，大力提升保险保障能力和服务水平，推进金融强国建设，服务中国式现代化大局。

在此背景下，第五版教材在保持前几版知识体系严谨、结构清晰、案例翔实的基础上，重点完成了以下三方面的修订工作：

一是新增"思政目标"和"学习目标"板块，体现在每一章开篇，强化价值引导与专业知识教育的协同，全面落实"课程思政"教学改革要求；

二是系统更新各类数据资料与行业案例，及时反映我国保险发展、产品体系、监管制度、市场环境、科技应用等方面的新变化；

三是紧扣党的二十大精神，围绕"五篇大文章"、多层次社会保障体系、数字经济与实体经济深度融合、防范化解重大风险、服务新质生产力、推动经济高质量发展等战略主题，将相关内容系统融入教材知识框架，使教材内容更好体现国家发展战略与新时代要求。

本教材共设9章，内容涵盖保险的风险基础、保险概述、保险合同、基本原则、保险产品、市场监管等核心领域。首先，要让学生知道保险是以风险的存在为其产生和发展的自然基础的，为此，本教材开篇就从介绍保险学的自然基础——风险和风险管理（第1章）入手。接下来，作为重要的、专业的风险管理手段之保险方法被自然引进，在概述了保险的产生与发展、含义、本质和职能，分类和种类，价值和意义（第2章）后，结合《中华人民共和国保险法》，深入浅出地阐释了保险的基本原则以及保险合同的条款、订立与履行等基础理论（第3、4章）。然后，结合保险实务，介绍了商业保险的主要产品（第5章）。之后，为照顾不同学生的需要和保证保险理论的完整性，本教材还简明扼要地概述了社会保险、政策保险以及再保险的相关理论（第6、7章），这两章内容教师可以根据课时安排选讲，跳过也不影响知识的连贯性。最后，为达到让学生学保险、懂保险、用保险的目的，第8、9章比较详细地描述了保险经营的环节和要素以及保险业的监管问题。

本教材在栏目设置上别具匠心，力求从各个角度传授知识，使学习变得轻松而充满乐趣。具体栏目设置如下：

（1）章内目录：介绍本章的内容安排。

（2）导读：提纲挈领地概括了本章将要学到的知识要点。

（3）关键概念：在每一章后列示重要的专业词汇。

（4）思政目标：为授课老师提供立德树人的教育目标。

（5）学习目标：介绍学习本章应达到的目标。

（6）特别关注：列示历史大事、重要思想以及令人感兴趣的事例。

（7）学习指导：提供重要概念、理论、课题的进一步解释或延伸。

（8）学以致用：进行保险实务、案例的分析等。

（9）本章小结：总结归纳本章的知识脉络。

（10）综合训练：在每一章的结尾设置复习巩固所学知识要点的练习题和启发式的思考题，一方面使学生能够及时巩固所学知识，另一方面鼓励学生应用所学知识解决实际问题，大胆进行探索。

回顾前四版，本书凝聚了众多专家学者的辛勤付出与教学实践智慧；展望未来，我们将继续根据行业变化、教学反馈和政策引导，不断更新完善教材内容，努力将本教材打造成体现中国特色、时代特征与教学实效的高水平教材。谨向所有给予我们支持和帮助的同行以及认真研读并指出教材笔误的莘莘学子致以诚挚谢意！时间紧任务重，本教材历经多次修订仍难免疏漏，敬请广大读者一如既往支持指正！

以保险之盾，守百姓安宁；以育人之心，铸社会栋梁。愿本教材继续助力中国保险教育行稳致远！

编著者

2025年夏

目　录

第1章 保险的风险基础

★ 学习指南

【导读】

风险作为一种客观现象无处不在、无时不有,它泛指未来结果的不确定性。风险因素、风险暴露、风险事故和风险损失是风险的四要素;客观性、普遍性、偶然性和可变性是风险的特征;按照不同的方式可以将风险分成不同的种类。

风险管理是指经济单位通过对风险进行识别和衡量,采用合理的经济和技术手段、方法对风险进行处理,以尽可能小的成本去争取尽可能大的安全保障和经济利益的行为。风险管理的总目标就是以最小的成本换取最大的安全保障和经济利益。

风险是保险产生和存在的前提,风险的发展是保险发展的客观依据;保险是风险管理的一种特定形式,是处理风险的一种有效方法,但并不是所有的风险都可以通过保险来处理。

【关键概念】

风险;风险因素;纯粹风险;投机风险;风险管理;可保风险。

【思政目标】

树立科学的风险观和责任意识,增强参与社会风险防控的使命感。

【学习目标】

理解风险的概念与特征,掌握风险管理的基本原理,明确风险与保险之间的内在联系及其在实际中的应用。

"当我们冒险时，尽管我们无法预知结果如何，但我们是把赌注押在自己作出的决定所产生的结果上了。"

——彼得·L.伯恩斯坦

"吉凶悔吝者，生乎动者也。"

——《周易·系传下》

§1.1 风险概述

"天有不测风云，人有旦夕祸福。"在人们的日常生活中，自然灾害、意外事故经常发生，风险作为一种客观现象无处不在、无时不有，而且人们在自己的生活中也经常自觉或不自觉地以各种方式同风险作斗争，并承担着由此产生的各种风险后果。保险正是基于人们对风险导致的经济损失进行经济补偿、提供经济保障的客观需要而产生的。由此可见，风险存在的客观性是保险产生和发展的自然基础，没有风险就没有保险。

1.1.1 风险的含义

在人们的日常生活和生产经营活动中，风险具有多种含义。通常，人们用风险来描述未来结果的不确定性，这不仅包含损失发生的不确定性或者损失结果的差异性，也包含盈利的不确定性和盈利结果的差异性。然而，传统意义上的保险所关注和研究的是损失发生的不确定性和损失结果的差异性。因而在保险学里，我们通常将风险定义为：损失和损失程度的客观不确定性。这种不确定性，包括损失发生与否以及发生时间、地点的不确定，也包括损失程度的不确定。据此，风险的大小取决于两个因素：一是风险事故发生的可能性（即损失概率）；二是风险事故造成损失后果的严重程度（即损失程度）。

要正确理解风险的含义，我们首先要从风险与不确定性的联系和区别说起。当人们不能确定未来会发生什么的时候，就意味着未来存在不确定性。从逻辑的角度看，不确定性是风险的必要条件而非充分条件。任何风险都具有不确定性，但是没有风险的情况，也具有不确定性。例如，请十位朋友周末聚餐，可能朋友们全来，也可能只来八位，这就是不确定性。不确定性对人们的行为和决策会产生影响。如果你要求朋友们每个人自己准备一道菜，那么，不管朋友来了几位，在这种情况下从经济的角度来看就只有不确定性，而不存在风险。如果是你自己准备饭菜，那么你为这次聚餐的花费将取决于参加的人数，比如准备十人的饭菜却只来了八位，这就是不确定性的影响，存在风险。

其次，存在风险就意味着有损失的可能性。根据人们对风险的态度或偏好，可以分为风险厌恶者（risk averter）、风险中立者（risk neutral）和风险追求者（risk seeker）。多数情况下，人们对风险表现出厌恶的态度。风险厌恶是一个人在承受风险的情况下其偏好的特征，来测量人们为降低所面临的风险而进行支付的愿望。

在降低风险的成本与收益的权衡过程中，厌恶风险的人们在相同的成本下更倾向于作出低风险的选择。然而，在某些情况下，人们并不厌恶风险，而是喜好风险。人们常说高风险、高回报，追求风险不但具有盈利的机会，而且因为损失可能性的存在，激励着人们去奋斗、去改进技术、去提高管理水平，所以能够推动进步；另一方面，获利机会的存在，给人们憧憬和希望，激发人们的斗志、促进生产发展，从而提高人们的生活水平。所以，风险的存在有其积极的一面，当然我们任何时候都不能否认风险会带来损失的结果。介于风险厌恶者和风险追求者之间的，我们通常称为风险中立者，他们对风险的态度和行为是消极的、被动的。影响风险偏好的因素包括财富水平、受教育程度、年龄、性别、职业、婚姻状况等。

1.1.2　风险的要素

风险因素、风险暴露、风险事故和风险损失是风险的四要素。

1. 风险因素

风险因素（hazard）是指足以引起或增加风险事故发生机会或在风险事故发生时致使损失结果扩大的原因或条件。 按照风险因素的性质，通常可以将其分为实质风险因素和无形风险因素两大类。

实质风险因素，也叫有形风险因素，是指能导致或增加某一风险事故的发生或扩大损失程度的物质因素或客观条件。例如，恶劣的气候对于自然灾害、易燃建筑材料对于建筑物的火灾等。

无形风险因素又分为逆向选择、道德风险及心理风险三种。

逆向选择（adverse selection）也称逆选择，是指信息不对称导致保险市场上充斥"高风险投保人"，从而增加保险人的期望赔付甚至超出保险人偿付能力的可能性。例如，有两位投保人打算购买同样的一种意外伤害保险，一位投保人是阅读爱好者，即低风险客户，而另一位投保人是滑板爱好者，即高风险客户。然而保险人无法区分这两种类型的客户，故并未区分他们的保费，但客户了解自身的出险可能性大小，于是，客户基于各自的情况来衡量保费的高低，结果是滑板爱好者会购买更多的保险；相反，阅读爱好者会购买较少的保险。当这种情况发生时，逆向选择就产生了。

道德风险（moral hazard）是指与人的不正当行为相联系的一种无形的风险因素，常常表现为由于不良企图或恶意行为，故意促使风险事故发生或损失扩大。例如，为骗取保险赔款而故意纵火、偷工减料引起工程事故等。

心理风险（psychological hazard）是指人们主观意识上的疏忽或过失，导致或加速风险事故的发生或加重损失严重程度的因素。它也是一种无形的风险因素。例如，自行车忘记锁导致被盗、电线陈旧不及时更换导致火灾事故等。

逆向选择、道德风险与心理风险都与人密切相关，前两种强调的是故意或恶意，而第三种则强调的是无意或疏忽。

2.风险暴露

风险暴露（exposure）是指遭受损失的可能性。 例如，开车上路就处于发生交通事故的风险暴露之下，乘坐飞机就处于飞机失事的风险暴露之下。

3.风险事故

风险事故（peril）也称风险事件，是必然发生的、直接导致损失发生的具体事件，是使风险因素、风险暴露造成损失的可能性转化为现实的媒介。 例如，导致财产损毁或人身伤亡的洪水、火灾、疾病等。如果说风险还只是损失发生的一种不确定性的话，那么风险事故则已是一种现实的损失结果，风险是通过风险事故的发生来直接导致损失的。

4.风险损失

风险损失（loss）是指偶然发生的、非故意、非计划、非预期的经济价值减少或灭失的事实。 这里有两点需要注意：一是经济价值的减少或灭失，强调的是能以货币衡量。对于财产损失，其经济价值的货币衡量是易于理解的；而对于人身伤亡，则是从危险事故的发生给受害人自身及家庭带来的经济困难或者从受害人对社会创造经济价值能力的减小出发来考虑的。二是偶然发生，强调的是损失发生的非故意、非计划、非预期性，预知的价值减少不是风险损失，如"馈赠"和"折旧"，它们都属于计划或预期中的经济价值减少。

5.风险的四要素之间的关系

风险因素、风险暴露引起风险事故，风险事故导致风险损失。例如，强对流天气时乘飞机，飞机失事，机身损毁，人员伤亡。这里，强对流天气是风险因素，乘飞机是风险暴露，飞机失事是风险事故，机身损毁和人员伤亡是风险损失。

需要注意的是，风险要素的区分并不是绝对的，要根据实际情况具体分析。例如，同一事件，在一定条件下是造成损失的直接原因，那么它是风险事故，在其他条件下，则可能是造成损失的间接原因，于是它就是风险因素。例如，下冰雹使得路滑，导致车祸造成车毁人亡，这时冰雹是风险因素，车祸是风险事故；但如果冰雹直接击毁车辆、击伤行人，则冰雹便是风险事故了。另外，风险因素与风险事故之间的关系也是不确定的。一种风险因素可能对应于一个风险事故，也可以对应于多个风险事故，而一个风险事故也可能由一种或多种风险因素导致。例如，木质结构房屋这一风险因素，可导致火灾，增加火灾的损失程度，也易于遭虫蛀；交通事故发生可能由于路况不好，也可能由于驾驶员疏忽，亦可能两者兼有。

专栏1-1·学习指导

风险单位

不论在人们研究和分析风险时还是在保险人确定保险责任时，都离不开"风险单位"这一名词，那么，什么是风险单位呢？风险单位是指一次风险事故发生后可能造成的最大损失范围，它是保险人确定其能够承担的最高保险责任的计算基础。一般来说，风险单位的划分和确定可以根据以下几个标准和方法进行：

（1）地段风险单位。由于保险标的之间在地理位置上毗连，具有不可分割性，所以当风险事故发生时，遭受损失的机会是相同的，因此它们同属一个风险单位。

（2）一个投保单位为一个风险单位。保险实务中为了简化手续，对于一个投保单位，不需要进行过多的勘察、制图和分别险位，该投保单位即可作为一个风险单位。

（3）一个保险标的为一个风险单位。对于与其他标的没有毗连关系，风险集中于一体的保险标的，其自身即可作为一个风险单位，如一颗卫星、一架飞机等。

1.1.3　风险的特征

1.客观性

无论是自然界中的海啸、洪水、飓风、地震等天灾，还是社会领域中的战争、冲突、瘟疫、车祸、事故等各种意外事件，以及人的生老病死等客观现象，各种风险都是不以人的意志为转移而客观存在的。人们的主观努力只能在一定的时间或空间范围内改变风险存在和发生的条件，降低风险发生的频率和损失幅度，从总体上说，风险是不可能彻底消除的。

2.普遍性

风险的普遍性表现在风险无处不在、无时不有上。正如前文所说，在生产、生活中，人们面临着自然和社会领域中的各种风险事故，风险已渗入到社会、企业、个人生活的方方面面。

3.偶然性

风险虽然是客观存在的普遍现象，但就某一具体风险事故而言，它的发生却是偶然的、不可完全预知的，具有不确定性。不确定性表现为：风险事故发生与否不确定、风险事故发生的时间或空间不确定、风险事故发生的后果不确定。

4.可变性

风险不是一成不变的，由于种种因素渗透与共同作用，旧风险可能减少和消除，新风险可能产生。风险的变化，有量的增减，也有质的改变。一方面，随着科学技术水平的提高，人们认识风险、抵御风险的能力增强，不少风险得到有效的控制，风险事故的发生概率和损失程度得以降低。例如，随着船舶及设备的改进和雷达导航技术的采用，远洋运输遭遇海难的风险减小了。另一方面，科技进步同样会导致新风险的产生，如计算机病毒导致的泄密风险。

专栏 1-2·特别关注

2024 年全球十大自然灾害事件

1.沙特阿拉伯极端高温事件：超 1 300 人丧生（为全球单灾死亡之最）。

2.非洲多国暴雨洪涝灾害：660 万人受灾，超 1 180 人丧生。

3.超强台风"摩羯"袭击亚洲：765 万人受灾，890 人丧生。

4.阿富汗–巴基斯坦暴雨洪灾：83 万人受灾，725 人丧生。

5.巴布亚新几内亚山体滑坡：670 人丧生。

6.智利大规模森林火灾：380 人丧生，4 万人受影响。

7. 日本能登半岛 7.6 级地震：280 人丧生。

8. 尼泊尔暴雨洪水泥石流：259 万人受灾，260 人丧生。

9. 飓风"海伦妮"袭击美国：230 人丧生。

10. 西班牙极端暴雨洪灾：220 人丧生。

二维码 01

2024 年全球十大自然灾害事件（详细情况）

1.1.4 风险的分类

1. 按性质划分

按照性质不同，风险可以分为纯粹风险和投机风险。

纯粹风险是指只有损失机会而没有获利可能的风险，其后果有两种——有损失和无损失。当纯粹风险发生时，对当事人而言，只有遭受损失与否和损失多少的结果。例如，自然灾害、车祸和火灾等。

投机风险是指既有损失机会又有获利可能的风险，其后果有三种——有损失、无损失和获利。例如，在股票市场上买卖股票，就存在赔钱（有损失）、不赔不赚（无损失）和赚钱（盈利）三种后果。

2. 按风险成因划分

按照风险产生的原因或根源不同，风险可以分为自然风险、社会风险、经济风险和政治风险。

自然风险是指由于自然现象、物理现象和其他物质风险因素给人类造成的财产损失和人身伤亡的风险。例如，洪水、地震、飓风、海啸、雷电、雪崩等均属此类。

社会风险是指由于个人或团体在社会上的作为（包括过失行为、不当行为和故意行为）或不作为所导致的社会生产、人们生活遭受损失的风险。例如，玩忽职守、盗窃、抢劫、罢工、暴动、恐怖活动等均属此类。

经济风险是指在生产和销售等经营活动中，由于各种市场因素和经济因素的变动给企业或个人带来的经济损失风险。例如，通货膨胀、失业以及企业破产倒闭等均属此类。

政治风险是指由于政治矛盾、种族冲突、战争、国家元首更换等政治性因素所引起的风险。

事实上，这四种风险是相互联系、相互影响的，有时很难明确区分。例如，由于价格变动引起产品滞销、利润减少，其本身是一种经济风险，但价格变动导致某些部门、行业不景气，造成社会不安定，这又是一种社会风险。

3. 按照损害对象划分

按照风险事故发生后所损害的对象不同，风险可以分为人身风险、财产风险、责任风险、信用风险等。

人身风险是指导致人的死亡、残废、疾病、失业、衰老以及劳动能力降低或丧失等的风险。人身风险通常分为生命风险、健康风险和意外伤害风险三类。

财产风险是指导致财产损毁、灭失或贬值的风险。例如，建筑物失火的风险、船舶沉没的风险、汽车碰撞的风险、飞机坠毁的风险等。

责任风险是指团体或个人因过失或疏忽行为造成他人的人身伤亡或财产损失，按照法律或契约的规定应承担民事赔偿责任的风险。责任风险比较复杂又难以控制，尤以专业技术人员，如医生、律师、会计师等职业的责任风险为甚。

信用风险是指在经济交往中，权利人与义务人之间由于一方违约或违法致使对方遭受经济损失的风险。常见的信用风险有两类：一类是债务人不能或不愿意履行债务而给债权人造成损失的风险；另一类是交易一方不履行义务而给交易对方造成经济损失的风险。

4.按照风险发生的环境划分

按照风险发生的环境不同，风险可以分为静态风险和动态风险两大类。

静态风险是在社会经济正常情况下，由于自然力的不规则作用或者人们的错误或失当行为所导致的风险。静态风险一般与社会经济、政治变动无关，在任何社会经济条件下都是不可避免的，比如地震、火灾、洪水以及盗窃、欺诈等。

动态风险是指以社会经济或政治的变动为直接原因所导致的风险，比如市场结构调整、技术改进、消费者偏好变化等。

静态风险与动态风险的主要区别在于：（1）静态风险对个体而言，风险事故的发生是偶然的，但就社会整体而言，其发生具有一定的规律，而动态风险的变化往往不规则，很难找到其规律；（2）从影响范围看，动态风险的影响范围更为广泛；（3）从对社会造成的损失看，静态风险一般都会导致切实的损失，而动态风险对于社会而言并不一定都导致损失，它可能对部分个体有益。

5.按照承担风险的主体划分

按照承担风险的主体不同，风险可以分为个人与家庭风险和团体风险。

个人与家庭风险主要是指以个人与家庭作为承担主体的风险；团体风险主要是指以企业或社会团体作为承担主体的风险。

§1.2　风险管理

无论个人、家庭，还是企业、团体，他们都不同程度地受到风险的影响，为了减少风险对人们日常生产和生活的影响，保证其生产经营和日常生活的顺利进行，社会各界日益加强对风险的研究，到目前已形成了比较完善的风险管理理论与实务操作技术。风险管理的主要方法有规避、预防、抑制、分散、自留、转移等。保险长期以来被看作风险管理的有效手段，除了规避，它几乎具备了其他各种风险管理方法的性能。1983年，在美国洛杉矶召开的风险和保险管理学会年会上，与会专家、学者制定了101条风险管理准则来加强对风险的控制。这些准则的诞生促进了风险管理的标准化和规范化。

1.2.1 风险管理的含义和目标

风险管理是指经济单位通过对风险进行识别和衡量，采用合理的经济和技术手段、方法对风险进行处理，以尽可能小的成本去争取尽可能大的安全保障和经济利益的行为。

关于这一定义，需要把握以下几点：

第一，风险管理的经济单位，不仅包括个人与家庭、企事业单位，而且包括社会团体、政府部门以及国际组织等。

第二，风险管理的对象是全部风险。关于风险管理的对象，历史上有"纯粹风险说"和"全部风险说"两种观点。前者强调风险管理的基本职能是对威胁人们生存和发展的纯粹风险进行确认和分析，使纯粹风险的不利影响最小化；后者强调风险管理不仅仅限于将纯粹风险的不利性减轻到最低程度，还应包括将投机风险的收益性增大到最大程度。就风险管理来讲，它应将全部风险作为管理的对象，但需要指出的是，保险所处理的风险主要是纯粹风险。

第三，风险管理的总目标就是以最小的成本取得最大的安全保障和实现经济利益最大化。这个目标不但包括降低风险事故发生的概率，而且包括减少风险事故发生后所造成的损失两方面的内容。

这里所说的成本，是指经济单位在风险管理过程中，各项经济资源的投入，包括人力、物力和财力，乃至放弃的收益机会。至于安全保障，就纯粹风险的管理而言，安全保障包括两个方面：一是风险损失的减少，即风险的有效控制；二是实际损失能及时、充分并有效地得到补偿。如果考虑投机风险的管理，安全保障还要包括投资收益获得的稳定性和可靠性。

风险管理的具体目标，按照定位不同，可以分为最低目标、中间目标和最高目标。其中，最低目标是确保经济单位的生存，中间目标是促进经济单位的发展，最高目标是实现经济单位的社会责任。

第四，在风险管理过程中，风险识别和风险衡量是基础，而进行科学决策、选择合理的风险处理方法是关键。

专栏1-3·学习指导

风险管理的分类

按照管理主体不同，风险管理可以分为个人与家庭风险管理（family risk management）、企事业单位风险管理（business risk management）和公共风险管理（social risk management），其中，公共风险管理的重点是公共危机管理。公共危机管理通常是指为了处理国际或国内政治、经济和社会重大意外事件，维护国家安全而采取的政策和措施。它涉及的对象主要是影响国家安全和社会公共利益方面的危机，诸如通货膨胀危机、石油危机、恐怖主义袭击等。

按照风险事故发生的原因不同,风险管理可以分为火灾风险管理、洪灾风险管理、地震风险管理、海损风险管理、意外事故风险管理和技术风险管理等。

按照风险事故发生时受损失的对象不同,风险管理可以分为人身风险管理、财产风险管理、责任风险管理和信用风险管理等。

1.2.2　风险管理过程

风险管理的过程包括制定目标、风险识别、风险评估、风险处理、风险管理效果评价等环节。

1.风险管理目标的确定

损失发生前的风险管理目标(risk target)是:减少或避免损失的发生,将损失发生的可能性和严重程度降至最低;减轻和消除精神压力。前者是在预防和控制风险损失时,降低损失成本;后者是为了降低风险损失的无形成本,从而有利于社会和家庭的稳定。

损失发生后的风险管理目标是:尽可能减少直接和间接损失,使其尽快恢复到损失前的状况。

对于风险管理者来说,在确定风险管理目标时应注意以下几点:

第一,目标的现实性。目标的确定应在时间上考虑不同阶段、不同时期目标可能实现的程度;在空间上充分研究经济单位内外部条件与环境的可行性等。

第二,目标的明确性。在设定具体目标时,目标的含义必须明确、具体,并且尽可能地规定目标实现的时间、地点、程度等。

第三,目标的层次性。设定风险管理的目标时,应根据其重要程度、轻重缓急区分层次,循序渐进,优化管理。

第四,目标的量化性。设定风险管理的目标时,应尽可能地利用数量指标来予以明确,以便于管理与评估。

2.风险识别

风险识别(risk identification)是发现经济单位面临的风险因素和风险暴露。由于风险的复杂多样性以及经济单位知识、认识的局限性,经济单位并不能完全知道其面临的风险。例如,购买意外伤害险可以减轻伤残风险带来的后果,但是,对于一个从来没有因疾病或意外而遭受损失的人来说,对伤残风险的意识可能就很淡薄,更不会去考虑意外伤害保险。此外,随着科学技术的不断进步,人们面临着新的风险和挑战,对这些风险的认识和确定需要假以时日。从风险识别的角度来看,有效的风险识别需要把经济单位作为一个整体来考查,尽可能地把所有产生影响的不确定性都予以考虑,注意历史统计和情况的变化,不忽视任何隐患。

专栏1-4·学以致用

谁需要购买人寿保险产品

人寿保险作为以人的生存或死亡为保险标的的风险保障工具,是否需要购买,取决于个人在家庭中的经济角色、责任承担以及财务目标。并不是所有的人都需要购买人寿保险产品，而且不同的人需要的产品亦有区别。一般而言，家庭经济支柱、有子女或赡养义务者、有未清偿债务者，以及正在进行家庭财务规划或资产传承的人群，均应优先考虑配置人寿保险，以确保在风险发生时能为家庭提供稳定的经济支持。特别是在新婚、再婚或多元家庭结构中，人寿保险有助于明确保障责任，维护家庭财务稳定。相对而言，单身、无赡养义务且无重大负债者在某一阶段的人寿保险需求可能并不迫切，但仍可基于未来责任变化或保费优势进行前瞻性投保。总体而言，人寿保险的核心价值在于为家庭建立一份"兜底机制"，在风险来临时守护家庭的经济底线。其需求应结合家庭结构、负债状况与人生阶段进行科学评估，而不应简单依据婚姻或子女状况作出"一刀切"式的判断。

3.风险评估

风险评估（risk evaluation）也称风险衡量，是在风险识别的基础上，通过对所收集的大量资料进行分析，利用概率统计理论，估计和预测风险发生的可能性和损失幅度，并结合其他因素全面进行考虑，评估发生风险的危害程度，并与公认的安全指标相比较，以衡量风险的程度，决定是否需要采取相应的措施。风险评估是确定某种特定风险发生、损失规律的一个过程，通过这个过程为风险管理者选择风险处理方法、进行风险管理决策提供依据。

通常，对于风险的评估包括损失概率、损失程度和损失的变异性三个方面。风险管理者可以根据自己的经验和智慧，以及历史数据对风险进行评估。除此以外，风险管理者还可以通过专业的方法如列出风险矩阵进行分析，在数据、信息比较充分的情况下，还可以运用概率论和数理统计及其他科学方法进行数量分析，寻找风险的损失规律。对于国家而言，对风险的评估则应采用综合风险度量的方法，为领导人决策提供服务。

专栏1-5·学习指导

风险矩阵分析

风险管理者可以将风险按照其损失概率高低和损失程度大小给出相应的分值，然后加总得出风险总分，按分值多少可以分为低度风险、中度风险和高度风险等。风险程度不同，将来采取的风险处理方法也不同。这是一个简单的风险矩阵示例：

损失概率	损失程度				
	最严重5	很严重4	中等3	不严重2	可忽略1
几乎可确定会发生5	10	9	8	7	6
经常发生4	9	8	7	6	5
发生数次3	8	7	6	5	4
可能单位发生2	7	6	5	4	3
很少发生1	6	5	4	3	2

4.风险处理

风险处理（risk handling）是针对识别出的风险因素、风险暴露情况和风险评估结果而"未雨绸缪"，提前准备、选择和采取有效对策的过程。风险处理是风险管理过程中的一个关键性环节，风险处理在技术上分为技术型和财务型两大类。前者的目的是降低损失频率和减少损失程度，重点在于改变引起意外事故和扩大损失的各种条件；后者则是以提供基金的方式，对无法控制的风险做财务上的安排，如提取损失准备金。

风险处理方法的选择是一种综合性的科学决策。在决策时，既要针对实际的风险状况，又要考虑经济单位的资源配置情况，还要注意各种风险处理方法的可行性与效用，故决策人最终往往会选择多种方法的合理组合。

5.风险管理效果评价

风险管理效果评价（effects evaluation）是指对风险处理方法的适用性和效益性进行分析、检查、修正和评估。随着时间的推移，经济单位所面临的社会经济环境、自身业务活动和条件都会发生变化，故在选定并实施了最佳风险处理方法之后，风险管理者还应对实施效果进行检查和评价，并不断修正和调整计划。

在一定时期内，风险处理方案是否为最佳、效果如何，需要采用科学的方法加以评估。常用的评估方法称为效益比值法，效益比值的计算公式为：

$$效益比值 = \frac{因采取该项风险处理方案而减少的风险损失}{因采取该项风险处理方案所付出的各种费用 + 机会成本}$$

如果效益比值小于1，则该项风险处理方案不可取；如果效益比值大于1，则该风险处理方案可取。从理论上说，使得效益比值达到最大的风险处理方案为最佳方案。

1.2.3　风险处理方法

在识别风险、评估风险之后，风险管理者必须运用合理而有效的方法对风险加以处理。常用的风险处理方法有：风险控制、风险自留和风险转移等。

1.风险控制

风险控制（risk control）的实质是在风险分析的基础上，针对存在的风险因素采取控制技术以降低损失发生的频率和减轻损失的程度，重点在于改变引起意外事故和扩大损失的各种条件。其主要表现为：在事故发生前，降低事故发生的频率；在事故发生时，将损失减少到最低程度。

风险控制的具体方法主要包括风险规避、损失控制、风险分散和风险抑制等。

风险规避（risk avoidance）是有意识地避免某种特定风险的一种风险处理方法。因为考虑到风险太大，人们会决定避免从事某种职业或采取某种活动，即从根本上消除特定的风险。例如，有人为了避免因飞机失事而丧生，从来不乘坐飞机。还有一种情况是中途放弃可能产生某种特定风险的活动。例如，旅行社因临行前获知了台风警报而取消旅游团出行计划，以避免责任风险。风险规避的处理方法一般在某特定风险所致损失概率和损失程度相当高或处理风险的成本大于其产生的效益时采用。理论上，风险规避是一种最彻底、最简单的方法，却也是消极的方法，规避可能会有较高的机会成本。而且，风险规避并非总是可行的，例如，所有的人都必然面临疾病和死亡的风险，这是不可避免的。

损失控制（loss control）是指努力降低损失发生频率或者减轻损失程度的一种风险处理方法，也就是我们通常所说的防损减损。例如，对汽车司机加强安全教育和驾驶技能的培训，可以有效地减少车祸发生的频率，就是防损措施；而快速的紧急救援服务和在车上安装安全气囊，则是减轻车祸所致损失程度的减损措施。

风险分散（risk dispersal）是指把风险单位进行分割，尽量减少经济单位对某种特殊资产、设备或个人的依赖性，以此来减少因个别设备或个别人员遭受风险事故而造成的总体上的损失；或者将风险载体进行多样化组合，使得各载体承载的风险相互抵消以减少组合的风险。人们通常所说的"不能把鸡蛋全放在一个篮子里"就是对风险分散最形象的说明。此外，如投资对象或交易对手的分散，也是风险分散的表现。

风险抑制（risk restraining）是指在风险损失出现时或出现后，采取相应措施减小风险损失发生的范围或降低风险损失程度的风险应对技术。风险抑制不能降低风险事件发生的概率，只能降低风险损失的程度。风险抑制有两方面的含义：一是风险发生时的损失最小化；二是风险发生后的挽救措施。例如，在宾馆、写字楼等采用自动喷淋设备，划分消防分区，可在火灾发生时将火灾损失控制在最小限度；灾后采用有效的补救措施，可使被损坏的财物恢复到最高的可使用程度。现实中，还有一种风险抑制的方式就是复制风险单位。复制风险单位是指增加风险单位的数量，准备备用的生产性资产或设备，以备在正在使用的资产或设备遭受损失后发挥及时替代作用。例如，备份重要的资料和文件。

专栏1-6·学习指导

大数法则

设 X_i 为随机变量（风险汇聚安排中第 i 个参加者的损失），$i = 1, 2, \cdots, N$（这里 N 等于参加者的数量）。假设对所有的 i、X_i 的期望值为 μ、标准差为 σ（即所有参加者的损失期望值和标准差都相同），则对任意小的数 $\varepsilon > 0$，当 $N \to \infty$ 时：

$$Pr\left(\left| \frac{\sum_{i=1}^{N} X_i}{N} - \mu \right| > \varepsilon \right) \to 0$$

这个公式表明，当 N 趋向无穷时，平均损失（风险汇聚安排中每个参加者必须支付的损失）与期望损失之差大于一个很小的正数 ε 的概率趋近于零。简单地说，当 N 增大时，平均损失将非常接近于期望损失。

2.风险自留

风险自留（risk retention）是指由经济单位自己承担风险事故所致损失的一种

风险处理方法。风险自留是最普通的一种风险处理方法。该方法的采用，有时是经济单位有意识地决定自己承担风险——主动自留，例如，有的人会选择用其积累的财富负担治疗疾病的费用，而不购买健康保险；有时是因过失或疏忽而被动产生的——被动自留，例如，经济单位没有觉察到风险的存在或没有对风险给予足够的重视，最终导致自行承担风险损失。

风险自留方式通常在风险所致损失频率和损失程度低、损失在短期内可以预测以及最大损失不影响经济单位财务稳定的情况下采用。需要注意的是，这种风险管理的方式会因风险单位数量的限制或自我承受能力的限制，而无法实现处理风险的功效。

3.风险转移

风险转移（risk transfer）是指利用有效的机制将风险事故的损失转移给其他人，包括保险转移和非保险转移。

保险风险转移是指经济主体通过签订保险合同，将可能发生的损失转移给保险人承担，以确定的支出（保险费）取代不确定的损失。保险是一种专业的风险处理方式，我们将在后续章节详述。

所谓非保险转移，是指借助除保险合同以外的合同或制度安排将自己面临的损失风险转移给他人或组织承担。一般合同转移方法包括出售、租赁、分包、签订免除责任协议等。例如，企业出售其拥有的一幢建筑物，则建筑物的火灾风险也就随着出售行为的完成转移给新的所有人；如果租赁协议中规定，租借人对因过失或失误造成的租赁物的破坏、灭失承担赔偿责任，那么出租人就将潜在的财产损失风险转移给了租借人；分包多用于建筑工程中，工程的承包商可以利用分包合同将其认为风险较大的工程转移给其他人。除了前述的一般合同转移风险的方法，非保险转移在现代金融领域中更多的是通过套期保值和分散投资来转移风险。

套期保值是指以规避现货或现在的资产价格升降的风险为目的的交易行为。例如，利用期货、期权、远期与互换等金融衍生工具进行套期保值。任何事物都具有两面性，需要注意的是，套期保值行为不仅降低了经济单位面临的风险，同时也使其放弃了收益的可能性。例如，农民为了减少收获时农作物价格降低的风险，在收获之前与购买者约好以固定价格出售未来收获的农作物，这就意味着他们已放弃了收获时农作物价格升高而获得更多利润的可能性。

分散投资意味着持有相同数量的多种风险资产，而不是将所有投资集中于某一特定的资产。分散投资降低了人们拥有任何单一资产所面临的风险。我们应该从以下两个方面来正确理解分散投资。

第一，分散化投资能够通过减少由每个经济单位产生的特殊风险而增加经济单位的福利，然而，分散化投资本身不能减少总的不确定性。例如，市场上共有1 000只股票，1 000只股票价格下降的总的不确定性并不依赖于这些股票是如何在投资者中进行广泛分配的。然而，投资者通过分散化投资，买到的股票可能有价格下降的，也可能有价格上涨的，从而价格下降的不确定性对投资者的影响可以通过投资分散化而得以降低。

第二，分散投资是面临不确定性后果进行决策时采取的折中方案。人们都愿意成为赢家并被称为天才，但如果这只有通过事先的决策才能实现，并且这一决策的结果或者获得巨大的利润或者导致巨大的损失，那么选择一种折中的方案或许是最优的。虽然这一现象不言自明，但现实中人们却往往忽略它。于是，幸运经常被解释为技巧，正如新闻中时常报道的：某股票市场投资者并没有分散投资，而是集中于一种股票，却获得了巨大的成功。尽管该投资者可能确实是投资天才，但他更可能仅仅是由于走运。

与非保险风险转移相对应，保险风险转移是指经济主体通过签订保险合同，将可能发生的损失转移给保险人承担，以确定的支出（保险费）取代不确定的损失。保险是一种专业的风险处理方式，我们将在后续章节详述。

专栏1-7·学习指导

风险处理方法选择

在选择采用何种处理方法处理某种风险时，可以参考如图1-1所示的选择方案：

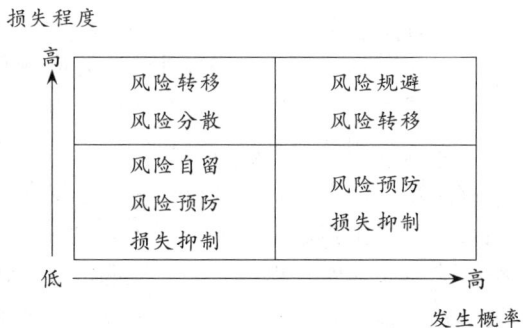

损失程度

	风险转移 风险分散	风险规避 风险转移
	风险自留 风险预防 损失抑制	风险预防 损失抑制

发生概率

图1-1 风险处理选择方案

当损失概率低且损失程度也低时，可采用损失预防或风险自留的对策；当损失程度高但损失概率低时，可以选择风险规避的方案；当损失概率高但造成的损失程度低时，可选取减损或风险自留的策略；当损失概率和损失程度都高时，就要选用风险抑制或风险转移的手段了。

§1.3 风险、风险管理与保险

风险无处不在，人们需要识别风险并对风险进行管理，以降低其发生的概率和所造成损失的严重程度。在风险管理过程中，有不同的风险管理方法，保险作为风险转移的重要手段，与风险和风险管理密切相关。

1.3.1 风险与保险

1.风险的客观存在是保险产生和存在的自然前提

保险产生的过程表明，保险是基于风险的存在和对因风险发生所引起的损失补偿的需要而产生的。风险不以人们的意志为转移而客观存在，时时处处威胁着人们的生命和财产安全。一旦发生风险事故就会造成财产损失和生命健康受损，影响正常的家庭生活和社会生产过程的持续进行，因而人们产生了对损失进行补偿的客观需要。可以说，无风险的存在、无损失的发生、无经济损失补偿的需要，就不会产生以处理风险为对象，以承担经济损失补偿为职能的保险业。所以说，风险是保险产生和存在的自然前提。

2.风险的发展是保险发展的客观依据

风险不仅对保险的产生和存在具有决定意义，而且推动保险的发展。从保险的发展来看，现代科学技术的发展和应用，会给人类带来更多的新风险。例如，原子能的应用，出现了核污染及核爆炸的巨大风险。为了应对新的风险因素带来的危险后果，保险业不断进行产品更新和技术创新，这一过程实际上促进了保险的发展。

1.3.2　风险管理与保险

1.保险是风险转移的一种形式

保险是风险管理中传统有效的风险财务转移手段，它是在集合大量风险单位的基础上，将少数被保险人遭受的损失后果转嫁到全体被保险人身上，保险人在保险合同规定的责任范围内负补偿或给付责任。通过保险，可以使个人、家庭和企业面临的种种风险及损失后果得以在全社会范围内分散和转移。保险是现代社会处理风险的一种非常重要的手段，是风险转移中一种最重要、最有效的技术手段。

2.保险具有风险管理方法的性质

保险不仅是风险转移的形式之一，与其他风险管理的方法相比，保险还具有其他风险管理方法的性质。保险对投保人而言，是风险的转移；对保险人而言，则是风险的集中处理。

3.保险能对特定风险进行管理

对特定风险，保险通过运用大数法则和中心极限定理（central limit theorem）等概率论知识，可以对其不确定性进行估计和预测，从而提高了特定风险管理的准确性和科学化程度。

专栏1-8·学习指导

中心极限定理

假设和符号与专栏1-6"大数法则"中的相同。当 N 很大时，平均损失的分布接近于正态分布，其均值为 μ、标准差为 $\sigma/\sqrt{N}$。因此，随着 N 的增大，平均损失的分布变得更加对称并呈现钟型。对于足够大的 N，就可以用正态分布来估计损失结果超过某给定值的概率。

1.3.3　可保风险

正如前文所说，保险是应对风险的一种有效方法，但并不是所有的风险都可以通过保险来处理，我们把**保险人可以承担的风险称为可保风险**。可保风险是个相对概念，对一定时期的保险市场而言保险一般只承保纯粹风险，对有可能获利的风险一般是不承保的。但是风险是发展变化的，所以并不是一切纯粹风险都可以承保，也不是一切投机风险一概不予承保。区分可保风险与不可保风险的意义在于，对保险公司来讲可以决定是否提供保险服务，而对保险消费者来讲则可以清楚自己能够采取的风险管理手段。

一般说来，理想的可保风险需要同时满足下列条件：

第一，风险事故的发生是非计划的、非人为的、非故意的。保险公司对于故意造成的风险事故不予承保。

第二，风险是纯粹风险。投机风险一般无法保险，一是投机风险有获利可能，从而使风险损失的预测变得困难；二是投机风险所造成的损失有时并非意外，这与保险的宗旨相悖。

第三，风险损失可以确定。传统可保风险要求，风险损失的大小可经济计量，或者通过历史数据统计分析得出，或者通过理论计算得出。保险的运作，需以损失的可预测性为先决条件，因此，损失在数额上必须能够明确且可计量，否则保险的补偿和给付会有困难。

第四，风险损失适度。一方面，如果风险损失程度太小，小额保险的成本相对偏高，对投保人来说投保可能还不如风险自留更为经济；另一方面，对于传统保险业务而言，风险损失的程度也不能太大，巨灾风险造成的损失可能超过保险人的承保能力。当然，承保能力在不同时期是变化的，随着保险市场的发展和全球化进程的推进，特别是政府对巨灾风险的关注和巨灾风险证券化的推行，保险业的承保能力不断提高，地震、洪水等巨灾风险已成为可保风险。

第五，大量独立的同质风险单位存在。所谓"独立"，是指一风险单位是否发生风险事故、受多大损失，与其他风险单位无关；所谓"同质"，即各风险单位遭遇风险事故从而造成损失的概率和损失程度大体相近。这是保险经营的数理基础——大数法则的基本要求。保险是依靠建立保险基金、多数人负担少数人损失的一种共济行为。因而，就某种特定的风险而言，要求大量独立的风险单位参加。否则，或保险基金筹集不足，或通过提高保险费率方能筹足基金，而当费率上升到一定水平时，投保人将无力负担。另外，保险公司只有集中了足够多的风险单位，才能比较准确地估计风险损失，稳定经营。

需要注意的是，关于理想的可保风险五个条件的概括，是对可保风险客观的、本质的原则规定。据此，一定时期的保险市场，对各种风险就有具体的判别标准，保险经营者正是在这些原则指导下开展保险业务的。事实上，纷繁复杂的现实世界中，完全满足这些条件的风险并不很多，对于不满足这些条件的风险，其中许多可以采取一定的技术手段，使之满足这些条件而成为可保风险。例如，通过适当的风险分类实现风险同质；通过再保险、联合承保、证券化和政府支持等方式扩大承保能力；通过在保险合同中附加免赔、限制保险金额（简称保险金或保额）等条款，都可使风险成为可保风险。随着保险技术的不断改进和承保能力的增强，可保风险的范围是不断扩展的。

★ 本章小结

1.风险是指损失和损失程度的客观不确定性。它的大小取决于风险事故发生的概率和风险事故造成损失后果的严重程度。一般来讲，风险的构成四要素包括：风险因素、风险暴露、风险事故和风险损失。

2.人们日常应对风险的手段多种多样，其中以风险管理在当今社会经济生活中尤为重要。风险管理是指经济单位通过对风险进行识别和衡量，采用合理的经济和技术手段、方法对风险进行处理，以尽可能小的成本去争取尽可能大的安全保障和经济利益的行为。风险管理的总目标是：以尽可能小的成本获得最大的安全保障，实现经济单位价值最大化。损失发生前的风险管理目标是：减少或避免损失的发生，将损失发生的可能性和严重程度降至最低；减轻和消除精神压力。损失发生后的风险管理目标是：尽可能减少直接和间接损失，使其尽快恢复到损失前的状况。

3.风险管理的过程包括制定目标、风险识别、风险评估/衡量、风险处理方法选择、风险管理效果评价等环节。所谓制定目标就是确定风险管理所希望达到的结果。风险识别是发现经济单位面临的风险因素和风险暴露。风险评估是指确定某种特定风险发生、损失规律的过程。风险评估是在风险识别的基础上进行的，在这一阶段，风险管理人员通过风险识别阶段所得到的信息，运用一定的方法，进行信息加工和处理，从而得到风险事故发生的可能性及其损失程度，为风险管理者选择风险处理方法、进行风险管理决策提供依据。风险处理是风险管理过程中的一个关键性环节，风险处理方法的选择是一种综合性的科学决策。常用的风险处理方法有：风险规避、损失控制、风险分散、风险抑制、风险自留和风险转移等。风险管理效果评价是指对风险处理方法的适用性和效益性进行分析、检查、修正和评估。

4.风险是保险产生和存在的前提；风险的发展是保险发展的客观依据。保险是风险转移的一种形式，是风险转移中一种最重要、最有效的技术。虽然保险是处理风险的一种有效方法，但并不是所有的风险都可以通过保险来处理，我们把保险人可以承担的风险称为可保风险。一般来说，理想的可保风险需要同时具备下列条件：第一，风险事故的发生是偶然的、意外的、非人为的、非故意的；第二，风险是纯粹风险；第三，风险损失可以确定；第四，风险损失程度适度；第五，大量独立的同质风险单位存在。

★ 综合训练

1.1 单项选择题

1.风险是指损失和损失程度的（　　）。

A.不确定性　　B.客观不确定性　　C.主观不确定性　　D.确定性

2.逆向选择通常发生在保险交易（　　）。

A.之前　　　　　　B.中间　　　　　　C.之后　　　　　　D.不一定

3.结冰路滑是导致交通事故的（　　　）。

A.风险因素　　　　B.风险暴露　　　　C.风险事故　　　　D.风险损失

4.自然灾害属于（　　　）。

A.投机风险　　　　B.社会风险　　　　C.经济风险　　　　D.纯粹风险

5.为避免因飞机坠毁而丧生，从不乘坐飞机，这种风险处理方法属于（　　　）。

A.风险自留　　　　B.风险转移　　　　C.风险规避　　　　D.损失控制

1.2　多项选择题

1.风险的大小取决于（　　　）两个因素。

A.风险事故发生的概率（损失概率）

B.实质风险因素

C.风险事故造成损失后果的严重程度（损失程度）

D.心理风险因素

2.风险要素包括（　　　）。

A.风险因素　　　　B.风险暴露　　　　C.风险事故　　　　D.风险损失

3.风险具有（　　　）特征。

A.客观性　　　　　B.普遍性　　　　　C.偶然性　　　　　D.可变性

4.按照风险事故发生后所损害的对象不同，风险可以分为（　　　）。

A.人身风险　　　　B.财产风险　　　　C.责任风险　　　　D.信用风险

5.以下属于风险处理方法的是：（　　　）。

A.风险识别　　　　B.风险自留　　　　C.风险规避　　　　D.风险衡量

1.3　思考题

1.如何理解风险管理的概念？

2.什么是可保风险？成为可保风险需要具备哪些条件？

3.保险与套期保值有什么区别？

4.试述风险管理的基本程序。

5.常用的风险处理方法有哪些？如何选择合适的风险处理方法？

第2章 保险概述

★ 学习指南

【导读】

理论上，保险有广义和狭义之分，广义的保险是包括商业保险、社会保险和政策保险在内的整个社会化保障机制；狭义的保险专指商业保险。商业保险是投保人根据合同约定，向保险人支付保险费，保险人对于合同约定的风险事故承担赔偿或给付保险金额责任的行为。

保险具有经济性、互助性、商品性、法律性和科学性等基本特征。特定风险事故的存在、保险机构和保险合同的存在、多数经济单位的结合、费率的合理计算以及保险基金的建立是保险的基本要素。分散风险和补偿损失是保险的基本职能。在不同的场合，根据不同的标准、从不同的角度，可以将保险分为不同的种类。保险的社会定位是基于保险的社会价值所确定的，它是社会经济发展的稳定器，是社会经济增长的助推器，是社会经济运行的润滑剂。

【关键概念】

保险；商业保险；原保险；再保险。

【思政目标】

全面理解保险制度的社会功能，坚定制度自信，树立服务国家治理和民生保障的意识。

【学习目标】

认识保险的基本内涵，理解其制度特征，把握保险在经济与社会发展中的职能和作用。

§2.1　保险的产生与发展

保险基于风险的客观存在而产生，因风险的变化而变化，并随着社会经济的发展而逐渐完善和成熟。作为人类文明对抗不确定性的制度安排，保险不仅是市场经济的重要组成部分，更逐步演变为国家治理体系中不可或缺的社会保障机制。

2.1.1　保险的历史沿革

1.古代的保险思想

人类改造自然、征服自然的漫长历程，也是人类抵御自然灾害、防范意外事故而不断奋斗的历程。在这一过程中，人类除了利用已掌握的生产技能进行积极的灾害防御外，还通过建立经济后备的形式来弥补各种风险对社会经济生活造成的损失。随着社会生产力的提高，社会物质不断丰富，保险也随着剩余产品的出现而萌芽并发展起来。

保险学界一般认为，原始的保险思想最早出现在古巴比伦、古希腊、古罗马与古埃及。在公元前2500年，古巴比伦国王曾命令僧侣、法官和市长等对其辖区内的居民征收赋税、筹集资金，以挽回可能的天灾人祸给人们造成的经济损失。在著名的汉谟拉比法典中，就有关于类似货物运输保险和火灾保险的规定。在古希腊，盛行一种团体，持相同的政治、哲学观点或宗教信仰的人或同一行业的工匠聚集在一起，每月交付一定数额的会费，当参加者遭受不幸时，即由所在团体给予救济。在古罗马历史上也出现过丧葬互助会的组织，参加者交付一定金额的入会费后就成为互助会的会员，以后会员死亡时，由互助会支付其丧葬费用。古罗马时期，还有过收取会费作为士兵战死后给家属抚恤费用的做法。在古埃及，在公元前4世纪前后，在石匠中这种丧葬互助组织也很盛行。这些都是早期的互助基金组织。研究认为，在古巴比伦有了财产保险的原始形态；在古希腊、古罗马与古埃及则有了人身保险的原始形态。

原始保险思想在我国的出现则可以从夏、周朝的粮食储备制度得到证实。夏箴上说："天有四殃，水旱饥荒，甚至无时，非务积聚，何以备之？"这说明我国古代先民当时就具有风险意识。关于我国古代保险思想的精辟论述有很多，例如，《周书》中有记载"国无三年之食者，国非其国也；家无三年之食者，家非其家也，此谓之国备"；《礼记》有云"老有所终，壮有所用，幼有所长，鳏寡孤独废疾者皆有所养"；《墨子》主张"必使饥者得食，寒者得衣，劳者得息"等。为了应对灾害饥荒风险，自夏周以来，我国历代王朝都十分重视建立国家粮食后备仓储制度，朝廷还设置了专门的官职对仓储进行管理，如汉朝的常平仓、义仓、广惠仓等。公元前54年，汉宣帝采纳大司农中丞耿寿昌的建议，"令边郡皆筑仓，以谷贱时增其价而籴，以利农；谷贵时减其价而粜。名曰常平仓，民便之"。在灾荒之年，"发常平仓所储……赈赡贫民"。"义仓"兴盛于隋唐时期，公元585年，隋文帝劝令民间每年秋天每家出粟一石以下，储之里巷，以备凶年。义仓制度是我国相互保险的原始形态，在我国存在了大约 1 200 年。在宋、明两朝，也出现了类似形式的民间"社仓"和赡养老幼贫病的"广惠仓"制度，这些都是原始的保险措施。在我国民间，还有为老年人提供养老供给的"父母轩"或"孝子会"等，这些也是原始的社会保险形态。此外，我国古代在江河及运河流域，还存在着一种"船帮组织"。参与这些组织的船商，为避免货物载于同一船中而可能招致全部倾覆的危险，而把货物分散装载于不同的船上，以分散风险和减轻损失。还有的把同乡船户组织起来，每户交纳一定的会费，由同乡船会储存生利，以便在船只遇难时给予适当的救济，这与近代海上保险的发展异曲同工。上述种种迹象表明，我国古代的原始保险思想萌芽很早，但是关于保险的各种形态还是很朴素和很朦胧的，没有人系统地提出过保险理论。

保险不仅源远流长，而且在现代社会功能不断拓展。特别是在我国，随着社会保险体系和商业保险体系的双轨并进，保险已成为民众保障生活质量、防范家庭风险、实现稳定预期的重要工具。保险是我国民众获得感、幸福感和安全感的重要金融载体和社会管理媒介。党的二十大报告为我国保险业下一阶段发展指明了方向、勾勒了前景，也体现了国家对保险制度在现代化进程中战略地位的高度重视。可以说，从古代保险思想的萌芽，到现代保险制度的建立，再到保险在国家治理、民生保障和金融稳定中的重要角色，保险事业正经历从保障个体风险到服务国家战略的重大跃升。

专栏 2-1·特别关注

有关保险起源的传说

5 000 多年前的一天正午，一支横越埃及沙漠的骆驼商队正艰难地在沙丘间跋涉。酷热的太阳烘烤着毫无遮掩的沙漠，仿佛要把一切生命烤干，一个粗糙的水壶在商人间传递。突然，天空一下子变暗，乌云像倾泻的浊浪在天空中翻滚，一场大风暴要降临了。商人们顾不得骆驼了，拼命地往沙丘高处爬去。风暴过后，在原来他们丢弃骆驼和货物的地方已经堆起了几座新沙丘，30 只骆驼只有 8 只跑得快的幸免于难，其余的都无影无踪了。

要是在以前，损失货物、骆驼的商人就要面临破产了。但这次的情况有些不同，因为商队在出发前，精明的商队领队就将商人们召集到一块，协商通过了一个共同承担风险的互助共济办法。这个办法规定，如果旅途中有商人的货物或骆驼遇到不测而损失或死亡，由未受损的商人从其获利中拿出一部分来分摊救济受难者；如果大家都平安，则从每个人的获利中提取一部分留存，作为下次运输补偿损失的资金。由于有了这个约定，这次损失事故没有在商队中造成太大的波动，因为全商队还有 8 只骆驼和它们所载的货物，贸易所得的利润分摊下去，至少可以使商人们购买新的骆驼，以求东山再起。这种互助共济的办法，经过不断地完善后，被收入到汉谟拉比法典中。

无独有偶，3 000 多年前，在我国的长江上也有商人运用了这种互助共济的办法。在长江上游地区，山高路险，交通不便，因此，长江就成了主要的交通要道。大批的货物源源不断地从四川、云南、贵州等地运往下游。由于当时造船技术有限，加上长江水急浪高，经常发生船只倾覆、货物损失的事故，商人们都在思考着用什么办法来避免这种损失。有一个名叫刘牧的年轻的四川商人，提出了一个办法，要改变过去那种把货物集中装载在一条船上的做法，而把货物分装在不同的船上。开始时很多商人都反对这种做法，因为如果采取这种做法，就要与别的商人打交道，还增加了货物装卸工作量。但经过努力说服，刘牧成功了。采取这种办法后的第一次航行，果然发生了事故，船队中有一艘船沉没了。但由于采取了分装法，损失分摊到每个商人头上后，损失就变得很小了，大家都避过了灭顶之灾。这种分散风险的方法在长江运输货物的商人们中被广泛地接受，进而发展成了"船帮组织"。

2.近代商业保险的产生与发展

（1）海上保险的产生与发展。

海上保险是最古老的一种保险，近代保险首先是从海上保险发展而来的。世界上第一张海上运输保险单于1347年诞生在意大利，这是关于途经地中海的一批海上货物运输协议，现在我们仍然可以在意大利热那亚博物馆看到这张具有里程碑意义的保险单。

15世纪以后，新航线的开辟使大部分西欧商品不再经过地中海，而是取道大西洋。16世纪时，英国商人从其他欧洲商人手里夺回了海外贸易权，积极发展贸易及保险业务。1575年，英国女王特许在伦敦皇家交易所内设立保险商会以办理保险单的登记等业务，英国确立了海上保险保单的标准和条款。1601年，参照安特卫普市颁布的规定保险单内容和格式的法令，伊丽莎白一世女王颁布了第一部有关海上保险的法律《涉及保险单的立法》，并批准在保险商会内设立仲裁庭以解决海上保险相关的纠纷案件。1720年，经女王批准，英国的"皇家交易"和"伦敦"两家保险公司正式成为经营海上保险的专业公司。1756年至1778年，英国上院首席法官曼斯菲尔德收集了大量的海上保险案例，编制了一部海上保险法案，随后以此为基础的《海上保险法》于1906年获得英国国会的通过，并成为后来世界各国海上保险法的范本。

专栏2-2·特别关注

第一张海上运输保险单

1347年10月23日，意大利商船"圣·科勒拉"号要运送一批贵重的货物由热那亚到马乔卡，这段路程虽然不算远，但是地中海的飓风和海上的暗礁会成为致命的风险。这愁坏了"圣·科勒拉"号的船长，他害怕在海上遇到风暴而损坏了货物，自己承担不起这么大的损失，可是他又不想丢掉这样一笔大买卖。正在他为难之际，朋友建议他去找一个叫作乔治·勒克维伦的意大利商人，这个人以财大气粗、喜欢冒险而著名。于是，船长找到了勒克维伦，说明了情况，勒克维伦欣然答应加入他的这次航程。双方约定，船长先存一些钱在勒克维伦那里，如果6个月内

"圣·科勒拉"号顺利抵达马乔卡，那么这笔钱就归勒克维伦所有，否则勒克维伦将承担船上货物的损失。这样，一份在今天看来并不完备的协议就成了第一份海上保险的保单，也成为现代商业保险的起源。

（2）火灾保险的产生与发展。

火灾保险起源于 1118 年冰岛设立的 Hrepps 社，该社对火灾及家畜死亡损失负赔偿责任。1591 年，德国汉堡酿酒厂发生一起重大火灾。灾后，为了筹集重建酿酒厂所需的资金和保证不动产的信用而成立了"火灾保险合作社"，这是火灾保险的雏形。

17 世纪初，德国盛行互助性质的火灾救灾协会制度，1676 年，第一家公营保险公司——汉堡火灾保险局由几个协会合并宣告成立。但真正意义上的火灾保险是在伦敦大火之后发展起来的。1666 年 9 月 2 日至 5 日，伦敦城被大火烧了整整 4 天，市内 448 亩的地域中 373 亩成为瓦砾，占伦敦面积的 83.26%，13 200 户住宅被毁，财产损失达 1 000 多万英镑，20 多万人流离失所，无家可归。当时，伦敦市的年收入约 12 000 英镑，理论上说，灾难损失需要 800 年才能弥补。灾后的幸存者非常渴望能有一种可靠的保障，来对火灾所造成的损失提供补偿，因此火灾保险对当时的人们来说已显得十分重要。在这种状况下，聪明的牙医巴蓬 1667 年独资设立营业处，办理住宅火灾保险，1680 年他同另外三人集资 4 万英镑，成立火灾保险营业所，1705 年更名为菲尼克斯即凤凰火灾保险公司。巴蓬的火灾保险公司根据房屋租金计算保险费，并且规定木结构的房屋比砖瓦结构的房屋保费增加一倍。这种依房屋危险情况分类保险的方法是"差别费率制"的起源，巴蓬则被称为"现代火灾保险之父"。

火灾保险成为现代保险，在时间上与海上保险差不多。1710 年，波凡创立了伦敦保险人公司，后改称太阳保险公司，接受不动产以外的动产保险，营业范围遍及全国。18 世纪末到 19 世纪中期，英、法、德等国相继完成了工业革命，机器生产代替了原来的手工操作，物质财富大量集中，使人们对火灾保险的需求也更为迫切。这一时期火灾保险发展异常迅速，火灾保险公司的形式以股份公司为主。1752 年，著名科学家和政治活动家本杰明·富兰克林在费城创办了美国第一家火灾保险社。进入 19 世纪，在欧洲和美洲，火灾保险公司大量出现，承保能力有了很大提高。1871 年，芝加哥一场大火造成 1.5 亿美元的损失，其中保险公司赔付 1 亿美元，可见当时火灾保险的承保面之广。随着人们生产和生活的需要，火灾保险所承保的风险也日益扩展，承保责任由单一的火灾扩展到地震、洪水、风暴等非火灾风险，保险标的也从房屋扩大到各种固定资产和流动资产。19 世纪后期，随着帝国主义的对外扩张，火灾保险传到了发展中国家和地区。

（3）人身保险的产生与发展。

人身保险的产生也是源于海上保险。哥伦布发现新大陆之后，欧洲人开始从非洲贩运奴隶。15 世纪末，奴隶贩子开始将海上贩运的奴隶作为货物投保海上保险，这是以人的生命为保险标的的商业化保险的起源。后来，船员和乘客也开始投保，如遇到意外伤害，由保险人给予经济补偿，这些应该是人身保险的早期形式。

1536年，英国人马丁给一个叫杰明的人投保了2 000英镑的人寿保险，保险期间是一年，收取了80英镑的保费。人寿保险发展过程中一个非常重要的标志就是数学方法和统计手段在人寿保险业务中的应用。1661年，英国数学家约翰·格兰特发表了关于生命表思想的论文；法国数学家帕斯卡将概率论用于年金保险；1671年，荷兰数学家维特运用概率论的原理，依据人的生存或死亡概率计算年金；1693年，英国天文学家哈雷根据德国布勒斯劳市的居民寿命资料，编制出一张完整的生命表，用科学方法精确地计算出各年龄人口的死亡率；1756年，数学家陶德森提出了"均衡保费"的思想，为现代人寿保险的产生奠定了科学的理论基础。

1699年，英国出现了首家专业化的人寿保险组织——孤陋寡闻社，该社对投保人的年龄、健康情况等条件进行了明确的规定，并且设置了宽限期等延续到现在人寿保险合同的条款。18世纪40至50年代，英国人辛普森和多德森两人发起组织了"伦敦公平保险公司"，辛普森根据哈雷的生命表，制定出依据死亡率变化的费率表，这是首次将生命表运用到计算人寿保险的费率上，使人寿保险得以迅速发展。

17世纪中叶，年金保险产生，其创始人是意大利银行家洛伦佐·佟蒂。佟蒂提出了一项联合养老办法，这个办法后来被称为"佟蒂法"，并于1689年正式实行。佟蒂法规定每人交纳一定的法郎，筹集起总额140万法郎的资金，保险期满后，规定每年支付10%，并按年龄把认购人分成若干群体，对年龄高些的，分息就多些。"佟蒂法"的特点就是把利息付给该群体的生存者，如该群体成员全部死亡，则停止给付。

随后，人寿保险的发展打破了单纯以被保险人的死亡为给付条件的模式，开始出现无论被保险人生存或死亡都可以获得保险金的两全保险；以被保险人健康为保险标的的健康保险和意外伤害保险；到20世纪末期还出现了分红保险、投资连接保险等创新型险种。人身保险的范围不断扩充，为人类对抗死亡和疾病的威胁提供了大量有效的风险规避手段。

专栏2-3·特别关注

劳合社

1.劳合社的诞生

1688年，爱德华·劳埃德（Edward Lloyd）在伦敦塔街附近开设了一家以自己名字命名的咖啡馆。为在竞争中取胜，劳埃德慧眼独具，发现可以利用国外归来的船员经常在咖啡馆歇脚的机会，打听最新的海外新闻，进而将咖啡馆办成一个发布航讯消息的中心。由于这里海事消息灵通，每天富商满座，保险经纪人利用这一时机，将承保便条递给每个喝咖啡的保险商，由他们在便条末尾按顺序签署自己的姓名及承保金额，直到承保额总数与便条所填保险金额相符为止。随着海上保险不断发展，劳埃德的承保人队伍日益壮大，影响不断扩大。1871年英国议会正式通过《劳合社法案》（Lloyd's Act 1871），使它成为一个社团组织——劳合社（Lloyd's

Corporation）。此后，劳合社不断扩大其承保范围，从最初专注于海上保险逐步延伸至航空保险、火灾保险、责任保险、再保险及灾难保险等多个领域。截至2024年，劳合社下属的承保人团体由超过50个辛迪加（Syndicates）组成，管理超过460亿英镑的年保费。其中的"承保人"（Members）包括个人投资者、企业和机构投资者，他们通过辛迪加间接承担保险风险。劳合社作为市场平台，本身不承担风险，而是提供规则、监管与服务支持，确保市场高效运转。

2. 劳合社的特点

劳合社不是保险公司，相当于一个保险市场。劳合社本身不经营保险业务，只为其成员提供交易场所和相关服务。在劳合社里由成员自由组合，组成承保辛迪加（underwriting syndicate）。每个辛迪加组织均有个牵头人（leader underwriter），负责与经纪人商谈确定保险合同的有关条款、费率等。投保人不能和保险人直接接触，而需通过经纪人分业务、出单。劳合社的业务流程如下："投保人→经纪人→辛迪加牵头人（由组织内成员自由决定承保及承保份额）→承保未完转下一个辛迪加→劳合社出单处换取正式保单→投保人"。劳合社由其社员选举产生的一个理事会来管理，下设理赔、出版、签单、会计、法律等部，并在100多个国家设有办事处。

3. 劳合社趣闻

在伦敦劳合社的大楼里，挂着一只神奇的小铜钟。它是在1799年从荷兰沿海一艘船只"圣·卢丁"号中打捞出来的。劳合社有个惯例，用这只小铜钟的钟声来宣告本社大宗生意的得失：一响表示佳音，表示某项生意发了大财；两响则是"噩耗"，说明某宗生意亏了血本。

4. 劳合社近年亏损的原因

近年来，劳合社发生亏损的原因主要有：美国石棉产品造成的人员伤亡责任险索赔案；1989年，雨果和安德鲁飓风造成财产严重损失的索赔；英国最高法院判决劳合社承保人对其投资者的资金管理不善而负有10.5亿美元的赔偿责任；劳合社的承保人或保险公司承保的业务在劳合社保险市场相互分保，致使风险过分集中，发生的索赔累积成灾，而没有达到分散风险的目的；著名的"埃克森-瓦尔德兹"油轮污染案致使劳合社承保人蒙受了严重损失；当美国的保险公司被强制赔偿受污染场地的清理费用时，劳合社作为分保接受人，也同样面临着严重的巨额损失赔偿；"9·11"事件也使劳合社蒙受了巨大的损失。除上述历史性案件外，近年来全球巨灾事件频发，造成巨额赔付压力。2020年以来，受新冠肺炎疫情影响，劳合社涉及的业务中断险、取消活动险和责任险等出现大范围索赔，仅疫情相关赔付支出在2020年就超过60亿美元。2021年、2022年，美国和加拿大频繁发生的极端天气事件，如飓风"艾达"、加州山火、加拿大洪水等，也使劳合社在全球财产再保险业务中承担大量赔付责任。2022年，俄乌冲突引发的航空器扣押与战争责任险赔付亦成为新的损失源，仅乌克兰上空损毁的租赁飞机再保险索赔金额预计就达数十亿美元。

（4）信用保证保险的产生与发展。

信用保险和保证保险产生与发展的共同基础是信用交易，二者在本质上都是信用担保的形式。在人类社会发展的过程中，随着社会分工的形成，商品生产者之间便产生了通过商品交换来实现其对商品价值的追求。伴随大宗商品交易的出现，传统的以货易货或者现钱现货为主的交易方式已经不能满足人们商品交换的需求。于是，赊销、预付款、分期付款等信用交易形式就出现了，此类交易活动最初是建立在小范围内，权利人对义务人充分信任的基础上的。但是随着远距离交易以及交易对象的不断扩大变更，商品赊销方（卖方、权利人）赊销商品后不能得到相应的偿付，即赊购方（买方、义务人）出现信用危机。信用危机的出现，在客观上要求建立一种经济补偿机制来保护债权人的权益，弥补债权人可能遭受的损失，从而进一步发挥信用制度对商品生产的促进作用，信用保险应运而生。信用保险产生于19世纪中叶的欧美国家，当时称为商业信用保险，主要由一些私营保险公司承保，业务范围限于国内贸易。第一次世界大战后，信用保险业务得到了发展。第二次世界大战后不久，美国国会于1948年通过《经济合作法案》，作为实施马歇尔计划（欧洲复兴计划）的立法基础，并据此成立经济合作署负责执行计划。随后的《对外援助法》（1951年）则将马歇尔计划等对外经济援助机制整合规范，并在此背景下创设了投资风险保险制度，用于保障对外投资安全。这标志着信用保险在形态上进一步延伸和发展，逐步形成了商业信用保险与投资保险并存的格局。

随着资本主义金融业的发展和经济活动中各种道德风险频繁发生，以及商业信用的发展，由保险人承担各种信用风险的一项新兴保险业务——保证保险随之产生。保证保险实际上是一种担保业务。1702年，英国创办了一家专门经营保证保险的保险公司——主人损失保险公司，开展了诚实保证保险业务，主要承担被保险人因雇员的不法行为，如盗窃、挪用公款等给雇主造成的经济损失。1840年和1842年，英国又相继成立了保证社和保证公司，开办保证保险业务。美国在1876年也开展了保证保险业务。随着经济和贸易的发展，保证保险业务由忠诚保证保险扩展到合同保证保险、供给保证保险等。

（5）责任保险的产生与发展。

责任保险是对无辜受害人的一种经济保障。尽管现代保险已经有300多年的历史，但责任保险的兴起却是近100多年的事情，最早的责任保险保单出现在19世纪。19世纪，法国拿破仑法典中开始出现民事损害赔偿责任的规定，奠定了责任保险产生的法律基础。1855年，英国铁路乘客保险公司首次向铁路部门提供铁路承运人责任保障，开启了责任保险的先河。1870年，建筑工程公众责任保险问世；1875年，马车第三者责任保险开始出现；1880年，出现雇主责任保险；1885年，世界上第一张职业责任保单——药剂师过失责任保险单由英国北方意外保险公司签发；1895年，汽车第三者责任险问世；1900年，责任保险扩大到产品责任，承保的是酒商因啤酒含砷而引起的民事赔偿责任。进入20世纪后，责任保险迅速兴起和发展，大部分的资本主义国家都把很多的公众责任以法律规定形式强制投保。第二次世界大战后，责任保险的种类越来越多，如产品责任保险以及各种职业过失责任保险层出不穷，在发达的资本主义国家已成为制造商和自由职业者不可缺少的保险产品。

（6）再保险的产生与发展。

再保险也是首先从海上保险开始萌芽的，最早的海上再保险可追溯到1370年7月12日签发的一张保单。1370年，一位意大利海上保险人首次签发了一份转嫁风险责任的保单。这份保险原保单保的全程是从意大利热那亚到荷兰斯卢丝，原保险人将全航程分作两段，自己只承担地中海段航程的保险责任，而将航程从加的丝到斯卢丝这段风险较大的责任部分转嫁给其他保险人承担。这种做法虽然与现代再保险分配保额或分担赔款以控制责任的办法不同，但从分散风险的原理来看，当属再保险的开端。

在欧洲大陆国家，根据1681年法国《海事敕令》、1731年德国《汉堡法》和1750年瑞典《保险法》，再保险经营在这些国家都是合法的。由于各国政府的大力支持，欧洲大陆的再保险得以持续发展。18世纪中叶开始，工业革命兴起，随着工商业的繁荣与发展，带动了保险业的相应发展，也使再保险从内容、方法到组织形式诸方面都发生了深刻变化。由早期的临时再保险合同，发展为后来的固定再保险合同，并成为再保险当中的主要方式。1821年，巴黎国民保险公司和布鲁塞尔业主联合公司签订了第一个固定分保合同，从此，合同再保险广为流行。到19世纪中叶，开始出现专业再保险公司，专门从事再保险业务。1852年，德国科隆再保险公司创立，为世界上第一家独立的专业再保险公司。

专栏2-4 • 特别关注

近代商业保险发展之最

最早的保险公司于1424年在意大利成立，经营海上保险业务。

最早以股份制形式成立的保险公司是1710年在英国成立的"太阳保险公司"，至今仍然存在，是世界最古老的保险公司之一。

最早的分保合同是巴黎国民保险公司与布鲁塞尔业主联合公司于1821年签订的。

最早的盗窃险保单是1887年由劳合社设计的。

最早的汽车保险保单是美国的旅行者保险有限公司在1898年售给纽约布法罗市的杜鲁门·马丁的保单，原因是马丁非常担心自己的爱车会被马冲撞；随后，劳合社设立了最早的有固定模式的汽车保险单，按照马力收取保费，每马力收取保费1英镑。

当前，世界资产最雄厚的保险公司是德国安联保险集团，最大的再保险公司是慕尼黑再保险公司。

3.社会保险的产生与发展

社会保险作为社会保障的一种形式是19世纪80年代在德国首先产生并形成的，它是一项社会政策，是强制性保险的一种形式。

1935年后，社会保险得到了普遍的发展。在罗斯福总统的领导和主持下，1935年美国颁布了第一部社会保障法典《社会保障法》，它包括养老保险、失业保险、盲人补助、老年补助、未成年人补助等。至第二次世界大战结束，有50多个国家先后建立了社会保险制度，几乎所有西方国家都完成了有关社会保险的立法，设立了社会保险的主要项目和管理机构。这标志着社会保险制度最终形成。

进入20世纪中叶，社会保险的涵盖面进一步扩展，有些国家将某些项目的保险对象扩展到全社会；有些国家则实施普遍福利政策，如英国、瑞典等。

专栏2-5·学习指导

保险产生和发展的条件

保险，特别是符合现代保险学原理的专业保险，其产生和发展依赖于两个条件：自然基础和经济前提。

第一，自然灾害和意外事故的客观存在是保险产生的自然基础。人类为了生存和发展，就要从事物质资料的生产。而物质资料的生产总是在认识自然、改造自然、同自然作斗争，使自然适应人的需要的过程中实现的，从原始社会到现代社会都不例外。自然界有其运动规律，人们对自然规律的认识总是相对的、有限的，自然灾害和意外事故的发生造成的损失总是不可避免的。例如，火灾、台风、洪水、地震、雷电、冰雹、泥石流等自然灾害；矿井塌方、瓦斯爆炸、轮船触礁、火车出轨、飞机坠毁、机械故障、车辆肇事等意外事故；因人的过失或产品质量缺陷造成的各种责任事故；违反合同、不守信用所引起的各种经济损失等。有时，一些灾害事故的破坏力是巨大的，甚至可以使社会上多年生产和积累的物质财富毁于一旦，人员也会发生重大伤亡，从而造成经济活动的中断，同时，还会引起一系列的间接损失。这就是人们所关注的风险。风险可能造成物质资料生产的中断和人身伤亡事故的发生，这不仅损害社会生产力的发展，也影响到人们生活的安定。为了降低风险给人类生产和生活所带来的不利影响，人们从长期实践中总结出多种有效的风险管理手段和措施：如前文所提到的规避、预防、控制和转移等。如果没有风险存在、没有损失发生、没有经济损失补偿的需要，也就没有以风险为经营对象、以承担经济损失补偿为责任的保险业的产生。

第二，剩余产品的出现和增多是保险产生的经济前提。风险存在于人类社会历史的任何阶段，但作为一种经济范畴和历史范畴，保险的产生还必须有其经济上的前提条件，具有将人们对保险的潜在需求变为有效需求的可能性。在原始社会，生产力水平低下，人们生产出来的产品只能勉强维持最低的生活消费。没有剩余产品，就无法建立补偿损失的保险基金，因而也就没有可能产生保险。在奴隶社会，社会生产力虽有进步，但基本上仍是一种简单再生产，剩余产品不多。奴隶主不仅占有一切生产资料，而且占有奴隶本身，也根本无法组织保险。到了封建社会，由于劳动工具的改进，社会生产力水平有了很大提高，剩余产品有所增加，并逐步出现了为交换而生产的商品，以及交换媒介——货币。这时，开始有了国家的、个别经济单位的或个人的为防止意外而储备的资金和物资。随着第二次社会大分工的发展，手工业、商业和运输业逐步兴盛起来，进而出现了一些有共同利益的经济单位和个人，他们共同提存资金后备，从而产生了保险的萌芽。正如马克思所指出的："对于由于异常的自然现象，火灾、水灾等引起的破坏所做的保险，和损耗的补偿、维修劳动完全不同。保险必须由剩余价值来补偿，是剩余价值的一种扣除。或者说，从整个社会的观点来看，必须不断地有超额生产，也就是说，生产必须以大于单纯补偿和再生产现有财富所需要的规模进行——完全撇开人口的增长不说——以便掌握一批生产资料，来消除偶然事件和自然力所造成的异乎寻常的破坏。"

第三，商业保险是商品经济发展到一定阶段的产物。资本主义社会是商品生产和商品交换空前繁荣的社会。随着资本主义社会生产力的迅速发展，商品生产和交换的规模日益扩大，社会的专业分工越来越细，生产的社会化程度越来越高，物质财富越来越相对集中。与此同时，各种风险也越来越集中，其影响更为广泛和深远。任何生产和流通环节上发生较大灾害事故都会对生产力造成巨大的破坏，在社会上产生剧烈震荡，带来一系列经济和社会问题。面对相对集中的风险，由一个或几个经济单位共同提存的后备基金已难以充分补偿风险造成的损失。这样就逐步出现了专门承担风险的人——保险人。众多的被保险人可将自己的风险转嫁给保险人。作为转嫁风险的一种代价，被保险人则按照不同风险种类和程度支付适当的保险费。上述过程表明，当资本主义经济发展到一定阶段，一方面，工业资本、商业资本、农业资本、借贷资本为了保障其生产资料和利润的安全，使其不致因灾害事故的不幸发生而承担较大的经济和社会责任，以致倒闭、破产，从而产生了购买保险的强烈愿望和必要条件；另一方面，有一部分资本可以从社会总资本中分离出来，专门用来经营风险，从而成为保险资本，以获取平均利润。这时，也只有在这时，专业性保险才可能产生。

2.1.2 我国保险业的产生和发展

1.我国近代保险业的出现

如前文所述，数千年前，原始的保险思想已经在我国萌芽，类似近代保险的保险活动也有久远的历史。但由于我国封建社会重农轻商的政策所致，近现代保险业产生所需要的物质经济基础并不具备，因此属于我国自己的保险业迟迟得不到发展。19世纪，随着西方列强的入侵，商业保险作为资本主义经济侵略的工具开始在我国出现。1805年，英国驻印度加尔各答和孟买的洋行与其驻广州的洋行联合在广州创办了"广州保险社"，这是中国近代历史上第一家商业保险公司。1835年，英国怡和洋行买下了该保险社，更名为"广州保险公司"。同年，英国人在香港开设了"保安保险公司"，该公司先后在上海、广州设立了分支机构。第一次鸦片战争后，英国保险商迅速在广州、福州、厦门、宁波、上海诸城市的开放口岸拓展保险业务。1846年，英国商人又开设了永福、大东亚人寿保险公司。第二次鸦片战争后，一系列英属保险公司又陆续开设，从而奠定了英商保险资本在远东的垄断地位。

2.我国民族保险业的产生与发展

1865年5月25日，上海华商义和公司保险行成立，这是我国第一家民族保险企业，它打破了外国保险公司对中国保险市场完全垄断的局面，标志着我国民族保险业的起步。1875年12月，在李鸿章的倡议下，由官督商办的招商轮船局集股资20万两白银在上海创办了保险招商局。1876年和1878年，招商局又先后设立"仁和保险公司"和"济和保险公司"，后来两公司合并为"仁济和保险公司"，该公司专门承保船舶、货栈以及货物运输的保险业务。这是我国民族保险业发展初期最有影响的保险公司。

20世纪初，特别是第一次世界大战期间，我国民族工业迅速发展，民族资本的保险业随之兴起。20世纪20年代，由"交通""金城""国华""大陆"等银行共同投资开办了"太平保险公司"，主营水险业务，兼营寿险业务。我国的银行资本相继投资于保险业，安平保险公司、中国保险公司、中国农业保险公司、太平洋保险公司等相继出现，到1937年，华商保险公司便发展到了40家。这一时期，国民党政府的官僚资本也开始渗入保险业。1935年10月，由中央银行拨资500万元成立了中央信托局保险部。1945年抗日战争结束后，在我国保险市场上，外国保险公司以美国的美亚保险公司为最大，主要经营进出口货物运输保险业务；本国保险公司以中国保险公司、中央信托局保险部的实力较强。这一阶段，上海一直是全国保险的中心，到1949年5月，上海有中外保险公司400家左右，其中华商保险公司有126家。

3.中华人民共和国成立后保险业的发展

1949年5月，上海解放后，人民政府首先接管了官僚资本的保险公司，并批准了一部分私营保险公司复业。当时登记复业的有104家，其中华商保险公司43家，外商保险公司41家。1949年10月，经中央人民政府批准，中国人民保险公司成立，它标志着新中国以国营保险业为主导的保险市场的建立，揭开了我国保险业新的一页。从1949年到1958年的10年中，中国人民保险公司陆续开办了火灾保险、企业和国家机关财产保险，货物运输和运输工具保险，铁路、轮船、飞机和飞机旅客意外伤害保险，农业保险等业务，共收保险费16亿元，支付赔款3.8亿元，拨付防灾费用2 300多万元，上缴国库5亿元，保险公司积累公积金4亿元，在发挥经济补偿职能、安定人民生活、积累建设资金、防灾防损、促进国际贸易等方面发挥了巨大的作用。

受当时社会经济和政策的影响，1959年，国内保险业务全部停办。1964年，部分地区曾一度恢复国内保险业务，但在1966年之后的10年中，保险公司被当作"剥削公司"被彻底"砸烂"，当时全国从事保险业的专业人员一度仅剩9人。1979年，新中国保险业获得新生，该年4月，国务院同意逐步恢复保险业务。1980年2月，中国人民保险公司全面恢复了停办20余年（1959—1980）的国内保险业务。此后，我国保险便逐渐步入了一个飞速发展的黄金时期，其间经历了多次重大改革，把我国保险业推上了一个又一个新台阶。

1984年1月，我国内地唯一一家保险公司——中国人民保险公司正式从中国人民银行分离出来，以独立法人的资格开展业务。1986年7月，我国第一家区域性保险公司——新疆生产建设兵团农牧业保险公司（后改为新疆生产建设兵团保险公司）获准成立；1988年3月，股份制的平安保险公司在深圳成立；1991年4月，交通银行全额投资组建的第一家全国性股份制综合保险公司——太平洋保险公司在上海成立。这三家公司的成立打破了我国保险市场的垄断格局，标志着市场竞争机制开始进入了保险市场。20世纪90年代中期，新华、泰康和华泰等全国性股份保险公司以及天安、大众、永安、华安等区域性股份保险公司先后成立。1996年7月，中国人民保险（集团）公司的财产保险公司和人寿保险公司分设。平安、太平洋等中资公司也逐步实行产、寿险分开经营。2002年10月18日，新疆生产建设兵团保险公司正式更名为"中华联合财产保险公司"，由一个地区性保险公司变成全国性保险公司。截至2024年12月31日，保险业协会共有会员349家。其中：保险集团（控股）公司13家，财产保险公司86家，人身保险公司93家，再保险公司14家，资产管理公司18家。

1992年，中国人民银行制定并颁布了《上海外资保险机构暂行管理办法》之后，美国友邦保险公司、日本东京海上火灾保险公司作为首批外资保险公司进入我国，标志着我国保险市场对外开放、国际保险业先进的经营理念和管理技术被引入了我国市场，推进了我国保险市场国际化的进程。加入世界贸易组织（WTO）之前，在我国保险市场营业的有8家境外保险公司的13家子公司和7家中外合资保险公司。

2001年12月，中国正式加入WTO，外资进入中国保险市场的步伐明显加快。2002年，中国保险监督管理委员会（China Insurance Regulatory Commission，CIRC，简称保监会）先后批准了德国慕尼黑再保险公司、瑞士再保险公司、美国信诺保险公司、英国标准人寿保险公司、美国利宝互助保险公司和日本财产保险公司等进入我国市场筹建营业性机构。此外，美国ACE集团参股华泰，拥有22.13%的股权；荷兰国际集团与北京首创集团宣布在大连成立首创安泰人寿保险公司；汇丰集团参股平安保险；美国友邦保险在北京设立分公司等。自加入WTO以来，外资保险公司从规模和地域上都得到极大发展，我国保险业全面对外开放的格局基本形成。

4.中华人民共和国成立后保险立法的发展

1995年10月1日，《中华人民共和国保险法》（以下简称《保险法》）开始实施，确立了保险市场化机制运作的宏观规范与微观管理原则。1999年，保监会公布了《保险公司管理规定》。2001年11月公布、并于2002年1月1日实行《保险代理机构管理规定》《保险经纪公司管理规定》《保险公估机构管理规定》。2002年2月1日开始实行《外资保险公司管理条例》。一系列的法律法规形成了以《保险法》为核心的保险法律体系。

2002年10月28日，九届全国人大常委会第三十次会议表决通过了《全国人民代表大会常务委员会关于修改〈中华人民共和国保险法〉的决定》，该决定于2003

年1月1日起开始施行。此次《保险法》的修订，是我国保险法治建设向前迈进的重要一步。在整个修改工作中，主要贯穿了以下几个指导思想：一是履行"入世"承诺；二是加强对被保险人利益的保护；三是强化保险监管；四是支持保险业的改革和发展；五是促进保险业与国际接轨。在修改内容方面，修改重点是《保险法》中规范保险业发展的部分，而对保险合同部分则没作实质性修改。从修改结果来看，这次共修改了原《保险法》中的33条，把其中的两条合并为一条，再另外增加了6条，使《保险法》从原来的152条增加到158条。

时隔不到两年，随着国民经济的快速发展以及法律环境的改变，保险业发展的形势与2002年修订《保险法》时相比已经发生了很大变化，主要表现为：保险主体类型不断增多，保险经营范围和投资渠道逐步拓宽，保险监管的重点和方法发生转变，保险合同法领域内的纠纷和争议也呈现出新的特点。为适应保险业发展和监管的需要，我国《保险法》的第二次修改工作于2004年10月正式启动，保监会起草的《〈保险法〉修订草案建议稿》于2005年10月上报给国务院法制办公室。经过广泛征求意见和专家论证，2009年2月28日第十一届全国人民代表大会常务委员会第七次会议通过了对2002年《保险法》的修订案，并且修订后的《保险法》已经于2009年10月1日开始施行。这次《保险法》的修改事关保险业发展的全局，意义重大，必将在深化保险业改革、健全保险市场体系、加强和完善保险业监管、保护被保险人利益、促进保险业健康发展等方面产生深远的影响。

随着我国保险市场的快速发展，保险业的内外部环境都已发生巨大变化，为使保险业适应经济新常态、深入贯彻落实党中央全面深化改革、全面依法治国的重大决定，加强对投保人、被保险人和受益人权益的全面保护，加快发展现代保险服务业，2015年4月，第十二届全国人民代表大会常务委员会第十四次会议对《保险法》进行了修订。修订遵循了以下基本原则：一是充分发挥市场在资源配置中的决定性作用，优化监管，鼓励改革创新，既释放市场活力，又确保市场公平竞争和保险业可持续发展。二是贯彻推进简政放权、转变政府职能的要求，放开前端管制，加强事中和事后监管。三是立足保险业发展和监管实际，集中对保险业法部分进行修改，重点修改实践需求强烈、各方意见一致的内容。四是把握行业发展趋势，为改革创新预留法律空间。本次《保险法》修订共新增24条，删除1条，修改54条，修改后的《保险法》共9章208条。

专栏2-6·特别关注

中国保险业大事记

1.《保险年鉴》问世。

2.中国人民保险公司诞生。

3.外国保险公司退出我国保险市场。

4.1966—1976年间的保险业。

5.国内保险业翻开新的一页。

6.成立投资公司。

7.交行经营保险。

8.平安保险公司成立。

9.中国太平洋保险公司成立。

10.改革开放后首家外国保险公司进入。

11.营销理念的剧烈变革。

12.平安首家引进外资入股。

13.《保险法》颁布。

14.华泰保险股份有限公司成立。

15.泰康人寿保险公司成立。

16.新华人寿保险股份有限公司成立。

17.第一家合资保险公司成立。

18.中国航天保险联合体成立。

19.加入全国同业拆借市场。

20.中国保监会成立。

21.中国核保险共同体成立。

22.投资连结保险推出。

23.保险资金入市。

24.保险经纪公司成立。

25.内地中资保险企业首次在香港上市。

26.第一条保险服务专线电话开通。

27.中国保险行业协会成立。

28.中国人寿回归A股。

29.平安保险A股挂牌上市。

30.太平洋保险上市。

31.京沪高铁投资人定盘保险。

32.银保合作升级。

33.修订《保险法》(2009年)。

34.世博亚运保险圆满收官。

35.政策性农业保险加速推向全国。

36.我国首次发起召开保险监管国际联席会议。

37."银行系"保险渐成规模。

38.保险业首次试水变额年金。

39.中再集团正式加入劳合社。

40.中国保险消费者投诉维权热线"12378"开通。

41.五大国有商业银行全面进军保险业。

42.保监会批准中石油筹建首家自保公司。

43.《农业保险条例》正式实施。

44.首届中国保险历史文化展在中国人民大学博物馆举办。

45.全国保险公众宣传日。

46.国内首家互联网保险公司众安保险获批开业。

47.建立巨灾保险制度。

48.老年人住房反向抵押养老保险试点启动。

49.保险"新国十条"公布。

50.《国务院办公厅关于加快发展商业健康保险的若干意见》发布。

51.保险业新偿付能力监管制度体系基本建成。

52.存款保险制度正式实施。

53.互联网保险业务监管制度出台。

54.个税优惠型健康险政策落地。

55.相互保险正式获批。

56."偿二代"全面实施。

57.保险消费信心报告发布。

58.税优健康险政策落地。

59.保险业服务于"一带一路"建设。

60.国务院出台政策加快商业养老保险。

61.保监会与银监会合并,中国银保监会成立。

62.《个人税收递延型商业养老保险产品开发指引》出台。

63.首家外资养老保险公司——恒安标准养老保险有限责任公司筹建。

64.中国保险行业首个国家标准《保险术语》正式实施。

65.央行成立存款保险基金公司。

66.安联成为首家外资独资控股险企。

67.大家保险集团正式成立。

68.健康险新规出炉。

69.疫苗责任强制保险制度建立。

70."惠民保"席卷全国。

71.友邦"分改子"获批。

72.车险综合改革启动。

73.国内首家农业再保险公司——中国农业再保险股份有限公司成立。

74.重疾险疾病定义新规规范发布。

75.农险挥别"一省一费"。

76.新保险合同准则发布。

77.独立个人保险代理人制度实施。

78.重大疾险新规实施。

79.《再保险业务管理规定》修订完成。

80.《意外伤害保险业务监管办法》出台。

81. 互联网保险新规出炉。

82. 偿二代二期正式实施，引导行业回归本源。

83. 个人养老金业务开闸，助力第三支柱加快发展。

84. 农险保费首次突破千亿元，推进"扩面、增品、提标"。

85. 为冬奥会提供风险保障 3 208.64 亿元，积极服务重大国际赛事。

86. 绿色保险补上制度空白，助推"双碳"目标实现。

87. 上市险企采用"新会计准则"。

88. 国家金融监督管理总局挂牌成立。

89. 预定利率 3.5% 寿险产品停售。

90. 保险业全面推行"报行合一"。

91. 粤港澳跨境车险明确"等效先认"。

92. 保险业首次发布绿色保险分类指引。

93. 开展人身险"睡眠保单"清理专项工作。

94. 首个针对养老保险公司管理办法发布。

95. 4 家被接管的保险机构各有归宿。

96. 险企永续债掀起发行潮。

97. 党的二十届三中全会部署保险业改革。

98. 巨灾保险制度升级与台风理赔实践。

99. 银保渠道取消"1+3"限制深化报行合一。

100. 人身险预定利率进入动态调整时代。

101. 互联网财险新规抬升准入门槛。

102. 保险业新"国十条"发布高质量发展路线图。

103. 商业保险年金定义落地。

104. 险资培育"耐心资本"服务新质生产力。

105. 行业高水平对外开放深化。

106. 预定利率动态调整机制全面实施。

107. 金融"五篇大文章"指导意见落地。

108. 养老金融高质量发展方案出台。

109. 新保险合同会计准则过渡期放宽。

二维码 02

中国保险业大事记

§2.2 保险的含义与特征

2.2.1 保险的含义

保险作为近现代社会经济生活中的一个重要组成部分，与我们的生活息息相关。历史上，保险学者从各种不同的角度对保险加以研究并各自得出关于保险本质的论述，先后出现了"经济补偿制度说""经济补偿合同说""互助共济制度说""契约统一说"和"转移风险财务手段说"等关于保险本质的学说和理论。事实上，对于保险的含义，从不同的视角，有不同的理解。要完整地理解什么是保险，需要从以下几方面分析：

1.法律角度

从法律的角度理解，保险是一种合同行为，是通过合同的方式集合多数受同类风险威胁的人，组成共同团体集聚资金，用以补偿该团体成员在生活中特定事故发生时所遭受损失的行为。

保险合同，是一方当事人（称为投保人）按照约定支付另一方当事人（称为保险人）一定数额的金钱（保险费），另一方当事人对保险标的因约定事故发生所造成的损失、损害，或者在双方约定事故的期限届满时，按照双方约定承担金钱赔偿或者给付义务的协议。投保人与保险人在法律上地位平等，在平等、自愿的基础上，订立保险合同，确立权利义务关系。

2.经济角度

从经济意义上说，保险是集合同类风险资金建立基金，以对特定风险的后果提供经济保障，在同类风险单位间分摊损失的一种风险财务转移行为。通过这一机制，将众多的同类风险经济单位结合在一起，建立保险基金，补偿风险事故所造成的损失。面临风险的经济单位，通过参加保险，将风险转移给保险人，以财务上确定的小额支出代替经济生活中的不确定性（即可能的大额不确定损失），而保险人则借助大数法则，将足够多的面临同样风险的经济单位组织起来，按照损失分摊原则，建立保险基金，使整个社会的经济生活得以稳定。正是通过这样一项经济制度，实现了国民收入的再分配，体现了"人人为我，我为人人"的一种互助共济关系。

3.社会角度

社会意义上的保险是指国家在既定的政策下，通过立法手段建立社会保险基金，当劳动者由于年老、疾病、伤残、失业、生育以及死亡等原因，暂时或永久性失去劳动能力或劳动机会的时候，由国家或社会对其本人或家庭给予一定的物质帮助的社会保障行为。

根据《保险法》的规定，**保险是指投保人根据合同约定，向保险人支付保险费，保险人对于合同约定的可能发生的事故因其发生所造成的财产损失承担赔偿保**

险金责任，或者当被保险人死亡、伤残、疾病或者达到合同约定的年龄、期限等条件时承担给付保险金责任的商业保险行为。 如前文所述，该定义仅仅是从法律的角度来分析和认识保险的，所针对的是商业保险行为。本教材如无特殊说明，以后章节中所说的保险均指商业保险，以此定义为准。

2.2.2 保险的特征

通过对保险含义的分析，可以看出，通常意义上的保险具有经济性、互助性、商品性、法律性和科学性等基本特征。

1.经济性

保险是通过集合风险单位而实现损失分摊的一种经济保障活动，其目的是确保社会经济生活的稳定。其所保障的对象财产和人身，都直接或间接属于社会再生产中的生产资料和劳动力两大经济要素；实现保障的手段，一般也是采取货币支付方式。

2.互助性

保险是基于个体对损失规律把握的困难性和团体对损失规律把握的可能性而建立起来的一种互助机制。有了这种互助机制，可以降低社会后备基金的规模，从而降低全社会的风险管理成本。在这种互助机制下，参加者以利己的动机出发，但同时实现了利他的社会效果，因此，保险是众多互助机制中最容易推广、可持续性最强的一种。

3.商品性

在保险活动中，保险人销售保险产品，投保人购买保险产品，这是一种商品交换活动。这里所交换的是一种风险保障服务，投保人通过支付保险费获得风险保障服务，保险人则通过提供风险保障服务而收取保险费，这就体现了对价交换的一种商品经济关系。

4.法律性

一方面，保险关系的确立以保险合同为基础，受法律的保护和规范。从这个意义上说，保险是一种合同行为，是双方订立、履行保险合同的过程。另一方面，保险是一个特殊的产业，国家有专门的立法，建立专门的机构，对保险人、保险中介人的行为进行监督。

5.科学性

保险经营以概率论和数理统计等学科的理论和方法为基础，从产品设计到保险费率厘定，从准备金计提到再保险安排，都以精算科学为基础。

§2.3 保险的要素、职能与作用

2.3.1 保险的要素

保险的要素是指进行保险经济活动所应具备的基本条件。一般来说,现代商业保险的要素包括:可保风险、面临相同风险的众多经济单位、保险机构、保险费率的合理计算、保险基金、保险合同等。

1.可保风险

风险的存在与发展是保险产生的前提,没有风险,就没有保险。保险作为风险管理的重要手段具有补偿风险事故所造成损失的特点。但是,并不是所有风险都具有可保性,保险只承保特定的风险事故,也就是可保风险。

2.面临相同风险的众多经济单位

保险是通过集合同质风险实现其风险分散、损失补偿职能的。根据大数法则,只有将众多面临同样风险的经济单位集合起来,才能比较准确地预测风险事故,实现风险在同质风险经济单位间的转移,从而降低风险处理的成本。

3.保险机构

保险机构即专业从事风险保障服务的机构,如保险公司、保险互助组织等。

4.保险费率的合理计算

现代保险业是以精算为基础的,保险作为社会经济生活中的商品,合理定价是保险得以发展的重要基础。保险费率的厘定是保险定价的第一步,合理的保险费率不但要与所转移的风险相一致,而且保险费率还与保险人所承担的保险责任限额有关。

5.保险基金

保险基金是通过保险公司利用"蓄水池"原理建立起来的后备基金,是实现保险职能的物质基础。保险基金来源主要有保险费、保险机构的自有资本金以及投资收益等。

6.保险合同

保险上述要素的存在仅仅使得保险作为商品的供应成为现实,但是要真正实现保险的职能,保险公司与投保人之间必须就保险商品的买卖达成协议。通过保险合同的订立,合同双方的权利和义务加以明确,并且保险合同受法律保护,意味着保险活动受到法律的保护。

2.3.2 保险的职能

保险的职能分为基本职能和派生职能。保险的基本职能是保险与生俱来的、固有的职能,包括两个方面:一是分摊损失,二是补偿损失和保险金给付。保险的派生职能,顾名思义就是在保险基本职能的基础上,由保险基本职能所派生出来的职能，主要包括资金融通职能和社会管理。

1.分摊损失

保险的基本原理是根据大数法则，求得一定时间内某种风险事故发生的概率而开展经营的。这就意味着，面对同一风险在一定时期内，只有部分投保人可能遭受损失，保险公司对这些投保人的赔付额远远超过其保费，在这一过程中该期间没有遭受损失的投保人实际上分摊了这部分损失。损失分摊的实现是投保人购买保险时，保险公司假定每个人都会遭受风险事故而将一定时期内可能发生的自然灾害和意外事故所致经济损失的总额，在面临共同风险的投保人之间平均分摊。一定时间内，当部分投保人损失发生时，保险公司的理赔使单个人承受的损失，变成多数人共同承担的损失。

2.补偿损失和保险金给付

如前所述，保险的基本职能是分摊损失，这一过程的实现就是保险公司对投保人的损失补偿和保险金给付。补偿损失是在发生风险事故、造成损失后保险公司根据保险合同约定对投保人给予赔偿，这是非人寿保险的职能；保险金给付是在风险事故发生时，保险公司根据保险合同约定的保险金额进行给付，这是人寿保险的职能。由于人的身体和生命的价值很难用货币来衡量，无法说身体和生命的价值是多少钱，也就是说，人寿险金额并非真正意义上对身体和生命的补偿，所以一般被称为"给付"。

3.资金融通

保险具有"事前收费、事后补偿"的特点，因而使保费收入和保险金额赔付给付通常在时间上不一致，从而使保险这种经济活动具有显著的聚集社会资金的能力。作为金融体系中的重要组成部分，保险活动承载和发挥了资金融通的功能：一方面，通过销售保单、承揽保险业务的活动实现社会资金的聚集并分流；另一方面，通过各种形式的投资将保险经营过程中积累的保险资金加以运用。由于保险资金具有来源稳定、期限长（特别是寿险）、规模大的优势，因而保险资产管理公司（部门）成为资本市场上重要的机构投资者，保险资金成为资本市场上稳定的资金来源。

4.社会管理

广义的社会管理是指对一切社会活动领域的管理，包括政治管理、经济管理、社会文化生活管理。狭义的社会管理主要指对社会秩序、人口、环境、社会保障、社会福利以及社会服务等方面的管理。从发达国家的经验来看，狭义的社会管理职能主要是由政府和第三部门（主要是中介组织）来完成的，企业在一定的条件下也承担了一部分社会管理的职能，如商业保险公司。实践表明，保险的社会管理职能是商业保险发展到一定阶段的产物，是商业保险职能的升华。从经济学的角度看，商业保险的社会管理职能是商业保险发展到一定阶段所产生的一种外部性，而这样的外部性正是在保险人追求利润的过程中通过向社会提供有效的产品和服务来实现的，是其经营成果向社会的"外溢"。

保险的社会管理功能具有十分丰富的内涵：一是社会风险管理，保险公司不仅具有识别、衡量和分析风险知识的专业人才，而且保险行业收集积累了大量有关风险的信息资料，这就决定了保险公司可以在国家应对公共突发事件的应急处理机制中发挥重要作用，保险行业可以为全社会风险管理提供有力的数据支持。此外，保险公司能够发挥专业优势，积极主动地参与、配合其他防灾防损主管部门开展防灾防损工作，实现对风险的控制和管理。二是社会关系管理，通过发展各种责任保险，可以有效调节消费者与企业、雇主与雇员、医生与病人、学生与学校等社会关系，可以改变社会主体的行为模式，减少社会摩擦。三是社会信用管理，保险公司经营的产品实际上是一种以信用为基础、以法律为保障的承诺，在培养和增强社会的诚信意识方面具有潜移默化的作用。四是社会保障管理，商业保险是社会保障体系的重要组成部分，在完善社会保障体系方面发挥着重要的功能。

2.3.3　保险的作用

保险的作用是其功能在特定历史时期和社会条件下的反映，是保险制度所表现出来的对社会和经济发展的影响。根据影响对象的不同，可以从宏观和微观两个方面来考察保险的作用。

1.保险的宏观作用

保险的宏观作用是保险对全社会和国民经济总体所产生的经济效应，具体表现为以下几方面。

（1）保障社会再生产的正常进行。社会再生产过程由生产、分配、交换和消费四个环节组成，它们在时间上应当是连续的，在空间上是均衡的。但是，再生产过程的这种连续性和均衡性会因各种灾害事故而被迫中断或失衡，而自然灾害和风险事故是不可避免的。保险的经济补偿能够及时地对这种中断和失衡发挥补偿作用，从而保证社会再生产的连续性和稳定性。

（2）稳定居民未来预期、推动商品流通和消费。保险所具有的对未来风险、事故的补偿和给付功能可以减轻人们对未来经济、社会保障不足的忧虑。对未来保障的信心增强，在一定程度上使人们当前的经济消费能力得到保障，从而刺激当期消费。商品必须通过流通过程的交换才能进入生产消费和生活消费，在交换行为中不可避免地存在着交易双方的资信风险和产品质量风险的障碍，保险为克服这些障碍提供了有效途径。

（3）有利于科学技术的推广应用。"科学技术是第一生产力"，采用新技术比采用落后的技术显然更能提高劳动生产率。当经济主体采用新技术时，面临的不确定性和潜在风险也随之增加。保险为技术创新提供风险保障，使企业在引进和使用高新技术时拥有"安全垫"，从而加快科研成果转化为现实生产力的进程，推动科技进步和产业升级。

（4）有利于财政和信贷收支平衡的顺利实现和国民经济持续稳定的发展。财政和信贷是国民经济宏观调控的两大支柱。相对资金运动来说，物质资料的生产、流通与消费是第一性的，所以，财政和信贷所支配的资金运动的规模与结构首先决定于生产、流通和消费的规模与结构。毫无疑问，自然灾害和意外事故导致的破坏，都可能在一定程度上造成财政收入的减少和银行贷款归流的中断，此外还可能会增加财政和信贷支出，从而影响国家宏观调控手段的发挥。如果生产单位或个人参加了保险，财产损失得到了保险补偿，恢复生产和经营就有了资金保证，银行信贷也能得到及时的清偿或重新获得物质保证，从而保证财政收入的基本稳定，最终实现促进国民经济持续稳定的发展。

（5）有利于资本的有效配置，促进金融繁荣和稳定。首先，现代意义上的保险不仅是对国民收入的再分配，还是对经济资本的再配置。在资本市场上，保险公司作为拥有大量资金和具备更高风险管理水平的机构投资者，通过其投资行为，实现保险资金更有效的配置，能促进金融繁荣。其次，保险作为风险管理的主要手段，企业购买保险的行为就是企业实施风险管理的过程和主要环节。企业有效的风险管理行为可以提高企业在资本市场上的信用形象，降低企业的融资成本，从而提高企业的融资能力。此外，作为金融体系的重要组成部分，保险可以改变金融资产的期限结构。人们购买保险，实际上是将现在的一部分财富积累起来，以满足未来的经济需要。保险企业大规模的中长期资金沉淀可用于满足中长期投资需求，同时降低金融体系中资产与负债的期限错配的风险，这对于一国的金融稳定而言至关重要。

（6）有利于社会的安定。保险是政府履行社会安全保障职能的重要手段，保险为被保险的企业、家庭和个人提供了经济补偿和支持，被誉为经济上的"保护伞"、财务上的"稳定器"；商业保险参与诸如老年风险、失业风险、工伤风险等社会风险管理，为政府分担着来自社会保障方面愈来愈大的压力。保险活动在辅助政府实施社会风险管理，建立和谐社会方面，发挥着重要的作用。

（7）有利于推动社会经济交往和对外贸易。现代社会的经济交往主要表现为商品的买卖和资金的借贷，这均涉及一个关键问题——信用，显然信用越好，实现经济交易的可能性就越大。保险作为对意外事故的经济补偿，在一定程度上消除了经济主体对信用的顾虑。现代社会经济发展的经验表明，企业之间的贸易和商务活动越来越离不开保险的推动作用。并且，一些保险合同本身就是企业进行正常贸易活动的前提，比如出口信用保险，大大促进了对外贸易活动的繁荣。

2.保险的微观作用

商业保险在微观经济中的作用是指保险作为经济单位或个人风险管理的财务处理手段所产生的经济效应。从一般意义上说，保险的微观作用主要表现在以下几方面。

（1）有利于受灾企业及时恢复生产。在物质资料生产过程中，自然灾害和意外事故是不可避免的。保险赔偿具有合理、及时、有效的特点，投保企业一旦遭遇灾害事故，发生损失，就能够按照保险合同约定的条件及时从保险公司得到赔偿，获得资金，恢复生产经营。

（2）有利于企业加强经营核算。保险作为企业风险管理的财务手段之一，能够把企业不确定的灾害损失化为固定的、少量的保险费支出，并摊入企业的生产成本或流通费用，这符合企业经营核算制度，企业通过交付保险费，把风险损失转嫁给保险公司，保证了企业财务成果的稳定。

（3）有利于企业加强风险管理。尽管保险补偿可以在短时间内消除或减轻灾害事故的影响，但防范风险于未然是企业和保险公司利益一致的行为。保险公司不仅聚集了保险专业领域的专业人才，而且由于其经常参与处理各种灾害事故，积累了丰富的风险管理经验。保险公司不仅可以与企业开展各种风险管理的经验交流，而且保险公司在承保时对投保企业所进行的风险调查与分析、承保期间对承保企业的危险检查与监督等活动，在一定程度上起到了消除危险的潜在因素，具有防灾防损的作用。

（4）有利于保障人民生活的安定。家庭生活的安定是人们从事生产劳动、学习和其他各项社会活动的基本前提。但是，自然灾害和意外事故对于家庭来说是不可避免的。通过参加保险，可以对家庭风险进行有效的管理。例如，人身保险作为对社会保险和社会福利的补充，能够起到保障家庭正常经济活动的作用。

（5）有利于民事赔偿责任的履行。作为一个社会人，人们在日常生产活动和社会活动中不可能完全排除由于民事侵权行为而承担民事赔偿责任的可能性。为了避免或减少因承担民事赔偿责任而导致个人或单位的经济损失，单位或个人可以通过购买保险的办法将可能承担的民事赔偿责任风险转移给保险公司，不仅起到自身减损的目的，而且可以使被侵权人获得保险金额内的民事赔偿从而保障其合法权益。

§2.4　保险与类似行为的比较

为了加深对保险的认识与理解，有必要将其与相关或相近的其他经济行为进行比较。

2.4.1　保险与赌博

众所周知，赌博是基于偶然事件的发生而获得收益的行为，这与保险因偶然事件的发生而获得补偿或金钱给付有一定的相似之处。但是，从本质上看，二者是存在明显区别的，主要表现在以下几方面：

第一，保险行为所涉及的风险是客观存在的，与保险行为本身没有直接关系。例如，不管投保人是否为自己的轿车投保，该轿车都有丢失的可能，投保人投保轿车丢失的风险是客观存在的，这一风险是纯粹风险。但是，赌博的风险则是赌博行为本身引起的，是赌徒利用不确定的随机事件获利所带来的发生损失的可能性，也就是说，赌博行为所产生的损失是能够因赌博行为的避免而不发生的，这一损失风险是与赌徒的客观行为有关的。

第二，保险没有增加风险的总量，它只是利用统计学和经济学相关原理将客观存在的、可能发生的风险损失，由参加保险的一方转移到保险人，其结果是对社会有益的；而赌博则由于其投机性特点，客观上可能制造或增加新的风险，而且这种风险损失无法转移，对整个社会来说不产生利益。需要注意的是，此处所说的赌博是指个体的单个行为，如果从博彩业的角度来看，博彩业对社会整体经济总量还是产生收益的。

第三，从保险的发展历史可以明确看出，保险的目的是基于人类互助合作的精神，以转移风险为动机，谋求经济生活的安定，并不以产生额外获利而存在；而赌博则是基于人们的投机和贪婪心理，以冒险获利为动机，侥幸图利，具有额外获利的可能，它是风险产生的根源，也是家庭社会生活动荡的原因之一。

第四，保险和赌博与随机事件的关系不同。保险要求投保人对保险对象必须具备可保利益（保险利益原则将在后面详细解释），投保人不能对与之毫不相关的标的物投保；而对赌博行为而言，并不要求赌博参与人与赌博对象或内容有利益关系。因此，赌博涉及的事件五花八门，可以是体育比赛，也可以是政治选举，赌博参与人并不要求一定是这些事件的当事人。

2.4.2　保险与储蓄

保险与储蓄都是通过对资金的运用，为将来的事件做经济上的准备，以满足未来金钱上的要求。保险，尤其是人寿保险，带有很强的储蓄色彩。即便如此，保险与储蓄仍有许多不同之处：

第一，两者体现的经济关系不一样。保险是一种互助性的、共同的经济行为，体现了"人人为我、我为人人"的精神。从技术层面看，保险需要特殊的精算技术；储蓄是一种个人经济行为，无须求助他人，取决于自身的经济水平和意愿，不需要复杂的计算技术。

第二，保险在不退保的情况下，个人一旦支出了相应的资金（交纳保费），便失去了对这部分财产的所有权，保费所形成的共同财产准备要由保险人根据保险条件来决定其使用途径与方法，投保人一般无权干涉；但是，对储户而言，储户所存入银行的资产仍然是个人财产的一部分，归储户个人所有，并可按照储户意愿自由支取，银行不能对储户存款的使用进行干涉。

第三，从整体角度看，传统意义上所有投保人的支付与保险公司的反支付具有对等的关系。但是，对于个人而言，则不具备这种关系。很明显，如果未发生保险事故，保险费不返还（具有投资功能的寿险产品除外）；如果发生保险事故，投保人获得远远高于保险费的补偿；与保险相反，储蓄行为的支付与反支付对等关系体现在个人身上，储户将一笔钱存入银行，将来取出的是本金和银行使用这笔钱的费用（利息）。

2.4.3　保险与救济

保险与救济都是对灾害事故进行补偿的行为，都可以减轻灾害事故给人们造成的损失，但两者是存在区别的：

第一，从法律的角度讲，保险是一种合同行为，双方都要受合同的约束，而救济是一种施舍行为，任何一方都不受约束。

第二，保险是双务行为，投保人和保险人之间存在对价交易，双方存在相互支付的情况，而救济是单务行为，被救济者与救济者之间不存在对价交易。

第三，保险金的给付有一定的计算方法，且与投保人支付的对价有一定的联系，而救济金的给付与否及金额多少，则完全出于救济人的心愿，无一定的对价作基础。

专栏2-7•学习指导

关于救济

救济行为虽不是合同行为，但实际中要分开来看。对于民间的救济行为，救济方和接受救济方都不受任何法律上的约束，对于救济人而言，其行为完全自由，是否救济、救济多少都由自己决定。对于政府救济，虽然不是合同行为，但却受到法律的约束，是以法律的形式确定下来的政府职责之一，政府不能任意决定是否救济、救济多少，一定要按照法律规定的框架进行救济。

2.4.4　保险与自保

保险与自保对于风险事故所造成的损失都是以科学方法为基础形成资金准备而应付之。两者的不同点在于：

第一，保险是众多经济单位的共同行为，而自保是个别经济单位的单独行为。前者通过风险转移来实现，而后者属于风险自留的一种特殊形式。

第二，保险费的交付，意味着这笔资金的所有权完全转移给保险人，如无保险事故发生，投保人不得收回；而自保不同，如果风险事故不发生或损失较少，则剩余的准备资金仍属于该经济单位。

§2.5　保险的分类

当代保险业发展迅速，保险领域不断扩大，保险的分类还没有形成一个固定的原则和统一的标准。在不同的场合，根据不同的要求、从不同的角度，可以有不同的分类方法，又根据保险市场的不同需要设计出不同的产品。一般来说，保险有以下几种不同的分类方法。

2.5.1　按照保险标的区分

按照保险标的的不同，国际上将保险区分为人寿保险和非人寿保险两大类。其中，非人寿保险包括非人身险和健康保险、人身意外伤害保险。按照我国《保险法》针对保险标的的分类，保险分为人身保险和财产保险。其中，人身保险是以人的寿命和身体为保险标的的一类保险，它又可分为人寿保险、健康保险、人身意外伤害保险三类；财产保险是以财产及其有关的利益、损害赔偿责任、信用风险等为保险标的的一类保险，它又可分为财产损失保险、责任保险和信用保证保险三类。

1. 人寿保险

人寿保险作为人身保险的一种，以人的寿命为保险标的，当被保险人死亡或达到保险合同约定的年龄或期限时，由保险人承担给付保险金的义务。人寿保险是人身保险中发展得最早的，主要应对两类人身风险：一是被保险人死得过早，未能完成其家庭责任，致使依靠其维持生活的人或者与其合作的人陷于困境；二是被保险人由于没有充分的物质准备，致使自己年老时的生活失去依靠。

2. 健康保险

健康保险是以人的身体为保险标的的一种人身保险。如果被保险人在保险有效期间因疾病、分娩或遭受意外伤害而发生医疗费用支出致使经济损失，保险人承担保险金给付责任。

3. 人身意外伤害保险

人身意外伤害保险是指在保险有效期间，被保险人因遭受非本意的、外来的、突然的意外事故，而导致其受伤、残疾或死亡时，由保险人承担给付保险金责任的一种人身保险。

4. 财产损失保险

财产损失保险是以有形的物质财产为保险标的，对因自然灾害或意外事故所造成投保人或被保险人的财产损失给予经济补偿的一种保险。它又称普通财产保险，包括企业财产保险、家庭财产保险、工程保险、运输工具保险、货物运输保险、农业保险等。

5. 责任保险

责任保险是以投保人或被保险人因民事侵权所可能承担的民事损害赔偿责任为保险标的的一种保险。无论自然人或法人，在日常生活或开展业务活动的过程中，都有可能因疏忽、过失等行为而导致他人遭受损害而需要承担相应的赔偿责任，责任保险就是基于应对这种风险而产生的。

6. 信用保证保险

信用保证保险是以信用风险为保险标的的一类财产保险。对信用关系的一方因对方未履行合同义务或不法行为而遭受的经济损失，保险人承担经济赔偿责任。对信用保证保险而言，信用关系的双方（权利方和义务方）都可以投保。权利人作为投保人要求保险人担义务方履约，称之为信用保险；义务方作为投保人要求保险人为其自己的信用提供担保，称之为保证保险。

专栏 2-8 • 特别关注

农业保险

农业保险是指专为农业生产者在从事种植业和养殖业生产过程中，对遭受自然灾害和意外事故所造成的经济损失提供保障的一种保险，是国家粮食安全的战略支撑工具。当前，我国农业保险既包括水稻、小麦、玉米三大主粮完全成本保险、大豆收入保险等战略险种全国覆盖，也持续扩大生猪保险、奶牛保险、森林火灾保险、烤烟种植、棉田地膜覆盖雹灾等传统险种保障范围。同时，通过68亿元中央财政奖补激活地方特色创新，如东莞荔枝气象指数险、吉林高端肉牛险、宁夏枸杞价格险以及牡蛎养殖台风指数险等500余种区域性产品，并依托卫星遥感、电子耳标等科技手段提升理赔精度，实现从单一灾害补偿向多维度风险治理的体系升级。

2.5.2 按照经营目的区分

按照经营目的的不同，保险可分为商业保险、社会保险、政策保险和互助合作保险四类。其中商业保险属于营利性保险，社会保险、政策性保险和互助合作保险则属于非营利性保险。

1.商业保险

商业保险是以营利为目的的一种商业行为，多数采用保险机构经营的形式，但也有以个人形式经营的，如劳合社中的承保人。通常情况下，如果没有特殊说明，保险即指商业保险。

2.社会保险

社会保险是依据国家立法强制实施的一类保险，是社会保障体系的重要组成部分。社会保险是非营利性的，通常包括社会养老保险、社会医疗保险、失业保险、工伤保险和生育保险等。

3.政策性保险

政策性保险是为国家推行某种政策而配套的一类保险，其目的是实施国家某一政策或战略决策。例如，国家为鼓励出口贸易而开设出口信用保险，国家为减轻群众地震灾害的损失而开设地震保险等。

4.互助合作保险

互助合作保险是由民间举办的非营利性保险，这是最古老的保险形式。在各种行业组织、民间团体中存在较多，如船东互保协会和农产品保险协会等。

2.5.3 按照实施方式区分

按照实施方式分，保险可分为强制保险和自愿保险两大类。

1.强制保险

强制保险又称法定保险，是国家通过法律法规强制国民必须参加的保险。国家实行强制保险通常有两种情况：一是国家为了实行某项社会政策，如社会保险；二是开展某种保险有益于社会公共利益，如对机动车辆第三者责任实行强制保险，有利于保障交通事故受害者的利益。

2.自愿保险

自愿保险是投保人根据自己的需求自由决定是否参加保险，保险人也可根据情况决定是否承保，双方都有选择的权利。

2.5.4　按照风险转移方式区分

1.按照纵向风险转移的层次，保险可分为原保险和再保险

（1）原保险。原保险是指投保人与保险人之间直接签订保险合同而订立的保险关系，故又称直接保险。它是风险的第一次转移。

（2）再保险（reinsurance）。再保险是指原保险人对自己所承担的风险责任，为避免因某类风险责任过于集中而导致由于一次或若干次重大灾害事故影响自身的财务稳定性，将其所承保的一部分风险转移给其他保险人的经济行为。

2.按照横向风险转移的方式，保险可分为复合保险、重复保险和共同保险

（1）复合保险和重复保险。投保人在同一期限内就同一保险标的、同一保险利益、同一风险事故分别向两个或两个以上保险人投保，如果保险金额之和没有超过保险标的的实际可保价值，称为复合保险；如果保险金额之和超过保险标的的实际可保价值，称为重复保险。

（2）共同保险。共同保险也称共保，是两个或两个以上保险人联合起来共同承保同一保险标的、同一保险利益、同一保险事故，保险金额之和没有超过保险标的的实际可保价值，所有这些保险人与投保人共同订立一张保险契约。

3.相似概念的比较与区别

（1）共同保险和再保险。共同保险中，每一个保险人直接面对投保人，各保险人的地位是一样的，风险在各保险人之间被横向分摊；而再保险中，投保人直接面对原保险人，原保险人又与再保险人发生业务关系，投保人与再保险人之间没有直接的联系，风险在各保险人之间被纵向分摊。

（2）共同保险和复合保险。两者在本质上是相同的，都是两个或两个以上保险人共同承保某一风险，但在形式上存在差别：共同保险中，几家保险人事先已经达成协议，决定共同承保，投保人与几家保险人之间签订的是一份保险合同，各保险人是主动采用这种共同分担方式的；而复合保险中，保险人事先并未达成协议，投保人与各保险人之间分别签订保险合同。复合保险中是投保人主动采取风险分散行为，保险人对于这种共同分担方式是被动接受的。

2.5.5　其他分类方式

1.按保险客户分类

按保险客户分类，保险可分为个人保险和团体保险。

（1）个人保险，投保人是单个的自然人，是以个人的名义向保险人购买的保险。

（2）团体保险，投保人为集体，投保的团体与保险人签订一份保险总合同，向集体内的成员提供保险，保险费率要低于个人保险，团体保险多用于人身保险。

2.按是否在保险合同中列明保险标的物的价值分类

按是否在保险合同中列明保险标的物的价值，保险可分为不定值保险和定值

保险。

（1）不定值保险，指在保险合同中不事先列明保险标的的实际价值，仅将列明的保险金额作为赔偿的最高限额。

（2）定值保险，指在保险合同中列明由当事人双方事先确定的保险标的物的实际价值，即保险价值，如果保险标的发生损失，保险人则按此价值进行赔偿。

3.按保险金额占保险标的物价值的比例分类

按保险金额占保险标的物价值的比例，保险可分为足额保险、不足额保险和超额保险。

（1）足额保险，是指投保人以全部保险价值投保，保险合同中确定的保险金额与保险价值相等。

（2）不足额保险，也称部分保险，指的是保险合同中约定的保险金额小于保险价值。

（3）超额保险，指的是保险合同中约定的保险金额大于保险价值。

4.按承保风险的数量分类

按承保风险的数量，保险分为单一风险保险、综合风险保险和一切险。

（1）单一风险保险，即保险人仅对被保险人所面临的某一种风险提供保险保障。

（2）综合风险保险，简称综合险，即保险人对被保险人所面临的两种或两种以上的风险承担经济补偿责任。目前，大部分保险险种都是综合风险保险。

（3）一切险，即保险人除了对合同中列举出来的不保风险外，对被保险人面临的其他一切风险都负有经济赔偿责任。

一切险和综合险的区别是：一切险是将保险合同中没有明示的风险视为保险责任，而综合险是将保险合同中没有明示的风险视为除外责任。

5.按保险的性质分类

按保险的性质，可分为补偿性保险和给付性保险。

（1）补偿性保险，各类财产保险多属于补偿性保险，在保险事故发生时，由保险人评估实际损失数额，在保险金额限度内据实支付保险赔偿金额。此外，人身保险中的健康保险、疾病保险、意外伤害保险等以医疗费用、住院费用、疾病津贴等实际费用的支出进行补偿，也具有补偿的性质。

（2）给付性保险，是指保险双方当事人在订立保险合同之前，事先约定一个保险金额，当发生保险事故时，由保险人按约定的保险金额给付。人身保险多属于这种性质的保险，如人寿保险和年金保险。

§2.6 保险的价值与意义

保险的价值是建立在保险的功能和作用基础上、对社会意识形态的发展和进步所产生的影响，有必要深入理解保险在其发展进程中逐渐形成的伦理基础和文化理念，理解保险对社会生活的重要意义。

2.6.1　保险的伦理基础

1.崇尚最大诚信的社会伦理

诚信不仅是市场经济的基础，也是体现一个社会文明进步的准绳。保险业在其发展的历史长河中，始终如一地强调最大诚信原则，并将最大诚信原则视为保险经营的基本原则和生存基础。这一原则不仅规范和促进了保险业自身的发展，同时也极大地促进了整个社会的诚信建设。例如，我国《保险代理从业人员执业行为守则》第十四条规定："保险代理从业人员在向客户提供保险建议之前，应深入了解和分析需求，不得强迫或诱骗客户购买保险产品。"第十六条规定："保险代理从业人员应当客观、全面、准确地向客户提供有关保险产品与服务的信息，不得夸大保障范围和保障功能；对于有关保险人责任免除、投保人和被保险人应履行的义务以及退保的法律法规和保险条款，应当向客户作出详细说明。"正是保险人这种对"诚"的坚持，才能保证保险双方"信"的关系的实现。

保险客户涉及社会的各个领域，保险交易中诚信环境的改善，有助于诚信成为扩大社会成员参与经济活动的标准，意味着诚信关系从保险行业向其他领域的扩散。

2.利己与利他和谐统一的经济伦理

传统经济学的一个基本假设是所谓"经济人"假设，即人是利己的，是为自身利益或效用的最大化而进行决策的。换言之，在经济生活中，"利己"是一种普遍存在的激励机制。亚当·斯密曾经提出过"看不见的手"的观点，他认为，当经济个体以追求自身利益最大化为目标来参与经济活动时，客观上会为整个社会带来正面的效果，即所谓"主观为自己，客观为人人"。可以说，亚当·斯密这种富含哲理的论断已经被现代市场经济的运行效果所证明。"利己"动机能够导向"利他"效果，这正是市场经济生存和发展的逻辑和伦理基础。

保险发轫于早期的商品经济社会，成熟于市场经济时期。可以说，从诞生之日起，保险制度就天然地继承了西方社会的经济伦理，并且以更为显著、更为直接的方式表现出来。从保险消费者的角度出发，支付保费的目的是合理转移风险，保障自身的财产安全或为亲属的生活提供安全的经济保障，这无疑是出于一种"利己"动机。从保险提供者的角度出发，接受并汇集消费者转移的风险，同时收取相应的保费，其目的也是获取合理的商业利润（对商业保险而言）。因此，无论是保险的消费者还是提供者，他们参与风险的交易，都是出于"利己"的动机。但这种交易最后为全体社会带来了非常积极的客观效果：经济个体的风险得以转移，损失得以分摊，为整体经济和社会的平稳运行提供了有效的制度保障。可以说，保险是一种基于市场规律的社会慈善机制，是经济运行的内在稳定机制。这里，"看不见的手"的力量得到极大彰显，经济个体和全社会之间呈现"双赢"或"多赢"局面，"利己"和"利他"达到了和谐的统一。

3.爱岗敬业的职业伦理

保险体现着投保人对保险人的高度信任，投保人将平时收入的一部分交给保险人，以获得出险的保险赔付。这就决定了保险人肩负着重要的责任。保险人的工作效果影响着投保人未来的生产和生活，保险人从事的是高尚的爱心事业，必须超出一般的商业利益来看待自己的工作，必须用和谐友爱的理想信念激发干事创业的强大动力，必须陶冶自身的高尚情操，体现保险企业的社会责任和保险行业的社会价值。

2.6.2　保险的文化底蕴

1.保险文化的含义

文化一般是指人类所创造的精神财富，或者说是财富中的精神部分。随着历史的变迁和空间的转移，文化呈现出不同的精神内涵。具体来说，文化就是在特定领域、特定历史阶段中，人们对周围事物认识的总和。"保险文化"是人们在保险业发展进程中所表现出的对保险理念、制度、行为等相关事物的认知。

2.保险文化的核心是"以人为本"

保险文化的精神内涵是非常丰富的，这也正是保险行业繁荣和发展的重要基础，而最核心的精神思想是以人为本的人本主义思想。

人从意识到自身的存在，就开始了对自身环境的思考，这种生存本能的反应，导致了人对周边环境各种变化的探究。这个历程的不断深入，使得人类逐渐认识到风险存在的客观性，以及管理风险的必要性。后来人们意识到，运用集体的力量会更容易规避个人风险。于是他们把资金汇集到一起，用于帮助陷于危难的他人，保险就这样产生了。而每一次人类对自身需要认识的发展，保险业都会作出相应的反应和创新。这种与时俱进的发展特征并非偶然，而是以人为本的文化内涵的体现。所以，保险文化是具有现代人文情怀的服务文化，是对生命和健康核心价值的推崇，是对稳定和谐生产生活的追求。保险文化的核心是人类自我认识、自我关怀的人文精神，是人与人之间和谐友爱、人与自然和谐相处的和谐理念。

3.保险文化的历史变迁

人类社会的发展从不同侧面影响着当时人们对风险和风险管理的认识，进而影响着保险文化。保险的产生正是"划分现代和过去时代的分水岭"。原始社会中，群居部落中的人们对风险的认识极为有限，同时也缺乏保险存在的社会基础，因为那时是由所有社会成员共同承担风险，无所谓个人损失，因而不会有保险的产生。随着私有制的出现和发展，保险存在和发展的经济和社会基础得以形成，于是出现了原始的保险形态，这个时代的人们开始注重和探索用各种保险模式来保障自身生活以及工作的安全。进入现代社会后，人类的生产生活方式发生了巨大变化，开始面临许多新的过去不曾遇到的风险，从而迫使人们开始思考和建立起能够抵御这些风险的有效机制，并逐渐形成了对现代保险业的认知。

今天，我们眼中的保险正是人类在与风险进行长期抗争中形成的精神财富。和现代社会发展的早期相比，当代的人们愈发意识到，在共同面对风险时，人与人之间的相互依赖、相互友爱、相互帮助的重要性。保险正是这样一种精神的反映。

4.保险文化对保险发展的反作用

美国历史学家戴维·兰德斯在《国家的穷与富》一书中断言："如果经济发展给了我们什么启示，那就是文化乃举足轻重的因素。"同样，保险业的发展，也需要保险文化的支撑。保险文化对保险发展的反作用，主要体现为对本国或本地区保险发展过程的促进作用。保险人如果能够顺应市场的环境，了解投保人对保险的需求，就能够提供更适合的保险产品和服务，促进保险业的发展；反之，则会影响保险业的发展。

现代社会中保险文化的反作用还体现在，在全球化进程中，一国保险公司进入另一国市场，如果缺乏对当地人口状况、经济状况和社会状况的分析，缺乏与当地人的交流，不能获得当地人的认同感，就很难推动业务发展；反之，如果对该国独特的情况给予重视，加强与当地人的沟通，就可以大大加快保险业务本地化的进程。

2.6.3　保险的重要意义

1.保险是社会经济发展的稳定器

首先，商业保险是一种市场化的风险转移和社会互助制度。商业保险通过经济损失补偿与到期给付，帮助被保险人尽快恢复生产和生活秩序，保障了社会再生产的顺利进行，有利于社会的稳定。保险不仅在微观上为企业和家庭提供了经济保障，从宏观上来看，也起到了稳定经济的作用。例如，在经济发展相对繁荣时，保险可以吸纳较多的"储蓄"，减少即期消费，为经济适当降温；在经济发展相对萧条时，保险可以通过支付养老保险金、失业保险金等方式，维持一定的消费水平，为经济适当增温。

其次，社会保险承担了政府的部分社会保障职能。从国外的经验来看，建立多层次的社会保障体系是政府所追求的目标。政府、企业和个人共同构筑了一个社会的安全保障网。此外，如前所述，企业和个人所购买的商业保险也是对社会保险的有益补充，客观上实现了社会保障的目的。

2.保险是社会经济增长的助推器

如前文所述，保险能够有效激活储蓄，从而促进经济增长。保险公司通过销售保险产品，吸引、积聚社会资金，其中特别是寿险资金具有规模大、期限长的特点，是政府和企业所需长期资金的重要来源之一。同时，保险可以促进商品的流通和消费。保险可以通过提供诸如信用保险、履约保证保险等方式，促进商品的流通和契约的建立。在消费领域，保险通过为产品提供质量责任保险，消除消费者的顾虑，加快消费者对新产品的认同过程，一方面促进了新产品的开发，另一方面促进了消费。

在我国现阶段，保险特别有助于科学技术向生产力的转化。高新技术在研究、开发和使用的各个环节上都充满了不确定性，使当事人承担了很大的风险。保险可以为高新技术的研究、开发和使用等各个环节提供风险保障，为实现高新技术向现实生产力的转化保驾护航。

3.保险是社会经济运行的润滑剂

保险能够协调社会矛盾，减少社会摩擦。社会运转中经常存在各种各样的矛盾，因此需要一种能消除各主体之间矛盾与摩擦、减少冲突的机制，以保障社会正常运转。保险通过提供诸如各种商业责任保险、信用保险和保证保险等参与到具体社会关系当中。一旦被保险人需要承担赔偿责任，通过保险就可能得到妥善解决，这就会减少对政府和法律诉讼等公共资源的依赖，从而降低了社会运行成本。此外，保险也逐步改变了社会主体的行为模式，为维护政府、企业和个人之间正常、有序的社会关系创造了有利条件，起到了社会润滑剂的作用，提高了社会运行效率。

保险能够在社会动力机制和稳定机制之间发挥协调作用。作为一种对损失的补偿，它可以使竞争中的弱者获得保护，能使因意外原因在竞争中遭遇困难的企业和个人获得喘息和调整的机会，从而减少了因企业陷入困境和社会成员心理失衡而导致的社会动荡的可能性。作为一项社会互助制度，由于保险互助行为转变为一种义务规范，能增强社会成员之间、组织之间、地区之间的互助意识和社会责任感，从而促进社会系统的协调。

专栏2-9•学习指导

保险的潜在负面影响及其应对

辩证法告诉我们，任何事物都要一分为二来看待，对保险业也是如此。

在保障经济稳定、促进社会和谐的同时，保险也有潜在的负面影响。在保险经济活动过程中，由于其经营方式的特殊性，产生了大量心理风险和道德风险。其直接后果是某些投保人或被保险人对保险标的的安全防范工作不再重视，有的甚至进行欺诈性保险索赔。在保险业发达的西方社会，保险欺诈案件屡见不鲜，如美国财产保险公司最伤脑筋的事情之一就是被保险人故意纵火烧毁自己已经投保的财产。在我国，随着保险业的飞速发展，各种道德风险引发的保险欺诈案件也呈逐年上升趋势。此外，心理风险比道德风险在我国具有更加广泛的存在空间，如有相当多的被保险人认为既然已经买了保险，其风险就应该由保险人承担，自己无须再去认真进行安全防范，发生灾害之后也不用对保险标的进行积极施救等。

为了尽量降低保险的负面影响，人们采取了许多积极的对策。其中，最重要的方法之一就是从保险条款入手。保险人除了通过保险条款来约定自己应当承担的保险责任外，还要通过保险条款来明确自己不予承担责任的保险责任，即责任免除。在保险实务中，责任免除通常用明确列明的方式来表示，因此，在许多保险条款中，其责任免除条款包括的内容及文字都较多。

★ 本章小结

1.根据《保险法》第二条的规定，保险指投保人根据合同约定，向保险人支付保险费，保险人对于合同约定的可能发生的事故因其发生所造成的财产损失承担赔偿保险金责任，或者当被保险人死亡、伤残、疾病或者达到合同约定的年龄、期限等条件时承担给付保险金责任的商业保险行为。本质上，保险是一种风险转移机制，是集合同类风险单位以分摊损失的一项经济制度，也是一种法律关系。它与赌博、储蓄、担保、救济和自保有着本质的区别。保险的基本特征主要有：经济性、互助性、商品性、法律性和科学性等。

2.保险的要素是指进行保险经济活动所应具备的基本条件。一般来说，现代商业保险的要素包括：可保风险的存在、面临相同风险的众多经济单位、保险机构的存在、保险费率的合理计算、保险基金的建立、保险合同的订立等。

3.保险的职能分为基本职能和派生职能。保险的基本职能是保险原始与固有的职能，一是分摊损失，二是补偿损失和保险金给付；保险的派生职能是在基本职能的基础上产生的职能，主要有资金融通职能和社会管理职能。

4.保险的作用是其功能在特定历史时期和社会条件下的反映，是保险制度所表现出来的社会和经济发展的影响。根据影响对象的不同，保险的作用可以从宏观和微观两个方面来进行分析。

★ 综合训练

2.1 单项选择题

1.近代保险首先是从（　　）发展而来的。

A.火灾保险　　　B.海上保险　　　C.人身保险　　　D.洪水保险

2.（　　）被称为"现代火灾保险之父"。

A.巴蓬　　　　　　　　　　B.本杰明·富兰克林

C.巴菲特　　　　　　　　　D.劳埃德

3.国内"保险第一股"由（　　）首发。

A.太平洋保险　　　　　　　B.平安保险

C.中国人寿　　　　　　　　D.泰康人寿

4.国内金融业首条集保险报案、咨询、投保等功能于一体的专线服务电话号码是（　　）。

A.98888　　　　　B.95588　　　　　C.95188　　　　　D.95518

5.以被保险人可能的民事损害赔偿责任为保险标的的一种保险是（　　）。

A.人身保险　　　B.责任保险　　　C.财产保险　　　D.信用保险

2.2 多项选择题

1.保险的本质可以从（　　）几个方面去分析。

A.保险是一种风险转移机制

B.保险是集合同类风险单位以分摊损失的一项经济制度

C.保险是一种法律关系

D.保险是一种政治手段

2.保险的基本职能包括（　　）。

A.社会财富再分配　　　　　　　　B.资金融通

C.分摊损失　　　　　　　　　　　D.补偿损失和保险金给付

3.保险与赌博的本质差异体现为（　　）。

A.保险中的风险是客观存在的，而赌博中的风险是赌博行为本身引起的

B.保险没有增加风险的总量，而赌博是风险的制造和增加

C.保险的目的是谋求经济生活的安定，无额外获利的机会；而赌博以冒险获利
　　为动机，侥幸图利，具有额外获利的可能

D.投保人不能对与之毫不相关的标的物投保，而被赌对象与参赌者可毫无关系

4.按照保险标的的不同，保险可分为（　　）。

A.人身保险　　　　　　　　　　　B.非人身保险

C.强制保险　　　　　　　　　　　D.自愿保险

5.按照横向风险转移的方式，保险可分为（　　）。

A.再保险　　　　B.复合保险　　　　C.重复保险　　　　D.共同保险

2.3　思考题

1.如何理解保险的含义和本质？

2.保险的职能和作用是什么？

3.结合实际谈谈保险是如何发挥资金融通功能的，这对我国金融体系有何重要
意义？

4.结合经济学中的消费理论，谈谈保险刺激居民消费的内在机制。

5.想一想，保险业的发展对建设社会主义和谐社会意义何在？

第3章 保险合同

学习指南

§3.1 保险合同概述

§3.2 保险合同的条款

§3.3 保险合同的订立与履行

本章小结

综合训练

★ 学习指南

【导读】

保险合同又称保险契约，是投保人与保险人约定保险权利义务关系的协议。保险合同是非要式合同、射幸合同、附和性合同、补偿性合同、有偿合同、双务合同。保险合同的要素由合同的主体、客体和内容三部分组成。保险单是保险合同的正式法定形式，除保险单外，在特定情形下，亦可采用暂保单、保险凭证和批单等形式。保险合同的订立程序包括要约与承诺，经过要约人的要约和被要约人的承诺，投保人与保险人就保险合同条款达成协议，保险合同即告成立。保险合同的履行是指双方当事人依法全面完成合同约定义务的行为。在履行过程中，由于某些情况的变化而需对其依法进行补充或修改，这就是保险合同的变更。

【关键概念】

保险合同；要式合同；射幸合同；保险标的；保险责任；保险合同的终止；保险合同的解除。

【思政目标】

强化法治观念与契约意识，培养诚信守约的价值理念，增强遵法、守法、用法的自觉性。

【学习目标】

理解并掌握保险合同的基本要素与主要内容，明确保险合同的订立程序与履行要求，提升对保险合同实务操作的应用能力。

§3.1 保险合同概述

保险合同是保险关系确立的书面表现形式，是保险的法律属性的具体体现。保险行为所体现的经济补偿和给付关系必须通过保险合同订立、履行才能最终得以实现。

3.1.1 保险合同的概念

保险合同又称保险契约，我国《保险法》第十条规定："**保险合同是投保人与保险人约定保险权利义务关系的协议。**"可以从三方面对该定义进行理解：一是说明了保险合同的本质是双方的一种合意，它属于协议；二是指明了保险合同的当事人为投保人和保险人；三是说明了保险合同所确定的内容是保险合同双方的权利义务关系。保险合同作为投保人与保险人约定保险权利义务关系的协议，不仅适用《中华人民共和国民法典》（以下简称《民法典》）中"合同编"关于合同的一般规定，而且适用于《保险法》关于保险合同的特殊规定。

3.1.2 保险合同的特点

保险合同作为经济合同的一种，首先具有一般经济合同共有的一些法律特征，如当事人双方的法律地位平等、订立合同应当遵循公平互利、协商一致、自愿订立的原则，履行合同应诚实守信，遵守法律、法规和社会公德、不得损害社会公共利益等，只有这样签订的合同才能受到法律的保护。但是，保险合同毕竟是一种不同于其他经济合同的特殊经济合同，它还具有以下特点：

1.保险合同是非要式合同

所谓要式合同，是指采用特定形式订立的合同。我国有的学者认为保险合同的成立以书面形式为要件，故认为保险合同是要式合同，其依据是我国2002年《保险法》第十二条的规定。但是，在修订后的《保险法》中，并没有规定保险合同的成立以书面形式为要件。并且，随着现代电子交易手段在保险活动中的使用，在书面文件签署之前，只要合同双方就合同内容达成合意，那么该合同就对双方产生约束力。基于上述原因，保险合同为非要式合同。

2.保险合同是射幸合同

在这里，射幸就是碰运气、赶机会的意思。在民法中，与射幸合同相对应的是交换合同，交换合同有一个基本的特点，就是当事人因合同所产生的利益或损失具有等价关系，即交换合同是等价交换合同。而射幸合同则不同，**在射幸合同中，当事人的付出与所得报酬不具备等价交换的特点**，保险合同即属此类合同。保险合同的射幸性是由风险事故发生的不确定性所决定的。

3.保险合同是附和性与协商性相统一的合同

从传统意义上讲，保险合同属于附和性合同，即合同的条款事先由当事人的一方拟定，报经主管部门批准或备案，另一方只有接受或不接受该条款的选择，但不能就该条款进行修改或变更。但是，随着保险市场竞争的激烈化，保险需求的多样化，基于合同意思自治的原则，在不违背法律强制或禁止规定的条件下，应当允许和鼓励保险客户以平等协商的方式对相关条款进行约定，从而保障投保人或被保险人的权益。因此，从保险合同的发展来看，保险合同兼具附和性与协商性。

4. 保险合同是有偿合同

所谓有偿合同，是指合同当事人双方因合同的成立而负有互相给付之义务，并取得相应利益的合同。保险合同是有偿合同，是因为投保人必须交纳保费，保险人必须承担相应风险，于保险事故发生后履行给付责任，这就是二者之间的对价关系。需要注意的是，对价不是等价，不要求双方所承担的义务没有差别。

5. 保险合同是非典型双务合同

根据当事人是否负对价给付义务，合同可分为双务合同与单务合同。双务合同指的是合同双方当事人都要向对方承担义务的合同，如买卖合同等。如果当事人仅一方负给付义务，对方不承担相应义务的，则为单务合同，如赠与合同。保险合同是有偿合同，投保人给付保险费，保险人在保险合同成立生效后承担一定风险，在保险事故发生后，需要承担一定的给付义务，从这个意义上讲，二者构成对价关系，是双务合同。但是，需要指出的是，保险合同不是典型的双务合同，因为一方面保险人给付保险金的义务是不确定的，即在约定时间内保险事故或约定事件的发生与否不确定，保险人承担的给付义务也不确定；另一方面，保险人保险金的给付对象可能是投保人，也可能是被保险人，也就是说投保人履行的给付义务，将来可能并不能得到保险金，例如，投保人与被保险人是不同的人时。从以上意义上来说，我们只能说保险合同是非典型双务合同。

6. 保险合同是最大诚信合同

任何合同的签订和履行都要求当事人双方能够"重合同、守信用"。但是，由于保险合同是射幸合同，其前提是必须建立在最大的诚意基础上，否则，保险合同就可能存在欺诈。保险经营的特殊性，要求保险双方当事人在签订和履行保险合同时要坚持最大诚信原则（下一章将做详细介绍），保持最大限度的诚意和信用。我国《保险法》明确规定，从事保险活动必须遵守最大诚信的原则。对保险合同双方当事人违反最大诚信原则的行为，《保险法》还规定了严厉的处罚措施。

3.1.3 保险合同的要素

保险合同的要素是指保险合同成立的基本条件，一般来说，保险合同由合同主体、客体和合同内容三部分组成。

1. 保险合同的主体

按照民法，民事法律关系的主体是民事法律关系中享有权利和承担义务的人。在保险合同中，狭义保险合同的主体是指享受保险合同权利、承担保险合同义务的人。由于保险经营的特殊性，广义的保险合同的主体不仅包括与合同权利义务直接相关的当事人——保险人与投保人，还包括与保险合同的签订和履行有间接关系的人——保险合同关系人和保险合同辅助人。

（1）保险合同的当事人。

保险合同的当事人是直接参与保险合同签订的人，保险合同经当事人协商一致、签字同意后成立。保险合同的当事人包括投保人和保险人。

投保人（applicant），亦称要保人，是与保险人订立保险合同并负有交付保险费义务的保险合同的一方当事人。投保人作为保险合同的当事人，必须具备以下条件：

① 完全的民事行为能力。保险合同适用于民事法律，对于无民事行为能力人，保险合同可以由其法定代理人签订，而限制民事行为能力人经法定代理人事先允许或事后承认，也可以自行订立保险合同。我国《保险法》规定，父母可以为未成年子女投保人身险，投保人也可以为无民事行为能力人订立除死亡为给付条件以外的其他保险，这就意味着，只要有民事权利能力就可以作为投保人订立保险合同。

② 投保人需对保险标的具有保险利益。保险利益是指投保人或被保险人对保险标的具有法律上承认的利益，是保险合同的根本要素。我国《保险法》第十二条规定："人身保险的投保人在保险合同订立时，对被保险人应当具有保险利益。财产保险的被保险人在保险事故发生时，对保险标的应当具有保险利益。"同时，在下一章"保险的基本原则"中将会分别对人身保险和财产保险的保险利益作出更详细的解释。

保险人（insurer），亦称承保人，是与投保人订立保险合同，并根据保险合同收取保险费，在保险事故发生时承担赔偿或者给付保险金责任的人。保险人是合同的一方当事人，也是经营保险业务的人。大多数国家的法律规定，只有法人才能成为保险人，自然人不得从事保险人的业务。我国的保险人应具备下列条件：

① 要具备法定资格。我国的要求是，保险人必须是依法成立的保险公司，有国有独资公司和股份有限公司两种形式。根据我国《保险法》的规定，保险人须取得监管机关的许可才能从事保险活动。

② 必须以自己的名义订立保险合同。作为一方当事人，保险人只有以自己的名义与投保人签订保险合同后，才能成为保险合同的当事人。

（2）保险合同的关系人。

保险合同的关系人是指与保险合同有经济利益关系的人，保险合同关系人不一定直接参与保险合同订立。保险合同的关系人包括被保险人、受益人。

被保险人（insured），对人身保险来说，是指以其生命或身体为保险标的的人；在财产保险中，则是指以其财产、利益或以约定之事故发生而应承担的责任为保险标的，在保险事故发生时要求保险给付的人。保险合同的被保险人可以是一个，也可以为多个。被保险人和投保人可以是同一人，也可以不是同一人。虽然我国《保险法》对被保险人的年龄和精神状态都没有明确限制，但是，根据相关规定，对于人身保险，除父母可以对无民事行为能力的子女投保外，其他人不得为无民事行能力人投保，这就意味着除特殊情况外，人身保险合同中的被保险人须为正常民事行为能力人；对财产保险合同，投保人只要对被保险人或相关标的有保险利益即可，是否经被保险人同意则无明确要求，因此，在财产保险合同中，对被保险人的年龄及精神状态均无限制。

受益人（beneficiary），又叫保险金受领人，即保险合同中约定的，在保险事故发生后享有保险赔偿与保险金请求权的人。受益人的受益权具有以下特点：①受益人由被保险人或投保人指定，但投保人指定受益人必须征得被保险人同意；②受益人本身具有不确定性；③受益人享受的受益权是一种期得利益，又称等待权；④受益权不能继承，受益人可以放弃受益权但不能行使出售、转让等任何处分的权利，这是由受益权的不确定性决定的；⑤被保险人或投保人可变更受益人，但投保人变更受益人须征得被保险人同意而无须征得保险人同意，只要通知保险人即可；⑥受益权只能由受益人独享，具有排他性，其他人都无权剥夺或分享受益人的受益权，受益人领取的保险金不是遗产，无须交遗产税，不用抵偿被保险人生前的债务；⑦当受益人先于被保险人死亡、受益人放弃受益权或丧失受益权时，由被保险人的法定继承人领取保险金，并作为遗产处理。

受益人可以是一人，也可以是数人，投保人、被保险人都可以是受益人。如果受益人是一人，则保险金请求权由该人行使，并获得全部保险金。如果受益人是多个人，则保险金请求权由多个人共同行使，其受益顺序和受益份额由被保险人或投保人在合同中事先确定，未确定顺序或份额的，受益人按照相等份额享有受益权。作为受益人，在合同中有两种类型：一种是不可撤销的受益人，在保险合同签订时确定且不得随意撤销，只允许在受益人同意下才能更换受益人；一种是可撤销的受益人，在保险合同的有效期内，投保人或被保险人可中途变更受益人和撤销受益人的受益权。

专栏3-1·学习指导

受益人

在财产保险合同中，并没有专门的受益人的规定，财产保险的被保险人通常就是受益人，只有在某些特殊情况下，财产保险合同的当事人才约定由第三者享有优先受领保险赔偿的权利，而第三者一般是被保险人的债权人，并非《保险法》上的受益人。在责任保险合同中虽没有指定受益人，但保险赔偿却并非为被保险人领取。在人身保险合同中，受益人是由被保险人或者投保人指定的享有保险金请求权的人，可以是一人，也可以是数人。

财产保险合同中的标的财产作用相当于人身保险合同中的被保险人，而其被保险人，通常情况下，相当于人身保险合同中的受益人。

（3）保险合同的辅助人。

保险合同的订立和履行是一个非常复杂的过程，在这个过程中涉及方方面面的知识和问题。与此同时，大多数的投保人或被保险人又缺乏这方面的知识和经验，因此在保险合同的签订和履行过程中，就需要一些介于保险人和投保人或被保险人之间的中介向投保人或被保险人提供专业帮助。他们就是保险合同的辅助人，协助保险合同的当事人签署保险合同或履行保险合同，并办理有关保险事项。保险合同的辅助人包括保险代理人、保险经纪人和保险公估人等。保险合同辅助人不享有保险合同中的权利，也不承担保险合同中的义务。但是，他们因自己的行为而有相应的权利和义务。

① 保险代理人是根据保险人的委托，向保险人收取佣金，并在保险人授权的范围内代为办理保险业务的机构或者个人。可从以下几方面理解保险代理人：保险代理人既可以是法人，也可以是自然人；保险代理人介入保险业务要有保险人的委托授权，其授权形式一般采用书面授权即委托授权书的形式；保险代理人开展保险业务是以保险人的名义，而不是以自己的名义进行的；保险代理人的盈利是通过向保险人收取代理手续费实现的，不是通过保险交易本身产生的；保险代理行为所产生的权利和义务的后果直接由保险人承担。

② 保险经纪人，是基于投保人或被保险人的利益，为投保人或被保险人与保险人订立保险合同提供中介服务，并依法向保险人收取佣金的人。保险经纪人在中介服务中仅代为洽商，而并非代为订立保险合同。保险经纪人是投保人的代理人，但是支付其佣金的是保险公司。

③ 保险公估人，又称为保险公证人，是指依照法律规定设立，受被保险人或保险人客户委托，向委托人收取酬金，办理保险标的的查勘、鉴定、估损以及赔款的理算并予以证明的人。保险公估人依其工作内容的不同分为：海事公估人、海损公估人和损失公估人。海事公估人又称海事鉴定人，是仅就海上标的物查勘鉴定、估价及证明的人；海损公估人又称海损理算人，是向保险人或被保险人收取费用，办理海上标的物损失的洽商与理算的人；损失公估人又称损失理算人，是就海上保险以外其他保险标的物办理查勘、鉴定、估算、赔款理算、洽商等事务的证明人。

2.保险合同的客体

所谓合同的客体，是指权利和义务所指向的对象。保险合同的客体不是保险标的本身，而是投保人或被保险人对保险标的所具有的保险利益。

保险标的是保险利益的载体，没有保险标的，保险利益就无从谈起。保险标的是投保人申请投保的财产及其有关利益或者人的寿命和身体，是保险人进行保险估价和确定保险金额的依据。保险标的的名称、质地、价值、使用性质、所在地点、与投保人的关系，都是保单中必须明确载明的重要内容。

保险合同的客体不是保险标的，而是投保人或被保险人对保险标的所具有的保险利益。这是由保险的性质所决定的，投保人或被保险人订立保险合同的目的不是保障保险标的本身的安全，而是弥补保险标的受损后投保人或被保险人、受益人的经济利益。风险是客观存在的，保险合同的订立并不能保证保险标的不发生风险事故，而是为了在保险事故发生后，保险人依据保险合同对保险标的所遭受的损失进行赔偿，不是恢复原有的保险标的。因此，保险合同中规定的权利和义务所指的对象是投保人或被保险人对保险标的所具有的保险利益，即保险合同的客体。

3.保险合同的内容

保险合同的内容，一般来说是指保险合同本身所记载的全部事项，其中主要内容是关于保险合同双方当事人在保险合同履行过程中所具有的权利和义务。我国《保险法》第十八条规定：

"保险合同应包括下列事项：

（一）保险人的名称和住所；

（二）投保人、被保险人的姓名或者名称、住所，以及人身保险的受益人的姓名或者名称、住所；

（三）保险标的；

（四）保险责任和责任免除；

（五）保险期间和保险责任开始时间；

（六）保险金额；

（七）保险费以及支付办法；

（八）保险金赔偿或者给付办法；

（九）违约责任和争议处理；

（十）订立合同的年、月、日。"

此外，从《保险法》第十八条第二款的规定可以看出，投保人和保险人在前条规定的保险合同事项外，可以就与保险合同有关的其他事项作出约定。在这里，所说的保险有关的其他事项，是指为使保险合同中与保险标的有关的事项得到更充分的保障，避免因保险而产生消极作用，在保险合同中规定的当事人双方必须遵守的义务。这些事项一般包括：（1）关于加强防灾的规定；（2）关于积极施救、抢救，以及减少物资损失的规定；（3）事故发生后，被保险人应尽快通知保险人的规定；（4）关于第三者责任追偿的规定。

保险合同的主要内容涉及保险合同当事人双方权利义务的相关条款和约定，关于保险合同的条款，是保险合同的核心和重点，将在下面章节中专门论述。

3.1.4　保险合同的形式

保险合同属非即时结清合同，其有效期往往比较长，而且保险合同的内容又比较细致复杂，因此，保险合同应当采用书面形式。世界大多数国家要求以书面形式订立保险合同。结合保险实践，实务中保险合同主要包括以下几种形式的文件：

1.投保单

投保单又称"要保书"或"投保申请书"，它是投保人申请投保时填写的书面文件。实务中，为准确迅速地处理保险业务，投保单的格式和项目都是由保险人设计，并以规范的形式提出。投保单主要包含以下内容：被保险人名称、地址，保险标的名称，投保险别，保险金额和保险责任起讫日期等。在人身保险的投保单中，还必须列入被保险人的年龄、职业、健康状况、受益人等。作为投保单的附件，这些详细具体的情况是保险人了解投保人的保险要求，决定是否承保以及保险险种、保险条件和保险费率等的重要依据。投保单是保险合同中必不可少的法律文件，是保险人决定是否承保以及证明被保险人是否遵循最大诚信原则的首要依据，在保险人出立正式保险单后，投保单成为保险合同的组成部分。

专栏3-2·特别关注

漠视投保单的后果

2001年4月，消费者刘某与中国建设银行南京中央门支行（下简称建行支行）签订了一份汽车消费贷款合同。随后，刘某向某财产保险公司南京市分公司（下简称南京分公司）投保了机动车辆消费贷款保证保险。2001年11月起，刘某因经济拮据导致还款困难。2002年11月18日，建行支行向提供贷款保险单位南京分公司提出索赔。南京分公司审核与建行支行签订的保险协议后，于同年12月6日向建行支行支付了9.3万余元赔偿款。2004年11月，南京分公司起诉刘某，请求法院判令刘某偿还南京分公司已赔付给银行的9.3万余元。庭审时，刘某辩称，他与建行支行签订的贷款合同是存在的，但他从未向南京分公司投保，交过保险费，更没有签订过任何保险合同。南京分公司出具的保险合同系伪造。

法院审理后发现，南京分公司未能出具刘某的投保单，而出具的保险单，既无刘某签字，也无刘某的交费凭据，所以，无法认定双方曾有过保险合同关系。同时，南京分公司在自行向建行支行理赔后，也不能说明该公司就能取得向刘某求偿的权利。因此，南京分公司的诉讼要求法院不予支持。

【评析】

这宗案例反映出保险公司在承保环节普遍存在的漠视投保单的现象，很值得保险公司反思：保险合同是投保人与保险人之间的协议，在保险实务操作中，保险合同以投保单和保险单的形式固定。一般认为，投保人填写的投保单是要约，保险人出具的保险单是承诺，投保单和保险单相加，构成一份相对完整的保险合同（有批单的除外）。但在实践中，保险人非常重视保险单，而普遍对投保单不给予关注，许多保险公司甚至存在投保单丢失或者投保单没有填写或者没有投保人签字的情况。这种情况下，保险公司在行使追偿权或者清理应收保险费时就处于非常不利的地位，一旦投保人不予认可，而保险公司由于没有相应的证据佐证，保险公司败诉的后果自然不可避免。与此同时，由于有投保单与保险单的分离和投保人并不在保险单上签字确认的业务操作惯例，法律关于保险人"明确说明"保险合同免责条款的义务和投保人如实告知义务的履行情况，大多依靠投保单的内容及投保人的签字确认来反映，投保单的丢失或者没有投保人的签字，将使保险公司面临更大的风险。如果保险公司仍然一如既往地不重视投保单，保险公司还将付出比本案更严重的经济代价。

2.暂保单

暂保单又称"临时保险书"，是在保险单或保险凭证签发之前，保险人发出的临时单证。暂保单的内容较为简单，仅表明投保人已经办理了保险手续，并等待保险人出立正式保险单。暂保单不是订立保险合同的必经程序，使用暂保单一般有以下三种情况：（1）保险代理人在争取到业务时，还未向保险人办妥保险单手续之前，给被保险人的一种证明；（2）保险公司的分支机构在接受投保后，还未获得总公司的批准之前，先出立的保障证明；（3）在洽订或续订保险合同时，订约双方还有一些条件需商讨，在没有完全谈妥之前，先由保险人出具给被保险人的一种保障证明。

暂保单具有和正式保险单同等的法律效力，但一般暂保单的有效期不长，通常不超过30天。当正式保险单出立后，暂保单就自动失效。如果保险人最后考虑不出立保险单时，也可以终止暂保单的效力，但必须提前通知投保人。

3.保险单

保险单是由保险人向投保人签发的书面凭证，是最基本的保险合同形式。保险单应力求完整、明确。保险单的记载内容必须符合前述《保险法》的基本要求内容，除此以外，保险单还应当包含保险合同的所有条款。

4.保险凭证

保险凭证是保险单以外的一种保险合同书面凭证，是简化了的保险单。其内容仅包括保险金额、保险费率、别类、投保人、被保险人、保险期限等。保险凭证中未列入的内容，以同类正式保险单为准，如果正式保险单与保险凭证的内容有抵触或者保险凭证另有特定条款，则应以保险凭证为准。保险凭证通常在货物运输保险、机动车辆保险等业务中采用。

5.其他书面协议形式

除上述四种形式外，保险合同还包括其他的书面协议形式，如附加保险条款和批单，它们也构成保险合同的一部分。在保险合同生效后，如因保险标的、风险程度有变动，就需要在保险合同中增加新的内容或对部分合同内容进行修改。因此，保险人在保险合同之外出具批单，以注明保险单的变动事项，或者在保险合同上记载附加条款，以增加原保险合同的内容。批单和附加保险条款的法律效力都先于原保险单的同类款目。

§3.2　保险合同的条款

保险合同的内容通常由保险人与投保人依法约定，以条文形式表现，这就是我们常说的保险合同的条款。

3.2.1　保险合同条款的含义及特征

保险合同条款是指记载保险合同内容的条文，是保险合同双方享受权利与承担义务的依据。保险合同条款具有以下特征：

（1）一般来说，保险合同的条款由保险人事先拟定。前面我们讲到保险合同是附和性合同，通常由保险人事先拟定合同的主要条款内容。

（2）保险合同条款通常规定各险种的基本事项。由于保险合同条款大都由保险人事先拟定，故保险合同条款通常只是有关险种的基本条款。对某一保险合同，若投保人有特殊要求，须与保险人协商，在原合同的基础上订立特殊条款，或在基本条款的基础上通过附加条款来增加保障范围。

3.2.2 保险合同条款的类型

保险合同条款包括基本条款、保证条款、附加条款、协会条款。

1. 基本条款

保险合同的基本条款又称法定条款，是根据法律规定由保险人制定的保险合同必须具备的条款，即保险合同的法定记载事项，主要明示保险人和被保险人的基本权利、义务，以及有关法律、法规规定保险行为成立所必需的各种事项和要求。基本条款一般直接印在保险单证上，投保人不能随意变更。

2. 保证条款

保证条款是指投保人、被保险人就特定事项担保某种行为或事实的真实性，作为或不作为而约定的条款。该类条款由于其内容具有保证性质而得名。保证条款一般由法律规定，是投保人、被保险人必须遵守的条款，否则保险人有权解除合同。

3. 附加条款

附加条款是指保险合同双方当事人在合同基本条款的基础上约定的补充条款。它增加或限制双方的权利义务，是对基本条款的补充或变更，其效力优于基本条款。通常采取在原保险单上加批注或批单的方式使之成为合同的一部分。

4. 协会条款

协会条款是指由保险同业之间根据需要协商约定的条款。比如，由伦敦保险人协会根据实际需要而拟定发布的有关船舶和货运保险的条款，它是对原合同的修改、补充或变更。

3.2.3 保险合同的基本条款

虽然各类保险合同的具体内容因险种不同而不尽相同，但基本上都包括主体、客体、权利、义务和其他声明事项等基础内容。

保险合同的主体主要包括保险人、投保人、被保险人、受益人的名称及住所，对于有多个受益人的，须标出顺序及份额。保险合同中的客体即在合同中明确保险利益的部分，包括保险标的、保险价值和保险金额。

保险标的是指投保人申请投保的财产及有关利益或者人的寿命和身体。标明保险标的不仅可以明确保险人承担保险责任的对象，而且可以查验保险标的是否属于法律所禁止投保的范畴，还可以查明投保人对保险标的是否具有保险利益。保险标的如为财产及有关利益，应明确记载标的物的数量、质量、具体坐落地点以及利益关系等；保险标的如为人的寿命和身体，保险合同中应详细记录被保险人的年龄、性别、健康状况及与投保人之间的亲属或利益关系等，视具体险种不同有的还应说明被保险人的职业、居住地等。

保险价值是指财产保险的保险标的在某一特定时期内以货币估计的价值总额，

是确定保险金额和损失赔偿额的计算基础。在财产保险合同中,保险价值的确定有两种方式:一种是定值保险;一种是不定值保险。由于人的身体和寿命无法用货币衡量,在人身保险合同中,不存在保险价值的问题,只须在保险合同中约定一个保险金额。

保险金额是指保险人承担赔偿或者给付保险金的最高限额。在财产保险中,保险金额不得超过保险标的的实际价值,超过保险价值的,超过部分无效。在人身保险中,保险金额由双方当事人自行协商约定。

除了上述保险合同的主体、客体,保险合同的主要内容是对合同双方权利义务的规定。一般来说,保险合同中对权利义务的规定通常包括保险责任、保险期限和保险责任开始时间、保险费及支付方式、保险金赔偿或给付方式、除外责任、违约责任和争议处理等。

保险责任是指保险合同中载明的保险人所承保的风险及应承担的经济赔偿或给付责任。由于保险人并不对保险标的的所有风险承担责任,而仅对与投保人约定的特定风险承担责任,风险不同,保险责任也不相同,因此承保风险与承担的经济赔偿责任均应在保险条款中予以列明。

保险期限指保险人按保险合同约定为被保险人提供保险保障的有效期间,它可以按自然日期计算,如年、月、日,也可按一个运行期、一个工程期或一个生长期计算。保险责任开始时间是保险责任期限的起点时间,往往以某年、某月、某日、某时表示。在我国的保险实务中,是以保险合同生效之次日的零时为开始承担保险责任的开始时间,即"零时起保"。

保险费是投保人为取得保险保障而支付给保险人的费用。保险费是保险赔偿的来源,是建立保险基金的基础。通常,保险费包括纯保费和附加保费两部分。纯保费是保险人将自己承担风险的出险概率、以往的赔付率等多方面进行综合,通过科学计算而产生的;附加保费是指保险人经营保险期间的销售费用、管理费用等各项费用。在实务中,财产保险保险费的计算与人身保险的保险费计算有很大区别,依据及计算方法也不相同。保险费的缴付方式有趸缴、期缴等多种,并且和保险的种类相关。趸缴就是一次性付清所有保费,期缴是指分期支付,有年缴、季缴、月缴等方式。

保险金赔偿或给付方式是指当保险标的遭遇保险事故造成经济损失或人身保险合同约定的事故、年龄或期限到来时,被保险人依合同约定向保险人提出索赔,保险人按照法律规定或合同约定的方式、标准或数额进行理赔并向被保险人支付保险金的方法。在财产保险等补偿性保险合同中,保险金的赔付按规定的方式计算赔偿金额;在人寿保险这类给付性保险合同中,按约定的保险金额给付。

除外责任是指对保险人所承担风险责任的限制,明确规定保险人不承保的风险及保险人不承担赔偿责任与保险金给付责任的情况,主要指传统上的责任免除及约定的除外责任条件。实务中,保险人有义务把上述除外责任事项对投保人加以明确解释说明,以使其投保时清楚有关情况,最终作出是否投保的决策。

违约责任指当合同双方当事人因过错不履行合同或不能完全履行合同约定的义务时所应承担的法律后果。明确违约责任，在一定程度上可以防范违约行为的发生，而在违约行为发生后，对于非违约方则提供了明确的救济补偿方式和内容。保险合同发生争议时，应首先通过友好协商解决。协商不成时，则通过诉讼、仲裁方式解决。至于协商、诉讼、仲裁方式的使用则是由双方当事人自主决定。

在保险合同中，除上述内容外，还有一些需要声明的事项，如投保人是否曾有被拒保、是否得到过赔款等保险记录。此外，保险合同中还有合同失效、追偿配合、解除、退费等约定。

3.2.4 对保障进行限制的合同条款

需要特别指出的是，在某些保险合同中还有对保障程度或范围进行限制的条款，如免赔条款、共保条款、保单限额、比例分担和超额分担条款等。

1.免赔条款

一种限制保险范围的常见方法是通过约定免赔条款（deductible）实现的，它可以免除保险人对一些损失金额相对较少保险事故的赔偿责任。例如，消费者买了一份6个月的汽车保险，对车辆损坏进行保障，保险条款中规定了每次事故500元的免赔额。这样，消费者的汽车每次发生损坏时自己将支付最高500元的费用。如果汽车的损失小于500元，消费者将自己支付全部损失；如果损失是1 000元，则消费者支付500元，保险公司赔付500元。

保单中约定免赔条款的一个原因是为了减少发生频率较高的小额索赔的处理成本，有些索赔处理成本与索赔金额并无关系。例如，不管索赔的严重程度如何，保险人都必须雇用一名索赔调解员处理索赔案。这些固定的索赔处理成本使承保发生频率较高的小额赔偿的成本变得非常昂贵。此外，通过免赔额的约定，还可以降低投保人、被保险人的道德风险。

2.共保条款

共保条款在财产保险和健康保险领域是一个使用频率很高的名词，然而，虽然中文都使用"共保"这一词汇表达，但是在财产保险和健康保险领域，"共保条款"有着不同的含义，如果我们使用英文，就很容易辨别。通常，在财产保险领域的共保条款，英文称为"Property Insurance α%Coinsurance Clause"（根据不同的险种，α常取的值为85、80和75），用于在出险时判断是否足额投保的问题。例如，财产保险80%共保条款可表述如下：经双方同意，发生保险责任范围内的损失，如果保险金额达到保险价值的80%，保险人在保险金额以内按实际损失计算赔偿，即此时视为足额投保；如果保险金额不足保险价值的80%，保险人按保险金额与保险价值的比例计算赔偿。在健康保险领域，国际上有两种共保条款的内容，一种英文叫作Co-Insurance，一种英文叫作Co-Participation，这两种条款对理赔的影响完全不同，举例如下：

保险金额为10万元，含有20%的Co-Insurance条款，假设实际损失为15万元，此时保险公司的赔偿金额为 Min （100 000×80%，150 000×80%）=8万元。也就是说，保险公司在该赔案中的最大赔偿金额是 8 万元；如果含有 20% 的 Co-Participation 条款，同样的假设下，保险公司的赔偿金额为 Min （100 000，150 000×80%）=10万元，也就是说，在 Co-Participation 条款下保险公司的最大赔偿金额是10万元。和免赔条款类似，由于共保条款要求保险客户负担损失的一部分，保险客户也就具有更多的减损动机。

3.保单限额

保险实务中，经常通过规定保单上限来限定保险的总额，称作保单限额（policy limit），即保险人对任何损失所支付的总额。保单限额经常用在责任保险保单中。例如，一份汽车责任保险保单规定保险人对给其他车辆造成的物理损坏的最高赔付额为2万元，对给其他车辆的司机或乘客的身体造成伤害的最高赔付额为10万元，那么此处所确定的 2 万元和 10 万元就是保单的限额。

4.比例分担和超额分担条款

在实践中，投保人有时会购买多份保单来为同一个保险标的进行保障。那么同一标的遭受保险事故后，在购买多份保单的情况下，保险客户可能得到多于损失的赔付而获得额外利益，这有违保险的初衷和原则。因此，保险人通常通过比例分摊条款（pro rata clause）来避免损失超额部分的重复计算，它特别规定了每一保单将赔付损失的份额，或者，保单会包括一个超额分担条款（excess clause），特别规定了保险人只赔付超出其他保单保障范围的损失。需要指出，由于人身价值具有不可估量性，因此，比例分担和超额分担条款不适用于给付性质的人身保险合同。

§3.3　保险合同的订立与履行

3.3.1　保险合同的订立程序

保险合同的订立是投保人与保险人之间基于意思表示一致而发生的法律行为。与一般合同的订立相比，它的订立也需要经过一定的程序：要约与承诺。

1.保险合同要约

要约亦称"订约提议"，是一方当事人向另一方当事人提出订立合同的建议。发出要约的人称为要约人，接收要约的人称为受要约人，在此阶段，受要约人也可以改变原要约人的订约内容而提出新的要约，此时受要约人成为新要约的要约人。构成要约，需要具备以下条件：

（1）要约人有订立合同的明确意思表示；

（2）要约必须向特定的对象发出；

（3）要约应当是要约人对于合同主要内容的完整的意思表示；

（4）要约应当有要求另一方作出答复的期限。

在订立保险合同的过程中，一般由投保人向保险人提出投保的要求即向保险人发出要约，投保人即是要约人，保险人是受要约人。投保人在投保时，首先，应考虑自己需要何种保障，可能面临的风险有哪些，进而通过咨询等方式，明确所要投保的保险险种；其次，选择经营稳健、有良好信誉的保险人，询问其是否可提供所需的保险险种，并尽量索取有关条款或资料进行认真研究；最后，提出投保要求，并按照保险人的要求如实告知保险标的的主要危险情况及所需的风险保障。同时可要求保险人提供有关保险条款，并对其主要内容进行详细明确的说明。

保险合同的要约又称为要保，由于保险合同要约的专业性强，因此，在保险实务中多由保险公司以投保单的形式印制完成，向投保人提供，由投保人填写。投保人有特殊要求的，也可与保险公司协商，最后，投保人必须在投保单上签字，要约才成立。

2.保险合同承诺

承诺即接受订约提议，是指受要约人在收到要约后，对要约的全部内容表示同意并作出愿意订立合同的意思表示。作出承诺者即为承诺人，承诺人一定是受要约人。承诺成就，要满足以下条件：

（1）承诺必须由受要约人本人或其合法的代理人向要约人作出；

（2）承诺的内容应当与要约的内容完全一致；

（3）承诺必须在要约规定的期限内作出；

（4）承诺必须以要约要求的形式予以承诺，不能附带任何条件。

在投保人提出投保要约后，第一，保险人应审查保险标的的风险情况判断是否符合投保要求，并向投保人提出询问，投保人应如实回答；第二，保险人应审核要约是否符合该险种保险条款的内容，是否有特别约定内容；第三，应约定交纳保险费的具体时间、地点、数额等；第四，作出承保承诺，保险人签发保险单，保险合同成立。保险单是保险人保障风险的承诺，保险合同的承诺也叫承保，不需要投保人的签字。

合同的订立一般不是要约与承诺一个来回便可完成的，往往要经过要约人和受要约人之间多次互换角色。需注意的是，要约可以反复多次地进行，只要有新的意见提出，就可视为新要约。但承诺只有一次，一经承诺，合同便告成立。也就是说，要约是可以变的，它是合同双方协商过程的体现，而承诺是结果，是双方达成的协议。对保险合同来说，保险人也会提出新的承保条件，成为要约人，投保人则成为受约人。但无论要约人与受约人如何变化，投保人应是最先提出要约的人，而决定是否承保的人或承诺人只能是保险人。

专栏3-3·学习指导

保险合同订立的特殊情况：强制保险合同

3.3.1节所述保险合同的订立程序是保险合同与其他一般合同共同的地方，是商业性保险合同的订立过程，也就是自愿保险的订立步骤，前文我们提到过保险按照其实施方式，可以分为自愿保险和强制保险，在这里所说的保险合同订立的特殊情况，就是指强制保险的订立过程。强制保险合同的订立从根本上说是为了保护社会的整体利益，所以当事人订立合同的自由在一定程度上被取消，其订立过程有自己的一些特点：第一，在某些情况下，国家法律规定，某一范围的当事人必须参加某种保险，否则不能从事某种行为或职业活动。此类保险合同的订立除了当事人必须参加外，其他地方与一般的保险合同的订立步骤并无区别。第二，另外一种情况则不同，法律不仅规定了投保人的范围，而且规定了保险标的、保险金额、保险期限、保险费率、保险责任范围、赔偿方式以及保险人等。该类保险合同的订立与一般的保险合同的订立明显不同，这类合同采用"自动订立"的程序。

3.3.2　保险合同的成立与效力

1.保险合同的成立和生效

《保险法》第十三条规定："投保人提出保险要求，经保险人同意承保，保险合同成立。"但是，需要注意的是，保险合同的成立不一定意味保险合同的生效。在保险合同尚未生效前，如果发生保险事故，保险人不承担保险责任。因此，保险合同的生效对于保险责任的承担和保险义务的履行至关重要。根据前述规定，保险合同的成立很简单，只要投保人与保险人就保险合同主要内容达成一致，保险合同就宣告成立。相比而言，保险合同的生效则比较复杂。

保险合同的生效是指依法成立的保险合同对合同主体产生法律约束力。一般情况下，合同一经成立就产生法律效力，即合同生效，对合同双方权利义务的履行具有法律约束力。但是，有些合同是附条件、附期限生效的。对于附条件、附期限的合同，要符合所附条件或到达所附期限时合同才能生效。实践中，保险合同往往属于此类合同。通常，保险合同的生效还需要一个对价的过程。合同双方当事人的价值交换称为对价。在保险合同中，保险人给予投保人或被保险人的对价是保险责任内的事故发生时支付赔偿或给付保险金的承诺；作为对保险人承诺的回报，投保人或被保险人的对价通常是交纳保险费等在合同中的所附条件里规定的义务。一般情况下，投保人交付保险费后，订立的保险合同即开始生效。在我国的保险实务中，保险合同的生效起始时间采用"零时起保"方式确定，即保险合同的生效时间通常在合同成立日的次日零时或约定的未来某一日的零时。当然，投保人与保险人也可在保险合同中约定，保险合同一经成立就发生法律效力，此时，保险合同成立即生效。

保险合同生效后，双方当事人、关系人按照合同开始享有权利、承担义务，并不得任意更改合同的有关内容。

2.保险合同的有效和无效

根据《民法典》中"合同编"的规定，有些合同因为违反法律或社会公共利益，无论其何时成立，成立多长时间，自始就不产生法律效力，不受国家法律的保护。虽然保险合同的成立是建立在双方当事人意思自治、平等协商的基础上，但是保险合同的生效则是建立在合同有效的前提下。任何保险合同要产生当事人所预期的法律后果，使保险合同产生相应的法律效力，都要符合一定条件。

（1）保险合同有效应具备的条件。

第一，保险合同的主体必须具有民事法律主体资格。在保险合同中，保险人、投保人、被保险人、受益人都必须具备法律所规定的主体资格，具有民事权利能力和民事行为能力，否则会导致保险合同全部无效或部分无效。

第二，当事人的意思表示真实。订立保险合同是当事人为了达到保险保障的目的，为自己设定权利、义务的法律行为。这种行为是有目的、有意识的活动，当事人对这种行为的后果应当能够有所预见，因此要求其意思表示真实，能够明确自己行为的后果，自愿承担相应的法律后果。如果合同的订立不是出于当事人的自愿，受到胁迫或受到欺骗，这样的保险合同就属无效合同。

第三，合同内容合法。保险合同内容合法有两方面含义：一是不违法。所谓不违法，是指保险合同的内容不得与法律、行政法规的强制性或禁止性规定相抵触，也不能滥用法律的授权性或任意性规定达到规避法律规范的目的。二是不违反社会公共利益，即保险合同所约定的内容不能侵害社会的、他人的合法权益，造成社会公共利益和他人权益的损失。

（2）无效合同的概念和合同无效的原因。

无效合同，是指虽然已经订立，由于其不具备上述合同生效的要件，国家不予承认和保护，没有法律效力的保险合同。在保险实务中，有时保险合同双方当事人对合同内容已经达成合意，保险合同已经成立，但因其在主体、内容或订立程序等某方面不符合法律、法规的要求，致使其不受国家法律承认与保护，保险合同的全部内容或部分内容自始对合同双方当事人不产生法律约束力。

合同无效可分为全部无效和部分无效。保险合同的全部无效，是指保险合同的内容全部不产生法律效力。如投保人对保险标的不具有保险利益，保险合同即使订立，也全部无效。保险合同的部分无效，是指保险合同中的部分内容不具有法律效力，其余部分仍然有效，如无意超额保险中的超额部分等。

与保险合同的生效要件相对应，保险合同的无效，多是由于不符合前述要件，主要有以下几种情况：

第一，保险合同的当事人不具有行为能力，即投保人、保险人不符合法定资格，如保险人超越经营范围经营保险业务、投保人为无行为能力人。

第二，保险合同当事人意思表示不真实，即保险合同不能反映当事人的真实意思，如采取欺诈及胁迫手段订立的合同、重大误解的合同、无效代理的合同等。

第三，保险合同的内容不合法，即保险合同的内容违反国家法律、行政法规，如投保人对保险标的无保险利益、为违禁品投保、为违法行为投保等。

无效保险合同和保险合同中无效的部分，自保险合同成立时就不产生效力，其产生的法律后果有三种：返还、赔偿、追缴。返还是指保险合同被确认无效后，应当使之恢复到合同订立前的状态，取得财产的，应当返还，即保险人返还给投保人已收取的保险费；如保险人已支付赔款，被保险人应如数返还给保险人。赔偿是指保险合同被确认无效后，因此造成损失的，应由责任方承担赔偿责任。如系双方都有过错，则视双方过错大小，各自承担相应的赔偿责任。追缴是指保险合同因违反国家和社会公共利益而被确认无效的，合同双方均系故意行为，应将双方已经取得的财产进行追缴并收归国库。如系一方故意，该方应将依无效合同从对方取得的财产返还对方，非故意的一方依无效合同从故意方取得的财产也应被追缴，收归国库。

专栏 3-4 • 特别关注

签名：法规面前无小事，定性一笔自己写

某年 10 月，刘女士通过保险代理人何某，为自己的丈夫钱先生购买了终身寿险，但事有不巧，她丈夫当时出差在外，在被保险人签名一栏，刘女士就替丈夫签了名，代理人何某当时也没有阻止。次年 12 月，钱先生不幸发生意外去世，悲痛之余，刘女士向保险公司提出理赔。而保险公司在核赔时对比签名的笔迹，核实发现被保险人一栏是由投保人刘女士代签的，而不是钱先生的亲笔签名，因此作出拒赔决定。刘女士为此愤懑不已，认为责任应是代理人，因为自己签名时，代理人并没有告知自己不能代签。保险公司虽然对代理人何某作出了处理，但仍然对刘女士拒赔。

请先自己分析这个案例，然后扫描二维码查看分析提示。

二维码 03

分析提示

3.3.3　保险合同的履行

保险合同的履行是指双方当事人依法全面完成合同约定义务的行为。当事人权利的实现，是以对方履行相应的义务为前提。

1. 保险合同当事人权利义务的履行

（1）投保人对保险合同的履行。根据保险合同的约定，一般来说，投保人享有了解保险条款的真实情况的权利，在发生保险损失时有向保险人索赔的权利。无论是财产保险还是人身保险，投保人均应承担以下基本义务：如实告知义务、按合同规定交纳保险费的义务、风险增加的通知义务、出险通知义务、出险施救义务、防灾防损义务、协助追偿义务等。投保人需要具体履行义务的内容会随保险种类的不同有所差异。

（2）保险人对保险合同的履行。根据保险合同，一般来说，保险人有收取保险费、提供防灾防损建议和代位追偿等权利。而保险人在合同履行过程中的义务主要有：向投保人解释说明合同条款、及时签发保险单证、为投保人等其他保险合同主体的私人资料保密、向投保人或被保险人提供经济保障，并且在风险事故发生后，能按照保险合同的规定，及时对投保人或被保险人的损失给予经济补偿。

（3）保险的索赔和理赔。索赔和理赔是投保人或被保险人行使权利和保险人履

行义务的具体体现。保险合同的保障作用，最终是通过保险索赔和理赔表现出来的。保险索赔是投保人或被保险人或受益人在保险标的发生保险事故而遭受损失后，或者在保险合同中所约定的事件出现后，或者达到合同规定的期限和年龄时，按照保险合同有关条款的规定，向保险人请求给予经济补偿或给付保险金的行为。保险理赔是保险人应索赔权利人的请求，根据保险合同的规定，审核保险责任并处理保险赔偿的行为过程。保险理赔是保险人的基本义务。

2.保险合同的变更

保险合同订立后，因订立合同所依据的主客观条件发生变化，由当事人依据法律规定的程序和条件，对原合同的有关条款所进行的修改和补充，叫作保险合同的变更。我国《保险法》第二十条规定："投保人和保险人可以协商变更合同内容。"

（1）保险合同变更的内容。

一般来说，保险合同的变更包括以下几方面：①保险合同主体的变更主要是指投保人、被保险人和受益人的变更，将投保人或被保险人变更为他人的法律行为也称为保险合同的转让。一般不允许保险人的变更，投保人只能选择退保来变更保险人。②保险合同客体的变更主要是指保险标的的种类、数量的变化从而导致保险标的的价值增减变化、引起保险利益的变化，进而需要变更客体以获得足够的保险保障。③保险合同内容的变更，即体现双方权利和义务关系的有关条款发生变更，保险合同内容的变更是经常的，如被保险人住所、保险金额、保险期限、交费方法、保险标的的使用性质、保险责任、风险程度等一系列内容都可能会发生变更。

（2）保险合同变更的程序。

依照我国法律的规定，保险合同的内容变更主要须经过下列程序：投保人向保险人及时告知保险合同内容变更的情况；保险人进行审核，若需增加保险费，则投保人应按规定补交，若需减少保险费，则投保人可向保险人提出要求，无论保险费的增减或不变，均要求当事人取得一致意见；保险人签发批单或附加条款；若拒绝变更，保险人也需通知投保人。我国《保险法》第二十条第二款规定："变更保险合同的，应当由保险人在原保险单或者其他保险凭证上批注或者附贴批单，或者由投保人和保险人订立变更的书面协议。"

3.保险合同的中止和解除

保险合同的中止是指在保险合同存续期间内，由于某种原因的发生而使保险合同的效力暂时归于停止。在合同中止期间发生的保险事故，保险人不承担赔付责任。根据有关规定，被中止的保险合同可以在一定期限内申请复效，复效后的合同与原合同具有同样的效力，可继续履行。被中止的保险合同也可能因投保人不再申请复效，或保险人不能接受已发生变化的标的，或其他原因而被解除，不再有效。因此，被中止的保险合同是可撤销的保险合同，该合同可以继续履行，也可能被解除。

保险合同的解除是指在保险合同的期限未满之前，当事人一方提前终止合同的法律行为，一般分为法定解除和协议解除两种形式。

　　法定解除是指当法律规定的事项出现时，保险合同当事人一方可依法对保险合同行使解除权。法定解除的事项通常在法律中被直接规定出来，但是，不同的主体有不尽相同的法定解除事项。我国《保险法》第十五条规定："除本法另有规定或者保险合同另有约定外，保险合同成立后，投保人可以解除合同，保险人不得解除合同。"

　　对于保险人行使保险合同解除权的规定，我国保险法均有明确规定，只有在这些情况下，保险人才能在保险合同成立后行使合同解除权。在我国，这些法定解除事项包括但不限于下列事项：①投保人、被保险人或者受益人违背诚实信用原则。②投保人、被保险人未履行合同义务。在财产保险合同中，投保人、被保险人未按照约定履行其对保险标的的安全应尽的责任，保险人有权解除合同。③在保险合同有效期内，保险标的的风险增加。在保险合同有效期内，投保人或被保险人有义务将保险标的风险程度增加的情况通知保险人，保险人可根据具体情况要求增加保险费，或者在考虑其承保能力的情况下解除合同。④在分期交付保险费的人身保险合同中，当未有另外约定时，投保人超过规定的期限 60 日未交付当期保险费的，导致保险合同中止。保险合同被中止后的两年内，双方当事人未就合同达成协议，保险人有权解除合同。应当注意的是，当可行使解除权的原因发生后，并不自然发生解除的后果，而是必须由解除权人行使后，合同的效力方消灭。

　　协议解除又称协议终止，是指保险合同双方当事人依合同约定，在不损害国家、公共利益时，当合同有效期内发生约定情况时可随时解除保险合同。协议解除要求保险合同双方当事人应当在合同中约定解除的条件，一旦出现约定的条件，一方或双方当事人都有权行使解除权，终止合同。

　　4.保险合同的终止

　　保险合同的终止就是保险合同的消灭，或者说是保险合同效力的消灭，也就是因某种法定事由的出现，导致保险合同不复存在，保险合同的效力灭失，当事人的权利义务关系也相应地灭失。引起保险合同终止的原因很多，主要有以下几种情况：

　　（1）保险合同的自然终止，也就是保险合同因期限届满而终止。

　　（2）保险合同的履约终止。因保险合同得到履行而终止是指在保险合同的有效期内，约定的保险事故已发生，保险人按照保险合同承担了给付全部保险金的责任，保险合同即告结束。

　　按照赔偿或给付金额是否累加，履约终止可分为以下两种不同的情况：第一种情况是在普通的保险合同中，无论一次还是多次赔偿或给付保险金，只要保险人历次赔偿或给付的保险金总数达到保险合同约定的保险金额时，即使保险期限尚未届满，保险合同也终止；第二种情况是在机动车辆保险和船舶保险合同中，保险人在保险有效期间赔付的保险金不进行累加，只有当某一次保险事故的赔偿金额达到保险金额时保险合同才终止。否则，无论一次还是多次赔偿保险金，只要保险人每次赔偿的保险金数目少于保险合同约定的保险金额，并且保险期限尚未届满，保险合同都继续有效且保险金额不变。

（3）因解除导致终止。解除使合同的效力灭失。

保险合同终止的各种情况可归纳如图3-1所示。

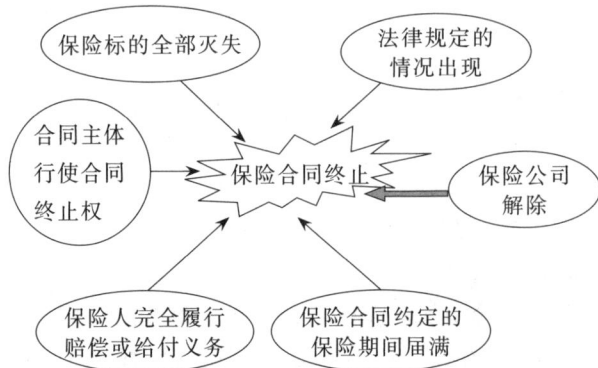

图3-1　保险合同终止的情况

3.3.4　保险合同的解释与争议处理

由于保险人制定的保险合同对投保人、被保险人来说具有很强的专业性和知识性，在保险合同双方当事人对保险合同条款发生争议而有不同意见时，如何理解这些条款就成了解决争议的关键。这就涉及保险合同的解释问题。

1.保险合同的解释

保险合同是投保人和保险人双方当事人意思表示一致的法律行为，所以一般来说，保险合同的条款、内容是明确的和具体的，双方当事人不会发生争议。但由于保险合同是一种附和性合同，也就是说，保险合同在订立之前，其条款和基本内容就已经由保险人拟订好了，再加上投保人一般来说都比较缺乏保险知识，对保险合同条款的主要内容和意思也只能凭借着保险人的解释和说明来决定是否投保。这样，对保险合同的某些内容就容易产生不一致的理解，理解不一致时就需要有关的机构和部门对保险合同给予公正、合理、合法的解释。因此，保险合同的解释就是在出现上述情况的时候，由法院或仲裁机关根据相关原则，对保险合同有关条款的内容和正确含义所作出的公正、合理、合法的阐述和说明，以维护保险合同双方当事人的利益。

在实践中，法院或仲裁机关在对保险合同进行解释的时候，一般坚持如下几项原则：整体解释原则；意图解释原则；公平解释原则；合法解释原则；效力从优原则；文义解释原则；尊重保险惯例的原则；有利于被保险人和受益人的原则。

（1）整体解释原则，即对合同的解释应充分考虑合同的整体内容，对合同的解释应前后一致，不能孤立地对合同的某一条款作出与合同整体内容相矛盾、相冲突的解释，也就是说，对合同的解释不能断章取义，必须通篇考虑，上下一致，更不能自相矛盾。

（2）意图解释原则，即对合同的解释应根据当事人订立合同的基本目的进行，解释的结果应有助于合同目的的实现。从保险合同来说，投保人订立保险合同的目的就是在保险事故发生、造成各种经济损失后能及时地从保险人那里获得经济补偿，而保险人订立保险合同的目的也在于此。

（3）公平解释原则，即对合同的解释必须公平合理，不得损害任何一方当事人的合法利益。

（4）合法解释原则，即对保险合同的解释不得违背国家有关法律和法规的规定，不得损害社会公共秩序和良好的社会风俗，不得损害国家、集体和他人的利益。

（5）效力从优原则，这一原则的含义是：保险合同的当事人在合同中所约定的事项出现相互冲突的情况时，为了尊重保险合同当事人的真实意图，法律规定其中某些约定的效力优于其他的一些约定。

在保险实务中，这一原则主要表现为以下几个方面：

第一，当口头约定与书面约定不一致时，由于书面约定更能体现当事人的意图，所以书面约定优于口头约定。

第二，当保险单上的约定与投保单等保险合同的其他文件上的约定不相一致时，由于保险单是保险合同的正式文件，而且相对于其他文件而言，保险单是最后完成的，更能体现当事人的真实意图，所以保险单的效力优于其他文件。

第三，当保险合同的特约条款与一般条款出现不一致时，由于特约条款是当事人对一般条款的补充，更能体现当事人的真实意图，所以特约条款优于一般条款。

第四，当保险合同的内容以不同形式记载时（如除了印就的保险单外，还有加贴印就的条款、出立的批单、以手写或打印的方式在保险单上做的批注等），如果不同形式的条文在内容上出现相互冲突时，根据其具有真实性程度的大小，后加的条款优于原有的条款，手写的条款优于打字的条款，打字的条款优于贴上的附加条款，贴上的附加条款优于保险单原有的条款。

（6）文义解释原则。这是对保险合同中所使用的关键词语进行解释时所坚持的原则，根据规定，对保险合同中的用词，应当按照该词的通常含义并结合着上下文和合同整体的意思来解释。在合同中出现的同一个用词，只要没有特别说明的话，对它的解释应该是一致的。在合同中使用的专门术语，应按照该术语所属行业的通用含义进行解释。

（7）尊重保险惯例的原则。在国民经济领域，保险业是一个特殊的行业，也是一个专业性极强的行业，在长期发展过程和经营活动中，保险业产生了许多专业用语和行业习惯用语，这些用语已经为世界保险业所接受，但却往往与人们在日常生活中的用法有一定的区别，所以在对保险合同进行解释时就要充分考虑到保险惯例。

（8）有利于被保险人和受益人的原则。这一原则也被称为"有利于非起草人的原则"。前文我们已多次提到，保险合同是一种附和性合同，其条款和内容都是由保险人事先拟订好的，保险人在拟订条款时，已经对自身的利益予以了非常充分的考虑，而同时投保人由于受到保险专业知识不足和时间的限制，对保险合同的条款和内容往往不能进行仔细的研究。这样就比较容易发生保险合同的内容对投保人不太有利的情况。所以，根据我国《保险法》第三十条的规定，对合同条款有两种以上解释的，人民法院或者仲裁机构应当作出有利于被保险人和受益人的解释。

2.保险合同的争议处理

由于保险合同双方当事人对合同有关条款和有关内容的理解往往出现一些分歧，所以保险合同在履行的过程中，常常会发生一些争议。对这些争议若处理不当，则会有损于当事人的利益，根据有关法律，保险合同的争议处理方法有以下几种：协商、调解、仲裁和诉讼。

（1）协商。协商是保险合同双方当事人在互谅互让的基础上，按照法律、政策的规定和保险合同的要求，通过摆事实、讲道理来解决纠纷和争议，在此过程中双方都应该以实事求是的精神来解决问题。这种方法具有较大的灵活性，且双方关系友好，有利于合同的继续履行。

（2）调解。调解是由保险合同当事人双方都接受的第三方出面进行的，通常是在合同管理机关或法院的参与下，通过说服教育使双方自愿达成协议平息争端。利用这种方法解决争议必须查清事实、分清是非责任，而且调解人应耐心地听取双方当事人的意见，指出当事人的过错，以使双方能在自觉自愿、互谅互让的基础上达成解决纠纷的调解协议。调解必须遵循法律、政策与平等自愿的原则，只有依法调解才能保证调解工作的顺利进行，只要有一方不愿意调解，就不能调解。如果调解不成，或调解后又反悔，可以申请仲裁或直接向法院起诉。

（3）仲裁。仲裁是指国家行政机关专门设立的组织或民间设立的组织以第三方的身份对合同当事人双方的民事争议进行裁处并作出公断。当事人请求仲裁应在法律规定的时间内进行，并依据有关的仲裁法律进行，具有一裁终局、与法院裁决等同效力的特点。

（4）诉讼。诉讼是指保险合同的一方当事人按有关法律程序，通过法院对另一方提出权益主张，并要求法院予以解决和保护的请求的争议处理方法。当事人提起诉讼应该在法律规定的时间内进行，在我国《保险法》的第二十六条里有关于被保险人和受益人对保险金请求权的时效规定。该方法实行二审终审制度，法院有权强制执行判决。

专栏3-5·学以致用

想一想，判一判

某企业为职工投保团体人身意外伤害保险，保险费由企业支付。职工张某指定妻子刘某为受益人，半年后张某与妻子刘某离婚，谁知离婚次日张某意外死亡。对保险公司给付的20万元保险金，企业以张某生前欠单位借款为由留下一半，另一半则以刘某已与张某离婚为由交给张某父母。想一想，此企业如此处理是否正确？保险金应该给谁？为什么？

【分析】

此企业处理错误。因为受益人是在人身保险合同中由被保险人或投保人指定的享有保险金请求权的人。在指定受益人的情况下，只有受益人才有保险金请求权；同时在指定受益人的情况下，保险金不是遗产，不得用于清偿债务或按遗产分割。因此，20万元保险金应该全部判给刘某。

★ 本章小结

1. 保险合同又称保险契约，我国《保险法》第十条规定："保险合同是投保人与保险人约定保险权利义务关系的协议。"保险合同不但具有与一般经济合同相同的一些基本法律特征，而且作为一种特殊的经济合同，它具有以下特点：保险合同是有名合同；保险合同是非要式合同；保险合同是射幸合同；保险合同是附和性合同；保险合同是补偿性合同；保险合同是有偿合同；保险合同是双务合同；保险合同是最大诚信合同。

2. 保险合同的要素由合同的主体、客体和合同的内容三部分组成。保险合同的主体是与保险合同的签订和履行有直接、间接关系的人，他们既可以是法人，也可以是自然人，包括当事人、关系人和辅助人。保险合同的当事人包括投保人和保险人。保险合同的关系人包括被保险人、受益人。保险合同的辅助人包括保险代理人、保险经纪人和保险公估人等。保险合同的客体是保险合同权利和义务所指向的对象。保险合同的客体不是保险标的本身，而是投保人或被保险人对保险标的的保险利益。保险合同的内容，也就是保险合同双方当事人在保险合同的签订和履行过程中所具有的权利和义务。

3. 保险合同的订立是投保人与保险人之间基于意思表示一致而进行的法律行为。根据《保险法》的规定，投保人提出保险要求，经保险人同意承保，并就合同的条款达成协议，保险合同即告成立。保险合同的成立不一定标志着保险合同的生效。保险合同的生效是指依法成立的保险合同对合同主体产生法律约束力。通常，保险合同的生效需要一个对价的过程。保险合同尚未生效前，发生保险事故的，保险人不承担保险责任。保险合同有效应具备下列条件：第一，合同主体必须具有保险合同的主体资格；第二，当事人的意思表示真实；第三，合同内容合法。

4. 保险合同的履行是指双方当事人依法全面完成合同约定义务的行为。在保险合同有效期内，因订立合同所依据的主客观条件发生变化，由当事人依据法律规定的程序和条件，对原合同的有关条款所进行的修改和补充，叫作保险合同的变更。保险合同的中止是指在保险合同存续期间内，由于某种原因的发生而使保险合同的效力暂时归于停止。在合同中止期间发生的保险事故，保险人不承担赔付责任。保险合同的解除是指在保险合同的期限未满之前，当事人一方提前终止合同的法律行为，一般分为法定解除和协议解除两种形式。保险合同的终止就是保险合同的消灭，或者说是保险合同效力的灭失，也就是因某种法定事由的出现，导致保险合同不复存在，保险合同的效力灭失，当事人的权利义务关系也相应地灭失。

★ 综合训练

3.1 单项选择题

1.合同的条款事先由当事人的一方拟订，另一方只有接受或不接受该条款的选择，但不能就该条款进行修改或变更，这类合同是（　　）。

A.有名合同　　　　B.附和性合同　　　　C.有偿合同　　　　D.双务合同

2.保险合同的客体是（　　）。

A.保险标的

B.合同条款

C.被保险人

D.投保人或被保险人对保险标的的保险利益

3.保单经常通过规定上限来限定保险的总额，称作（　　）。

A.保单限额　　　　B.共保条款　　　　C.免赔条款　　　　D.比例分担

4.一方当事人向另一方当事人提出订立合同的建议，称为（　　）。

A.申请　　　　B.建议　　　　C.要约　　　　D.承诺

5.保险人在合同履行过程中的义务不包括（　　）。

A.向投保人解释说明合同条款

B.签发保险单证

C.为投保人等其他保险合同的主体私人资料保密

D.交纳保费

3.2 多项选择题

1.保险合同的要素包括（　　）。

A.合同的主体　　　　　　　　　　B.合同的客体

C.合同订立的时间、地点　　　　　D.合同的内容

2.保险合同的当事人包括（　　）。

A.投保人　　　　B.被保险人　　　　C.受益人　　　　D.保险人

3.保险合同的辅助人包括（　　）。

A.保险代理人　　　　　　　　　　B.保险经纪人

C.保险公估人　　　　　　　　　　D.再保险人

4.保险合同的订立程序包括（　　）。

A.口头申请　　　　B.书面申请　　　　C.要约　　　　D.承诺

5.保险合同的争议处理常采用（　　）。

A.协商　　　　B.调解　　　　C.仲裁　　　　D.诉讼

3.3 思考题

1.谈谈保险合同变更的内容和程序。

2.谈谈保险合同的解释原则。

3.假设李某买了一份12个月的健康保险，保险条款中包括一项每次生病门诊

医疗费用500元的免赔额。如果李某在治疗一次保险责任范围内的疾病时花费了5 000元的门诊医疗费用，则保险公司对此次花费应补偿李某多少钱？

4.某年9月5日，赵某为其三轮摩托车在保险公司投保了赔偿限额为3万元的车上人员责任险。次年1月26日，赵某驾驶该车与邓某驾驶的小型客车相撞，赵某死亡，事故发生后，邓某及其投保的保险公司赔偿了15万余元。此后，赵某的家属要求死者赵某投保车上人员责任险的保险公司支付赔偿款3万元。保险公司认为，车上人员责任险为车辆额定座位内的总赔偿限额，也就是说赔偿限额每个人加起来总共赔偿3万元，赵某所驾驶的摩托车限定载客3人，即每人限额是1万元，故拒绝支付3万元赔款。赵某的家属遭拒后起诉保险公司。如果你是审理此保险合同条款争议案的法官，你将作出何种判决？

5.某年7月，南京一家货运公司的汽车在温州高速公路发生了交通事故。经交警认定，该公司的司机负全责，损失为34 500元。由于货运公司早就在南京市一家保险公司为所有的车辆投保了机动车辆一切险，因此赔偿对方之后货运公司就向保险公司提出理赔申请。可是保险公司经过调查，认为该公司驾驶员在事发时还是实习驾驶员，根据保险合同属于免责条款，保险公司作出拒赔决定。为此，货运公司把保险公司告到了白下区法院。保险公司接到法院传票的时候信心十足，保险条款白纸黑字规定，实习驾驶员产生的损失保险公司不赔；况且交通法规也明确规定，驾龄未满1年的驾驶员不得开车上高速。法庭上，保险公司称，他们在保险单"明示告知"一栏中特别注明，要求投保人详细阅读粘贴在保单后面的保险条款，特别是有关责任免除和投保人、被保险人义务的部分。可是，货运公司一方称，他们根本不知道保险合同有这一则免责条款，当初他们买保险的时候只是跟保险业务员联系过，自己交了保险费之后，业务员填写了一份机动车辆保险单，但正式的保险合同自己到现在也没有收到。从货运公司出具的保险单正本，没有发现附有保险条款，也没有粘贴材料后被撕下的痕迹。保险公司的投保单复印件也没有货运公司的盖章和签名。如果你是审理此保险合同条款争议案的法官，你将作出何种判决？

第4章 保险的基本原则

★ 学习指南

【导读】

在规范和维护保险当事人之间关系时，保险合同坚持和贯彻四条重要原则：保险利益原则、最大诚信原则、损失补偿原则和近因原则。合法保险利益的存在是保险关系产生、保险合同成立的前提，对保险利益作出定性和定量分析是保险制度分担机制得以实现的基础。由于保险的自身特性，保险活动中对当事人诚信的要求比一般民事活动更为严格，要求当事人遵循"最大诚信"原则。损失补偿原则直接体现了保险的基本职能和作用。能够引起风险事故发生的风险因素是多种多样、错综复杂的，在保险经营实务中，只有当损失结果的形成与风险事故的发生有直接的因果关系的情况下，保险人才负赔偿责任，此即近因原则。

【关键概念】

保险利益；最大诚信；损失补偿；近因。

【思政目标】

培育诚实守信、遵纪守法的价值观，增强规则意识与公平意识，树立社会主义法治理念。

【学习目标】

掌握保险利益、最大诚信、损失补偿与近因等基本原则的内涵与适用条件，理解其在保险合同履行中的规范作用与实践意义。

§4.1 保险利益原则

合法保险利益的存在是保险关系产生、保险合同成立的前提，对保险利益作出定性和定量分析是保险制度分担机制得以实现的基础。

4.1.1 保险利益的含义及成立要件

保险利益也叫可保利益，我国《保险法》第十二条规定："**保险利益是指投保人或者被保险人对保险标的具有的法律上承认的利益**。"这种利益是由投保人对保险标的所具有的各种利害关系产生的。这些利害关系表现在：如果保险事故发生，投保人在保险标的上的经济利益就会遭受损失。保险利益是保险合同成立的必要条件之一，投保人对保险标的应当具有保险利益，投保人对保险标的不具有保险利益的，保险合同无效；保险金额的确定、保险赔付及给付的额度应当以投保人对被保险人所具有的保险利益为限，这是保险利益原则的基本含义。

保险利益的确立须具备三个要件：（1）必须是法律认可的利益。保险利益必须是被法律认可并受到法律保护的利益，它必须符合法律规定。（2）必须是客观存在的利益。保险利益通常指现有利益，以及可以确定并可以实现的预期利益。（3）必须是经济上可确定的利益。保险利益必须是经济上已经确定或者能够确定的利益。某些古董、名人字画虽为无价之宝，但可以通过约定货币数额来确定保险利益。人的生命或身体是无价的，难以用货币来衡量，但亦可约定一个金额来确定保险利益。如果保险利益不能从经济数量上确定，保险人则无法承保。

4.1.2 保险利益的认定

所谓保险利益的认定，就是指确定哪些人对保险标的具有保险利益，也就是确定保险利益的来源。一般来说，投保人或被保险人对保险标的所具有的保险利益因保险种类的不同而可以做如下认定：

1.人身保险中保险利益的认定

当投保人以他人的寿命和身体投保时，对保险利益的确定，各国有不同的规定。英美法系国家基本上采取"利益主义"原则，即以投保人与被保险人之间是否存在经济上的利益关系为判断依据，如果有经济利益关系，那么他们就存在保险利益。大陆法系的国家通常采用"同意主义"原则，即无论投保人与被保险人之间有无利益关系，只要被保险人同意，就具有保险利益。另外还有一些国家采取"利益和同意相结合"原则，即投保人与被保险人具有经济上的利益关系或其他的利益关系，或投保人与被保险人之间虽没有利益关系，但只要被保险人同意，也被视为具有保险利益。

根据我国《保险法》第三十一条的规定，人身保险的保险利益主要有以下来源：投保人对自己的寿命和身体具有保险利益；投保人对与自己有亲属、血缘关系的人具有保险利益；投保人对承担赡养、收养等法定义务的人也具有保险利益，此外，不论投保人与被保险人之间是否存在血缘关系，只要相互间存在经济利益关系或被保险人书面同意为其订立保险合同的，投保人同样对被保险人具有保险利益，如雇用关系人、合伙关系人、债权债务关系人等。由此可见，在人身保险利益的确定上，我国采用的是"利益和同意相结合"的原则。

2.非人身保险中保险利益的认定

投保人对其受到法律承认和保护的，拥有所有权、占有权、使用权和债权等权利的财产及有关利益具有保险利益。该保险利益是由于投保人或被保险人对保险标的具有某种经济上或法律上的利益关系而产生的，包括现有利益、预期利益、责任利益和合同利益。

现有利益随物权的存在而产生，是投保人或被保险人对财产已享有且可继续享有的利益；预期利益是因财产的现有利益而存在确实可得的、依法律或合同产生的未来一定时期的利益；责任利益是被保险人因其对第三者的民事损害行为依法应承担的赔偿责任，如对第三者的责任、职业责任、产品责任、公众责任、雇主责任等；合同利益是基于以财产为其履约对象的有效合同而产生的保险利益。

4.1.3　保险利益的变动与适用时限

保险利益的变动是指保险利益的转移和灭失。保险利益转移是指在保险合同有效期间，投保人将保险利益转移给受让人，而保险合同依然有效。人身关系的不可转让性决定了保险利益的转移多指非人身保险。例如，所有权人对自己所有的财产有保险利益，在其投保后的保险合同有效期内，所有人如果将财产所有权转让他人，则原财产所有权人由于丧失了对保险标的的物权而失去了保险利益；如果新的财产所有权人在法律上被认为是自动取代原投保人的地位，则保险合同继续有效，无须重新投保，在此情况下，我们称为保险利益转移。保险利益的灭失是指投保人或被保险人对保险标的的保险利益由于保险标的的灭失而灭失。

保险标的的保险利益会由于各种原因而发生转移和灭失，但在人身保险和非人身保险中，情况又各有不同。在人身保险中，除因债权债务关系而订立的合同可随债权一同转让外，其他的人身保险的保险利益不得因让与而转让。在非人身保险中，保险利益存在因继承、出售、让与、破产等而发生转移，因保险标的的灭失而灭失的情况。通常情况下，保险利益随保险标的的所有权的转移而同时转移，保险利益的转移会影响到保险合同的效力。

保险利益原则是保险实践中必须坚持的，但在人身保险和非人身保险中，保险利益的适用时限却有所不同。根据我国《保险法》第十二条的规定，人身保险的保险利益在保险合同订立时必须具有，而当保险事故发生进行索赔时是否具有保险利益则不要求；在非人身保险中，一般要求从保险合同订立到保险合同终止，自始至终都要存在保险利益。在海洋运输货物保险中，保险利益在适用时限上具有一定的灵活性，它规定在投保时可以不具有保险利益，但在索赔时被保险人对保险标的必须具有保险利益。这一规定起源于海上贸易的惯例，因为货物在运输途中，其所有权是可以转移的。

4.1.4 保险利益原则的含义与意义

保险利益原则是保险活动的基本原则，其含义是投保人对不具有保险利益的标的投保，保险人可单方面宣布合同无效；保险标的发生保险责任事故，投保方不得因保险而获得超过保险利益限度的额外利益。保险利益是保险合同成立的要素，所有保险合同必须以保险利益的存在为生效前提。

在保险活动中坚持保险利益原则具有重要的意义。

第一，防止赌博行为的发生。保险利益原则要求投保人对保险标的具有保险利益是为了防止投保人通过保险的形式以他人人身或财产进行赌博，从而使保险与赌博在本质上加以区别。

第二，防止道德风险的发生。规定保险利益原则一方面将投保人利益与保险标的的安全紧密相连，保险事故发生后，对投保人的保险赔偿仅仅限制在保险利益限度内，投保人不能获得额外利益，这可以最大限度地控制道德风险，防止投保人通过保险牟利。

第三，保险利益原则界定了保险人承担赔偿或给付责任的最高限额。保险的宗旨是救济和帮助，通过补偿被保险人在保险标的发生保险事故时遭受的经济损失或保险约定时间内给付一定金钱，但不允许有额外的利益所得。以保险利益作为保险保障的最高限度既能保证被保险人能够获得足够的、充分的补偿，又能满足不会因保险而获得额外利益的要求。因此，保险利益原则为投保人确定了保险保障的最高限度，同时为保险人进行保险赔付提供了科学依据。

专栏4-1·学以致用

为中华世纪坛投保

某一游客到北京旅游，在游览了中华世纪坛后，出于爱护国家财产的动机，自愿交付保险费为中华世纪坛投保。

问：该游客的投保是否可行？为什么？

【分析】

该游客对中华世纪坛没有保险利益，因而其投保行为不可行。因为只有投保人对保险标的具有法律上承认的经济利益时，保险关系才能成立。

§4.2 最大诚信原则

在保险活动中，最大诚信原则以法律形式确定下来，最早是在英国1906年《海上保险法》中，其规定："海上保险是建立在最大诚信原则基础上的保险合同，如果任何一方不遵守这一原则，他方可以宣告合同无效。"我国《保险法》第五条规定："保险活动当事人行使权利、履行义务应当遵循诚实信用原则。"

4.2.1　最大诚信原则的含义及产生原因

最大诚信原则的含义是指，在保险活动中，当事人双方要向对方充分而准确地告知有关保险的所有重要事实，不允许存在任何的虚假、欺骗和隐瞒行为。根据我国保险法的规定，对重要事实的理解一般是指对保险人决定是否承保或提高保险费率起影响作用的事实。例如：有关投保人或被保险人的详细情况，有关保险标的的详细情况，风险因素及风险增加的情况，以往损失赔付情况，以往遭到其他保险人拒绝承保的事实等。

最大诚信原则可表述为：保险合同当事人订立保险合同及在合同的有效期内，应依法向对方提供影响对方作出是否缔约及缔约条件的全部实质性重要事实；同时绝对信守合同订立的约定与承诺。否则，受到损害的一方，可以以此为理由宣布合同无效或不履行合同的约定义务或责任，还可以对因此而受到的损害要求对方予以赔偿。

之所以在保险活动中规定最大诚信原则，是因为：

第一，保险经营的特殊性要求投保人或被保险人的最大诚信。如前文所述，最大诚信原则起源于海上保险，保险双方在签订保险合同时，往往远离船舶和货物所在地，保险人对保险标的一般不能作实地勘察，仅仅根据投保人或被保险人叙述的情况来决定是否承保和如何承保。因此，这就要求投保人或被保险人诚信可靠，并且要基于最大诚信原则履行告知与保证义务。对于现代保险而言，保险的经营以风险的存在为前提，保险人对可保风险提供保险保障，因此，对保险人而言，风险的性质和大小直接决定着保险人是否承保及保险费率的高低。而与风险性质和大小直接相关的保险标的则具有广泛性和复杂性等特点，投保人或被保险人对保险标的的风险情况最为了解，因此，保险人只能根据投保人或被保险人的介绍和叙述来确定是否承保并确定保险费率，这要求投保人或被保险人必须遵循最大诚信原则来如实告知保险标的的状况。

第二，保险合同的附和性要求保险人的最大诚信。保险合同属于附和合同或格式合同，合同条款通常是由保险人单方拟定，由于保险的专业性较强，一般的投保人或被保险人没有能力判断条款的公平合理性，如保险费率是否合理，承保条件及赔偿方式是否苛刻等，所以要求保险人基于最大诚信来履行其应尽的义务与责任。

第三，规定最大诚信原则也是保险本身所具有的不确定性决定的。保险人所承保的保险标的，其风险事故的发生是不确定的。对有些险种来说，投保人购买保险仅仅支付了较少的保费，当保险标的发生保险事故时，被保险人所能获得的赔偿或给付金额将是保费的数十倍甚至数百倍。因此，如果投保人不能按照最大诚信原则来进行投保活动，保险人可能无法长久地进行保险经营，进而给其他投保人或被保险人的保险赔偿或给付造成困难，最终使得保险补偿损失、实施救济的目的难以实现。

4.2.2 最大诚信原则的基本内容

最大诚信原则不仅是保险活动中最具有原则性的要求和规定，而且在具体的保险活动中也有具体的要求。最大诚信原则的基本内容包括告知、保证、弃权与禁止反言。

1.告知

最大诚信原则的基本要求是告知，又称如实告知，是保险合同当事人一方在合同缔结前和缔结时以及合同有效期内就重要事实向对方所作的口头或书面的陈述，这意味着投保人和保险人双方都有如实告知的义务。

（1）投保人的如实告知义务。根据实践及法律要求，作为投保人，应告知的内容主要有四个方面：第一，在保险合同订立时，根据保险人的询问，对已知或应知的与保险标的及危险程度有关的重要事实进行如实回答；第二，保险合同订立后，在保险合同的有效期内，保险标的的危险程度增加时，应及时告知保险人；第三，保险标的发生转移或保险合同有关事项变动时，应及时通知保险人，经保险人确认后方可变更合同相关内容以保证合同的效力；第四，保险事故发生后，投保人应及时通知保险人，并如实告知保险标的的受损情况，提供各项有关损失的真实资料和证明。

投保人告知的形式有客观告知和主观告知两种。客观告知又称为无限告知，即法律或保险合同对告知的内容没有作具体的规定，只要是事实上与保险标的的风险状况有关的任何重要事实，投保人都有义务告知保险人。主观告知又称为询问回答告知，即投保人对保险人询问的问题必须如实告知，而对询问以外的问题，投保人无须告知。无限告知对投保人的要求比较高，法国、比利时以及英美法系国家在这一问题上均采用无限告知的形式。世界上大多数国家采用询问式告知的形式，我国也是采用这一形式。

（2）保险人的告知。保险人告知的内容主要有两个方面：第一，保险合同订立时，保险人应主动地向投保人解释保险合同条款的内容，特别是免责条款的内容须明确说明；第二，在保险事故发生时或保险合同约定的条件满足后，保险人应按合同约定如实履行赔偿或给付义务，若拒赔条件存在，应发送拒赔通知书。

保险人告知的形式有明确列示和明确说明两种。明确列示是指保险人只须将保险的主要内容明确列明在保险合同之中，即视为已告知投保人。明确说明是指保险人不仅应将保险的主要内容明确列明在保险合同之中，还必须对投保人进行正确的解释。我国的保险业务实践中要求保险人采用明确说明的告知方式。

2.保证

保证是指保险人要求投保人或被保险人对某一事项的作为或不作为，某种事态的存在或不存在作出许诺。保证是保险人签发保险单或承担保险责任要求投保人或被保险人履行某种义务的前提条件，其目的在于控制风险，确保保险标的及其周围环境处于良好的状态中。保证的内容属于保险合同的重要条款之一。

　　根据保证事项是否已经存在，保证可分为确认保证和承诺保证。确认保证是投保人或被保险人对过去或现在某一特定事实的存在或不存在的保证。例如，投保人身保险时，投保人保证被保险人在过去和投保当时健康状况良好，但不保证今后也一定如此。承诺保证是投保人对将来某一事项的作为或不作为的保证，即对该事项今后的发展情况作保证。例如，投保家庭财产保险的，投保人或被保险人保证不在家中放置危险物品；投保家庭财产盗窃险的，投保人或被保险人要保证关好、锁好门窗等基本安全防范。这些都属于承诺保证。

　　根据保证存在的形式，保证可分为明示保证和默示保证。明示保证是以文字或书面的形式载明于保险合同中，成为保险合同的条款。例如，我国机动车辆保险合同条款规定"被保险人必须对保险车辆妥善保管、使用、保养，使之处于正常技术状态"。这即为明示保证。明示保证是保证的重要表现形式。默示保证一般是国际惯例所通行的准则，习惯上或社会公认的应在保险实践中遵循的规则，而不载明于保险合同中。默示保证的内容通常是以往法庭判决的结果，是保险经验的结果。默示保证在海上保险中运用比较多。例如，海上保险的默示保证有三项：保险的船舶必须有适航能力；要按预定的或习惯的航线航行；必须从事合法的运输业务。默示保证与明示保证具有同等的法律效力，投保人或被保险人都必须严格遵守。

专栏 4-2·学习指导

告知和保证的区别

　　告知和保证都是对投保人或被保险人诚信的要求，但两者还是有区别的。对此，英国著名的大法官曼斯非尔德是这样解释的："告知与保证不同，告知仅须实质上正确即可，而保证必须严格遵守。例如，被保险船舶保证于8月1日开航，而延迟至8月2日才解缆，这即为违反保证条款。"可见，告知强调的是诚实，对有关保险标的的重要事实如实申报；而保证则强调守信，恪守诺言，言行一致，许诺的与事实一致。所以，保证对保险人或被保险人的要求比告知更为严格。此外，告知的目的在于使保险人能够正确估计其所承担的风险；而保证则在于控制风险。

　　3.弃权与禁止反言

　　弃权是指保险合同的一方当事人以明示或暗示的形式表示放弃其在保险合同中享有的、可以主张的权利。例如，在保险合同履行的过程中，由于投保人或被保险人不履行或不适当履行如实告知和保证等保险合同所规定的基本义务，此时，保险人有权解除保险合同或宣布保险合同无效，但是保险人并没有解除合同，也没有宣布保险合同无效，那么我们可以认为保险人放弃了合同解除权，即弃权。所谓禁止反言，又称为禁止抗辩，是指保险合同的一方如果已经放弃其在合同中可以主张的某项权利，以后便不得再向他方主张该项权利。在上面所举的例子中，既然保险人没有解除保险合同，也没有宣布保险合同无效，那么当保险事故发生后，保险人就不得再以投保人告知不详为理由主张保险合同无效而拒绝赔偿，这就是禁止反言。理论上，保险合同双方都存在弃权与禁止反言的问题，但在保险实践中，弃权与禁止反言主要是约束保险人的。实践中，大多数国家都对保险人的弃权与禁止反言做了规定，我国《保险法》（2009年修订，第十六条）首次明确规定了保险人解除权的行使期限，从而确立了保险人的禁止抗辩规则。2015年修订的《保险法》仍保留了这一制度，其核心精神是限制保险人在合同履行中的反悔，保障投保人、被保险人的合理预期与合同稳定性。保险人或保险代理人发生弃权的现象主要基于两种原因：一是疏忽；二是基于扩大业务或保险代理人为取得更多的代理手续费的需要。一般来说，保险代理人的弃权行为可视为保险人的弃权行为，并且保险人不得解除保险代理人已承保的不符合保险条件的保单；日后发生损失，保险人不得以被保险人未遵守保险单的规定为由而拒绝赔偿。例如，投保人投保火灾保险，告知保险代理人屋内储存危险品，而保险代理人明知这一行为是不能承保或应该收取高额保费的，但为招揽生意赚取手续费而放弃权利，签发保单。这应当视为弃权行为，日后如发生火灾损失，无论是否由此危险品所致，保险人均不得以投保人未遵守保单的规定为由而拒绝赔偿。

弃权与禁止反言在人寿保险中有特殊的时间规定，保险人只能在合同订立之后一定期限内（国际上通常规定为两年）可以以被保险人不如实告知或隐瞒为由解除合同。如果超过规定期限没有解除合同，则视为保险人已经放弃该合同解除权，不得再以此为由解除合同。

弃权与禁止反言的限定可以约束保险人的行为，要求保险人对自己的行为及代理人的行为负责。同时，这一规定也维护了被保险人的利益，有利于保险合同双方权利义务关系的平衡。在保险实践中，为了避免不应承担的赔偿责任，保险人通常在保险单上载明弃权条款，规定弃权行为均须以文字加以说明，否则无效，有些保险条款还规定代理人无权弃权。

4.2.3　违反最大诚信原则的法律后果

根据最大诚信原则的内容及要求，可以把违反最大诚信原则的法律后果分为违反告知义务的法律后果和违反保证义务的法律后果。

1.违反告知义务的法律后果

由于最大诚信原则是对保险合同双方当事人均有约束力的，故违反告知义务的法律后果也按照合同双方地位的不同而有差异。

（1）投保人或被保险人违反告知义务的法律后果。

在保险实务中，投保人或被保险人违反告知义务的情形主要有：一是由于疏忽而未告知，或者对重要事实误认为不重要而未告知；二是误告，指由于对重要事实认识的局限，包括不知道、了解不全面或不准确而导致误告，但并非故意欺骗；三是隐瞒，即明知某些事实会影响保险人承保的决定或承保的条件而故意不告知；四是欺诈，即怀有不良的意图，故意作不实告知或捏造事实。

对于以上违反告知义务的行为，不管投保人或被保险人的动机如何，都会给保险人的利益带来不同程度的损害。因此，各国法律都规定，只要投保人或被保险人违反告知义务，保险人就有权宣告保险合同无效、不承担赔偿责任或者在保险费的退还方面进行规定。

我国《保险法》在条款中针对不同情况所产生的后果作了具体规定：

①关于解除保险合同的规定。

第十六条第二款规定，投保人故意或者因重大过失未履行前款规定的如实告知义务，足以影响保险人决定是否同意承保或者提高保险费率的，保险人有权解除合同。

第二十七条规定，未发生保险事故，被保险人或者受益人谎称发生了保险事故，向保险人提出赔偿或者给付保险金请求的，保险人有权解除合同，并不退还保险费。投保人、被保险人故意制造保险事故的，保险人有权解除合同，不承担赔偿或者给付保险金的责任。

②关于不承担赔偿或给付保险金责任的规定。

第二十一条规定，投保人、被保险人或者受益人知道保险事故发生后，应当及时通知保险人。故意或者因重大过失未及时通知，致使保险事故的性质、原因、损失程度等难以确定的，保险人对无法确定的部分，不承担赔偿或者给付保险金的责任，但保险人通过其他途径已经及时知道或者应当及时知道保险事故发生的除外。

第二十七条第三款规定，保险事故发生后，投保人、被保险人或者受益人以伪造、变造的有关证明、资料或者其他证据，编造虚假的事故原因或者夸大损失程度的，保险人对其虚报的部分不承担赔偿或者给付保险金的责任。

第四十九条第三款规定，因保险标的转让而导致危险程度显著增加的，保险人自收到前款规定的通知之日起30日内，可以按照合同约定增加保险费或者解除合同。保险人解除合同的，应当将已收取的保险费，按照合同约定扣除自保险责任开始之日起至合同解除之日止应收的部分后，退还投保人。被保险人未履行前款规定的通知义务的，因保险标的的危险程度显著增加而发生的保险事故，保险人不承担赔偿保险金的责任。

第五十二条规定，在合同有效期内，保险标的危险程度显著增加的，被保险人应当按照合同约定及时通知保险人，保险人可以按照合同约定增加保险费或者解除合同。保险人解除合同的，应当将已收取的保险费，按照合同约定扣除自保险责任开始之日起至合同解除之日止应收的部分后，退还投保人。被保险人未履行前款规定的通知义务的，因保险标的的危险程度显著增加而发生的保险事故，保险人不承担赔偿保险金的责任。

③关于退还保险费或按比例减少保险金的规定。

第十六条第四款和第五款规定，投保人因重大过失未履行如实告知义务，对保险事故的发生有严重影响的，保险人对于合同解除前发生的保险事故，不承担赔偿或者给付保险金的责任，但应当退还保险费。保险人在合同订立时已经知道投保人未如实告知的情况的，保险人不得解除合同；发生保险事故的，保险人应当承担赔偿或者给付保险金的责任。

第三十二条分别规定，投保人申报的被保险人年龄不真实，并且其真实年龄不符合合同约定的年龄限制的，保险人可以解除合同，并按照合同约定退还保险单的现金价值；投保人申报的被保险人年龄不真实，致使投保人支付的保险费少于应付保险费的，保险人有权更正并要求投保人补交保险费，或者在给付保险金时按照实付保险费与应付保险费的比例支付；投保人申报的被保险人年龄不真实，致使投保人支付的保险费多于应付保险费的，保险人应当将多收的保险费退还投保人。

④关于行政处罚的规定。

我国《保险法》第一百七十四条规定，如果投保人、被保险人或者受益人有下列行为之一，进行保险诈骗活动，尚不构成犯罪的，依法给予行政处罚：投保人故意虚构保险标的，骗取保险金的；编造未曾发生的保险事故，或者编造虚假的事故原因或者夸大损失程度，骗取保险金的；故意造成保险事故，骗取保险金的。

（2）保险人违反告知义务的法律后果。

作为保险合同的相对方，从合同公平的原则出发，保险人违反如实告知义务也应当承担相应的法律后果和责任。对此，我国《保险法》也作出了明确规定。

《保险法》第一百一十六条第一至三款规定了保险公司及其工作人员在开展保险业务的过程中，不得有违反告知义务的行为，诸如欺骗投保人、被保险人或者受益人、对投保人隐瞒与保险合同有关的重要情况、阻碍投保人履行本法规定的如实告知义务，或者诱导其不履行本法规定的如实告知义务等。《保险法》第一百六十一条则对违反上述义务的法律责任做了规定："由保险监督管理机构责令改正，处1万元以上10万元以下的罚款；情节严重的，限制其业务范围、责令停止接受新业务或者吊销业务许可证。"

针对保险代理人或者保险经纪人在开展保险业务的过程中违反告知义务的情形，《保险法》第一百三十一条规定："保险代理人、保险经纪人及从业人员不得欺骗保险人、投保人、被保险人或者受益人、隐瞒与保险合同有关的重要情况、阻碍投保人履行本法规定的如实告知义务，或者诱导其不履行本法规定的如实告知义务；……利用行政权力、职务或者职业便利以及其他不正当手段强迫、引诱或者限制投保人订立保险合同；伪造、擅自变更保险合同。"对于违反上述规定的，《保险法》第一百六十五条规定，由保险监督管理机构责令改正，处5万元以上30万元以下的罚款；情节严重的，责令停业整顿或者吊销业务许可证。

2.违反保证义务的法律后果

由于保险约定保证事项均为重要事项，是订立保险合同的条件和基础，因而各国立法对投保人或被保险人遵守保证事项的要求极为严格。凡是投保人或被保险人违反保证，不论其是否有过失，也不论是否对保险人造成损害，保险人均有权解除合同，不予承担责任。而且，对于违反保证的，除人寿保险外，一般不退还保险费。不过在实务中，需要注意的是，由于保证是对某一特定事项的作为与不作为的承诺，而不是对整个保险合同的保证，因此，在某种情况下，违反保证条件可能部分地损害了保险人的利益，保险人可以仅就违反保证部分拒绝承担保险赔偿责任，但不一定完全解除保险合同。

从公平的原则出发，对一些例外情况也有规定，保险人不得以被保险人违反保证为由使保险合同无效或解除保险合同：一是因环境变化使被保险人无法履行保证事项；二是因国家法律法规变更使被保险人不能履行保证事项；三是被保险人破坏保证是由保险人事先弃权所致，或保险人发现被保险人破坏保证仍保持沉默，也视为弃权。

专栏4-3·学以致用

该宾馆破坏保证了吗？

某宾馆投保火险附加盗窃险，在投保单上写明能做到全天有警卫值班，保险公司予以承保并以此作为减费的条件。后宾馆于某日被盗，经调查，该日值班警卫因正当理由离开岗位10分钟。宾馆所作的保证是一种什么保证？保险公司是否能因此拒赔？为什么？

【分析】

该宾馆所作的保证是一种明示保证。保险公司可以因此拒赔。因为该宾馆违反了明示保证，而保证是保险合同的一部分，违反了保证，就意味着违约，保险人可以据此而解除保险合同，或宣布保险合同无效，在发生保险事故时不承担赔偿保险金的责任。

§4.3 损失补偿原则

损失补偿原则对于补偿性合同来说是理赔的首要原则，主要适用于具有补偿特点的保险合同，如财产保险合同、具有补偿性质的健康保险合同和意外伤害保险合同。

4.3.1 损失补偿原则的含义和意义

1.损失补偿原则的含义

损失补偿原则是指当保险标的发生保险责任范围内的损失时，被保险人有权按照合同的约定，获得保险赔偿，用于弥补被保险人的损失，但被保险人不能因补偿而获得额外的利益。该原则有两重含义：第一，损失补偿以保险责任范围内发生的损失为前提；第二，损失补偿的额度以被保险人的实际损失为限，不能使其通过损失补偿获得额外的利益。

2.坚持损失补偿原则的意义

第一，坚持损失补偿原则能维护保险合同双方的正当权益，真正发挥保险的经济补偿职能。损失补偿原则对保险当事人双方均有约束力，对保险人而言，是对其赔付行为的约束；对被保险人来说，则是对其获得赔偿权利及额度的限定。由此而使保险的赔付行为客观化、合理化。

第二，坚持损失补偿原则能防止被保险人通过保险赔偿获得额外利益，能防止道德风险的发生，在客观上可以起到防止被保险人通过故意制造损失而获得额外赔偿的不良企图和行为的作用，促进良好社会秩序和道德风尚的形成及维持。

4.3.2 损失补偿的补偿限制

损失补偿原则要求，被保险人获得的保险赔偿金的数额受到保险标的实际损失、保险合同的保险额和保险利益的共同限制。

一般来说，损失补偿以被保险人的实际损失为限。在补偿性的保险合同中，保险标的遭受损失后，保险赔偿以该标的实际损失为限：全部损失时全部赔偿，部分损失时部分赔偿。如果保险标的的实际损失高于保险合同所确定的保险金额时，损失补偿应以投保人投保的保险金额为限。也就是说，损失补偿此时是依据保险合同的约定，损失赔偿的最高额以合同中约定的保险金额为限。赔偿金额只应低于或等于保险金额。如果保险标的的损失与投保人或者被保险人对该保险标的的利益不一致时，即保险标的的损失小于投保人或被保险人对该保险标的的保险利益时，损失补偿应当以投保人或被保险人所具有的保险利益为限。因为投保人和被保险人对保险标的所具有的保险利益是其对保险标的所具有的全部权益，如果对保险标的的损失的实际补偿超过了该保险利益额度，就使得投保人或被保险人获得额外利益。

综上，在具体的实务操作中，损失补偿的过程中，保险标的实际损失、保险合同约定的保险金额及投保人、被保险人对保险标的所具有的保险利益同时起作用，也就是说，保险赔偿的最终数额为三者中的最小数额。

4.3.3 损失补偿的补偿方式和计算方法

损失补偿的方式按照其计算方法的不同可以分为第一损失补偿、比例补偿和限额补偿三种。

1.第一损失补偿

第一损失补偿方式是把保险财产的价值分为两个部分：第一部分为保险金额以内的部分，这部分已投保，保险人对其承担损失补偿责任；第二部分是超过保险金额的部分，这部分视为未投保，因而保险人不承担损失补偿责任。由于保险人只对第一部分的损失承担补偿责任，故称为第一损失补偿方式。该补偿方式多用于家庭财产保险。从实际操作的角度来看，第一损失补偿是在保险金额限度内，按照实际损失赔偿。其计算方法为：

当损失金额<或=保险金额时，赔偿金额=损失金额

当损失金额>保险金额时，赔偿金额=保险金额

2.比例补偿

这种补偿方式是按保障程度来确定，即按照保险金额与损失发生时保险财产的实际价值比例计算赔偿金额。

（1）在不定值保险中，保险赔偿金额按保险保障程度计算，其计算方法为：

保险赔偿额 = 保险财产实际损失额 × 保险保障程度

$$保险保障程度 = \frac{保险金额}{保险标的的受损时完好价值额} \times 100\%$$

其中，保险保障程度不得超过1。在足额保险与不足额保险情况下，保险保障程度等于或小于1；在超额保险情况下，保险人按足额保险处理。

（2）在定值保险中，保险赔偿按财产受损的损失程度来计算，其计算方法为：

保险赔偿额 = 保险金额 × 损失程度

$$损失程度 = \frac{保险财产的受损价值}{保险财产的完好价值} \times 100\% = \frac{保险财产的完好价值 - 残值}{保险财产的完好价值} \times 100\%$$

在实际操作中，当计算损失程度时，分子、分母应取同一个时点，以减少保险标的因受市价升降而产生的影响，确保计算结果的客观、科学、合理。采用比例补偿方式，保障程度越高，即保险金额越接近保险财产的实际价值，赔偿金额也就越接近损失金额。如果保障程度是100%，赔偿金额就等于损失金额。所以，被保险人若想得到足额的补偿，就必须按财产的实际价值足额投保。

3.限额补偿

限额补偿方式又称固定责任补偿方式，适用于保险标的为一定时期的利益，在该利益不能达到保险合同中所约定的金额时，保险人补偿其未达到约定限额的那一部分损失。该种方式多用于农业保险的种植业与养殖业保险。如农作物收获保险，保险当事人双方确定保险人保障限额，即标准收获量，当实际收获量低于标准收获量时，保险人补偿其差额；当实际产量已经达到标准收获量，保险人不负补偿责任。

另外，在实务操作中，补偿原则中还有其他的赔偿限制：被保险人自负责任；小额免赔；单位标的或事故的责任限额；损余物资（即残值）的价值处理等。

专栏4-4·学以致用

家庭财产保险的赔偿

张某20×1年12月18日向某保险公司投保了保险期限为1年的家庭财产保险，其保险金额为40万元。20×2年2月28日，张某家因意外发生火灾，火灾发生时，张某的家庭财产实际价值为50万元。若按第一损失补偿方式，问：

（1）张某家庭财产损失10万元时，保险公司应赔偿多少？为什么？

（2）张某家庭财产损失45万元时，保险公司应赔偿多少？为什么？

【分析】

（1）因为第一损失补偿方式是按保险金额范围内的损失均予以赔偿的。该保险金额范围内的损失（或第一损失）为10万元，所以保险公司应当赔偿10万元。

（2）保险公司应当赔偿40万元。因为，该保险金额范围内的损失（或第一损失）为40万元。

4.3.4 损失补偿原则的派生原则

损失补偿原则作为保险理论与实务的基本原则之一，在实践过程中，还派生出若干原则，其中包括重复保险的损失分摊原则和代位原则。

1.重复保险的损失分摊原则

损失分摊原则强调，在重复保险的情况下，当保险事故发生时，通过采取适当的分摊方式，在各保险人之间分配赔偿责任，使被保险人既能得到充分补偿，又不会超过其实际的损失而获得额外的利益。

重复保险的损失分摊方式主要有比例责任分摊、限额责任分摊和顺序责任分摊三种：

（1）比例责任分摊方式。这是由各保险人按其所承保的保险金额占所有保险人承保的保险金额总和的比例来分摊保险赔偿责任的方式。

（2）限额责任分摊方式。该分摊方式是在假设没有重复保险的情况下，各保险人按其承保的保险金额独自应负的赔偿限额与所有保险人应负的赔偿限额总和的比例承担损失赔偿责任。

（3）顺序责任分摊方式。在此方式下，由先出单的保险人首先承担损失赔偿责任，后出单的保险人只有在承保标的损失超过前一保险人承保的保险金额时，才顺次承担超出部分的损失赔偿。在该种方式下，被保险人的损失赔偿可能由一家保险人承担，也可能由多家保险人承担，这决定于被保险人的损失大小和顺次承保的各保险公司承保金额的大小。

2.代位原则

代位是指在保险赔偿过程中保险人取代投保人或被保险人获得对造成其损失的第三人的追偿权或对所遭受损失保险标的的所有权的一种法律行为。代位原则是指保险人依照法律或保险合同约定，对被保险人所遭受的损失进行赔偿后，依法取得对保险标的的损失负有责任的第三者进行追偿的权利或取得被保险人对保险标的的所有权。通过代位行为，可以防止投保人或被保险人在保险损失补偿的过程中因法律的原因而获得额外收益，避免故意串通损毁保险标的、恶意索赔等道德风险的发生。根据代位的定义，代位原则包括两个部分：代位追偿和物上代位。

（1）代位追偿是指在保险标的遭受保险责任事故造成损失，该损失依法应当由第三者承担赔偿责任时，保险人自支付保险赔偿金后，在赔偿金额的限度内，相应取得对第三者请求赔偿的权利。代位追偿是一种权利代位，是保险人取得代替投保人或被保险人向责任人请求赔偿的权利。我国《保险法》第六十条规定："因第三者对保险标的的损害而造成保险事故的，保险人自向被保险人赔偿保险金之日起，在赔偿金额范围内代位行使被保险人对第三者请求赔偿的权利。"

由代位追偿的含义及法律的规定，我们可以得出，在实施代位追偿行为时需要具备以下前提条件：

① 被保险人对保险人和第三者必须同时存在损失赔偿请求权。

② 被保险人要求第三者赔偿，此时保险人的代位追偿才能行使。保险人赔偿保险金之前，当被保险人不要求第三者赔偿时，保险人也无须对被保险人进行保险赔偿；保险人向被保险人赔偿保险金后，被保险人放弃对第三人的赔偿请求须经保险人认可才有效。

③ 保险人履行了赔偿责任。保险人按合同规定，对被保险人履行赔偿义务之后，才有权取得代位追偿权。

(2) 物上代位是指保险标的遭受保险责任事故，发生全损或推定全损时，保险人在全额给付保险赔偿金之后，即拥有对保险标的的物的所有权，代位取得对受损保险标的的权利与义务。所谓推定全损，是指保险标的遭受保险事故尚未达到完全损毁或完全灭失的状态，但实际全损已不可避免；或修复和施救费用将超过保险价值；或失踪达一定时间，保险人按照全损处理的一种推定性损失。物上代位的取得一般通过委付实现。

委付是被保险人在发生保险事故造成保险标的的推定全损时，将保险标的的一切权益转移给保险人，而请求保险人按保险金额全数予以赔付的行为。委付是被保险人放弃物权的行为，在海上保险中经常采用。

委付的成立需要具备以下条件：①保险标的的推定全损。②必须由被保险人向保险人提出。③委付须经保险人同意，因为委付不仅是将保险标的的一切权益进行了转移，同时也将被保险人对保险标的的一切义务进行了转移。④委付不得有附加条件。

通过对比，我们可以发现，委付与代位追偿具有以下区别：

第一，代位追偿保险人取得的只是一种纯粹的追偿权，保险人无须承担其他义务；而保险人在同意委付时，则是将与保险标的相关的权利和义务全部接受。

第二，在代位追偿中，保险人只能获得保险赔偿金额内的追偿权；而在委付中，保险人则可享有该保险标的的一切权利，包括保险标的的所有权和对保险标的的处分权，这就意味着在委付后，保险人因保险标的的处置而取得的额外利益也由保险人获得，而不必返还给被保险人。

§4.4 近因原则

风险事故的发生与损失结果的形成应有直接的因果关系，但是由于造成损失并非仅由单一原因所致，可能是由于共同的或连续的多种原因所致，而且其因果关系也存在连续和中断等情况，这就使得保险人所承保的风险和除外风险二者往往相互交错。由于保险人的赔偿或给付责任是与保险事故直接联系的，因此确定保险事故或约定事件的发生是否属于保险责任范围显得尤为重要。为了确定保险事故与发生原因之间的关系，从而明确保险责任，近代保险业界及学界确定了保险近因原则。这一原则最早在英国海商保险中确立起来。

4.4.1 近因原则的含义

所谓近因原则，是指若引起保险事故发生，造成保险标的的损失的近因属于保险责任范围之内，则保险人承担损失赔偿责任。如果近因属于除外责任，则保险人不负赔偿责任。

对于近因的确定，则是指引起保险标的损失的直接的、最有效的、起决定作用的因素。需要指出的是，在时间和空间上，近因不一定是最接近损失结果的原因。例如，由于打雷击倒了大树，大树压倒了旁边的一间房屋，房屋倒塌导致屋内的财物受损，在这样的风险事故中，屋内财物受损的近因不是房屋倒塌而是雷击。

4.4.2　认定近因的基本方法

如何确定近因，其关键在于确定风险因素与损失之间的因果关系。理论上讲，近因的认定有两种基本方法：

第一种方法是从原因推断结果，即从最初的事件出发，按逻辑推理直至最终损失的发生，最初事件就是最后事件的近因。例如，前述例子的打雷击物致屋内财物受损，其近因是雷击，而不是房屋倒塌。

第二种方法是从结果推断原因，即从损失开始，从后往前推，追溯到最初事件，没有中断，则最初事件就是近因。如果有额外因素的介入，则需要具体分析。

4.4.3　近因的分析和保险责任的确定

在具体业务实践、保险理赔中，对于引起保险标的损失的原因，可以按照不同的情况，从以下几方面来认定近因，进而确定保险责任。

1.单一原因造成的损失

如果造成损失的原因只有一个，则该原因即为近因。此时进行判断比较简单，即如果此原因是保险合同中所规定的保险责任，则保险人应予以赔偿；如果此原因在保险合同所规定的保险责任范围之外，则保险人无须赔偿。例如，在海上货物运输保险中，假设货物在运输途中遭受雨淋而受损，此时如果投保人在投保水渍险的基础上加保了淡水雨淋险（淡水雨淋险是海上保险中的一个附加险），则保险人需要予以赔偿；而如果投保人没有加保淡水雨淋险，则保险人无须赔偿。

2.多个原因造成的损失

如果保险标的的损失是由多个原因造成的，就必须结合实际情况具体分析：

第一，当这些原因同时发生，不分先后，导致保险事故的发生，则均为近因。如果这些原因在保险合同所规定的保险责任范围之内，则保险人必须负赔偿或给付责任；如果这些原因不在保险合同所规定的保险责任范围之内，则保险人无须赔偿或给付；如果这些原因中部分在保险责任范围之内，部分在保险责任范围之外，则保险人只承担保险责任范围内的原因所导致的损失，不负责保险责任范围之外的原因所导致的损失，如果损失无法分别估算，则保险人应与被保险人协商解决。

第二，多种原因连续发生。多种原因连续发生导致保险事故的发生，如果后面的原因是前面原因的直接后果，或合理的连续，或属于前面原因自然延长的结果时，则以前面的原因为近因，即最先发生并造成了一连串后续事故的原因就是近因。保险人是否需要赔偿或给付取决于此近因是否在保险合同所规定的保险责任范围之内，若在此范围之内则应予以赔偿或给付；反之，则无须承担赔偿或给付责任。

第三，多种原因间断发生的情形。当发生并导致保险事故发生的原因有多个，并且该一连串发生的原因有间断情形，即有新的独立的原因介入，使原有的因果关系断裂，并导致损失，则新介入的独立原因是近因。如该近因属于保险责任范围内的事故，则保险人应负赔偿或给付责任；如果新介入的原因属于保险合同所规定的除外责任，在新原因介入之前发生的承保风险损失，保险人应予以赔偿或给付。例如，某人投保有人身意外伤害险，发生交通事故并使下肢伤残，在康复过程中，突发心脏病，导致死亡。其中，心脏病突发为独立的新介入的原因，也是导致死亡的近因，在人身意外伤害险中，该原因不属于保险责任范围，因此保险人对被保险人死亡不承担赔偿责任，但对其因交通事故造成的伤残，保险人应承担保险金的给付责任。

专栏4-5•学以致用

近因判定

某居民投保了人身意外伤害险。一个冬天的傍晚，他在森林中打猎时从树上跌下受伤，他爬到公路边等待救助，夜间天冷，发烧导致肺炎而死亡。问保险人是否承担给付责任？

二维码04

分析提示

★ 本章小结

1.保险利益是指投保人对保险标的具有的法律上承认的利益，保险利益原则是保险的基本原则，它的本质内容是投保人以不具有保险利益的标的投保，保险人可单方面宣布合同无效；保险标的发生保险责任事故，投保方不得因保险而获得不属于保险利益限度内的额外利益。

2.最大诚信要求当事人向对方充分而准确地告知有关保险的所有重要事实，不允许存在任何的虚伪、欺骗和隐瞒行为。其中，重要事实一般是指对保险人决定是否承保或以何条件承保起影响作用的事实，它影响保险人决定是否接受投保人的投保和确定收取保险费的数额。最大诚信原则可表述为：保险合同当事人订立保险合同及在合同的有效期内，应依法向对方提供影响对方作出是否缔约决定的全部实质性重要事实；同时绝对信守合同订立的约定与承诺。否则，受到损害的一方，可以以此为理由宣布合同无效或不履行合同的约定义务或责任，还可以对因此而受到的损害要求对方予以赔偿。

3.最大诚信原则的具体内容主要包括告知、保证、弃权与禁止反言。投保人和保险人都有如实告知的义务。关于投保人告知的形式，我国与大多数国家一样采取询问告知的形式。保证是指保险人要求投保人或被保险人对某一事项的作为或不作为，某种事态的存在或不存在作出许诺。弃权是指保险合同的一方当事人以明示或暗示的形式表示放弃其在保险合同中可以主张的权利。禁止反言又称为禁止抗辩，是指合同的一方既然已经放弃其在保险合同中可以主张的某项权利，以后便不得再向他方主张该项权利。

4.损失补偿原则是指当保险标的发生保险责任范围内的损失时，被保险人有权按照合同的约定，获得保险赔偿，用于弥补被保险人的损失，但被保险人不能因损失而获得额外的利益。该原则有两重含义：第一，损失补偿以保险责任范围内的损失发生为前提；第二，损失补偿以被保险人的实际损失为限，而不能使其获得额外的利益。在具体的实务操作中，保险赔偿的最高额是保险金额、保险价值和实际损失三者的最小额。损失补偿原则的派生原则有重复保险的损失分摊原则和代位原则。代位原则是指保险人依照法律或保险合同约定，对被保险人所遭受的损失进行赔偿后，依法取得对保险标的的损失负有责任的第三者进行追偿的权利或取得被保险人对保险标的的所有权。代位原则包括两个部分：代位追偿和物上代位。

5.近因是指引起保险标的的损失的直接的、最有效的、起决定作用的因素。近因原则的基本含义是：若引起保险事故发生，造成保险标的的损失的近因属于保险责任，则保险人承担损失赔偿责任；如近因属于除外责任，则保险人不负赔偿责任。

★ 综合训练

4.1 单项选择题

1.各国对保险利益的确定有不同的规定，我国实行的是（　　）。

A."利益主义"原则　　　　　　　　B."同意主义"原则

C."利益和同意相结合"的原则　　　D.以上都不是

2.告知、保证、弃权与禁止反言是（　　）原则的具体内容。

A.保险利益　　　B.最大诚信　　　C.损失补偿　　　D.近因

3.我国的保险立法对投保人的告知采用的是（　　）。

A.客观告知　　　B.无限告知　　　C.有限告知　　　D.询问回答告知

4.不属于重复保险损失分摊方式的是（　　）。

A.比例责任分摊　　　　　　　　　　B.限额责任分摊

C.顺序责任分摊　　　　　　　　　　D.倒序责任分摊

5.被保险人在发生保险事故造成保险标的的推定全损时，将保险标的的一切权益转移给保险人，而请求保险人按保险金额全数予以赔付的行为称为（　　）。

A.委付　　　　　B.物上代位　　　C.代位追偿　　　D.权利代位

4.2 多项选择题

1.保险的基本原则包括（　　）。

A.保险利益原则　　　　　　　　　　B.最大诚信原则

C.损失补偿原则　　　　　　　　　　D.近因原则

2.保险利益的确立须具备的要件有（　　）。

A.必须是法律认可的利益　　　　　B.必须是客观存在的利益

C.必须是经济上可确定的利益　　　D.必须是可能存在的利益

3.投保人告知的形式有（　　）。

A.有限告知　　　　　　　　　　　B.客观告知

C.询问回答告知　　　　　　　　　D.选择告知

4.保险人告知的形式有（　　）。

A.询问回答告知　　　　　　　　　B.无限告知

C.明确列示　　　　　　　　　　　D.明确说明

5.根据保证事项是否已存在，保证可分为（　　）。

A.确认保证　　　B.尚未保证　　　C.承诺保证　　　D.已经保证

4.3　思考题

1.如何理解在保险活动中坚持保险利益原则的意义？

2.谈谈损失补偿的方式和算式。

3.被保险人就一价值100万元的财产向保险公司投保，保险金额80万元，后因第三方侵害造成财产损失60万元，保险人按照不足额保险比例赔偿原则赔付被保险人48万元，取得代位追偿权，向第三方追回赔款40万元。这40万元应如何分配？

4.某人将同一批财产向甲、乙两家保险公司投保，保险金额分别为4.8万元和3.2万元，后在保险期内因保险事故损失4万元。保单上约定采用赔款额比例责任分摊，甲、乙两家公司应分别赔偿多少？（写出计算公式和计算过程、答案）

5.某仓库投保财产保险。在保险期间因被战争中的敌机投弹击中燃烧起火，仓库受损。问保险人是否承担赔偿责任？

第5章 保险产品

★ 学习指南

【导读】

保险分为人身保险和非人身保险。其中，人身保险是以人的寿命和身体为保险标的的一类保险，它又可分为人寿保险、健康保险、人身意外伤害保险三类；非人身保险即广义的财产保险，是以财产及其有关的利益、损害赔偿责任、信用风险等为保险标的的一类保险，它又可分为财产损失保险、责任保险和信用保证保险三类。本章将逐一介绍相应类别常见的商业保险产品，包括产品特征、常见条款和保险责任或责任免除范围等。

【关键概念】

人身保险；人寿保险；年金保险；健康保险；意外伤害保险；一般可保财产团体人身保险；火灾保险；赔偿期；共同海损；责任保险。

【思政目标】

深化对保险服务民生、服务经济的理解，激发关心社会保障、勇担时代责任的职业使命感。

【学习目标】

掌握人身保险与非人身保险各类产品的基本结构、保障范围与适用条款，提升对保险产品设计与实务应用的理解能力。

§5.1　人身保险产品

我国《保险法》第十二条第三款规定："**人身保险是以人的寿命和身体为保险标的的保险。**"第九十五条第一款规定："保险公司的人身保险业务，包括人寿保险、健康保险、意外伤害保险等保险业务。"根据上述规定，我国的人身保险产品主要包括：针对个人和家庭的人寿保险和年金、健康保险和意外伤害保险；针对企业的团体人身保险和企业年金。

5.1.1　人寿保险和年金

1.人寿保险

（1）人寿保险概述。

人寿保险（简称寿险）是以被保险人的身体和寿命为保险标的，以被保险人的生存或死亡为保险事故（即给付保险金的条件）的一种人身保险。人寿保险产品根据产品功能又分为传统寿险产品和新型寿险产品。传统寿险产品包括定期寿险、终身寿险、生存保险和两全保险。新型寿险产品主要包括分红寿险、万能寿险和投资连结寿险等投资理财型产品。

专栏5-1·学习指导

人身风险及其影响

人身风险是指人们因死亡、疾病、伤残、年老和失业而导致收入减少、支出增加及因此无法履行个人和家庭责任的可能性。人身风险的发生不但使个人及其家庭生活水平下降，严重时还会使个人和家庭的生活陷于困境，甚至导致经济上的破产。每一个人，在不同的人生阶段，都会遇到不同程度、不同种类的人身风险，这些风险会给个人与家庭造成不同的影响。青年时期，存在早亡风险，这种风险将导致父母老无所养；中年时期，存在失业风险，这种风险将导致家庭失去经济收入、子女失去生活来源和教育费用等；老年时，存在无法支付昂贵的医药费用和护理费用的可能性等。总而言之，人的一生面临各种各样的人身风险。

1.早亡风险

早亡风险是过早死亡风险的简称。所谓过早死亡，是指死亡发生在自然的、预期的生命结束阶段之前的情形。虽然就个人而言，死亡最终一定会发生，但这一风险究竟何时发生却是未知的。如果这种风险过早地降临在家庭主要经济收入提供者身上，那么这对家庭的影响可能是灾难性的。

早亡风险产生的主要费用和损失包括：①丧葬费用；②未成年子女的抚养、教育费用损失；③配偶、需要由其赡养的父母和其他在经济上对其有经济依赖关系的人需要的费用损失；④偿还贷款的经济损失，如住房抵押贷款、汽车消费贷款和信用卡债务等偿还来源的丧失。此外，如果一个人在其工作单位中从事的工作别人无法替代，那么他的早亡还会给这个单位带来损失。该单位不仅要承受早亡者原来的工作无法完成的损失，还要花费一定费用去寻找或培训替代人员。

家庭成员死亡对家庭产生的经济影响取决于该成员健在时所提供的家庭收入或劳务的多少。家庭的主要收入提供者死亡后，家庭为恢复或维持原有的经济生活水平，会产生两项基本的财务需求：一是为了弥补死者给家庭造成的收入损失；二是为了弥补死者生前为家庭提供的家庭劳务损失。除此之外，家庭成员过早死亡会使其他成员在精神上受到重大影响，进而影响其正常生活。

2.健康风险

健康风险包括疾病风险和残疾风险两种。疾病对人类的侵袭最为频繁，每个人在一生中都会多次遭遇这种风险。除去人们为日常小病所花费的医药费外，更多的疾病需要人们去住院治疗，在治疗过程中要花费各种费用，既包括治疗疾病的直接费用，如药费、住院费、检查费等，也包括治疗疾病的间接费用，如收入损失、陪护费用和交通费用等。随着医疗技术的发展和治疗方法的进步，医疗费用不是在降低，而是迅猛增长，且这种增长速度往往超过了人们经济收入的增长速度。人们越来越难以承受日益高涨的医疗费用。

意外事故和疾病都可能导致人们伤残。大多数伤残是暂时性的，人们在痊愈后可以重返工作岗位，然而，也有相当一部分意外事故或疾病会造成人们永久性残疾。残疾风险发生的概率大大高于死亡风险发生的概率，而且年龄越低，这一规律越显著。此外，男性和女性发生伤残的原因存在差异，男性更容易因为意外事故而受伤，而女性的伤残则大多数是因疾病造成的。

健康风险对家庭产生的经济影响主要表现在收入损失和医疗费用增加两个方面。健康风险并不会随着医疗技术水平的提高而降低。由于医疗技术水平的提高，一方面，医疗卫生费用大幅度提高；另一方面，人均寿命延长，个人与家庭花费在治疗疾病方面的费用不断提高。在现代社会，健康风险越来越大。

3.老年风险

随着医疗科技水平的进步和国民生活水平的提高，人类的寿命不断提高，与此同时，老年人所需要的社会服务成本也不断加大。此外，老年风险还在于，如果实际寿命高于预期寿命，则可能会因工作期间累积的退休资金不足而无法满足退休后个人和家庭的生活需要，从而导致退休后生活水平的降低。这就要求人们在退休前作出适当财务安排以保证退休后有足够的收入来源。

①人寿保险的特征。

第一，人寿保险实行均衡保费制。死亡率是影响人寿保险费率的主要因素。死亡率的高低受多种因素影响，如年龄、性别、职业和医疗卫生水平等。除幼年时期外，人的死亡率随年龄增长而升高，因此人寿保险的自然保费是逐年递增的。这与人们随着年龄的增长交纳保费的能力下降相矛盾。为了避免被保险人在年老最需要保险保障时无经济能力参加保险或维持保险合同效力，人寿保险多采用均衡保费制，即投保人在保险年度内的每一年所交保费相等。这种做法的实质是，用年轻时多交部分弥补年老时少交部分，从而将死亡风险造成的损失均匀地分摊于整个保险期间，见表5-1。

表5-1 损失均摊、均衡保费示例

年龄（岁）	死亡率（‰）	自然保费（元）	均衡保费（元）
35	2.51	2.44	16.29
40	3.53	3.43	16.29
45	5.35	5.19	16.29
50	8.32	8.08	16.29
55	13.00	12.62	16.29
60	20.34	19.75	16.29
70	49.79	48.33	16.29
80	109.98	106.77	16.29
90	228.14	221.49	16.29

第二，人寿保险标的的不可估价。人的身体与生命是无法用货币衡量其价值的。与财产保险不同，在人寿保险实务中，保险金额是由投保人和保险人双方约定后确定的。决定人寿保险保险金额的因素有：被保险人的保障需求，即需要多大金额的保障；投保人交纳保费的能力。

第三，保险利益的特殊性。人的生命是无价的，因此，从理论上来说，人寿保险的保险利益没有量的规定性，即只考虑投保人对被保险人是否具有保险利益，而不能依据保险利益确定保险金额的多少。我国《保险法》第十二条规定："人身保险的投保人在保险合同订立时，对被保险人应当具有保险利益。"也就是说，在人身保险中，保险利益只是订立保险合同的前提条件，不是维持保险合同效力或保险人给付保险金的条件。只要投保人在投保时对被保险人具有保险利益，此后即使投保人与被保险人的关系发生了变化，且投保人对被保险人已丧失保险利益，也不影响保险合同受益人的受益权。例如，丈夫经妻子同意，以妻子作为被保险人，并同意丈夫为受益人投保人寿保险。在保险期内，即使这对夫妻以后离婚，丈夫对妻子不再具有保险利益了，如果没有变更受益人，丈夫作为原受益人也还享有受益权。需要指出的是，根据法律规定，在某些特殊情况下，人寿保险的保险利益有量的规定。例如，债权人以债务人为被保险人投保死亡保险，保险利益以债权金额为限。

第四，保险金的定额给付性。人寿保险标的的不可估价性使得当被保险人发生保险责任范围内的保险事故时，不能像财产保险那样根据事故发生时财产损失的实际程度支付保险赔款，而只能按照保险合同规定的保险金额支付保险金。

第五，不适用代位追偿原则。由于人寿保险标的的不可估价性决定了人寿保险不适用损失补偿原则，所以也不存在比例分摊和代位追偿的问题。我国《保险法》

第四十六条规定："被保险人因第三者的行为而发生死亡、伤残或者疾病等保险事故的，保险人向被保险人或者受益人给付保险金后，不享有向第三者追偿的权利，但被保险人或者受益人仍有权向第三者请求赔偿。"同时，在人寿保险中一般不存在超额投保和不足额投保问题。

第六，保险期限的长期性。人寿保险合同往往是长期的，保险期限短则数年，长则数十年。其长期性特点使得人寿保险的保费在很大程度上受到利率、通货膨胀和预测偏差等因素的影响。

专栏 5-2·特别关注

我国老龄化社会的趋势和特点

人口老龄化是指一个国家或地区老年人口增长的趋势，其衡量指标是一个国家或地区 60 岁及以上或 65 岁及以上人口的数量在该国或该地区人口总量中所占的百分比。20 世纪后期，人口老龄化逐步成为世界性趋势。我国改革开放后 20 多年经济取得的高增长速度被认为是 20 世纪的经济奇迹。然而人口学家们警告，中国未来的经济增长将会受快速的老龄化的影响，人口为经济增长带来的顺风将变为逆风。有两股力量推动我国人口结构的变化：①寿命延长使 65 岁及以上的老年人数量增多；②计划生育政策降低了总人口中年轻人的增长速度。

我国人口老龄化具有如下特点：一是人口规模大，老龄化速度快。我国 65 岁及以上人口的规模巨大，老龄化绝对人口数量居世界第一位。二是高龄化趋势显著。随着我国经济持续发展和人们生活水平的提高，我国人均预期寿命大大延长。预计到 2050 年，我国 60 岁及以上老年人口数量将达到 4.83 亿人。三是"未富先老"。发达国家在进入老龄化社会时，人均国内生产总值基本在 5 000 美元至 1 万美元，目前达到 GDP 已达 4 万~7 万美元的水平。而我国在进入老龄化社会时，人均国内生产总值尚不足 1 000 美元，是非常典型的"未富先老"国家。四是"空巢"老人（即独居老人和仅与配偶居住在一起的老年人）迅速增加。有关资料显示，我国"三代同堂"式的传统家庭越来越少。"四二一"的人口结构（一对夫妇同时赡养四个老人和抚养一个小孩）愈加明显。随着城市化的发展和人们生活方式的变化，空巢老人的比例还将进一步增加。五是农村养老问题严重。随着我国城市化进程的加快和人口的迁移流动，大量年轻农民涌向城市，加快了农村人口老龄化的步伐，农村家庭的养老功能日益弱化，很多农村老人会因此失去生活保障。

我国人口老龄化促使抚养比（人口中非劳动年龄人数与劳动年龄人数之比）的上升，这将导致我国劳动力成本加大，一定程度上削弱了经济的竞争力。同时，人口老龄化的趋势也要求有完善的社会保障体系，这为商业保险的发展留下了巨大的发展空间。

②人寿保险合同中的常用条款。

第一，不可抗辩条款（incontestable clauses）。该条款的含义是，人寿保险合同生效满一定时期（一般为 2 年）之后，就成为无可争议的文件，保险人不能再以投保人在投保时违反最大诚信原则，没有履行告知义务等理由主张保险合同自始无效。在保险合同中列入不可抗辩条款，是维护被保险人利益、限制保险人权利的一项措施。我国在2009年修订的《保险法》第十六条第三款首次引入了不可抗辩条款。2015年《保险法》的修订延续并保留了这一规定，进一步确认了"两年不可抗辩"的基本规则，同时强调了欺诈例外的适用。这表明，我国在完善保险合同制度时，既注重保护投保人、被保险人和受益人的合理预期，又兼顾对保险人防范恶意欺诈的正当权利的保护。

第二，年龄误告条款（misstatement of age）。在适用不可抗辩条款的前提下，年龄误告条款通常规定，投保人在投保时如果误告年龄，其保险金额或保险费将根据真实年龄进行调整。一般而言，当保险人发现投保人误报年龄时，如果被保险人还健在，既可以调整保险金额，也可以调整保险费。我国《保险法》第三十二条对年龄误告条款作出了明确规定。

第三，宽限期条款（grace period provision）。宽限期条款通常出现在人寿保险合同中，指投保人未按期交纳或续交保险费时，合同仍设定一个宽限时间。在此期间，投保人如果补交了保费，保单继续有效；在宽限期内即使尚未交费而发生保险事故，保险人仍应承担给付责任，但可以在保险金中扣除应交而未交的保险费。在法律层面，《保险法》第三十六条规定了保险人的催告义务：投保人未交付保险费的，保险人可以催告其在30日内补交；逾期不交，保险人有权解除合同，未解除的，合同自催告期满后终止。在行业实践中，许多寿险合同另行约定了60日宽限期，作为对投保人的额外保护。这属于合同自由安排，不是法律的强制性规定。

第四，复效条款（reinstatement provision）。这一条款通常规定，保单因投保人欠交保费而失效后，投保人可以在一定时间（通常为2年）内申请保单复效。复效和重新投保是不一样的。复效是指保留原来保险合同的权利和义务不变，如保险责任、保险期限和保险金额等都按原合同规定办理；而重新投保是指一切都重新开始。对投保人来说，如果保单失效后再重新投保是很不合算的，因为随着年龄的增加，费率也在提高。正因为如此，一般情况下，投保人愿意申请复效，而不愿意重新投保。但是，需要指出的是，保单的复效需要满足一定的条件，我国《保险法》第三十七条规定保单复效的条件是"保险人与投保人协商并达成协议，在投保人补交保险费后，合同效力恢复"，"自合同效力中止之日起满二年双方未达成协议的，保险人有权解除合同"。

第五，自杀条款（suicide clauses）。所谓自杀，在法律上是指故意剥夺自己生命的行为。如果没有主观上的故意，则不能称为自杀。在人寿保险合同中，一般都将自杀作为责任免除条款来规定，这主要是为了避免蓄意自杀者通过保险方式谋取保险金。但自杀毕竟是死亡的一种，有时被保险人会出现因遭受意外事件的打击或心态失常而结束自己生命的行为，并非有意图谋保险金。为了保障投保人、被保险人、受益人的利益，许多国家人寿保险合同中都将自杀列入保险责任范围，但规定保险合同生效一定期限（通常是两年）后发生被保险人自杀的行为，保险人才承担给付保险金责任。对于复效的人寿保险合同，自杀年限从保险合同复效时起重新计算。我国《保险法》第四十四条对自杀条款也做了明确规定，在遵循国际惯例的基础上，还规定了例外内容，即"被保险人自杀时为无民事行为能力人的除外"，也就是说，自杀条款对于被保险人自杀时为无民事行为能力的人不适用。

第六，不丧失价值任选条款（non-forfeiture values and options）。由于人寿保险都具有投资的性质，所以投保人应当享有保单现金价值的权利，不因保险效力的变化而丧失。除了定期死亡保险以外，大多数人寿保险（特别是终身寿险）在交付一定时期的保费后都具有现金价值。在寿险当中，由于交费期一般比较长，随着被保险人的年龄增加，其死亡的可能性将越来越大，保险费率也必然逐渐上升直到接近100%，这样的费率，不仅投保人难以承受，而且保险已经失去意义了。为此，保险公司在实际操作中往往采用"均衡保费"的办法，通过数学计算将投保人需要交纳的全部保费在整个交费期内均摊，使投保人每期交纳的保费都相同。被保险人年轻时，死亡概率低，投保人交纳的保费比实际需要的多，多交的保费将由保险公司逐年积累。被保险人年老时，死亡概率高，投保人当期交纳的保费不足以支付当期赔款，不足的部分将正好由被保险人年轻时多交的保费予以弥补。这部分多交的保费连同其产生的利息，每年滚存累积起来，就是保单的现金价值，相当于投保人在保险公司的一种储蓄。这部分现金虽然由保险人保管运用，但实际上为投保人所有。由此，就产生了不丧失价值任选条款，即投保人享有现金价值的使用选择方式。其中包括：领取退保金；将原保单改为减额交清保单；将原保单改为展期定期保单。所谓领取退保金，是指投保人按照退保时保单的现金价值直接领取应得现金，从而终止投保行为。所谓减额交清，简而言之就是投保人将原保单已累积的现金价值作为趸交保费，已累积原保险合同中的预定利率、保险责任、除外责任等都不会发生变化。改保后，投保人不再交纳保险费，唯一不同的就是保险金额减少了。例如，刘小姐投保了一份寿险，每年保费3 000多元，交费期限为20年。她交了5年后她想减额交清，这时只需将5年来的保费所折算成的现金价值，作为趸交保费，平均分配到20年，得出一个新的保险金额，这个过程就是减额交清。展期定期保险是投保人以办理展期当时原保单所积存的现金价值作为趸交保费，保险人据此计算并改变原保单的保险期限，以不超过原来保险期间为准，使保单能继续有效到某特定时日。值得注意的是，投保人选择办理展期定期保险，原保单的保险金额和保险责任不变。改保后，投保人不再交纳保险费，被保险人在该特定时日前发生保单责任范围内的保险事故，保险公司仍按原保险金额给付。在保险实务中，保险公司往往将现金价值的数额列在保单上，并说明计算方法及采用的利率，使投保人可以随时掌握保单的现金价值。

表5-2为某终身寿险保单不丧失价值任选条款示例。

第七，保单贷款条款（policy loan clauses）。如前所述，由于保单具有现金价值，因此保险合同中可以规定，允许投保人以寿险保单作质押，向保险人申请贷款。贷款金额以投保人申请贷款时保单所具有现金价值的一定比例为限。贷款本息等于或超过现金价值时，投保人应在保险人发出通知后的一定期限内还清款项；否

表5-2   某终身寿险保单不丧失价值任选条款示例

34岁男 / 保险金额（保额）10万元 / 年保费 1 277元

保单年度（末）	现金价值（元）	减额交清保额（元）	展期定期（年+天）
1	0	0	0
2	541	2 300	1/359
3	1 626	6 500	5/117
10	10 047	32 000	16/187
20	24 738	58 400	19/558

则，保险人有权终止保险合同。当被保险人或受益人领取保险金时，如果保单上的贷款本息尚未还清，应在保险金内扣除尚未归还的贷款本息。

第八，自动垫交保费条款（automatic premium loan clauses）。这一条款通常规定，投保人按期交费满一定期间后，因故未能在宽限期内交付保险费时，保险人可以把保险单的现金价值作为借款，自动贷给投保人垫交保费，使保单继续有效。如果第一次垫交后，投保人仍未交纳保费，保险人继续垫交，直到累计的贷款本息达到保单上的现金价值的数额为止。这时，如果投保人仍不交纳保费，保单将失去效力。垫交期间如果发生保险事故，保险人应当继续承担保险责任，但是在给付保险金时，应从保险金内扣除垫交保险费的本息。自动垫交保费条款适用于分期交费的寿险合同。该条款的目的在于维持保险合同的效力，保护被保险人或者投保人的利益。需要指出的是，虽然在保险费垫交期间保险合同仍然有效，但是减少了保单的现金价值，因此，自动垫交保费条款必须经保单持有人同意，否则该条款不能生效。

第九，保险金给付的任选条款（settlement options）。为了让被保险人或受益人有效地使用保险金，保险合同往往允许投保人选择保险金给付的不同方式。一般来说，保险公司给付保险金的方式包括一次性支付现金方式、利息收入方式、定期收入方式、定额收入方式和终身收入方式等。

③人寿保险的责任免除。

所谓责任免除，是指由于合同规定的特殊事件发生导致合同约定保险事故发生的，保险公司对由此引起的保险事故不承担保险金给付责任。在人寿保险单中，一些常见的责任免除事件包括犯罪、吸毒、斗殴、醉酒、自残、无照驾驶和酒后驾驶、战争、军事行动、内乱或武装叛乱、核爆炸、核辐射或核污染等。

（2）传统人寿保险产品介绍。

①定期寿险（term life insurance）。定期寿险是指以死亡为给付保险金条件，且保险期限为固定年限的人寿保险。具体地讲，在定期寿险合同中规定一定期限为保险有效期，若被保险人在约定期限内死亡，保险人给付受益人约定的保险金；如果被保险人在保险期限届满时仍然生存，保险合同即行终止，保险人不承担给付义

务，也不退还已收取的保险费。定期寿险的最大优点是可用低廉的保费获得一定期限内较大的保险保障。不过，若被保险人在保险期限届满时仍然生存，则不能得到任何保险金，而且已交纳的保费也不予退还。

②终身寿险（whole life insurance）。终身寿险是指以死亡为给付保险金条件，且保险期限为终身的人寿保险。终身寿险是一种不定期的死亡保险，即保险合同中并不规定期限，保险有效期间自合同生效之日起至被保险人死亡止。在终身寿险合同中，无论被保险人何时死亡，保险人都承担给付保险金的义务。终身寿险最大的特点是受益人可得到确定性保障。另外，如果投保人中途申请退保，可以得到数额可观的退保金（现金价值）。按照交费方式分类，终身寿险可分为以下几种：第一，普通终身寿险，即保费终身分期交付；第二，限期交费终身寿险，即保费在规定期限内分期交付，交费期满后不再交付，交纳期限可以是年限，也可以规定交费到某一特定年龄；第三，趸交终身寿险，即保费在投保时一次全部交清。

终身寿险现金价值累积示例如图 5-1 所示。

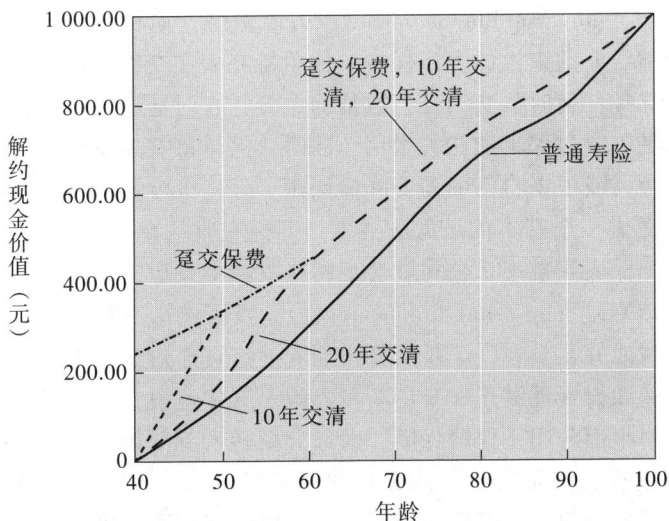

图 5-1　终身寿险现金价值累积示例

③生存保险（pure endowment insurance）。生存保险（简称生存险）是以被保险人在规定期间内生存为给付保险金条件的一种人寿保险。生存保险的被保险人只有生存到合同约定的某一时日，保险人才给付保险金；若被保险人在合同约定的保险期内死亡，保险人不承担保险金给付责任，同时已交保费也不予返还。生存保险一般与死亡保险和意外伤害保险等相结合，形成综合性保险。生存保险主要包括年金保险、子女教育费用保险和子女婚嫁金保险等类型。

④两全保险（endowment insurance）。两全保险（简称两全险）是指在保险期间内以死亡或生存为给付保险金条件的人寿保险，也称为生死合险。两全保险是将定期死亡保险和生存保险结合起来的保险形式。被保险人在保险合同规定的年限内死亡或到合同规定时点仍然生存，保险人按照合同均承担给付保险金的责任。两全

保险是储蓄性较强的一类保险产品。

（3）新型人寿保险险种介绍。

①分红寿险（participating life insurance）。分红寿险（简称分红险）是带有分红性质的寿险产品，具体是指保险公司在每个会计年度结束后，将上一会计年度该类分红保险的可分配盈余，按一定的比例，以现金红利或增值红利的方式，分配给客户的一种人寿保险。分红寿险的红利来源于保险公司死差益、利差益和费差益所产生的可分配盈余。

保单红利有两种类型：第一，现金红利。现金红利是指直接以现金的形式将盈余分配给保单持有人。保险公司可以提供多种现金红利领取方式，比如现金、抵交保费、累积生息以及购买交清保额等。第二，增额红利。增额红利是指在整个保险期限内每年以增加保额的方式分配红利，增加的保额作为红利一旦公布，则不得取消。采用增额红利方式的保险合同可在合同终止时以现金方式给付终了红利。由此可见，分红保险在提供保障功能的同时，具有投资理财功能。

②万能寿险（universal life insurance）。万能寿险（简称万能险）是一种交费灵活、保额可调整、非约束性的人寿保险。保单持有人在交纳一定的首期保费后，可按自己的意愿选择任何时候交纳任何数量的保费，有时甚至可以不再交费，只要保单的现金价值足以支付保单的相关费用。同时，保单持有人也可以在具备可保性的前提下提高保额，或根据自己的需要降低保额。万能寿险需要为客户的资金设立专门的账户，且提供一个基本的最低收益率（即保底收益率），一旦保险公司的实际投资收益率高于保底收益率，公司就会把超额收益率拿出来与客户分享。

③投资连结寿险（unit-link life insurance）。投资连结寿险（简称投连险）是指包含保险保障功能并至少在一个投资账户拥有一定资产价值的人寿保险。投连险是一种融保险保障和投资理财于一身的新型寿险。具体地说，就是投保人每年所交纳的保险费中，一小部分用于保险保障，大部分则转入专门设立的投资账户，由保险公司代为管理投资，投资收益扣除少量的管理费用后，全部归投保人所有。所谓"连结"，就是将投资与人寿保险结合起来，使保险客户既可以得到风险保障，解决自身家庭的未来收入和资产安排等问题，又可以通过稳定投资为未来的经济需要提供资金。

专栏5-3•学习指导

新型人寿保险险种比较

一、投资连结寿险与分红寿险的比较

第一，保单收益来源不同。投连险的收益只是来源于"一差益"，即"利差益"（源于保险公司实际的投资收益高于预计的投资收益时所产生的盈余），也就是投资账户的经营收益。投资账户的资金由保险公司的投资专家进行投资管理，投资所得收益扣除部分账户管理经营费用之后全部摊入投资账户，回馈给被保险人。分红险让被保险人分享的红利来源于"三差益"，所以叫"三差分红"。但实际上"死差益"（源于保险公司实际的风险发生率低于预计的风险发生率，即实际死亡人数比预计死亡人数少时所产生的盈余）与"费差益"（源于保险公司实际的营运管理费用低于预计的营运管理费用时所产生的盈余）所占的比例很小，红利的大部分还是来源于投资收益。"三差益"实现的利润并不是全部分给保户，可分配盈余的多少，由公司方面作出决定。

第二，被保险人承担的风险不同。投连险的收益完全由被保险人享有，被保险人也相应地承担投资过程中的全部风险。分红险的收益由保险公司和被保险人分享，因此风险共担。

第三，收益的分配不同。投连险投资账户的投资回报，保险公司除每月从中提取管理费用外，剩余的投资利润全部分配给被保险人。分红险当年度的可分配盈余，保险公司最多可自留30%，70%或更多必须分配给保单所有者。

第四，公司收取的费用不同。出售投连险的保险公司每月按一定比例收取账户管理费、保单管理费等。开办分红险的保险公司在保险期间除了收取保费即保单分红管理费之外，不再另收取费用。

第五，退保支付不同。购买投连险的被保险人如要退保，保险公司将按收到退保申请后的下一个资产评估日的投资账户价值来计算保单价值，退还给被保险人。分红险退保时，得到的退保金是保单现金价值与过去应该领取的累积红利的总和。

第六，身故保险金的给付不同。投连险的被保险人身故后，保险公司将身故保险金和投资账户价值两者中较高者给付受益人。分红险的受益人在被保险人身故后除得到保险金外，还可领取被保险人尚未领取的红利。

二、投资连结寿险与万能寿险的比较

总体上看，万能险重在其"灵活性"，风险相对较小，风格相对稳健；投连险重在其"投资连结"性，风险和收益都更大一些。具体来说，差异表现如下：

第一，承担的投资风险不同。万能险投资收益一般上不封顶，下有保底（即设有保证收益率），超过保证收益率的超额利润部分，由保险公司和投保人分享；投连险无保证收益率，完全根据实际投资情况，除管理费外，投资收益全部归投保人所有，投资风险也全部由投保人承担。

第二，身故保险金不同。万能险的身故保险金由身故保险金额和账户余额两部分组成；投连险的身故保险金取两者较大者。

第三，灵活性程度不同。万能险灵活性很强，在交费时间和金额、保险金额、期限等方面都有很灵活的规定；投连险最初推出的产品在很多方面是固定不变的，如保费的交纳、保额的确定等，后期产品则不断作出改进，以期更灵活、更能满足客户的需求。

2.年金保险

年金保险（annuities insurance）**是指以生存为给付保险金条件，且按照不超过1年（含1年）的给付周期给付保险金的一种人寿保险。**年金保险是生存保险的主要形式，种类比较多。根据不同的标准，年金保险可划分为不同的种类。

（1）按交费方式分类，年金保险可以分为趸交年金和期交年金。趸交年金，即年金保费由投保人一次全部交清；期交年金，即保费由投保人分期交付。

（2）按被保险人数分类，年金保险可分为个人年金保险、联合年金保险、最后生存者年金保险和联合及生存者年金保险。个人年金保险是以一个被保险人生存作为年金给付条件的年金保险；联合年金保险是以两个或两个以上的被保险人都生存作为年金给付条件的年金保险；最后生存者年金保险是以两个或两个以上的人为被保险人，年金给付持续到最后一个生存者死亡为止且给付金额保持不变的年金保险；联合及生存者年金保险是以两个或两个以上的人为被保险人，年金给付持续到最后一个生存者死亡为止，但给付金额随生存人数进行相应调整的年金保险。

（3）按给付额是否变动分类，年金保险可以分为定额年金保险和变额年金保险。定额年金保险，即每次按固定数额给付的年金保险；变额年金保险，即年金给付按资金账户的投资收益逐年进行调整的保险，设计这种年金保险是用来克服定额年金保险在通货膨胀下保障水平降低的缺点。

（4）按给付开始日期分类，年金保险可以分为即期年金保险和延期年金保险。即期年金保险，即合同成立后，保险人即行按期给付的年金保险；延期年金保险，即合同成立后，经过一定时期或达到一定年龄后才开始给付的年金保险。

（5）按给付方式（或给付期间）分类，年金保险可以分为终身年金保险、最低保证年金保险和定期生存年金保险。终身年金保险，即年金受领人在有生之年一直可以领取约定数额年金的保险。最低保证年金保险分为两种：一种是确定给付年金保险，即规定了一个最低保证确定年数，在规定期间内无论被保险人生存与否均可得到年金给付；另一种是退还年金保险，即当年金受领人死亡而其年金领取总额低于年金购买价格时，保险人以现金方式一次或分期退还其差额。定期生存年金保险，即年金的给付以一定的年数为限，若被保险人一直生存，则给付到期满；若被保险人在规定的期限内死亡，则年金给付立即停止。

5.1.2　健康保险

健康保险（health insurance）是指以被保险人的身体为保险标的，对被保险人因疾病或意外事故遭受伤害时发生的费用或损失进行补偿的一种人身保险。对于健康保险，我们可以从以下三点来理解：一是健康保险的标的是人的身体；二是健康保险中的医疗费用保险具有损失补偿性质；三是健康保险弥补被保险人因疾病或意外事故导致费用支出增加或收入减少而遭受的经济损失。从业务性质看，健康保险中的医疗费用保险具有补偿性质，因此，财产保险公司也可以经营，但是，医疗费用保险的被保险人在获得保险公司的补偿后是否还可以继续获得其他途径的补偿，在目前国内理论及实务界还有争议。

1.健康保险的分类

根据不同的分类标准，可以对健康保险进行不同的分类。

（1）按保障范围分类，健康保险可分为疾病保险、医疗保险、失能收入损失保险和长期护理保险。

疾病保险（disease insurance）是指以发生保险合同约定的疾病为给付保险金条件的健康保险。疾病保险的给付方式一般是在确诊为承保范围内的疾病后，保险公司立即一次性支付保险金额。在疾病保险实务中，重大疾病保险在国内保险市场比较流行，保障的疾病一般有心肌梗死、冠状动脉搭桥手术、癌症、脑中风、尿毒症、严重烧伤、爆发性肝炎等。

医疗保险（medical insurance）是指以发生保险合同约定的医疗行为为给付保险金条件，为被保险人接受诊疗期间的医疗费用支出提供保障的健康保险。医疗保险可以补偿的医疗费用主要包括门诊费用、药费、住院费用、护理费、医院杂费、手术费用和各种检查治疗费用等。不同的医疗保险所保障的费用项目和补偿内容有所不同。常见的医疗保险有以下几种：

① 普通医疗保险。普通医疗保险主要补偿被保险人因疾病和意外伤害所导致的直接费用，大多数只对住院期间产生的医疗费用进行补偿，少数团体产品也对门诊医疗费用进行补偿。目前，国内健康保险市场上大多数个人或团体住院医疗保险都属于此种类型。

② 综合医疗保险。综合医疗保险是目前国外最常见的医疗保险产品。它提供的医疗费用补偿不论在项目范围上还是补偿程度上都远远超过普通医疗保险，能够确保疾病导致的大多数医疗费用得到补偿。

③ 特种医疗保险。特种医疗保险主要包括牙科费用保险、处方药费保险和眼科保健保险等。牙科费用保险，主要为被保险人对牙齿进行的常规检查和治疗费用提供补偿；处方药费保险，指为被保险人购买处方药物的花费提供补偿的一类健康保险业务；眼科保健保险，是指为定期的眼科检查和视力矫正治疗过程中发生的费用提供补偿的一类医疗保险。

失能收入损失保险（disability income insurance）是指以由于保险合同约定疾病或者意外伤害导致工作能力丧失为保险金给付条件，对被保险人在一定时期内收入减少或者中断提供保障的健康保险。失能收入损失保险分为短期失能收入损失保险和长期失能收入损失保险两种。

失能收入损失保险一般按月或按周给付，对被保险人投保时约定的给付金额有一个最高限额，通常为被保险人正常税前收入的50% ~ 70%。设定最高给付限额的目的是防止被保险人丧失工作能力时所得保险金超过有工作能力时的收入水平，从而导致被保险人有可能不愿返回工作岗位或者故意拖延丧失工作能力的期间。

失能收入损失保险的保险金还有一定的给付期间，短期失能收入损失保险的保险金给付期间一般为1 ~ 5年；长期失能收入损失保险的给付期间可达5 ~ 10年。一些失能收入损失保险规定保险金的给付可以持续到被保险人满60周岁或65周岁时。

长期护理保险（long-term care insurance）是指以因保险合同约定的日常生活能力障碍引发护理需要为保险金给付条件，对被保险人的护理支出提供保障的健康保险。长期护理保险保障的护理项目一般包括照顾被保险人的吃饭、穿衣、沐浴、如厕和行动等护理费用。保险合同中一般规定有每日给付最高的保险金数额。大多数长期护理保险都有一定的免责期。此外，保险金的给付也有一定的给付期限，保险金给付期从免责期结束开始，到被保险人恢复生活自理能力后的60天止。

长期护理保险是相对较新的一种健康保险。在欧美等保险业发达的国家或地区，长期护理保险发展非常迅速。随着我国人口老龄化进程的加快和"421"甚至"842"家庭结构的增多，我国的商业健康保险市场已快速发展起来，长期护理保险作为健康保险的一部分已有200多种，虽然该类产品或多或少地存在保障范围偏窄、保障额度不高等问题，但相信在我国的潜在市场将是非常大的。

（2）按合同形态分类，健康保险可以分为普通健康保险、简易健康保险、保证更新健康保险、不可撤销及保证更新健康保险和特殊健康保险。

普通健康保险类似于普通个人寿险，所不同的是其交费方式只能采取年交而不能月交和趸交。另外，保险人在保险合同期满时有权拒绝续保；在保单有效期内，保险人可以随时终止保险合同，但需提前30天通知被保险人。

简易健康保险是一种保险人可以为被保险人提供低额的保险保障，但也可以任意终止的健康保险合同。

保证更新健康保险与普通健康保险基本相同，但有以下三点不同：①保险人不得拒绝投保人的续保请求，也不得任意终止保单；②在更新保单时，保险人可以调整该险种全部被保险人的保单费率，但不得只调整某一份保单的费率；③交费方式可以月交。

不可撤销及保证更新健康保险是指在保单有效期内，如果被保险人的健康状况发生变化，只要投保人不提出退保，保险人就不能终止保险合同并保证每年予以续保和不得调整保费费率。

特殊健康保险是一种针对特殊群体提供保险保障的健康保险，如老年健康保险、特种风险健康保险和弱体健康保险等。

（3）按给付方式分类，可分为定额给付健康保险、费用给付健康保险和提供服务健康保险。

定额给付健康保险，即不考虑保险事故实际发生费用的多少，保险人按照约定的保险金额给付保险金，如失能收入损失保险等。

费用给付健康保险，即保险人在约定的保险金额内支付实际发生的、合理的费用，如医疗费用保险等。

提供服务健康保险，即保险人向为被保险人提供医疗服务的医疗机构和医生支付费用和报酬。

2.健康保险的常见条款

（1）免赔额条款。该条款是健康保险合同区别于其他人身保险合同的主要特征之一。免赔额条款的基本内容是指保险合同双方在条款中约定被保险人在合同约定的保险事故发生后应当自行承担的医疗费用额度，在此额度以外的医疗费用由保险人按照合同约定的保险金支付，即保险人只负责对其医疗费用中超过免赔额的部分进行补偿。

（2）比例给付条款，又叫共保条款。该条款规定对医疗费用中超过免赔额的部分，采用保险人和被保险人按照比例共同分摊的方法，保险人在承担的比例范围内给付保险金。一般而言，被保险人需要自己负担一定比例的医疗费用，自负比例为20%～30%，保险人在保险金约定范围内承担余下部分。

（3）给付限额条款。该条款针对被保险人的医疗花费规定了费用或服务量的最高限额。在限额以内由保险人承担保险金给付责任，在给付限额以外则由被保险人自行负担。

（4）等待期条款，又称观察期条款。该条款规定在保险单生效后的一段时间内，如果被保险人因疾病而发生医疗费用支出或导致收入减少的，保险人将不承担保险金给付责任。约定的这段时间就叫等待期或观察期。等待期的长短视保险险种保险期限的长短而定，通常1年期健康保险的等待期为31天，长期健康保险的等待期为90～180天。

（5）受益人条款。该条款规定了健康保险合同的受益人一般为被保险人本人。如果被保险人死亡，其保险金将作为被保险人的遗产由其法定继承人继承。这一点与人身保险其他险种是不同的。

（6）体检条款。该条款规定在被保险人提出索赔申请以后，保险人有权要求被保险人接受由保险人指定的医生或医疗机构的体检，以便保险人确认索赔的有效性以及具体的赔付数额。体检条款适用于疾病保险和收入损失保险。

5.1.3　意外伤害保险

意外伤害保险（accidental insurance）是指以被保险人遭受意外伤害造成死亡或伤残为保险责任的一种人身保险。意外伤害是指因意外导致身体受到伤害的事件，意外事故应当具备三个要素：非本意的、外来原因造成的、突然发生的。因此，保险业对意外伤害的定义为：意外伤害是指外来的、突发的、非本意的、非疾病的使身体受到伤害的客观事件。

在保险方面，意外伤害包括意外和伤害两层含义：①所谓意外，是指就被保险人的主观状态而言，被保险人事先没有预见到伤害的发生或伤害的发生违背被保险人的主观意愿，其特征是非本意的、外来的、突发的；②所谓伤害，是指被保险人的身体遭受外来事故的侵害，使人体完整性遭到破坏或器官组织生理机能遭受损害的客观事实。伤害包含致害物、侵害对象、侵害事实三个要素。

被保险人事先没有预见到伤害的发生，可以具体分为两种情况：第一，伤害的发生是被保险人事先所不能预见或无法预见的；第二，伤害的发生是被保险人事先可以预见到的，但由于被保险人的疏忽而没有预见到。这两种情况下的伤害，应该是偶然或突然发生的事件。伤害的发生违背被保险人的主观意愿，也主要表现为两种情况：第一，当被保险人预见到伤害即将发生时，在技术上已不能采取措施避免；第二，被保险人已经预见到伤害即将发生，在技术上也可以采取措施避免，但由于法律或职责上的规定不能躲避。

1.意外伤害保险责任的构成要件

意外伤害保险责任的构成有三个要件：第一，被保险人遭受了意外伤害且意外伤害事故发生在保险期间内；第二，被保险人死亡或残疾；第三，意外伤害是被保险人死亡或残疾的直接原因或近因。这三个条件缺一不可。其中，被保险人遭受意外伤害是构成意外伤害保险责任的首要条件；被保险人在责任期间内死亡或残疾是构成意外伤害保险责任的必要条件。

责任期间（term of liability）的规定在意外伤害保险中具有重要意义，此处是指自被保险人遭受意外伤害之日起的一定期间（通常为180天）。只要导致被保险人遭受意外伤害的事件发生在保险期间内，且在责任期间造成被保险人死亡或残疾的后果，保险人就可能承担保险责任。也就是说，在意外伤害保险中，被保险人在保险期间内遭受意外伤害，并且在责任期间内死亡或残疾，并不意味着必然构成保险人的保险责任。只有当意外伤害与死亡或残疾之间存在因果关系即意外伤害是死亡或残疾的直接原因或近因时，才构成保险责任。

法律意义上的死亡包括两种情况：一是生理死亡，即已经被证实的死亡；二是宣告死亡，即按照法律程序推定的死亡。《民法典》规定："自然人有下列情形之一的，利害关系人可以向人民法院申请宣告其死亡：①下落不明满四年的；②因意外事件，下落不明满二年；因意外事件下落不明，经有关机关证明该自然人不可能生存的，申请宣告死亡不受二年时间的限制。"残疾也包括两种情况：一是人体组织的永久性残缺，如肢体断离等；二是人体器官正常机能的永久丧失，如丧失视觉、听觉、嗅觉、语言机能和运动机能等。

2.意外伤害保险的保险金给付

意外伤害事故发生后，对符合保险责任约定内容的保险事故，保险人应当按保险合同约定的保险金额给付死亡保险金，或按照保险合同约定的保险金额的一定比例给付残疾保险金。其中，死亡保险金按照保险合同的规定给付，不得有所增减。残疾给付则一般根据保险金额和残疾程度两个因素确定。残疾程度一般以百分率表示，残疾保险金数额的计算公式为：

残疾保险金 = 保险金额 × 残疾程度

在意外伤害保险中，保险合同约定的保险金额不仅是确定最终死亡保险金、残疾保险金的依据，而且是保险人给付保险金的最高限额，即保险人给付被保险人死亡保险金、残疾保险金累计以该被保险人的保险金额为限。当发生一次伤害、多次致残或多次伤害的情况，保险人可同时或连续支付残疾保险金，但累计数额以保险金额为限。

3.意外伤害保险的种类

（1）按照风险性质分类，意外伤害保险可以分为普通意外伤害保险和特定意外伤害保险。普通意外伤害保险承保的是在保险期间内发生的各种意外伤害，而不限于某些特定的意外伤害。目前，我国保险公司开办的团体人身意外伤害保险、学生团体平安保险等均属普通意外伤害保险。特定意外伤害保险指以特定时间、特定地点或特定原因发生的意外伤害为承保风险的意外伤害保险。例如，承保在矿井下发生的意外事故，在建筑工地发生的意外伤害，在游泳池或游乐场所发生的意外伤害等均属于特定意外伤害保险。

（2）按照保险期间分类，意外伤害保险可以分为1年期意外伤害保险、极短期意外伤害保险和长期意外伤害保险。1年期意外伤害保险在意外伤害保险中占大部分。我国保险公司目前开办的个人人身意外伤害保险、附加意外伤害保险等均属于1年期意外伤害保险。极短期意外伤害保险的保险期间不足1年，往往只有几天、几小时甚至更短，如旅游保险，索道游客意外伤害保险，火车、飞机、轮船旅客意外伤害保险等。长期意外伤害保险的保险期间超过1年，一般为3年、5年和8年。

专栏5-4·学以致用

如何购买合适的人身保险

1. 单身期

单身期的一般特点是年轻、身体好，经济收入不高但花销较大，没什么经济压力。这个阶段的保险需求不高，主要可以考虑意外风险保障和必要的医疗保障，以减少因意外或疾病导致的直接或间接经济损失。这类保险保费低、保障高，且一般企业或雇主都会为员工提供。但你需要检查一下你所得到的保障是否充分，衡量的标准是保额高于你年收入的3倍。

倘若父母需要你赡养，则你同时需要考虑购买一些定期寿险，以最低的保费获得最高的保障，以确保你有不测时，用你的保险金保障你父母的生活。如果你年轻有为，有较强的经济实力，则可以提早考虑购买重大疾病保险、保障型终身寿险或保障储蓄型保险，因为投保年龄越小，保费越便宜。这些保险是你成家后一定要购买的。

2. 二人世界

这个时期处在人生的准备期，此时的你身体健康，收入可能不高，但逐渐开始稳定。因为处在家庭和事业的新起点，你有强烈的事业心和赚钱的欲望，渴望迅速积累资产，投资倾向易偏向激进。购买投资型保险产品是帮助你实现用少量保费换取最大保障，同时规避风险，又是资金增值的好方法。这就是人寿保险"四两拨千斤"的功用。

有了新家，家庭责任感和经济负担也开始增加，开始为购房、置产、未来宝宝的出生做准备。这时选取低保费、高保障的险种，如意外险、简单医疗险，是令你既有风险保障，又不影响经济支出的最佳方法之一。建议购买意外险、投连险、健康险，既可以防范意外及疾病风险，又可使资产增值。

3. 三口之家

这个时期是人生的基础期，子女养育、教育是你生活的重要组成部分。随着小宝宝的出生，夫妇双方都会明显感到家庭生活负担的加重。如果你是宝宝的爸爸，你努力工作，希望事业顺利，进而为妻儿创造一个良好的生活环境。如果你是宝宝的妈妈，你的主要精力要放在孩子身上，对于事业来说多少会有些许影响。如果要两头兼顾，你要承受非常大的生理及心理压力。

保险保障对有未成年子女的家庭至关重要。一方面，夫妇双方尤其是家庭经济支柱的意外保障、医疗保障、重大疾病保障和寿险保障一定要充分，以保证父母这个"水龙头"万一中断时，小孩可以通过保险得到经济支持，继续接受良好的教育；另一方面，可以考虑购买子女教育和医疗保险。如果此时供房，还应考虑购买一些保费低、保障高的定期险。做好理财规划，投资、保障要合理，用有限的资源办好家庭的大事是你的财务规划准则。

4.事业有成

这个时期也许是你人生最为得意的时期，你的事业逐渐成熟，并且蒸蒸日上，家庭生活稳定和谐，工作生活两丰收。已有一定积累的你，此时应做好所得税、利息税等重大税种的节税应对计划，以免资产缩水。伴随着事业的成功，你对工作的投入有时多于对家庭的关照，你的社会活动及应酬增多，可能生活有时没有规律，各种疾病悄然入侵。因此，一定要提早为自己建立健康保障并准备家庭应急金。

在你事业成熟的同时，你的孩子也悄然长大，子女教育金的准备也列入议事日程中。另外，你需要为退休及养老做准备。建议此时重新检查保障计划，增加投资保险、分红保险、重大疾病保险等。如在此期间按揭购买住房、汽车，则可考虑增加房贷保险、车险等保障。

5.1.4 团体人身保险

团体人身保险（简称团体保险）是以一份合同或一张保单为某一团体的所有成员或其中的大部分成员提供保障的人身保险。团体保险最显著的特点就是用对团体风险的选择来取代对个人风险的选择。

1.团体保险的优越性

团体保险之所以能得到迅速的发展，是因为其与个人保险相比具有明显的优越性：

（1）低成本、高保障。对于保险人来说，团体保险的经营成本通常会低于个人保险，主要原因在于：①单证印制和管理成本低。团体保险采取用一张总保单承保一个群体的做法，节省了大量的单证印制成本和管理成本。②佣金比例较低。许多大型的团体投保人常常直接与保险公司洽谈，免除了佣金支出，降低了保险公司的经营成本。③核保成本低。团体保险中的被保险人员都是同一单位的员工，并且保险合同是以团体名义签订的，这就意味着对单个员工来说逆向选择的风险较小，体检和其他一些核保要求可以免除，节约了保险公司的核保费用。④由于许多国家对团体保险的保费支出以及保险金都有一定的税收优惠，因此对于团体保险的购买者如雇主、雇员来说，除了享受低费率外，还有效降低了自己的税务负担。

（2）保险计划具有灵活性。在个人保险合同中，保险合同多为附和性合同，保险人事先拟就合同的主要内容，投保人一般只能表示同意或不同意。而对于团体保险，特别是当投保团体的规模较大时，投保人可以就保单条款的设计和合同主要内容的制定与保险人进行灵活协商，如保费条款等。当然，团体保险单也应遵循一定的格式，包括一些特定的标准条款，但与个人保险合同相比其灵活性是明显的。

2.投保团体保险的基本要求

虽然与个人保险相比，团体保险不要求团体成员提交可保证明，但是，为了保证团体保险承保质量和保险公司的财务稳定性，团体保险的承保必须满足以下要求：

（1）投保团体必须是正式的法人组织，从事特定的业务活动，独立经营核算。可以设想，如果投保团体是为了投保团体保险这一特定目的而建立的，那么该团体利用团体险赚取保险金的风险就相应增加，逆向选择的风险也增大，保险公司的赔付风险就会大幅度增加，从而对保险公司的经营产生不利影响。

（2）团体保险中的被保险人是能够参加正常工作的在职员工。退休职工、病休职工、临时工一般不能成为团体保险的被保险人。这种资格规定保障了承保对象总体是平均的健康水平，从而在很大程度上消除了逆向选择的影响。

（3）保险金额不能由企业和员工任意选择。团体保险对每个被保险人的保险金额按照统一的标准确定。

（4）对团体保险参保人数的限制。例如，对参加团体保险的员工人数规定一个最低比例，如果保费是由雇主交纳的，那么全部员工都必须参加；如果保费是雇主和员工共同交纳的，那么全部合格员工参加团体保险的比率应达到75%。

专栏5-5•学习指导

企业员工面临的风险

企业员工面临的早亡风险、疾病风险、残疾风险和老年风险等风险在专栏5-1中已有详细阐述，这里主要关注企业员工面临的工伤和失业风险。

（1）工伤。工伤（work-related injury）也称职业伤害，是指员工在职业活动中发生的或与之相关的人身伤害，包括事故伤残和职业病以及这两种情况造成的死亡。职业病（occupational disease）是指劳动者在职业活动中，因接触粉尘、放射性物质和其他有毒、有害物质等因素引起的疾病。在工伤保险制度发展的早期，工伤不包括职业病。随着时间的推移，各国逐渐开始将职业病也纳入到工伤范围，并以国际公约的形式确定了现在的工伤概念。

工伤事故、职业病不仅给员工带来了身体的痛苦和精神的折磨，还导致了至少两方面的损失：一是医药费用支出、康复支出或丧葬费用；二是工资损失。针对工伤风险，各国纷纷建立了工伤保险制度，以保护员工的合法权益。

（2）失业。失业（unemployment）是每个员工都面临的风险。这种风险的结果是失去收入，有挫折感，令人沮丧。许多失业是由员工个人不能控制的原因造成的，如经济周期的循环、生产方式的变革、新的发明创造的出现都可能造成失业。也有一部分失业是由员工自身的原因造成的。

3.团体保险的种类

按照保险责任的不同，团体保险可以划分为团体人寿保险、团体年金保险、团体健康保险和团体意外伤害保险等，这些也是在实务中经常遇到的团体险种类。

团体人寿保险是以团体成员的寿命为保险对象，以团体中的成员为被保险人，团体或团体雇主作为投保人，原则上不需要体检即可提供保障的人寿保险。它通常包括团体定期人寿保险、团体终身寿险、团体遗属收入给付保险和团体交清保险等。团体定期人寿保险简称为团体定期寿险，绝大部分的团体定期寿险是以每年更新的定期保单方式承保的，主要为团体所属员工提供工作期间死亡后的保障。团体终身寿险是相对于团体定期寿险而言的，它可以为团体所属员工提供退休后的死亡保障，以弥补团体定期寿险期限较短的不足。在团体遗属收入给付保险中，通常是团体或其雇主与保险人签订保险合同，以员工的遗属为受益人，约定在员工死亡时，由保险人向死亡员工的遗属给付保险金。保险金的给付方式通常按月支付，给付金额通常按该死亡员工原工资额的一定比例确定。例如，在美国，配偶一般获得死者工资25%的保险金，子女获得15%，对家庭给付的最高限额是死者工资的40%，同时规定了给付期限。团体交清保险是由1年定期死亡保险和终身死亡保险相结合的险种。1年定期死亡保险的保费由雇主交纳，雇员每年以趸交保费的形式购买一次终身死亡保险。总保额由终身死亡保险保额和1年定期死亡保险保额构成。投保团体与员工约定一个死亡保险的总保险金额，不同职员可以有所差别。员工每年交纳一定保费为自己投保终身寿险，采用趸交保险费方式，保单均为交清保单。员工每年的交费相同，由于年龄变化，危险增加，所以每年投保的终身险交清保单的保险金额不同，但累积为保险金额逐年增加。团体每年为员工投保1年定期死亡保险，保险金额为约定总金额与终身险累积金额的差额。随着终身险累积保险金额的逐年增加，1年定期死亡险的保险金额逐年下降。1年定期死亡保险的保险费采用自然保险费，保单无现金价值，由团体负担；由员工负担保费的终身险保单则具有现金价值。员工无论何时死亡，都可获得约定的保险总金额；而年老退休或脱离该企业时，也可以继续享受保险保障，或申请退保，领取退保金，以供退休或离职后生活所用。团体交清保险中，团体负担的定期寿险的保险费也享有税收优惠。虽然员工没有直接得到税收利益，但因保险契约在员工在职、离职、退休时均保持效力，所以整体上还是有利可图的。

团体年金保险又简称团体年金，是以团体方式投保的年金保险。团体年金主要用于员工退休后的生活补助，是员工福利计划的重要部分。

团体健康保险和团体意外伤害保险的保险责任、给付方式分别与个人健康保险和个人意外伤害保险基本相同。团体意外伤害保险是团体保险最早的形式之一。与人寿保险和健康保险相比，意外伤害保险是最有条件、最适合采用团体方式投保的一类保险。其原因在于，人寿保险和健康保险的保险费率都和被保险人的年龄有关，而意外伤害保险的保险费率则不然，它主要取决于被保险人的职业。在一个团体内部，通常团体成员从事的工作风险性质大致相同，可以采用相同的费率，而且意外伤害保险的保险期间多是1年期或更短。

4.团体保险的特殊条款

团体保险的特征决定了团体保险合同必须专门设计一些特殊条款，以确保降低团体或其成员的逆向选择程度、提高团体保险经验数据的可靠性、有效控制经营风险和保证团体保险的经营稳定性。

（1）团体最低投保人数及比例条款。

在团体保险实务中，往往对投保团体保险的最低投保员工人数及投保比例有一定的规定，主要是由于：①团体保险是以团体作为投保人，通过减少管理费用来降低附加费用，从而达到降低保险费的目的，所以以人数的多少自然有一定影响。通常团体规模越大，规模经济的效应就越大，对保险人来说成本越低。②为了防止逆向选择，避免投保团体因逆向选择而变成次标准体。

对团体人数的规定一般为5~8人，如人数较少，一般要求团体内100%的人都要投保；如人数较多，一般要求团体内成员投保者要达到一定比例（如75%~80%）。例如，我国寿险公司规定，投保团体保险的员工比例不得低于75%，且绝对人数不少于8人。

（2）个人适保资格认定条款。

团体保险虽然不对单个成员进行保险选择，但是为了合理地控制理赔成本和管理费用，防止逆向选择，通常对团体成员的参保资格也有一定的限制。一般而言，在雇主为雇员提供团体保险的情况下，通常规定正式的、现职的、全职的且工作时数不少于每周正常工作时数的员工才符合参加团体保险的资格。原因在于，这些员工往往健康状况较好，工作与生活较为稳定，流动率较低。

（3）保险金额确定方式条款。

为了防止逆向选择，团体保险的保险金额通常按照统一的标准确定。具体确定方式有：整个团体的所有被保险人的保险金额相同；按照被保险人的工资水平、职位和服务年限等标准，确定每个被保险人不同的保险金额。

（4）最低及最高保额限定条款。

不管使用的团体保险计划如何，合同条款通常会维持某一保额，以保证整个团体保险金额总额的一致性。因此，保险公司通常都有最高和最低的保额限制。

（5）合同转换权利条款。

该条款规定，被保险人可以在某些条件下将团体保险转换为个人保险以继续享有保障，而无须提出可保证明。通常，被保险员工必须在劳动关系终止后的一段时间内将团体保险转换为有现金价值的个人保单，并按其年龄对应的标准费率计算保费。团体保险合同的死亡给付，在员工离开团体后的转换期间内仍继续有效；如果员工在该期间内死亡，团体保险单保险人仍应支付死亡给付，并退还所有支付转换保单的保费。

（6）保障维持期间条款。

当团体保险对于参加保险的员工产生效力后，只要该员工继续为雇主服务，该保险保障就会继续。团体保险的主保单通常也为短暂停止工作的员工提供继续交纳保费的权利，如果员工永久停止服务，则员工的保障将在停止工作后的一段时间后终止。此项保障维持期间条款使员工有机会将到期的团体保险转化为个人保险，或是到其他企业工作时仍可获得保障。

专栏5-6•特别关注

我国关于工伤的认定

按照我国现行的工伤保险规定，职工有下列情形之一的，应当认定为工伤：

（1）在工作时间和工作场所内，因工作原因受到事故伤害的；

（2）工作时间前后在工作场所内，从事与工作有关的预备性或者收尾性工作受到事故伤害的；

（3）在工作时间和工作场所内，因履行工作职责受到暴力等意外伤害的；

（4）职业病；

（5）因公外出期间，由于工作原因受到伤害或者发生事故下落不明的；

（6）在上下班途中，受到机动车事故伤害的；

（7）法律、行政法规规定应当认定为工伤的其他情形。

职工有下列情形之一的，视同工伤：

（1）在工作时间和工作岗位，突发疾病死亡或者在48小时之内经抢救无效死亡的；

（2）在抢险救灾等维护国家利益、公共利益活动中受到伤害的；

（3）职工原在军队服役，因战、因公负伤致残，已取得革命伤残军人证，到用人单位后旧伤复发的。

职工有下列情形之一的，不得认定为工伤或视同工伤：

（1）因犯罪或者违反治安管理伤亡的；

（2）醉酒导致死亡的；

（3）自残或者自杀的。

5.1.5　企业年金

当前，大多数国家的养老保险体系都由三个支柱构成，即基本养老保险、企业年金和个人储蓄性养老保险。三者的设立主体不同，基本养老保险由国家设立，企业年金是一种企业行为，个人储蓄性养老保险是个人行为。

企业年金制度又称企业退休金制度或企业补充养老保险制度，是企业在依法参加国家基本养老保险并按规定履行交费义务的基础上，自主执行的一种补充养老保险制度。它一般由国家宏观政策指导，企业内部决策执行。与基本养老保险制度相比，企业年金往往由雇主根据法律法规，在集体谈判或自愿原则的基础上建立。虽然政府对企业年金的执行参与较少，但会给予执行企业一定的税收优惠政策。企业年金的交费标准、支付水平多样，大都实行市场化运作。

1.企业年金的特点

（1）非营利性。企业年金是经济效益较好的企业为员工退休后的生活提供一定程度保障的手段。企业执行企业年金计划不是为了从中赚取直接的经济利益。

（2）企业自愿。如前面的介绍，企业年金是企业自愿执行的，是企业为员工提供的一种额外待遇。作为激励机制的一部分，企业年金方案对员工而言具有多元化、差别化的特征，通常与效率工资制度结合使用，鼓励员工爱岗敬业，增强企业的凝聚力和向心力，培养员工对企业的忠诚感和归属感。

（3）政府支持。因为企业年金承担了对企业员工的一部分社会保障责任，对国家在养老保险金方面的支出有弥补作用，政府一般都给予一定的税收优惠政策。

专栏 5-7 • 特别关注

《企业年金办法》

《企业年金办法》已经 2016 年 12 月 20 日人力资源和社会保障部第 114 次部务会审议通过，财政部审议通过，并于 2018 年 2 月 1 日起施行。相关政策解读如下：

一、建立企业年金的作用与覆盖范围

企业年金是企业及其职工在依法参加基本养老保险的基础上，通过集体协商自主建立的补充养老保险制度，是我国多层次养老保险制度体系中第二支柱的重要组成部分。企业建立企业年金，有利于完善职工薪酬体系，展现企业良好文化、增强人才吸引力、稳定职工队伍。职工参加企业年金，有利于在基本养老保险的基础上，另外增加一份养老积累，进一步提高退休后的收入水平和生活质量。

《企业年金办法》主要适用于企业及其职工。需要说明的是，经过多年的改革发展，企业职工基本养老保险已覆盖城镇各类企业及其职工、社会组织及其专职工作人员、机关事业单位编制外工作人员等。《企业年金办法》规定，参加企业职工基本养老保险的其他用人单位及其职工建立补充养老保险的，参照本办法执行。因此，只要参加了企业职工基本养老保险的用人单位及其职工，都可以建立企业年金制度。

二、企业年金采取的管理模式

企业年金实行完全积累，为每个参加企业年金的职工建立企业年金个人账户。职工企业年金个人账户下设企业交费子账户和个人交费子账户，分别记录企业交费分配给个人的部分及其投资收益，以及本人交费及其投资收益。企业年金基金按照国家有关规定进行投资运营，投资运营收益并入企业年金基金。

三、建立企业年金的条件和流程

企业和职工建立企业年金，应当依法参加基本养老保险并履行交费义务，企业具有相应的经济负担能力。企业和职工一方通过集体协商确定建立企业年金，而后制定企业年金方案。企业年金方案应当提交职工大会或者职工代表大会讨论通过，并报送所在地县级以上人力资源社会保障行政部门。

企业年金遵循信托法原则。企业年金方案备案后，企业和职工（合称委托人）应当选定企业年金受托人（符合国家规定的法人受托机构或者企业按照国家规定成立的企业年金理事会），由企业代表委托人与受托人签订受托管理合同。受托管理合同签订后，受托人应当委托具有企业年金管理资格的账户管理人、投资管理人和托管人，负责企业年金基金的账户管理、投资运营和托管。企业年金基金管理人按照国家规定分工协作，共同实现企业年金基金的依法合规运营和保值增值。

四、企业年金权益归属问题

实践中，对于职工企业年金个人账户中企业交费及其投资收益，企业年金方案普遍设置了归属于职工个人的规则，但一些企业年金方案设置的归属规则不够合理，不利于保护职工权益。《企业年金办法》兼顾了企业和职工双方的权利和义务，规定企业与职工一方协商，可以规定职工企业年金个人账户中的企业交费及其投资收益自始归属于职工个人，也可以规定随着职工在本企业工作年限的增加逐步归属于职工个人，全部归属于职工的期限不超过8年，并明确了几种例外情形。

限于篇幅，这里不列示《企业年金办法》原文，有兴趣的读者可以到人社部官网阅读（网址为：https://www.mohrss.gov.cn/xxgk2020/gzk/gz/202112/t20211229_431752.html），也可扫描下面的二维码查看。

资料来源：佚名.《企业年金办法》解读［EB/OL］.［2019-02-07］. http://www.suiyang.gov.cn/xxgk/zdxxgk/shbz/201904/t20190425_28771848.html.

二维码05

《企业年金办法》全文

2.企业年金的类型

根据不同的标准，企业年金有不同的分类。根据法律规范的程度来划分，可以分为自愿型和强制型企业年金；根据员工待遇的计发方法可以分为固定待遇计划和固定缴费计划两种，我们着重介绍这两种类型的企业年金。

（1）固定待遇计划。

在固定待遇计划（defined benefit plan，DB）中，企业保证员工在退休后能够领取一定数额的保险金，具体数额根据相关公式计算。给付公式一般是基于年金计划所保障员工的工作年限以及员工退休前最后几年的工资水平。例如，员工退休给付等于2%乘以工作年限，再乘以员工工作最后5年的平均月薪。假设一个员工工作了20年，并且在退休前最后5年平均月薪为3 000元，则他每月的退休给付是1 200元（3 000×20×2%）。

（2）固定缴费计划。

在固定缴费计划（defined contribution plan，DC）中，企业必须向员工年金账户中缴纳约定的金额，这种缴费相当于为员工的利益进行投资，而且员工退休给付取决于资金积累规模和投资回报，投资回报越多，员工退休给付的金额就越多。但是，在固定缴费计划中，员工要承担投资风险。

3.企业年金的经办与管理

从世界各国企业年金的经办与管理实践来看，企业执行年金计划可以采取多种管理方式。

（1）企业经营管理。

这种方式是由企业直接经营管理企业年金，由本企业承担向退休员工支付年金的责任。直接经营管理可以采取基金和非基金两种管理方法。

基金式经营管理是指企业为了今后向退休员工支付年金而事先建立一笔基金，这笔基金可以留在企业的账面上（内部积累），也可以单独存放在企业以外的金融机构（外部积累）。

非基金式经营管理是指企业不事先积累基金，而是在企业年金支付责任发生时，从当期收入中直接支付。非基金式经营管理的最大问题在于一旦企业破产，职工应享有的企业年金将面临风险。为了解决企业破产时企业年金的支付问题，一些企业组建了互助协会或互助基金会，以互保的方法预防企业破产时年金的支付风险。

企业直接经营管理年金的方式目前在欧洲一些国家比较流行。

（2）对外投保。

这是指企业代表员工与保险公司签订企业年金保险合同，员工的年金支付责任由保险公司承担。在这种方式下，企业年金的支付风险转移给了保险公司，因而可以克服直接经营管理方式下没有第三方承担支付风险的缺点。

保险公司经营企业年金有自己独到的优势。中小企业执行企业年金计划可以采取向人寿保险公司投保团体年金保险的办法。企业的年金计划如果是一个保险计划，则保险公司就要负责该计划的年金保险基金的投资管理。保险公司与企业要签订年金保险合同，保险公司向企业收取保险费，并保证在员工退休时向他们支付年金保险金；同时，保险公司还要承担管理、投资、精算和文件保管等服务责任。美国、英国和日本等国的许多企业都采用对外投保方式实施企业年金计划，特别是为公司的董事等高管人员购买年金保险。

（3）参与社会年金计划。

这是企业参加一个具有独立法人资格的年金基金会来办理年金计划。年金基金会（又称年金信托基金）是一个独立的、非营利性的法人实体（基金法人）。即使参与年金基金计划的企业破产，该企业的债权人也无权索取年金信托基金中用于受保职工的财产。举办年金基金计划的企业与年金基金会之间存在着信托关系，年金基金会属于受托人，它要根据与举办企业（委托人）签订的信托合同来负责管理企业的年金资产，如制定筹资和投资政策、制定组织设计决策、监管组织效率和向股东通报业绩等。

§5.2　财产损失保险产品

财产损失保险是以有形的物质财产为保险标的，对因自然灾害或意外事故所造成的财产损失给予经济补偿的一种保险，又称普通财产保险。财产损失保险包括企业财产保险、家庭财产保险、工程保险、运输工具保险、货物运输保险等。本节将依次介绍针对个人和家庭的机动车辆保险、家庭财产保险以及针对企业的火灾保险、工程保险和货物运输保险等保险产品。

5.2.1　机动车辆保险

1.机动车辆保险的概念和构成

（1）机动车辆保险的概念。

机动车辆保险（automobile insurance）是以依法登记并符合行驶条件的机动车辆本身及其相关责任为保险标的的一类运输工具保险。机动车辆保险主要承保机动车辆因遭受自然灾害或意外事故所造成的车辆损失，以及依法应由被保险人承担的第三者责任。在我国，机动车辆保险的承保对象通常为在中华人民共和国境内（不含港、澳、台）行驶并持有车辆牌照、领有行驶执照、具有年检合格证的机动车辆，主要包括汽车、电车等，也涵盖摩托车、拖拉机以及各种专用机械车和特种车辆。

专栏5-8•学习指导

与机动车辆保险相关的汽车分类

汽车是指以发动机或电动机为动力，经传动系统驱动车轮，主要在道路行驶并用于载人或载货的运输工具。按使用性质，汽车大体分为客车、轿车和货车。

客车是主要用于载送人员及其随身行李物品的汽车，按车种分为微型客车、轻型客车、中型客车、大型客车、特大型客车。在保险业务中，通常按承保费率进一步细分为：六座以下客车、六至二十座客车、二十座以上客车。

轿车是客车的一类，通常用于少量乘员的运输。按发动机排量大小分为微型轿车、普通轿车、中级轿车、中高级轿车、高级轿车。在保险业务中，通常按承保费率划分为六座以下轿车、六座至二十座轿车。

货车主要用于运输货物。按车种分为微型货车、轻型货车、中型货车和重型货车。在保险业务中，按承保费率一般分为两吨以下货车及农用车、两吨及十吨货车、十吨及十吨以上货车。

专项作业车是指专门用于执行特定任务的车辆，通常配备专用装置和设备，不以载人或载货为主要目的。常见类型包括：消防车、环卫车、工程车、洒水车、救护车、起重车等。在保险业务中，专项作业车通常单独作为一个类别，其承保条件和费率会因用途及风险差异而有所不同。

（2）机动车辆保险的构成。

我国机动车辆保险体系主要包括机动车交通事故责任强制保险和机动车辆商业保险两大部分。

机动车交通事故责任强制保险（简称为"交强险"）是由国家法律规定必须投保的责任保险，实行统一条款、统一费率、统一责任限额。其保险责任是保障因机动车发生交通事故对受害的第三者（不含本车人员和被保险人财产）造成的人身伤亡和财产损失，保险人在法定赔偿限额内负责赔偿。交强险具有强制性、基础性和社会保障性，是机动车辆保险体系的基本制度安排。

机动车辆商业保险由投保人根据自身需要自愿选择投保，一般包括主险和附加险两部分。其中，主险主要包括机动车损失保险、机动车第三者责任保险和机动车车上人员责任保险三个独立险种。附加险不能单独投保，需依附于主险。常见附加险包括盗抢险、玻璃单独破碎险、车身划痕损失险、车辆停驶损失险、自燃损失险、新增加设备损失险、不计免赔率特约险、发动机涉水损失险、无法找到第三方特约责任险、医保外医疗费用责任险和精神损害抚慰金责任险，共计 11 类。附加险的责任范围与主险紧密相关，当主险的保险责任终止时，相应的附加险责任亦同时终止。附加险条款解释与基本险条款解释相抵触的，以附加险条款解释为准；未尽之处，以基本险条款解释为准。

2.机动车交通事故责任强制保险

（1）法律背景。

机动车交通事故责任强制保险是我国首个由法律强制实施的责任保险制度。《中华人民共和国道路交通安全法》及《机动车交通事故责任强制保险条例》明确规定：所有在中华人民共和国境内道路上行驶的机动车，必须投保交强险，保险公司不得拒绝承保。交强险实行"限额赔偿、先行赔付"的制度安排，旨在保障交通事故受害人能够及时获得基本经济赔偿，体现国家对道路交通安全和社会保障的重视。

（2）保险标的。

交强险的保险标的是机动车发生交通事故后，对受害的第三者（不含本车人员及被保险人所有财产）造成的人身伤亡和财产损失所产生的赔偿责任。机动车所有人或管理人作为投保人，应当在车辆注册登记前为其上道路行驶的机动车投保交强险，确保事故发生时受害方能够在国家统一规定的责任限额内获得基础赔偿。

（3）保险责任。

交强险实行法定责任制，主要分为三大类：①死亡伤残赔偿责任。因交通事故导致受害人死亡或伤残时，保险公司在责任限额内承担相应的赔偿责任。②医疗费用赔偿责任。因交通事故造成受害人受伤，发生的合理、必要的医疗费用，由保险公司在限额内承担。③财产损失赔偿责任。因交通事故造成受害人财产的直接损失，由保险公司在责任限额内承担。这三类责任构成了交强险的核心赔偿范围。在赔偿范围内，保险公司先行赔付，超过责任限额部分由侵权人依法承担。需要注意的是，交强险不承保被保险机动车本车人员的人身伤亡，也不承保被保险人所有的财产损失。

（4）赔偿限额与费率。

交强险实行全国统一的责任限额和费率制度。根据中国保险行业协会发布的《机动车交通事故责任强制保险条款（2020版）》，交强险责任限额如下：死亡伤残赔偿限额为18万元，医疗费用赔偿限额为1.8万元，财产损失赔偿限额为2 000

元，合计赔偿限额最高20万元。

3.机动车辆损失保险

机动车辆损失保险是指被保险人或其允许的合格驾驶员使用投保车辆的过程中，遭受保险责任范围内的自然灾害或意外事故，造成本车毁损时，保险人依照保险合同的规定，在保险金额范围内对被保险人进行经济补偿的保险。

（1）保险标的。

机动车辆损失保险的保险标的是机动车辆本身，包括汽车、电车等，对于电瓶车、摩托车、拖拉机以及各种专用机械车和特种车可以特约承保成为机动车辆损失保险的保险标的。

（2）保险责任。

机动车辆损失保险的保险责任是指保险合同承保的风险发生，造成保险车辆本身损坏或毁灭，保险人所负的赔偿责任。机动车辆损失保险的保险责任一般采用列举方式，未列举的不属于保险责任范围。在保险实务中，保险责任包括：意外事故造成的责任、自然灾害造成的责任、救护行为的费用支出。

（3）除外责任。在实务中，机动车辆损失保险的除外责任主要有：

①竞赛、测试过程中发生的损失；

②在营业性修理、养护、改装场所期间发生的损失；

③驾驶员饮酒、吸毒、无证驾驶，或使用被吊销、暂扣驾驶证驾驶保险车辆所致损失；

④投保人、被保险人或驾驶人的故意行为导致的损失；

⑤战争、军事冲突、核风险等特殊风险造成的损失；

⑥地震及其次生灾害造成的损失（需另行特别约定承保）；

⑦非被保险人或非被保险人允许的驾驶员使用保险车辆造成的损失；

⑧保险车辆肇事逃逸所引起的损失；

⑨轮胎单独损坏的损失或费用，但因轮胎爆裂引发的碰撞、倾覆等保险事故，造成车辆其他部位损失的，保险人负责赔偿；

⑩保险车辆因自然磨损、朽蚀、故障，或因使用不当造成的损失；

⑪保险车辆用于违法犯罪或未如实申报的营运、出租等用途造成的损失。

专栏5-9·特别关注

不合格驾驶员

驾驶员有下列情形之一者，属于不合格驾驶员：①没有驾驶证或驾驶证有效期已届满；②驾驶的车辆与驾驶证准驾车型不相符合；③实习期内驾驶公共汽车、营运客车或载有爆炸物品、易燃易爆化学物品、剧毒或放射性危险物品的被保险机动车辆，实习期内驾驶被保险车辆牵引车；④驾驶员持未按规定审验的驾驶证，以及在暂扣、扣留、吊销、注销驾驶证期间驾驶被保险机动车辆；⑤使用各种专用机械车、特种车人员无国家有关部门核发的有效操作证，驾驶营业性客车的驾驶人无国家有关部门核发的有效资格证；⑥依照法律规定和公安交通管理部门规定的其他属于无有效驾驶证的情况。

4.机动车辆第三者责任保险

机动车辆第三者责任保险（简称"三者险"）是指被保险人或其允许的合法驾驶员在使用保险车辆的过程中，发生意外事故，致使第三者遭受人身伤亡或财产损失时，保险人依照保险合同的规定，在保险金额范围内对被保险人依法应当承担的经济赔偿责任予以补偿的一种责任保险。

（1）保险标的。

机动车辆第三者责任保险的保险标的是，因保险车辆发生交通事故而引起的被保险人对第三者依法应负的赔偿责任。这里的"第三者"是指除被保险机动车本车人员和本车所有人之外的受害人。换言之，凡因保险事故受到人身伤害或财产损失的社会公众（行人、其他车辆人员及其财产），均属第三者范畴。

（2）保险责任。

机动车辆第三者责任保险的保险责任是指保险期间内，被保险人或其允许的驾驶人在使用被保险机动车过程中发生意外事故，致使第三者遭受人身伤亡或财产直接损毁，依法应当对第三者承担的损害赔偿责任，且不属于免除保险人责任的范围。在保险实务中，保险责任主要包括：人身伤亡赔偿责任、财产损失赔偿责任、诉讼费用和施救费用责任。

此外，保险人依据被保险机动车一方在事故中所负的事故责任比例，承担相应的赔偿责任。被保险人或被保险机动车一方根据有关法律法规选择自行协商或由公安机关交通管理部门处理事故，但未确定事故责任比例的，按照有关规定确定事故责任比例。

涉及司法或仲裁程序的，以法院或仲裁机构最终生效的法律文书为准。

（3）除外责任。

机动车辆第三者责任保险的除外责任主要包括：

①被保险人、保险车辆本车人员的人身伤亡及本车所有财产的损失；

②被保险人、驾驶人故意行为造成的损失；

③驾驶员饮酒、吸毒、无证驾驶，或使用被吊销、暂扣驾驶证驾驶保险车辆所致损失；

④被保险机动车肇事逃逸所造成的损失；

⑤战争、军事冲突、核风险等特殊风险造成的损失；

⑥地震及其次生灾害造成的损失（需另行特别约定承保）；

⑦被保险人及其家庭成员、近亲属的财产损失和人身伤亡；

⑧保险车辆被盗抢、非法转让使用期间造成的损失；

⑨因投保人或被保险人从事违法犯罪行为导致的赔偿责任；

⑩因罚款、惩罚性赔偿金等性质的费用。

5.机动车车上人员责任保险

机动车车上人员责任保险（简称"车上人员险"），是指在保险期间内，被保险人或其允许的驾驶人在使用保险车辆过程中发生保险事故，造成本车人员（含驾驶人和乘客）的人身伤亡时，保险人依照保险合同的规定，在保险金额范围内对被保险人承担赔偿责任的保险。

（1）保险标的。

机动车车上人员责任保险的保险标的是被保险车辆上的人员（包括驾驶人和乘客）因使用保险车辆过程中发生的交通事故而导致的人身伤亡风险。保险金额按座位分别确定，每一座位有最高赔偿限额。

（2）保险责任。

机动车车上人员责任保险的保险责任，是指条保险期间内，被保险人或其允许的驾驶人在使用被保险机动车过程中发生意外事故，致使车上人员遭受人身伤亡，且不属于免除保险人责任的范围，依法应当对车上人员承担的损害赔偿责任。根据规定，主要包括以下4个方面：①因交通事故造成的车上人员伤亡。②因交通事故造成的车上人员医疗费用。③合理、必要的抢救和处理费用。④因保险事故引起的诉讼或仲裁案件中，人民法院判决或仲裁机构裁定由被保险人承担的合理费用，保险人按照合同约定负责赔偿。

此外，需要注意的是，保险人依据被保险机动车一方在事故中所负的事故责任比例，承担相应的赔偿责任。被保险人或被保险机动车一方根据有关法律法规选择自行协商或由公安机关交通管理部门处理事故，但未确定事故责任比例的，按照有关规定确定事故责任比例。

涉及司法或仲裁程序的，以法院或仲裁机构最终生效的法律文书为准。

（3）除外责任。

机动车车上人员责任保险的除外责任主要包括：

①在竞赛、测试过程中发生的事故；

②在营业性修理、养护、改装期间，本车人员发生的人身伤亡；

③驾驶员饮酒、吸毒、无证驾驶，或使用被吊销、暂扣驾驶证驾驶保险车辆时发生的事故；

④投保人、被保险人或驾驶人的故意行为导致的伤亡；

⑤战争、军事冲突、核风险及地震等特殊风险造成的伤亡（需特别约定承保）；

⑥非被保险人允许的驾驶员使用保险车辆时发生的事故；

⑦保险车辆用于违法犯罪、未如实申报的营运、出租等用途导致的事故；

⑧因自残、自杀、斗殴、犯罪行为等造成的伤亡；

⑨因妊娠、流产或疾病（含突发疾病）等非保险事故原因造成的伤亡。

专栏5-10•学习指导

机动车第三者责任保险VS.交强险

机动车第三者责任保险与交强险之间是配合使用的。在交强险实施之前，机动车第三者责任保险的投保率相当低，致使发生道路交通事故后，受害人得不到及时的经济赔偿，从而带来大量的经济纠纷。交强险是通过国家法律强制机动车辆所有人或管理人投保的责任保险，可以最大限度地为交通事故受害人提供及时和基本的经济补偿。

新的交强险赔偿限额和费率方案自2020年9月19日零时起实行。新赔偿限额方案内容如下：①被保险机动车在道路交通事故中有责任的赔偿限额为，死亡伤残赔偿限额18万元；医疗费用赔偿限额1.8万元；财产损失赔偿限额0.2万元。②被保险机动车在道路交通事故中无责任的赔偿限额为，死亡伤残赔偿限额1.8万元；医疗费用赔偿限额1 800元；财产损失赔偿限额100元。新费率浮动系数方案内容，明确了全国各地区的费率浮动系数方案由原来1类细分为5类，浮动比率中的上限保持30%不变，下浮由原来最低的-30%扩大到-50%，提高对未发生赔付消费者的费率优惠幅度。通过引入5类费率浮动系数，在一定程度上缓解了交强险赔付率在各地之间差异较大的问题，提高了部分地区较低水平的交强险赔付率。

交强险是机动车辆所有人或管理人必须投保的，而机动车第三者责任保险则是依据自愿原则选择投保的。

6.机动车辆商业保险的附加险

根据中国保险行业协会下发的《机动车综合商业保险示范条款（2020版）》的规定，机动车辆商业保险在主险之外共设置了11项附加险。限于篇幅，在此仅作简要介绍。

（1）绝对免赔率特约条款。该特约条款是指投保人在投保时，与保险人协商约定绝对免赔率（可选择5%、10%、15%、20%），并在保险单中载明。当被保险机动车发生主险约定的保险事故时，保险人先按照主险条款的约定计算赔款，再依照本特约条款约定扣减绝对免赔率部分。其计算公式为：

主险实际赔款 = 按主险约定计算的赔款 ×（1 - 绝对免赔率）

也就是说，无论事故责任大小或损失成因，均须按照约定的绝对免赔率比例扣减后赔付。若损失金额低于按绝对免赔率计算的免赔额部分，则保险人不予赔偿。该条款旨在促使被保险人合理使用保险、减少小额和高频索赔，同时控制道德风险。

（2）车轮单独损失险。该附加险是机动车损失保险的扩展责任。凡投保机动车损失保险的车辆，可选择投保本附加险。在保险期间内，若因自然灾害或意外事故，车辆未发生其他部位损失，仅车轮（含轮胎、轮毂及轮毂罩）发生直接损坏，且不属于除外责任范围，保险人按照合同约定负责赔偿。但因车轮自然磨损、质量缺陷，或仅车轮单独丢失等情形造成的损失不在保障范围内。保险金额由投保人与保险人协商确定，累计赔款达到保险金额时，本附加险责任终止。

（3）新增加设备损失险。新增加设备是指在被保险机动车出厂时原有各项设备以外，被保险人加装的设备及设施。投保时，应当列明车上新增加设备明细表及价格。被保险机动车因发生机动车损失保险责任范围内的事故，造成车上新增加设备的直接损毁，保险人在保险单载明的附加险的保险金额内，按照实际损失计算赔偿。保险金额根据新增加设备的实际价值确定，新增加设备的实际价值是指新增加设备的购置价减去折旧后的金额。

（4）车身划痕损失险。该附加险适用于已投保机动车损失保险的车辆。在保险期间内，若车辆在使用过程中发生无明显碰撞痕迹的车身划痕损失，保险人按照合同约定负责赔偿。保险金额可选择2 000元、5 000元、10 000元或20 000元，由投保时协商确定。责任免除包括被保险人及其家庭成员的故意行为、因民事或经济纠纷引起的损失，以及车身自然老化、腐蚀导致的损坏。赔偿金额按实际修复费用扣除被保险人已从第三方获得的赔偿确定，在累计赔款金额达到保险金额时，保险责任终止。

（5）修理期间费用补偿险。该附加险适用于已投保机动车损失保险的车辆。当保险车辆因事故造成车身损毁而停驶时，保险人按照合同约定，在保险金额内向被保险人补偿修理期间的费用，作为代步车费用或停驶损失补偿。责任免除包括：因非车损险责任范围的事故造成的损毁、非认可修理厂导致返修、以及被保险人拖延送修等情况。保险金额按"补偿天数×日补偿金额"确定，最高不超过90天。赔偿时，全损按保险单约定金额计算，部分损失则按"日补偿金额×实际修理天数"计算，超过约定天数的按合同约定天数为准。累计赔款达到保险金额时，保险责任终止。

（6）发动机进水损坏除外特约条款。该特约条款适用于已投保机动车损失保险的车辆。若被保险机动车在使用过程中因发动机进水导致发动机直接损毁，保险人不承担赔偿责任。此条款实际上将发动机进水损坏的风险明确排除在保障范围之外，适用于投保人和保险人协商同意的情形。

（7）车上货物责任险。该附加险适用于已投保机动车第三者责任保险的营业货车（含挂车）。保险期间内，如因意外事故导致所载货物直接损毁，并依法需由被保险人承担赔偿责任的，保险人在约定的责任限额内负责赔偿。但因偷盗、哄抢、自然损耗、包装不善、违法载运、货物自身缺陷或属法律禁止运输的货物等情形造成的损失，保险人不承担赔偿。赔偿金额以起运地价格为准，且需投保人提供相关运输单据作为理赔依据。

（8）精神损害抚慰金责任险。该附加险适用于已投保机动车第三者责任保险或车上人员责任保险的机动车。保险期间内，若因保险责任范围内的交通事故导致第三者或车上人员遭受人身伤亡，并因此提出精神损害抚慰金请求，保险人在法院判决或认可协议的范围内，于扣除交强险应赔付部分后，在本保险约定的赔偿限额内负责赔偿。但若精神损害抚慰金系合同约定应由他人承担、未发生交通事故仅因惊恐引起，或孕妇流产发生在事故30日以后等情形，保险人不予赔偿。赔偿金额由保险人与投保人协商确定的赔偿限额为上限，最终按生效法律文书或有效协议计算赔付。

（9）法定节假日限额翻倍险。该附加险适用于已投保机动车第三者责任保险的家庭自用汽车。保险期间内，在法定节假日期间，被保险人或其允许的驾驶人使用被保险机动车发生第三者责任保险责任范围内的事故，并经公安机关或保险人查勘确认的，第三者责任保险的赔偿限额在保险单载明的基础上增加一倍。

（10）医保外医疗费用责任险。该附加险适用于已投保机动车第三者责任保险或机动车车上人员责任保险的机动车。保险期间内，被保险人或其允许的驾驶人在使用被保险机动车过程中，发生主险保险责任范围内的事故，对于依法应由被保险人承担的第三者或车上人员医疗费用中，超出《道路交通事故受伤人员临床诊疗指南》和国家基本医疗保险同类医疗费用标准的部分，保险人在责任限额内负责赔偿。

保险人不承担的费用包括：在相同保障的其他保险项下已可获赔偿的部分；与主险事故无关的医疗费用；以及特需医疗类费用。同时，赔偿限额由投保人与保险人在投保时协商确定，并载明于保险单中。被保险人索赔时，应提供具备资质的医疗机构或药店出具的有效票据，保险人在限额内根据实际责任计算赔偿。

（11）机动车增值服务特约条款。该附加险适用于已投保机动车保险的车辆。投保人可在投保时选择全部或部分增值服务特约条款，保险人依照保险合同约定提供相应的服务内容。投保人可根据需求自主选择投保范围，保险人按照所承保的特约条款分别履行增值服务义务。

5.2.2　家庭财产保险

1.家庭财产保险的概念和分类

家庭财产保险（insurance of contents）是以城乡居民的有形家庭财产为保险标的的一种财产保险。目前，已经开办的家庭财产保险主要有普通型家庭财产保险和投资保障型家庭财产保险。同时，被保险人还可以附加入室盗抢、管道破裂和水渍等特约险。

（1）普通型家庭财产保险。普通型家庭财产保险是面向城乡居民家庭的基本险种，承保城乡居民所有存放在固定地址范围且处于相对静止状态下的各种财产。

（2）投资保障型家庭财产保险。投资保障型家庭财产保险不仅具有保障功能，还具有投资功能。投保人所交付的是保险投资资金，按规定，保险投资资金必须按份购买。例如，每份保险金额 1 万元的合同需交纳保险投资资金 2 000 元，则被保险人不但可得到保险金额为 1 万元的保险保障，而且在保险期满后，无论是否获得过保险赔偿，均可以领取保险投资资金本金 2 000 元和一定的投资收益。

2.家庭财产保险的保险标的范围

从承保选择的角度看，家庭财产分为一般可保财产、特约可保财产和不可保财产三类。

（1）一般可保财产。**普通家庭财产保险的一般可保财产是指被保险人自有的、在保险合同中所载明的地址内的家庭财产**，主要包括：房屋及其室内附属设备（如固定装置的水暖、气暖、卫生、供水、管道煤气及供电设备、厨房配套的设备等）；室内装潢；室内财产，包括家用电器和文体娱乐用品、衣物和床上用品、家具及其他生活用具。在投资保障型家庭财产保险中，其一般可保财产范围除上述财产之外，还包括现金、金银、珠宝、玉器、钻石及制品、首饰等贵重物品。

（2）特约可保财产。在家庭财产保险的保险标的范围中，还包括一些可以经被保险人与保险人特别约定的家庭财产，主要包括：被保险人代他人保管，或者与他人共有而由被保险人负责保存的一般可保财产；存放于院内、室内的非机动农机具、农用工具及存放于室内的粮食及农副产品；经保险人同意的其他财产。

（3）不可保财产。保险人通常将下列财产列为不可保财产：损失发生后无法确定具体价值的财产，日常生活所必需的日用消费品，法律规定不允许个人收藏、保管或拥有的财产，处于危险状态下的财产以及保险人声明不予承保的财产。

专栏5-11·学习指导

普通型家庭财产保险的不可保财产

①金银、珠宝、钻石及制品，玉器，首饰，古币，古玩，字画，邮票，艺术品，稀有金属等珍贵财物。

②货币、票证、有价证券、文件、书籍、账册、图表、技术资料、计算机软件和资料以及无法鉴定价值的财产。

③日用消耗品，各种交通工具，养殖及种植物。

④用于从事工商业生产、经营活动的财产和出租用作工商业的房屋。

⑤无线通信工具，笔，打火机，手表，各种磁带、磁盘、影音激光盘。

⑥用芦席、稻草、油毛毡、麦秆、芦苇、竹竿、帆布、塑料布、纸板等为外墙和屋顶的简陋屋棚、柴房、禽畜棚、与保险房屋不成一体的厕所、围墙、无人居住的房屋以及存放在里面的财产。

⑦政府有关部门征用、占用的房屋，违章建筑，危险建筑，非法占用的财产，处于危险状态下的财产。

⑧其他不属于普通型家庭财产保险列明的家庭财产。

3.家庭财产保险的责任范围

保险人对存放于保险单列明的地址内的保险财产由于下列原因造成的损失负责赔偿：火灾、爆炸、雷击、冰雹、雪灾、洪水、崖崩、龙卷风、冰凌、泥石流、地面突然下陷、突发性滑坡、空中运行物体坠落、外界物体倒塌、暴风或暴雨使房屋主要结构（外墙、屋顶、屋架）倒塌；存放于室内的保险财产，因遭受外来的、有明显痕迹的盗窃、抢劫；保险事故发生后，被保险人为防止或减少保险财产的损失所支付的必要的、合理的费用，但此项费用的赔偿金额最高不能超过保险金额。

4.家庭财产保险的责任免除

家庭财产保险的责任免除包括：战争、军事行动或暴力行动；核辐射和污染；电机、电器、电气设备因使用过度、超电压、碰线、弧花、漏电、自身发热等原因造成的本身损毁；被保险人及其家庭成员、服务人员、寄居人员的故意行为，或勾结纵容他人盗窃，或被外来人员顺手偷摸，或被窗外钩物所致的损失；堆放在露天的保险财产，以及用芦席、稻草、油毛毡、麦秆、芦苇、帆布等材料为外墙、屋顶、屋架的简陋屋、棚，因暴风、暴雨造成的损失；保险财产本身缺陷、保管不善、变质、霉烂、受潮、虫咬、自然磨损等造成的损失；未按要求施工导致建筑物地基下陷下沉，建筑物出现裂缝、倒塌的损失；地震所造成的一切损失；其他不属于保险责任范围内的损失。

5.家庭财产保险的特约责任

在家庭财产保险实务中，很多保险公司根据投保人的需要，通过附加一些特约责任来满足投保人的多样化需求。这些特约责任主要包括盗抢责任、管道破裂及水渍责任以及第三者责任、家电安全责任等。

6.家庭财产保险的保险金额与保险价值

家庭财产保险中的房屋及室内附属设备、室内装潢等财产的保险金额由被保险人根据购置价或市场价自行确定；房屋及室内附属设备、室内装潢的保险价值为出险时的重置价值。室内财产的保险金额由被保险人根据实际价值分项目自行确定。不分项目的按各大类财产在保险金额中所占比例确定。例如，某财产保险公司的普通家庭财产综合保险，室内财产中家用电器及文体娱乐用品占40%，衣物及床上用品占30%，家具及其他生活用具占30%。特约财产的保险金额由被保险人和保险人双方约定。

7.家庭财产保险的保险期限和保险费率

家庭财产保险的保险期限可以是1年、3年或者5年。保险责任自保险单约定起保日零时起至期满日24时止。保险期满，保险责任自行终止。如果期满想要续保的话，需要另行办理投保手续。家庭财产保险的保险费率，由保险人根据时间和地理位置、财产性质等因素制定相应的费率表，投保人根据费率表的规定交纳保险费。保险费率包括基本险费率和附加险费率。如果投保人或被保险人中途退保，保险人需按日扣除应收保险费，剩余部分退还投保人。

8.家庭财产保险的赔偿处理

当保险标的发生保险责任范围内的损失时，投保人或被保险人按照保险合同约定向保险人申请赔偿。投保人或被保险人索赔时应当提供保险单、财产损失清单、发票、费用单据和有关部门证明，各项单证、证明必须真实、可靠，不得有任何欺诈。另外，根据我国《保险法》的规定，被保险人自知道或应当知道保险事故发生之日起，2年内不行使向保险人请求赔偿的权利，则投保人或被保险人的索赔权利即因自动放弃而失效。保险人在收到单证后应当迅速审定、核实，及时赔付。由于家庭财产保险中的承保财产种类较多而且性质不一，因此在保险事故发生后，保险人赔偿处理过程中，家庭财产保险的理赔要根据财产性质采用不同的赔偿方式。

（1）房屋及室内附属设备、室内装潢的赔偿。在家庭财产保险中，保险事故发生后，保险人对于房屋及室内附属设备、室内装潢的赔偿处理主要采用比例赔偿方式。如果全部损失，保险金额等于或高于保险价值时，其赔偿金额以不超过保险价值为限；保险金额低于保险价值时，按保险金额赔偿。如果部分损失，保险金额等于或高于保险价值时，按实际损失计算赔偿金额；保险金额低于保险价值时，应根据实际损失或恢复原状所需修复费用乘以保险金额与保险价值的比例计算赔偿金额。

（2）室内财产的赔偿。在家庭财产保险中，保险事故发生后，保险人对于室内财产的赔偿处理主要采用第一损失补偿方式，即只要损失金额在保险金额之内，保险人都负赔偿责任。赔偿金额的多少，只取决于保险金额与损失价值，而不考虑保险金额与财产价值之间的比例关系。

（3）施救费用的赔偿。对于被保险人/投保人所支付的必要的、合理的施救费用，按实际支出另行计算，最高不超过受损标的的保险金额。若该保险标的按比例赔偿，则该项费用也按相同的比例赔偿。

（4）残值处理。根据保险损失补偿原则，保险标的遭受损失后的残余部分，协议作价折归被保险人，并在赔款中扣除，推定全损时，残值委付保险人处理。

（5）代位追偿权的行使。我国《保险法》第六十条规定：因第三者对保险标的的损害而造成保险事故的，保险人自向被保险人赔偿保险金之日起，在赔偿金额范围内代位行使被保险人对第三者请求赔偿的权利。被保险人应当协助保险人向第三者追偿。

（6）赔偿后对原保单的处理。家庭财产保险的保险标的在一个保险年度内遭受部分损失经保险人赔偿后，保险金额应相应减少，其有效保险金额应当是原分项保险金额减去分项保险标的的损失赔偿金额后的余额；如被保险人想恢复保险金额，应补交相应的保险费，由保险人出具批单批注。保险期限为3年、5年的，下一保险年度，自动恢复原保险金额。

（7）重复保险的分摊。如果家庭财产保险的保险标的存在重复保险的情况，按照我国《保险法》的规定，在发生保险事故后，被保险人或投保人申请理赔时，各保险人按照其保险金额与保险金额总和的比例承担赔偿责任。

5.2.3　企业火灾保险

企业火灾保险从承保内容上可分为火灾保险和间接损失保险。前者承保标的物的直接物质损失；后者承保火灾事故发生后引起的一些间接损失，通常称为利润损失险。

专栏5-12·学习指导

企业财产的种类

企业财产主要包括不动产和动产。不动产是指土地和土地上的定着物，包括各种建筑物，如房屋、桥梁、电视塔和地下排水设施等。其特点是与土地不能分离或者不可移动，一旦与土地分离或者移动将改变其性质或者大大降低其价值。而动产是指不动产以外的财产，如机器设备、车辆、动物和各种生活日用品等。从保险承保的角度来看，企业财产包括建筑物、建筑物中的内部财产、货币和有价证券、运输工具、货物和在建工程等。在保险市场上，保险人通常按照企业财产的这种分类推出相对应的财产保险险种。

1.建筑物

建筑物是企业财产中具有重要价值的部分，是为企业生产和经营服务的。建筑物不仅包括房屋，还包括与房屋不可分割的各种附属设备（如水电、冷暖气、卫生设备和门面装潢等附属于房屋、建筑物上较固定的设备装置）。建筑物是最主要的不动产，具有不可移动性。

2.建筑物中的内部财产

建筑物中的内部财产的特点是可以随意移动，而价值不受影响，主要包括机器设备、工具仪器、管理用具和原材料等。机器设备是指具有改变材料属性或形态功能的各种机器及其不可分割的设备，如机床、平炉、电焊机、传动装置和传导设备等。工具仪器是指具有独立用途的各种工作用具、仪器和生产用具，如切削工具、模压器和检验用仪器等。管理用具是指一些消防用具、办公用具及其他经营管理用具等器具设备。原材料包括原材料、半成品、在产品、产成品、库存商品和特种储备商品等。

3.货币和有价证券

货币是指通货、硬币、支票、信用卡凭证和汇票等；有价证券是指股票和债券等代表货币和其他财产的书面凭证。实质上，货币和有价证券都不是实际的物资，保险人通常不予承保，但这两种资产对企业而言极为重要，而且存在着特殊的潜在风险。

4.运输工具

运输工具包括汽车、火车、船舶和飞机等，其基本用途是载人或载货，将其从一个地点运输到另外一个地点。这种运输过程使运输工具面临的风险具有独特性：一方面，作为运输工具本身，与其他财产一样可能遭受灾害事故，使其本身价值受到影响；另一方面，运输工具也会制造一些风险，如发生碰撞事故，造成他人的财产损失或人身伤亡。因此，在实际中，运输工具常常作为一类单独的对象被承保。

5.货物

货物通常是指贸易商品，也可以包括一些援助物资、供展览用的物品等非贸易商品。货物经常处于运输过程中，这种移动性使其面临着诸多风险。通常，货物既有处于运输过程中的风险，也有处于静止状态时的风险，如存仓期间的火灾和盗窃等风险。

6.在建工程

工程项目施工的地质环境、人文环境和现场环境通常比较复杂，影响因素很多，高空露天作业的困难和危险较多，这些外部环境因素孕育了工程风险。因此，同其他财产相比，工程的风险具有特殊性、长期性和复杂性等。此外，对有关人员的综合素质要求很高。同时，随着经济的飞速发展和技术水平的提高，工程建设项目的投资规模越来越大，设计施工越来越复杂，大型项目如地铁、电站和摩天大楼等项目投资大、施工环境复杂、风险相对集中，因而工程项目一旦发生风险，造成的人身伤亡和经济损失都比较严重。

1.火灾保险

火灾保险（fire insurance），简称火险，是指以存放于固定场所并处于相对静止状态的财产为保险标的，被保险财产因火灾等意外事故及自然灾害遭受经济损失时，由保险人按照保险合同约定，进行补偿的一种财产保险。

火是人类文明进步的动力，也是社会物质财富面临的最基本和最主要的风险。早期的财产保险主要是针对火灾对于各种财产所造成的破坏，承保的对象也仅限于不动产。随着社会经济的发展，物质财富不断丰富，面临的其他风险也日渐扩大，加之保险经营技术的进步，使得火灾保险不断发展，保险人开始将火灾保险单承保的责任扩展到更多的自然灾害和意外事故，承保的标的也扩展到各种不动产和动产。但是，无论财产保险合同项下承保多少种风险，火灾仍是财产保险的主要风险事故。因此，保险市场上还是习惯地将保障财产物质损失的保险称为火灾保险。我国的企业财产保险就是在火灾保险的基础上，为适应企业转移财产损失风险、保障生产的需要，扩展保险责任范围演变而成的。

（1）火灾保险的特点。

① 承保地点固定。火灾保险的保险标的，无论是动产还是不动产，均有其固定的地点或存放场所，且处于相对静止状态。如果保险标的的存放地点有所变动，须征得保险人的同意；否则，保险人可以不承担赔偿责任。

② 多为不定值保险。火灾保险多采用不定值保险方式承保，即订立保险合同时，保险合同当事人双方并不约定保险价值，只明确保险金额。发生损失时，保险人须确定保险标的的保险价值，并根据保险金额与保险价值的比例计算赔偿金额。但对于难以确定价值的保险标的，如艺术品、古董等，保险人在承保时可采用定值保险，以避免理赔纠纷。

③ 保单标准化。在火灾保险中，标准保险单占有重要地位。标准保险单一方面降低了保险人制作和使用保险单的费用；另一方面有利于投保人进行比较和选择，减少了因合同解释而引起的纠纷。因此，在实务中为满足消费者的需求，无论保险人如何对标准火灾保险单进行调整和修正，但其核心内容总是基本不变的。

④ 以扩展条款方式承保特殊风险。在火灾保险中，通常以标准保险单为规范形式，但标准保险单只是火灾保险的基本保单，承保责任范围有限。为了适应被保险人多样化的保险需求，保险人推出了很多扩展条款，以增加对标准保险单不予承保的风险和损失的保障。被保险人可以在风险评估的基础上，考虑自身的保险费负担能力，选择适合自己的火灾保险品种。

（2）火灾保险的主要内容。

①保险标的。火灾保险承保的标的种类繁多，一般包括：房屋及其他建筑物和附属装修设备；各种机器设备、工具、仪器及生产用具；管理用具及低值易耗品、原材料、半成品、产成品、在产品和特种储备商品等。

对于那些价值确定比较困难的财产，如金银、珠宝、钻石、玉器、首饰、古

币、古玩、古画、邮票、艺术品、稀有金属和其他珍贵财物，以及风险比较特殊的
财产，如堤堰、水闸、铁路、道路、涵洞、桥梁、码头、矿井及矿坑内的设备和物
资，均需要经过双方特别约定，保险人才会在保险单中特别载明承保。

火灾保险不予承保的保险标的包括：土地、矿藏；非法财产，如违章建筑、非
法占用的财产；必然发生损失的财产，如危险建筑、汛期处于警戒水位线以下的河
堤附近的建筑物或财产等；应投保其他险种的财产，如处于生长期的农作物、处于
运输过程中的物资、领取执照并正常运行的机动车。

②保险责任。火灾保险的保险责任通常包括两部分，即基本责任和扩展责任。

虽然各国保险市场发展的情况不同，火灾保险单承保的基本保险责任也有所区
别，但从在国际保险市场中有一定影响的火灾标准保险单规定来看，火灾保险承保
的基本责任多为火灾、爆炸和施救费用。另外，由于财产坐落地点的危险程度和地
理环境的差异，以及保险人经营和处理巨灾风险的特别要求，投保人可以根据实际
需要，通过单独计费方式来扩展基本保险责任。扩展责任包括两类，即自然灾害和
意外事故。自然灾害指暴风、暴雨、台风、飓风、龙卷风、洪水、冰雹、暴雪、冰
凌、雷电、泥石流、崖崩和突发性滑坡等人力不可抗拒的、破坏力强大的自然现
象。对于这些灾害，保险人通常将其单列出来，以便控制这类特殊风险，而投保人
也可根据自身情况选择投保。意外事故指除了火灾、爆炸以外的不可预料的以及被
保险人无法控制并造成物质损失的突发性事件，包括飞行物体及其他空中飞行物体
的坠落、水箱和水暖管爆裂所造成的投保财产直接损失。

③保险金额的确定。在火灾保险中，除了一些特殊的保险标的（如艺术品）采
用定值保险方式外，绝大多数为不定值保险。在订立合同时，投保人可与保险人约
定保险金额，并载明于保险合同中。保险人在承保过程中无须确定保险标的的保险
价值，但在保险标的发生保险责任范围内的损失时，保险人要核定发生损失时保险
标的的保险价值，作为计算赔偿金额的依据。由于保险金额的确定与保险价值的核
定不在同一时间，因此有可能产生保险金额超过保险价值的情况，即超额保险，则
超过部分无效；也有可能保险金额小于保险价值，即不足额保险，则保险人在计算
赔偿金额时，要采取比例赔偿方式。

在火灾保险实务中，投保人还可以以实际价值为依据来确定保险金额或以重置
价值为依据来确定保险金额。例如，在我国的企业财产保险实务中，一般规定固定
资产的保险价值为发生事故时的重置价值，因此在确定保险金额时，可以由投保人
与保险人协商或根据固定资产的具体情形选择按照重置价值、出险时的市场价值或
其他方式来确定保险金额，并在保险合同中载明。无论采取何种方式，其目的在于
使保险金额与发生事故时的保险价值一致，避免出现不足额保险或超额保险的情
况。而对于流动资产，由于其保险价值为发生事故时的账面余额，因此投保人应根
据企业在未来一定时间内流动资产的变化情况来确定保险金额。一般按投保时的流
动资产账面余额确定，也可以双方协商按约定价值确定保险金额。

④赔偿处理。火灾保险标的遭受保险合同约定的灾害事故后，保险人应进行充

分合理的赔偿，但其赔偿的限额以财产价值恢复到受损以前的状态为止。保险人可选择的赔偿方式有：第一，货币赔付。第二，修复，当保险标的发生部分损失时，可以通过修理的方式对受损害的保险标的进行修复，修复费用由保险人承担。第三，更换，当保险标的的某些部分因保险事故所致损害无法修复时，保险人通常采用替代、更换的方法进行赔偿。第四，重置，当保险标的的损毁或灭失时，保险人负责重新购置与原保险标的等价的标的物以赔偿。重置实际上就是恢复被保险财产的原来面目，无论该种恢复费用多么高，保险人不能以保险金额作为最高赔偿限制。因此，保险人一般会较为谨慎地选择这种方式。

保险标的在发生保险责任范围内的损失以后，其赔偿金额具体要根据保险合同中双方约定的赔偿方式加以计算。实务中，我国企业财产保险合同对赔偿金额的计算有如下几种情形。

第一，固定资产损失的赔偿金额计算。当固定资产发生全部损失时，如果保险金额和保险价值（出险时的重置价值）不一致，以二者之中的较低者来确定实际赔偿金额，并扣除固定资产的残值。当固定资产发生部分损失时，如果保险金额等于或大于保险价值，则赔偿金额按实际损失扣除残值计算；如果保险金额低于保险价值，则在实际损失扣除残值后按保险金额与保险价值的比例计算赔偿金额。其赔款计算公式为：

赔款 =（实际损失－残值）×（保险金额÷保险价值）

例如，某企业的厂房在保险期内因火灾而造成部分损失，直接损失为55万元，残值为5万元，保险价值为100万元。如果保险合同中载明固定资产的保险金额为80万元，则保险人的赔偿金额为：

（55-5）×（80÷100）=40（万元）

如果保险金额为120万元，则保险人的赔偿金额为：

55-5=50（万元）

第二，流动资产损失的赔偿金额计算。流动资产的保险价值是出险时的账面余额，其他关于赔偿金额的计算方法和计算公式与固定资产相同。

第三，成对或成套使用的机器、设备或设施的损失赔偿处理。对于某些成对或成套的机器、设备或设施发生保险责任范围内的事故造成损失时，保险人所承担的赔偿责任不得超过该受损的机器、设备或设施在所属整对或整套机器、设备或设施的保险金额中所占的比例。

第四，施救费用的赔偿处理。当保险标的在保险期间内由于保险事故的发生而遭受损失时，被保险人必须及时地采取合理的施救措施，防止或减少损失的发生。被保险人或投保人实施这些施救措施而支出的必要的、合理的施救费用，应当由保险人负担。对于被保险人或投保人支付的必要的、合理的施救费用的赔偿，在保险标的的损失以外另行计算，最高不得超过保险金额。若受损保险标的是按比例赔偿的，则该费用也应按同比例赔偿。

例如，固定资产的保险金额为80万元，保险价值为100万元，发生事故后财产实际损失为 80 万元，支出施救费用 50 万元，则保险人对于固定资产损失需赔付的金额为：

80×（80÷100）=64（万元）

对于施救费用需赔偿的金额为：

50×（80÷100）=40（万元）

第五，赔偿后保险金额相应减少。保险标的遭受部分损失经保险人赔偿以后，保险合同继续有效，但其保险金额应当相应减少，并由保险人进行批注。尚余的有效保险金额，保险人继续负责至保险期限届满时为止。保险标的遭受全部损失，赔偿后保险合同即告终止。

⑤附加险。火灾保险的常用附加险是机器损坏险。

2. 利润损失险

利润损失险（loss of profit insurance）在国外有不同的名称，在美国保险市场上称为营业中断保险或毛收入保险；在英国则称为利润损失保险或灾后损失险。这种保险承保传统的火灾保险中不予承保的间接损失，即当保险财产遭受火灾、爆炸等灾害事故，致使企业停工、停产、营业中断所致的利润损失和仍需开支的必要费用。

利润损失险是传统火灾保险的一种附加险。它以火灾保险为基础，承保的风险与火灾保险的承保风险相一致。投保人只有在投保了火灾保险的前提下，才能投保利润损失险。同样，只有保险标的遭受了火灾保险责任范围内的灾害事故，并且这一物质损失已经得到保险公司的赔偿或承认的前提下，利润损失才能得到相应赔偿。

一般企业受灾后，要进行修建或重建、重置，使之能在短期内恢复到受灾前的水平，并能进行正常营业，这就需要一段时间，这段恢复时间称为赔偿期，也就是指企业在保险有效期内发生了灾害事故后到恢复正常生产经营的一段时期。赔偿期从受灾后开始计算，可以持续 3～12 个月或更长时间。利润损失险中必须载明赔偿期，保险人只对赔偿期内的间接损失予以负责，对于超出赔偿期的任何损失均不承担赔偿责任。赔偿期由投保人根据恢复期的长短确定。赔偿期与保险期不同。保险期是指保险单规定的起讫日期，只有在保险单的有效期内发生保险事故，保险人才承担赔偿责任。利润损失险只赔偿被保险人在赔偿期内的利润损失，超出赔偿期的损失不予负责。图 5-2 说明了赔偿期与保险期之间的关系。

企业受灾后，在恢复期内不仅得不到预期的纯利润，还要支付一些必要的维持费用、管理费用（工资）及审计费用。这些间接损失就是利润损失险承保的主要项目，具体包括：①毛利润损失。毛利润是指企业的净利润与固定费用之和。利润损失险承保的主要是赔偿期内的毛利润。②工资。工资是指付给雇员的报酬总额，可以在毛利润一项中投保，也可以应投保人的要求，单独作为一项承保。③审计费用。企业遭受灾害事故后，被保险人为了向保险人索赔利润损失，需要委托审计师审查，以证明其账册和其他业务文件的合法性，编制索赔报告，因此而支出的费用，被称为审计费用。此项标的可作为一个单独项目予以投保。

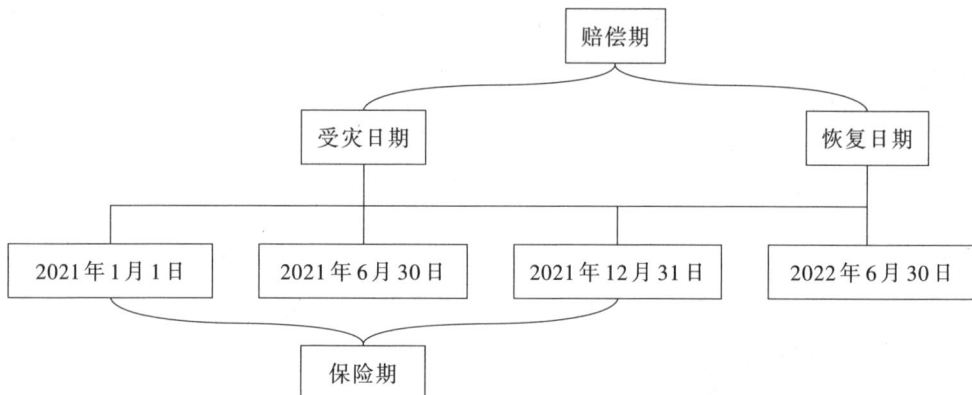

图5-2　赔偿期与保险期的关系图

专栏5-13·学习指导

如何确定毛利润、工资及审计费用的保险金额

一、毛利润的保险金额确定

毛利润的计算公式为：

毛利润=营业额+年终库存－上年库存－生产费用－固定费用

其中，生产费用是企业为正常经营而支付的，出险后可能停付的一切专用及直接费用，如原料费、运输费、包装费等，这类费用在营业中断后无须再行支出，被保险人对此并无保险利益；固定费用是出险后仍然需要支出的费用，如广告费、租金、利息、保险费等，这类费用在营业中断期间仍须支出，而不是随着营业额的降低而同比降低，因此被保险人是有保险利益的，在计算毛利润损失时，应加以考虑。

利润损失险承保的主要是赔偿期内的毛利润，因此其保险金额应以根据企业上一年度已实现的毛利润额为依据，并考虑通货膨胀因素及生产、营业增长的趋势和赔偿期的长短来确定。如企业上一年度的毛利润额为10万元，估计通货膨胀率为3%，营业增长率为2%，赔偿期为15个月，则利润损失险的保险金额应为：

$$10×（1+3\%+2\%）×（15÷12）=13.125（万元）$$

二、工资的保险金额确定

企业生产中断后，一般的生产工人可能被解雇，而管理人员和技术人员会被留用，因此，可以根据需要选择不同比例投保，而不必把一定时间内所有雇员工资总额的100%作为保险金额。例如，生产中断后前3个月投保100%的工资，其余时间投保40%的工资，这样可以使保险金额与实际风险相对应。

三、审计费用的保险金额确定

由投保人自行确定，理赔时，保险人一般在保险金额限度内按实际支出的费用赔偿。

5.2.4　企业工程保险

1.工程保险概述

工程保险（engineering insurance）是为适应现代经济的发展由火灾保险、意外伤害保险及责任保险等演变而来的，是以各种工程项目为保险标的的综合财产保险。它承保一切工程项目在工程建设期间乃至工程完工后一定时期内的一切意外损失和损害。工程保险具有如下特点：

（1）承保风险的复杂性。一项工程从投标、签订合同、施工到竣工，所面临的风险是多方面的，不仅工程本身可能受到损失，而且与工程相关的标的也可能遭受损失。工程项目的周期相对较长，工程保险的风险范围不仅仅局限于工程施工过程中面临的风险，还包括工程的验收期和保证期所面临的风险。与此同时，现代的工程项目往往投资巨大，加上集中了先进的工艺、精密的设计和科学的施工方法，使得工程项目的技术含量较高，专业性较强，涉及多种专业知识或尖端科学技术，因此，工程项目的承保风险更具复杂性。

（2）被保险人的多方性。工程项目一般涉及的利益方很多，如工程所有人、工程承包人、设计单位、技术顾问以及发放工程贷款的银行等，他们对工程项目都具有相对独立的利益，并承担相应的风险，因而都可以作为工程保险的被保险人。

（3）保险期限的不确定性。工程项目的保险期限不是按年计算，而是根据预定工期的时间确定的，即自施工之日起到竣工验收交付工程所有人时止。有的工程项目的保险期限还包括工程交付后的保证期。保证期限的长短一般由投保人根据需要确定。

（4）保险责任的综合性。工程保险除了承保各种财产的直接损失外，还承保第三者责任风险，即对该工程项目在承保期内因工程施工过程中发生意外事故，造成工地上及附近地区第三者的人身伤亡和财产损失，保险人承担赔偿责任。

（5）保单条款的个性化。不同类型的工程，其风险具有不同的特点。因此，工程保险条款内容需要根据保险标的的具体情况确定，保单条款具有多样性和针对性的特点。在保险实务中，通常是由保险人与投保人协商制定工程保险合同条款的具体内容。

2.工程保险的种类

工程保险有广义和狭义之分。广义的工程保险包括建筑工程保险、安装工程保险、雇主责任险、第三者责任险、延期利润损失险和质量保证保险等。狭义的工程保险仅指建筑工程一切险、安装工程一切险及第三者责任险。在我国保险市场上和保险实务中，工程保险一般是指建筑工程保险和安装工程保险两类，它们的保险范围不仅包括建筑或安装工程项目本身的物质财产损失，还包括工程项目在建筑和安装过程中给第三者所造成损害的赔偿责任。

（1）建筑工程保险（construction insurance）简称建工险，是承保以土木建筑为主体的民用、工业用和公共事业用的工程在整个建筑期间因自然灾害和意外事故造成的物质损失，以及被保险人对第三者依法应承担的赔偿责任为保险标的的险种。如定义所述，建工险适用于一切民用、工业用和公共事业用的建筑工程项目，包括道路、水坝、桥梁、码头、住宅、旅馆、商场、工厂、仓库、水库、管道、学校和娱乐场所等。建工险的保险责任范围包括自然事件、意外事故、人为风险和第三者责任部分的保险责任。

（2）安装工程保险（erection insurance）简称安工险，是建筑工程保险的姐妹险种。它专门承保新建、扩建和改建的工矿企业的机器设备或钢结构建筑物在整个安装、调试期间，由于责任免除以外的一切危险造成保险财产的物质损失，以及上述损失所产生的有关费用及安装期造成的第三者财产损失或人身伤亡而依法应由被保险人承担的经济责任。安工险适用于任何安装工程，包括工厂使用的各种机器、设备、储油罐、钢结构工程、起重机以及吊车等。安装工程保险承保责任分为物质损失保险、第三者责任保险。

由于安装工程保险在投保方式与被保险人、保险责任、除外责任等许多方面与建筑工程保险基本相同，因此本书仅介绍建筑工程保险。

3.建筑工程保险的主要内容

（1）建筑工程保险的投保方式。

作为工程保险的一种，建工险具有工程保险的一切特征。如前所述，由于工程项目本身可能涉及多个具有可保利益的主体，实务中，当同一工程存在多个被保险人时，应由这些被保险人选出投保代表，由其办理保险业务，与保险人商谈保险合同条款以及负责处理日后的索赔、理赔等事宜。在工程保险实务中，一般以工程的主要风险承担者为投保人，也可以根据具体的工程承包方式确定投保人。如果工程发包给多家承包商或工程规模较大时，由业主统一安排投保事宜更为有利，因为这样既避免了漏保或局部的保险真空，又避免了不同标段之间的责任交叉。另外，业主将整个工程统一投保，还可以享受到比较优惠的保险费率和保险条件。

（2）建筑工程保险的保险项目。

建筑工程保险的保障范围很广，其保险项目一般分为物质损失和第三者责任两部分。

①在物质损失部分，建筑工程保险的主要保险标的为各种物质实体，包括：

A.合同规定的建筑工程，包括永久工程、临时工程以及工地上的物料。这是建筑工程保险的主要保险项目，具体包括建筑工程合同规定的建筑物主体、建筑物内的装修设备，配套的道路、桥梁和水电设施等土木建筑项目，以及工地上的建筑材料、设备和临时建筑工程等。

B.业主或承包人在工地上的原有财产，包括在前述A项中的原有财产。例如，业主的原有工厂，就可以在这一项目内得到保险。

C.建筑用机器、装置、设备、临时工棚及工棚内存放的物体。这些财产必须均为被保险人所有或为被保险人所负责保管。

D.安装工程项目，是指未包括在承包工程合同金额内的机器设备安装项目，如建筑工程施工过程中发电、取暖、空调等机器设备的安装项目。若此项已包含在A项中，则无须另行投保。

E.工地内已存在的建筑物，是指不属于承保的建筑工程、工程业主或承包人所有的或其保管的工地上原有的其他财产。

F.业主或承包人在工地上的其他财产。

G.清除残骸费用。

②第三者责任是建筑工程保险除物质损失部分之外的另一重要保险标的。例如，在工程施工中，可能会出现因钻孔致使周围居民房屋的墙壁震出裂缝，或砖块坠落砸伤行人等情况，承包商或工程业主应依法对第三方受害者承担经济赔偿责任。因此，建筑工程保险的第三者责任是指被保险人在工程保险期限内，因意外事故造成工地以及工地附近的第三者人身伤亡或财产损失，依法应负的赔偿责任。

（3）建筑工程保险的保险责任和除外责任。

物质损失部分的保险责任和除外责任如下：

① 保险责任。建筑工程保险物质损失部分的保险责任一般为自然灾害、意外事故和人为责任。自然灾害主要有地震、洪水、暴雨、地陷、台风和雷电等，以及其他人力不可抗拒的、破坏力强大的自然现象。其中，地震及洪水风险较大，保险人一般将其列入基本保险责任之外，即使列入基本保险责任之内也是另行规定赔偿限额的，以便对此类巨灾风险加以控制。意外事故是指不可预料的以及被保险人无法控制并造成物质损失或人身伤亡的突发性事件，主要有火灾、爆炸、物体坠落等。人为风险有盗窃、工人或技术人员缺乏经验、疏忽、过失、恶意行为等。

② 除外责任。建筑工程保险物质损失部分的除外责任主要可分为几类：第一，财产保险中例行的除外责任，如保险人的故意行为和战争、罢工或核污染等所造成的损失。第二，重大的设计过失引起的损失。第三，保险标的自然磨损和消耗。第四，原材料缺陷以及工艺不善造成的损失，如置换、修理或矫正所支付的费用。第五，各种违约罚金及延误工期损失等。第六，其他除外责任，如文件、账簿、票据、货币、图表资料等的损失。

第三者责任部分的保险责任和除外责任如下：

① 保险责任。第三者责任部分的保险责任是指在保险期内，因发生与保险单所承保的工程直接相关的意外事故，并且引起工地及其邻近区域的第三者人身伤亡、疾病或财产损失，依法应由被保险人承担的损害赔偿责任。此外，对于被保险人因上述原因而必须支付的诉讼费用，以及事先经保险人书面同意的其他费用，保险人亦可以负责赔偿。

② 除外责任。第三者责任部分的除外责任主要包括：在物质损失部分保险责任项下或应该在该项下予以负责的损失及各种费用；由于震动、移动或减弱支撑而造成的任何财产、土地、建筑物的损失，以及由此造成的任何人身伤害和物质损失；工程所有人、承包人或其他关系方或他们所雇用的在工地现场从事与工程有关工作的职员、工人以及他们的家庭成员的人身伤亡或疾病；工程所有人、承包人或

其他关系方或他们所雇用职员、工人所有的或由其照管、控制的财产发生的损失；领有公共运输行驶执照的车辆、船舶和飞机造成的事故；被保险人根据与他人的协议应支付的赔款或其他款项等。

（4）建筑工程保险的保险金额确定。

①物质损失部分的保险金额。从理论上讲，建筑工程保险物质损失部分的保险金额应以工程的重置价值为基础，并考虑被保险人的实际需要和承保范围等因素，经保险合同双方协商确定。在保险实务中，保险金额通常采用两种方法确定：第一种是按照工程预算价格确定，但需要扣除一些前期费用，如项目开办费、征地费和拆迁费等不保项目；第二种是按照工程投标价格（工程合同价）加业主自备物料确定。投保人可以选择其中任意一种方法来确定保险金额。

为了确保能够在日后得到充分的保险保障，投保人应该在保险期内对相应的工程细节作出精确记录，并且允许保险人查验，同时向保险人提供较详尽的投资金额和投资进度情况。如果保险单项下的工程造价中包括的各项材料及费用因涨价或升值原因而超出订立保险合同的工程预算价格或工程投保价格，被保险人必须尽快以书面形式通知保险人，由保险人据此调整保险金额；如果保险工程的建造期超过3年，被保险人/投保人必须从保险单生效日起每隔12个月向保险人申报当时的工程实际投入金额及调整后的工程总造价，保险人将据此调整保险费。此外，被保险人/投保人必须在保险单列明的保险期限届满后3个月内向保险人申报最终的工程总价值，由保险人据此以多退少补的方式对预收保险费进行调整。

如果被保险人没有履行上述规定，则视为不足额投保，在发生保险责任范围内的物质损失时，由保险人采取比例赔偿方式处理。

②特种风险赔偿限额。在工程建设中，一些巨灾风险对工程的破坏力极大，如地震、海啸、洪水、泥石流以及滑坡等，因此通常将其作为特种风险来考虑。凡是在保险单中列明的特种风险所造成的物质损失，保险合同当事人双方可以在合同中协商确定最高赔偿限额，以避免特种风险给保险人的业务经营可能造成的财务稳定性的破坏。此限额即为特种风险赔偿限额。

③第三者责任的赔偿限额。第三者责任的赔偿限额可以根据施工期间一旦发生意外事故时，对工地现场和邻近地区的第三者可能造成的最大损害情况确定。赔偿限额实际上可以通过设定每次事故的赔偿限额和累计赔偿限额的方式加以控制。累计赔偿限额实际上是每张保险单可以承担的最高赔偿额，每次事故的赔偿限制则通过控制每次事故的实际赔偿额约束被保险人，二者可以单独使用，也可以结合起来使用。但无论采用哪种方式，都须在保险单明细表中载明。

（5）建筑工程保险的保险期限。

建筑工程保险的保险期限比较特殊，一般以工程风险的存续期为限，如图5-3所示。一项工程的工期通常包括建造期、试车期（考核期）、保证期（也称为缺陷矫正期或维护期）几种期间，保险人在不同期间内的保险责任不同。

建造期	试车期	保证期

<-------------- 建筑工程保险的保险期限 --------------><--- 附加保证期期限 --->

图 5-3 工程期限与保险期限对应图

建造期的保险期限一般是从被保险工程在工地动工或用于被保险工程的材料、设备运抵工地之时开始，至工程所有人对部分或全部工程签发完工验收证书或验收合格，或工程所有人实际占有或使用或接收该部分或全部工程之时终止（以先发生者为准）。无论在何种情况下，建造期间保险期限的起始或终止不得超出保险单中列明的建筑期限保险生效日或终止日。

试车期是风险相对集中的时期，因此，保险人只对新机器在试车期内因试车引起的损失、费用承担赔偿责任。如果设备是"已被使用过的设备"或"二手设备"，一旦投入试车，保险责任即告终止。

对于保证期，保险人也可以扩展承保。建筑工程承包合同中一般规定：承包商对于所承建的工程项目在工程验收并交付使用之后的一定时期内，如果建筑物或被安装的机器设备存在建筑或安装质量问题，甚至造成损失的，承包商对于这些质量问题和损失应承担修复或赔偿责任。为了满足承包商保障上述风险损失的要求，保险人可以通过扩展承保期间的方式来承保工程保证期的风险。保证期的保险期限与工程承包合同中规定的保证期一致，从工程所有人对部分或全部工程签发验收证书或验收合格，或工程所有人实际占有或使用或接受该部分或全部工程时起算（以先发生者为准）。

5.2.5 货物运输保险

1.货物运输保险概述

货物运输保险（cargo transportation insurance）是指以各种处于运输过程中的货物作为保险标的，保险人依照合同对于货物在运输途中可能遭受的各种自然灾害或意外事故所造成的损失承担赔偿责任的一种保险。货物运输保险所承保的保险标的由于国际贸易的迅猛发展而不断扩展，保险人不仅承保普通商品，还承保现钞、艺术品、生活用品、私人行李和技术资料等。

货物运输保险具有如下特点：

（1）承保风险的综合性。由于货物在运输过程中所面临的风险多种多样，这就决定了货物运输保险的承保风险也具有相当的广泛性：既有海上风险，又有陆地、空中和内河风险；既有货物处于运输中的动态风险，又有存储期间的静态风险。

（2）保险标的的流动性。出于贸易交往的目的，货物会不断地从一地运往另一地，经常处于流动状态中。货物移动的过程不仅包括其通常的移位状态，还包括为移动提供服务的其他环节，如货物在车站、机场或码头等场所进行的必要的储存或装卸。这些服务也是货物运输必不可少的环节。因此，保险标的具有很强的流动性，这也是货物运输保险区别于其他财产保险的重要特征。

（3）被保险人的多变性。货物运输保险合同是一种针对货物的特殊合同。在运输途中，货物处于承运人的控制与管理之下，被保险人改变与否对货物遭受损失的影响不大，也不影响保险人作出是否承保及以何种条件和费率承保的决定。因此，货物运输保险单可以随着保险标的的转让而由被保险人背书转让，无须征得保险人的同意。

（4）险种险别的多样性。实务中，运输方式各异，面临的风险多种多样，客观上需要有多样性的险种险别来加以保障。因此，货物运输保险的险种险别数量多，且随着航运、贸易等形势的发展，其形式和内容不断发生变化，新的险种险别不断诞生，原有险种的内容也在通过附加险的方式进行调整。

2.货物运输保险的类别

（1）按是否具有涉外因素划分，货物运输保险可分为国际货物运输保险和国内货物运输保险。

国际货物运输保险以国际运输过程中的货物作为保险标的，承保运输过程中因自然灾害或意外事故造成的货物损失，主要险种包括国际海上货物运输保险、国际陆上货物运输保险、国际航空货物运输保险和国际邮包货物运输保险等。

国内货物运输保险以内河、铁路和航空运输过程中的货物为保险标的，承保运输过程中因自然灾害或意外事故造成的货物损失，主要险种有国内水路、陆路货物运输保险和国内航空货物运输保险。

（2）按运输工具划分，货物运输保险可分为水上货物运输保险、陆上货物运输保险、航空货物运输保险和邮包保险。

水上货物运输保险是指承保利用水上运输工具，如轮船、驳船、机帆船和木船等水上运输载体承运货物的一种保险。

陆上货物运输保险是指承保利用陆路运输工具为货物运输载体承运货物的保险。陆路运输工具包括机动的、人力的和畜力的运输工具，如火车、汽车和马车等。

航空货物运输保险是指承保以飞机作为运输载体承运货物的保险。

邮包保险是指以通过邮局以邮包递运的货物作为保险标的的一种保险。

3.货物运输保险的主要内容

（1）海上货物运输保险。

在各种货物运输方式中，海运是最主要也是采用最为广泛的一种运输方式。据统计，目前国际贸易总量的80%是靠海上运输完成的。而海上货物运输保险为货物安全到达收货人目的地起到了护航的作用，促进了国际贸易的快速发展。

①海上货物运输基本险。

根据责任范围的不同，海上货物运输基本险有三个险别，即平安险、水渍险和一切险。

A.平安险（free from particular average，FPA）。平安险的责任范围在基本险别

中是最小的，因而只适用于价值低、裸装的大宗货物，如矿砂、钢材和铸铁制品等保险标的的投保，故其费率也是最低的。平安险的责任范围包括：保险货物在运输途中由于恶劣气候、雷电、海啸、地震和洪水等自然灾害造成整批货物的全部损失或推定全损；由于运输工具遭受搁浅、触礁、沉没、互撞、与流冰或其他物体碰撞以及失火、爆炸等意外事故造成货物的全部或部分损失；在运输工具已经发生搁浅、触礁、沉没和焚毁等意外事故的情况下，货物在此前后又在海上遭受恶劣气候、雷电和海啸等自然灾害所造成的部分损失；在装卸或转运时由于一件、数件或整件货物落海造成的部分或全部损失；对遭受保险风险的货物采取抢救措施或为防止、减少货损而支付的合理费用，但以不超过该批被救货物的保险金额为限；运输工具遭遇海难后，在避难港由于卸货所引起的损失以及在中途港、避难港由于装卸、存储以及运送货物所产生的特别费用；共同海损的牺牲、分摊和救助费用；运输契约订有"船舶互撞责任"条款的，根据该条款规定应由货主偿还承运人的损失。**共同海损，是指在同一海上航程中，船舶、货物和其他财产遭遇共同危险，为了共同安全，有意地、合理地采取措施所直接造成的特殊牺牲、支付的特殊费用。**

B. 水渍险（with particular average，WPA/WA）。水渍险除包括平安险的各项责任外，还承担保险货物由于恶劣气候、雷电、海啸、地震和洪水等自然灾害所造成的部分损失，即在平安险责任的基础上，增加了货物由于自然灾害所造成的部分损失。因此，水渍险的责任范围要大于平安险，其保险费也高于平安险。

C. 一切险（all risks，AR）。一切险除包括水渍险的各项责任外，还负责保险货物在运输途中由于外来原因所致的全部或部分损失。具体来说，还包括下文所述11 种普通附加险的责任。一切险的责任范围是三种基本险中最广的，相应的，保险费也最高。因此，一切险特别适用于一些粮油食品、纺织纤维类商品以及新的机器设备等保险标的的投保。

海上货物运输保险的除外责任一般是那些非偶然、非意外的原因，如被保险人本身的原因或发货人的失职造成的损失，货物本身缺陷或其他特殊原因造成的损失，保险人不承担赔偿责任。具体来说，这些除外责任主要包括：被保险人的故意行为或过失所造成的损失；属于发货人责任所引起的损失，如货物包装不足、不当和标志不清等；在保险责任开始前，被保险货物已存在的品质不良或数量短差所造成的损失；被保险货物的自然损耗、本质缺陷、特性以及市价跌落、运输延迟所引起的损失或费用；海洋运输货物战争险条款和货物运输罢工条款规定的除外责任。

海上货物运输保险的保险责任起讫分为两种情况：

一是正常运输情况下的责任起讫。正常运输是指使用正常的运输工具，按照正常的航程、航线行驶，并停靠港口，包括正常的延迟、正常的存储、正常的转船等。在正常运输情况下，海上货物运输责任保险的责任起讫是以"仓至仓"条款为依据的，即保险人的责任自被保险货物运离保险单所载起运地仓库或存储处所时生效，包括正常运输过程中的海上、陆上、内河和驳船运输在内，直至该被保险货物到达保险单所载目的地收货人的最后仓库、储存处所或被保险人用作分配、分派的其他储存处所为止。如未抵达上述仓库或储存处所，则以被保险货物在最后卸载港全部卸离海轮后满60天为止。如在上述60天内被保险货物需转运到非保险单所载明的目的地，则以该项货物开始转运时终止。

二是非正常运输情况下的责任起讫。非正常运输是指由于被保险人无法控制的运输延迟、绕道、被迫卸货、重新装载、转运或承运人运用运输契约赋予的权限所作的任何航海上的变更或终止运输契约，致使保险货物运到非保险单所载明的目的地等意外情况。上述情况下，如果被保险人及时将获知的情况通知保险人，并增加保险费，保险合同仍继续有效。

②海上货物运输附加险。

A.附加险的最主要特征是其不能单独投保，它只能在投保基本险的基础上，由被保险人根据运输货物的实际需要额外增加。海上货物运输保险的附加险可分为普通附加险、特别附加险和特殊附加险三类。

B.普通附加险（又称一般附加险）主要有11种，即偷窃、提货不着险，淡水雨淋险，短量险，混杂、玷污险，渗漏险，碰损、碰碎险，串味险，受潮受热险，钩损险，包装破裂险，以及锈损险。

C.特别附加险主要承保一些和政治、国家政策法令及行政措施等相关的风险，它不属于一切险的责任范围，主要包括交货不到险、进口关税险、舱面险、拒收险和黄曲霉素险等。

与特别附加险一样，特殊附加险也不属于一切险的责任范围。它主要承保战争和罢工等风险。

③海上货物运输保险的保险金额。

海上货物运输保险一般为定值保险，保险合同当事人双方在订立保险合同时即约定保险标的的保险价值，并以此确定保险金额，记载于保险合同中。

④海上货物运输保险赔偿金额的计算。

当货物发生实际全损或推定全损时，保险人应按货物的全部保险金额赔偿。当货物发生部分损失时，按照损失程度计算赔偿金额，具体计算方法如下：

第一，货物发生质量损失时，首先由当事人双方协商确定损害率，保险人按照损害率计算赔偿金额。但如果双方未能就损害率达成一致意见，通常的做法是将已损坏的货物拍卖，计算赔偿金额的方法如下：

$$赔偿金额 = 保险金额 \times \frac{完好价值 - 实际价值}{完好价值}$$

第二，货物发生数量损失时，赔偿金额的计算方法如下：

$$赔偿金额 = 保险金额 \times \frac{损失数量}{完好数量}$$

（2）国内货物运输保险。

①国内水路、陆路货物运输保险。

国内水路、陆路货物运输保险分为基本险和综合险。被保险货物遭受损失时，保险人按照承保险别的责任范围承担赔偿责任。

基本险的保险责任范围相对较小，主要包括：因火灾、爆炸、雷电、冰雹、暴风、暴雨、洪水、地震、海啸、地陷、崖崩、滑坡和泥石流等所造成的被保险货物的损失；由于运输工具发生碰撞、搁浅、触礁、沉没、出轨或隧道、码头坍塌所造成的损失；在装货、卸货或转载时，因遭受不属于包装质量不善或装卸人员违反操作规程所造成的损失；按国家规定或一般惯例应分摊的共同海损的费用；在发生上述灾害事故时，因纷乱而造成的货物散失以及因施救或保护货物所支付的合理费用。

综合险除了包括基本险的全部保险责任外，还负责赔偿保险货物的下列损失：因受震动、碰撞、挤压而造成破碎、弯曲、凹瘪、折断、开裂或包装破裂致使货物散失的损失；液体货物因受震动、碰撞或挤压致使所用容器（包括封口）损坏而渗漏的损失，或用液体保藏的货物因液体渗漏而造成保藏货物腐烂变质的损失；遭受盗窃或整件提货不着的损失；符合安全运输规定而遭受雨淋所致的损失。

国内水路、陆路货物运输保险的保险责任自签发保险凭证和被保险货物运离起运地发货人的最后一个仓库或储存处所时起，到保险货物运至该保险凭证上注明目的地的收货人在当地的第一个仓库或储存处所时终止，即传统的"仓至仓"责任。但是，保险货物运抵目的地后如果收货人未及时提货，则保险责任的终止期最多延长至收货人接到"到货通知单"后的第15日止（以邮戳日期为准）。保险责任开始的标志是保险人或其代理人签发了保险凭证，以及保险货物运离起运地发货人的最后一个仓库或储存处所。上述两个条件必须同时具备，否则保险责任不能生效。"运离"是指保险货物从起运地发货人的最后一个仓库或储存处所，被装载于主要运输工具或辅助运输工具这一过程。实务中，实行"运离"一件负责一件、"运离"一批负责一批的原则。

②国内航空货物运输保险。

国内航空货物运输保险是指当货物在保险期限内的国内航空运输或存放过程中，因遭受保险事故造成损失时，由保险人提供经济补偿的一种保险。凡在国内经航空运输的货物均可为本保险之标的，但是，下列货物非经投保人与保险人特别约定，并在保险单（凭证）上载明，不在保险标的范围以内：金银、珠宝、钻石、玉器、首饰、古币、古玩、古书、古画、邮票、艺术品、稀有金属等珍贵财物。另外，下列货物不在保险标的范围以内：蔬菜、水果、活牲畜、禽鱼类和其他动物。

投保国内航空货物运输保险的货物在保险期限内，无论是在运输还是存放过程中，由于下列原因造成保险货物的损失，保险人均负赔偿责任：由于飞机遭受碰撞、倾覆、坠落、失踪（在3个月以上）、在空难发生过程中发生卸载以及遭受恶劣气候或其他危害事故发生抛弃行为所造成的损失；保险货物自身因遭受火灾、爆炸、雷电、冰雹、暴风、暴雨、洪水、海啸、地震、地陷、崖崩所造成的损失；保险货物受震动、碰撞或压力而造成的破碎、弯曲、凹瘪、折断、开裂等损伤以及由此引起包装破裂而造成的损失；凡属液体、半流体或者需要用液体保藏的保险货物，在运输中因震动、碰撞或压力致使容器（包括封口）损坏发生渗漏而造成的损失，或用液体保藏的货物因液体渗漏而致使保藏货物腐烂的损失；保险货物因遭受偷窃或者提货不着而发生的损失；在装货、卸货时和地面运输过程中，因遭受不可抗力的意外事故及雨淋所造成的保险货物的损失。

保险责任自保险货物经承运人收讫并签发保险单（凭证）时起，至货物到达该保险单（凭证）上的目的地的收货人在当地的第一个仓库或储存处所时终止。但保险货物运抵目的地后，如果收货人未及时提货，则保险责任的终止期最多延长到收货人接到"到货通知单"以后的15天止（以邮戳日期为准）。若飞机在飞行途中，因机件损坏或发生其他故障而被迫降落，以及由于货物严重积压，被保险人需改用其他运输工具运往原目的地时，保险人对保险货物所承担的责任不予改变，但被保险人需向保险人办理批改手续并加付保险费。如果保险货物在飞机被迫降的地点出售或分配，保险责任的终止期以承运人向收货人发出通知以后15天为限。

专栏5-14•学习指导

海商法之共同海损

1.共同海损的概念和成立要件

（1）共同海损的概念。

共同海损，是指在同一海上航程中，船舶、货物和其他财产遭遇共同危险，为了共同安全，有意地、合理地采取措施所直接造成的特殊牺牲、支付的特殊费用。由受益的各方来共同分担共同海损的制度，是海商法中一项非常古老的制度。其核心思想是：为大家共同利益而作出的牺牲，应由大家共同来补偿。与共同海损相对应，并非为了大家的共同利益，而是因自然灾害或意外事故等其他原因直接造成的船舶或货物的损失被称为单独海损。共同海损与单独海损的区别在于，前者是为了大家的利益有意作出的，而后者是海上事故直接造成的；前者应由大家来分摊，而后者应由受损者自行承担。

（2）共同海损的成立要件。

①必须是因共同的、真实的危险而发生的。共同海损必须是在同一海上航程中的船舶、货物或其他财产面临共同的、真实的危险时发生的。所谓共同的危险，是指这种危险对船舶和货物都构成威胁，仅仅危及船舶或货物单方的危险不会造成共同海损。如天气闷热而船上的冷冻设备损坏，可能导致货物腐败变质而船舶本身不受影响，就不是共同危险。所谓真实的危险，是指危险必须是客观存在的，仅仅是主观臆测的危险不是构成共同海损的要件。

②共同海损必须是有意采取合理、有效的措施而造成的。共同海损中采取的措施必须是船长或其他有权作出决定的人出于挽救船上人员、财物的明确目的而有意采取的。如船舶在航行中遇到大风浪，如果是为了减轻船舶载重而主动将重量大而价值低的货物抛下海，货物的损失就是有意作出的。但如果是货物因船身剧烈颠簸而被甩入大海，这种损失就不是有意作出的。合理是指公平而适当的处置行为，是基于善良管理人的立场，在当时的情况下，慎重考虑后所作出的行为，如船舶遭遇

海难，须丢弃一部分货物以减轻载重，船长不将砂石、废铁等重而便宜的货物丢弃，而是将钻石、名画等贵重物品首先丢弃，则属于不合理的处分，不得列入共同海损。有效是指因所采取的行为而使得船舶上其余财产得以保全。

③共同海损所造成的损失必须是直接的、特殊的。共同海损措施以牺牲较小利益保全较大利益为特征。被牺牲的利益必须是共同海损措施直接造成的，而且是特殊的、异常的。所谓直接的是指损失必须是共同海损行为直接造成的。间接损失，如船期损失、滞期损失、市价跌落等，都不能算作共同海损。特殊的是指损失必须是非正常的，如正常航行中需要作出的开支，不得算作共同海损。

2.共同海损的牺牲和费用

(1) 共同海损牺牲。

共同海损牺牲是指共同海损行为造成的有形的物质损坏或灭失。其范围主要包括：①船舶的牺牲。如为了避免船舶倾覆，船长故意使船舶触礁、搁浅，或截断锚链，使船舶部分毁损等。②货物的牺牲。如为了减轻货载，将货物弃于海中；或船舶遭遇火灾，引水灭火时将货物浸湿等。③运费的牺牲。货物被牺牲的情况下，如果这批货物应支付的运费是到付运费，则该笔运费不能被收取，因此也算被牺牲掉了。

(2) 共同海损费用。

共同海损费用是指共同海损行为造成的金钱上的支出。其范围主要包括：①避难港费用。船舶在航行途中遇险，有时不得不进入避难港。为进入避难港而延长航程的费用、进入和离开避难港的费用、在避难港停留期间为维持船舶所需的日常费用、因安全所需造成的货物或船上其他物品卸下和重装的费用等，都可以计入共同海损费用。②救助费用。船、货陷入共同危险，不得不求助于他船而支出的救助报酬和其他费用可列入共同海损费用。③代替费用。本身不具备共同海损费用的条件，但却是为代替可以列为共同海损的特殊费用而支付的额外费用，可以作为代替费用列入共同海损费用中。但被列入的代替费用的金额，不得超过被代替的共同海损的特殊费用。④其他费用，包括垫付手续费和共同海损利息等。

3.共同海损的理算

(1) 共同海损理算的概念和法律依据。

共同海损理算是在船方宣布共同海损后，各受益方聘请专门机构和人员对共同海损的损失金额、如何分摊等问题进行调查研究和审核计算的过程。进行共同海损理算的专门机构和人员称为共同海损理算机构和理算师。

共同海损理算应该依据合同约定的理算规则进行。当前，国际上最广为接受的理算规则是约克-安特卫普规则。这个规则虽然只是一个民间规则而不是国际公约，但由于其悠久的历史和广泛的接受性，在统一和协调各国的理算工作方面起着积极作用。合同没有约定理算规则的，共同海损理算应该依据理算地的法律进行。

(2) 共同海损分摊请求权的时效。

根据《中华人民共和国海商法》，有关共同海损分摊的请求权，时效期间为1

年，自理算结束之日起计算。

（3）共同海损理算的内容。

①共同海损损失金额的确定。

共同海损损失包括共同海损牺牲和费用。其中，共同海损牺牲的金额分别按以下规定计算：

第一，船舶的共同海损牺牲分为部分损失和全损两种。部分损失时，按照实际支付的修理费，扣除合理的以新换旧的扣减额计算。船舶尚未修理的，按照牺牲造成的合理贬值计算，但是不得超过估计的修理费。全损时，按照船舶在完好状态下的估计价值，减除不属于共同海损损坏的估计的修理费和该船舶受损后的余额价值计算。

第二，货物的共同海损牺牲分灭失和损坏两种情况。货物灭失的，按照灭失货物在装船时的价值加保险费计算。货物损坏的，在就损坏程度达成协议前售出的，按照货物在装船时的价值加保险费和运费，减去出售货物净得之后的差额计算。

第三，运费的共同海损牺牲。按照货物遭受牺牲造成的运费的损失金额，减除为取得这笔运费本应支付，但是由于牺牲无须支付的营运费用计算。

对于共同海损费用，则按照实际发生的金额计算。

②共同海损分摊价值的确定。

船舶共同海损分摊价值，按照船舶在航程终止时的完好价值，减去不属于共同海损的损失金额计算，或者按照船舶在航程终止时的实际价值，加上共同海损牺牲的金额计算。

货物共同海损分摊价值，按照货物在装船时的价值加保险费和运费，减去不属于共同海损的损失金额和承运人承担风险的运费计算。货物在抵达目的港以前售出的，按照出售净得金额，加上共同海损牺牲的金额计算。

运费分摊价值，按照承运人承担风险并于航程终止时有权收取的运费，减去为取得该项运费而在共同海损事故发生后，为完成本航程所支付的营运费用，加上共同海损牺牲的金额计算。

以上每一项分摊价值都要加上共同海损牺牲的金额，是因为共同海损牺牲中的一部分将要从其他各受益方那里得到补偿，因此也有部分价值因为共同海损行为而得到保全，从而也应计算在共同海损分摊价值之内。

③共同海损分摊金额的计算。

共同海损应当由受益方按照各自分摊价值的比例分摊。各受益方的分摊金额计算分两步进行。首先计算出一个共同海损损失率。这应该以共同海损损失总金额除以共同海损分摊价值总额得出。然后以各受益方的分摊价值金额分别乘以共同海损损失率，得出各受益方应分摊的共同海损金额。

§5.3　责任保险产品

责任保险是以被保险人可能承担的民事损害赔偿责任为保险标的的一种保险。 无论自然人还是法人，在日常生活或业务活动中，都有可能因疏忽、过失等行为而导致他人遭受损害，责任保险就承保这种风险。本节将依次介绍个人责任保险、职业责任保险、雇主责任保险、产品责任保险和公众责任保险等保险产品。

5.3.1　个人责任保险

投保个人责任保险的目的，是转嫁被保险个人及其家庭成员在造成他人人身伤害或财产损毁时应承担的向第三者进行赔偿的责任。

1.个人责任保险的概念

个人责任保险（personal liability insurance）是指以个人或其家庭的侵权行为导致的法定经济赔偿责任为保险对象，专门适用于个人或家庭的各种责任保险的总称。按照习惯，个人责任保险被列入公众责任保险的范畴，但经营实践中个人责任保险又包含了超出公众责任保险范围的业务，如个人第三者责任保险、个人职业责任保险等。

早在20世纪30年代，欧美国家就开办了个人责任保险。由于西方国家在法律上强调私有财产神圣不可侵犯和个人价值，相应地使个人责任风险日益扩大，责任范围逐渐由住宅内扩展到住宅外的个人一切日常活动乃至专业工作。因此，个人责任保险在西方国家发展迅速，特别是在德国，它是德国责任保险市场的重要业务来源。

在我国，个人责任风险客观存在，但是还没有形成单独办理个人责任保险的业务，目前在一些财产保险公司推出的家庭组合保险中，包含了居家责任保险、家庭雇主责任保险和出租人责任保险等。这类保险业务属于包含个人责任险在内的家庭财产保险业务。随着经济的发展，个人和家庭生活水平不断提高，风险也相应增加。因此，个人和家庭已经具有投保个人责任保险的潜在需求。同时，随着公民法治观念的树立和索赔意识的增强，公民的索赔案件在逐年增多，且日益程序化，因此，为保障受害方的权益，使有关法律得到贯彻，开展个人责任保险，无论对社会、保险人、被保险人还是受害人，都具有积极的意义。

2.个人责任保险的特点

（1）投保人仅限于自然人及其家庭。

个人责任保险的投保人仅限于自然人及其家庭，其被保险人可以是投保人个人，也可以是投保人的配偶、子女及与他们共同居住在一起的亲属和其他人。

（2）个人责任保险属于综合性业务。

个人责任保险包括了个人职业责任，此外，个人雇工或个人生产所带来的雇主责任风险与产品责任风险也被列入个人责任保险范畴。因此，个人责任保险是综合性业务，在经营实务中既要考虑其特殊性，又要参照其他责任保险的内容。

（3）承保区域范围比其他公众责任险广。

个人责任保险的承保区域范围比其他公众责任保险要广，它包括被保险人的住宅内、住宅外活动及各种个人娱乐、职业活动等，即凡是个人的活动范围（个人在单位工作时除外）均可以通过个人责任保险获得保障。

（4）承保的是被保险人工作之外的活动引起的损害赔偿。

个人责任保险承保的是被保险人工作之外的活动引起的损害赔偿责任，经过特别约定，也可以承保其在工作中的损害赔偿责任。

3.个人责任保险的主要险种

从国外个人责任保险的发展实践来看，比较流行的个人责任保险业务有以下六种：

（1）住宅责任保险。

住宅责任保险是一种个人静物责任保险，承保由于被保险人的住宅及住宅内的静物（如家用电器、燃气灶、阳台上的花盆等）发生意外事故致使其雇用人员（如保姆或家庭教师）、客人或在住宅附近通行的他人遭受人身伤害或财产损害，根据法律应当由被保险人承担的经济赔偿责任。

（2）个人运动责任保险。

个人运动责任保险承保个人及其家庭成员在运动时由于意外事故或过失造成他人的人身伤害或财产损害，根据法律应当由被保险人承担的经济赔偿责任。个人运动责任保险的承保区域范围一般在住宅外。

（3）综合个人责任保险。

综合个人责任保险（comprehensive personal liability insurance）是普遍适用的综合性个人责任保险，承保个人或其家庭成员在居住、从事体育活动及其他一切日常活动中造成他人人身伤害或财产损害，根据法律规定应当由被保险人承担的经济赔偿责任。综合个人责任保险的承保区域范围广，承担的责任风险大，是实务中非常受欢迎的个人责任保险业务。

（4）机动车第三者责任保险。

关于这一产品，我们在前面财产保险产品中已经介绍过。

（5）职业责任保险。

职业责任保险（occupational liability insurance）承保医生、律师、会计师及其他专业技术人员的职业风险责任。凡是投保职业责任保险的上述人员因工作中的疏忽或过失导致他人人身伤害或财产损失，根据法律规定应由上述人员承担民事损害赔偿责任的，保险人均承担相应赔偿责任。其特点是责任事故的发生及其损害后果须与被保险人的职业活动有关，不包括被保险人日常生活中的个人责任。

（6）个人超额责任保险。

个人超额责任保险（personal excess liability insurance）承保超出个人正常责任之外的责任，或超出某一规定自留风险额之外的部分，且该自留风险虽未经基本保单承保但也不属于超额保单的除外责任。例如，除人身伤害外，超额保单还承保非法拘捕、非法监禁、非法驱逐、非法拘留、诬告、口头或书面诽谤、人格诋毁和对隐私的侵犯。个人超额责任保险的另一个重要作用是赔付基本保单不承保的法律诉讼费用，以及基本保单责任限额用尽之后发生的法律费用。大多数个人超额责任保单是在保单限额之外赔付这种抗辩和相关费用的。

5.3.2　职业责任保险

随着我国市场经济的发展，专业人员在社会生活中的作用越来越重要，其法律责任风险也随之加大。利用责任保险机制分散和转移专业人员的法律责任风险，有利于促进专业技术的进步，有利于为受害人提供更加充分的经济保障，有利于市场经济的健康、快速发展。结合我国实际，借鉴国外先进的职业责任保险制度，构建我国的职业责任保险制度是我国市场经济发展的必然要求。

1.职业责任保险的概念

职业责任是民事责任制度的特殊领域。它是指从事各种专业技术工作的单位和个人因工作上的疏忽或过失造成它们的当事人或其他人的人身伤害或财产损失，依法应当由提供服务的专业技术人员承担的经济赔偿责任。

职业责任保险是承保各种专业技术人员在从事职业技术工作时因疏忽或过失造成第三方的人身伤害或财产损失时应负的经济赔偿责任的一种保险。由于职业责任保险与特定的职业及其技术性工作密切相关，在国外又被称为职业赔偿保险或业务过失责任保险。职业责任保险除具有一般责任保险的特征外，还具有以下特征：

（1）职业责任保险以完善的法律制度作为其存在和发展的基础。对于职业责任保险而言，民法和各种专门的民事法律以及各类职业相关法律制度的存在，对职业责任保险的发展具有积极的促进作用。

（2）职业责任保险承保的是被保险人因职业疏忽、过失造成的对第三者的赔偿责任，而一般责任保险更多地承担因意外事故造成的对第三者的赔偿责任。

（3）由于职业责任保险责任事故的发生与索赔时间具有不一致性，职业责任保险的承保基础多采用期内索赔。

（4）对于专业人员而言，投保职业责任保险不仅是因为受到责任和风险的压力，更多的是为了提高自身信誉、增强竞争实力。

2.职业责任保险的适用范围

各种职业责任保险单可以分为两大类：一类适用于所从事工作与人体有接触的专业人员，如医生、护士和美容师等。在国外的保险单中，一般用"失职"（malpractice）来表示这类专业人员的职业疏忽或过失。另一类适用于所从事工作与人体没有接触的专业人员，如会计师、建筑师和律师等。在国外的保险单中，一般用"错误或疏忽"（errors and omissions）来表示这类专业人员的职业疏忽或过失。

3.职业责任保险的主要内容

（1）保险责任。

职业责任保险一般没有统一的条款及保险单格式，通常由保险人根据不同种类的职业责任设计制定专门的保险单进行承保。职业责任保险承保的是各种职业技术人员由于职业上的疏忽行为、错误或失职而造成的损失，一般包括以下几项内容：①保险人负责被保险人的职业风险。所谓被保险人的职业风险，除包括被保险人自己的疏忽行为所导致的职业责任损失外，还包括被保险人的前任、被保险人的雇员及从事该业务的雇员的前任的疏忽行为所导致的职业责任损失。②保险人负责的被保险人的责任风险必须与保险单上列明的职业有关。③保险人承担的赔偿责任包括：被保险人造成的对其职业合同的相对方或其他人的财产损失或人身伤害应负的法律赔偿责任，以及经保险人同意或在保险单上列明的有关费用的补偿。

（2）除外责任。

职业责任保险的一般除外责任可以概括为：①因被保险人隐瞒或欺诈行为而引起的任何索赔。②由于不可抗力等原因造成的损失、费用和责任，保险人不负责赔偿。典型的责任免除包括：战争、类似战争行为、敌对行为、军事行动、武装冲突、恐怖活动、罢工、骚乱、暴动等原因造成的损失、费用和责任；政府有关部门的行政行为或执法行为等原因造成的损失、费用和责任；核反应、核辐射和放射性污染等原因造成的损失、费用和责任。③被保险人被指控有对他人诽谤或恶意中伤行为而引起的索赔。例如，律师诽谤其原告或被告而导致的索赔，记者利用报导诽谤中伤他人而引起的索赔等，均属于违背社会公德及有关法律的行为，保险人不负责赔偿。④被保险人的故意行为所导致的任何索赔。例如，医生利用药物谋杀他人，被保险人借机报复或打击职业合同相对方等均属违法犯罪行为，保险人不负责赔偿。⑤职业责任事故造成的间接损失或费用（法律诉讼费用及经保险人同意支付或保险单上载明的费用除外）。例如，设计师给建筑单位提供有缺陷的图纸造成建筑单位不能如期施工、使用或生产而导致的利润损失，保险人不负责赔偿。

（3）特约责任。

经过保险合同双方特别约定，保险人对于下列职业责任风险也可以承保：①因雇员不诚实行为致使他人受到损害而应由被保险人承担的法律责任，保险人可以扩展承保。但是需要明确的是，职业责任保险扩展承保的雇员不诚实行为不能与雇员诚实保证保险相混淆，因为职业责任保险承保的是雇员对他人的损害，而雇员诚实保证保险承保的是雇员的不诚实行为而使被保险人遭受的损失。②文件灭失或损失引起的索赔，经过特别约定也可以扩展承保，但是保险人要加收保险费。例如，设计院因图纸丢失或被盗造成委托单位的损失，可以通过扩展承保，保险人予以赔偿。③被保险人被指控对他人诽谤或恶意中伤行为而引起的赔偿，也可以作为特别职业责任予以承保，但因其故意所致的仍须除外。

4.职业责任保险的承保方式

职业责任保险的承保方式有如下两种：

（1）以索赔为基础。

职业责任事故的本质决定了从职业责任事故的产生或起因到受害方提出索赔，往往可能间隔一个相当长的时间，如医生的不当治疗造成后遗症，工程设计错误也许在施工后或竣工验收或交付使用后才能发现，等等。因此，各国保险人在经营职业责任保险业务时，通常采用以索赔为基础的条件承保。在以索赔为基础的承保方式下，保险人仅对在保险期间受害人向被保险人提出的有效索赔承担赔偿责任，而不论导致该索赔的事故是否发生在保险有效期内。以索赔为基础的承保方式实质上使保险开始时间前置了，但是，保险人承担的风险责任不可能也不应当无限地前置，因此，各国保险人在经营实践中，又通常规定一个责任追溯日期作为限制性条款来控制保险人承担责任风险的期间。保险人仅对追溯日以后、保险期满日以前发生的，且在保险有效期内提出索赔的职业责任事故承担法律赔偿责任。

（2）以事故发生为基础。

在保险实务中，除了以索赔为基础承保外，对于某些种类的职业责任保险业务，采取以事故发生为基础的承保方式。也就是说，保险人仅对在保险有效期内发生的职业责任事故引起的索赔负责，而不论受害方是否在保险有效期内提出索赔。这一做法实质上是将保险责任期限延长了。它的优点在于，保险人支付的赔款与其保险期内实际承担的风险责任相适应；缺点是保险人在该保险单项下承担的赔偿责任往往要经过很长时间才能确定，而且因为货币贬值等因素，受害方最终索赔的金额可能大大超过职业责任保险事故发生当时的水平或标准。在这种情况下，保险人为了避免保险责任期间的无限延后和从保险公司经营的稳定出发，也规定了一个赔偿责任限额和一个后延截止日期。

从各国经营职业责任保险业务的惯例来看，采用以索赔为基础的承保方式的职业责任保险业务较多一些，采用以事故发生为基础的承保方式的职业责任保险业务要少一些。保险人规定的追溯日期或后延日期一般以前置3年或后延3年为限。由于两种承保方式关系到保险人承担的职业责任风险及其赔款估计，因此，保险人在经营职业责任保险业务时，应当根据各种职业责任保险的不同特性并结合被保险人的要求来选择承保方式。

5.职业责任保险的费率厘定

保险费率的厘定是职业责任保险中十分复杂而且重要的问题。各种职业都有其自身的风险与特点，从而需要有针对性地制定不同的费率。从总体上讲，厘定职业责任保险的费率或收取职业责任保险的保险费，应着重考虑以下因素：①职业种类，指投保人或被保险人及其雇员所从事的专业技术工作；②工作场所，具体是指投保人或被保险人从事专业技术工作的所在地区，如医院所在地、律师事务所所在地等；③工作单位的性质，指营利性和非营利性以及国有、集体、股份、私有制单位之分；④业务数量，指投保人或被保险人每年提供专业技术服务的数量、服务对象的多少等；⑤被保险人及其雇员的专业技术水平；⑥被保险人及其雇员的工作责任心和个人品质；⑦被保险人职业事故的历史统计资料及索赔、处理情况；⑧赔偿限额、免赔额和其他承保条件。

综合考虑上述因素后,保险人制定出不同标准的保险费率,以适应各类专业技术人员投保不同职业责任保险的需要。

6.职业责任保险的赔偿限额

当职业责任保险约定的保险事故发生并由此导致被保险人的索赔后,保险人应当严格按照承保方式进行审查,对于属于保险人应当承担的职业责任保险赔偿范围的,应按保险合同规定进行理赔。在赔偿实务中,保险人承担的主要是赔偿金与有关费用两项,其中保险人通常规定赔偿金的一个累积赔偿限额;法律诉讼费用则在赔偿金之外另行计算,但如果保险人的赔偿金仅为被保险人应付给受害方的总赔偿金的一部分,则该项费用应当根据保险人的赔偿金占总赔偿金的比例进行分摊计算。

专栏5-15•学习指导

主要职业责任保险险种

在责任保险业务发达的国家,职业责任保险的险种多达70多种。这里介绍几种主要的职业责任保险业务。

一、律师职业责任保险

律师职业责任保险承保被保险人或其前任作为一个律师在自己的能力范围内在职业服务中发生的一切疏忽行为、错误或遗漏过失行为所导致的经济赔偿责任,包括一切侮辱、诽谤行为,以及被保险人在工作中发生的或造成的对第三者的人身伤害或财产损失。

二、会计师职业责任保险

会计师职业责任保险承保因被保险人或其前任或被保险人对其负有法律责任的人因违反会计业务上应尽的责任及义务而造成他人损失,依法应负的经济赔偿责任。

三、董事和高级职员责任保险

董事和高级职员责任保险是指以董事和其他高级职员向公司或第三者(股东、债权人等)承担的民事赔偿责任为保险标的的一种职业责任保险。

四、医生职业责任保险

医生职业责任保险承保医务人员或其前任由于医疗责任事故而致病人残废或伤残、病情加剧、痛苦增加等,受害者或其家属要求赔偿且依法应当由医疗方负责的经济赔偿责任。

五、药剂师职业责任保险

药剂师职业责任保险承保药剂人员在配方、出售或递送药物时,发生错误而致他人人身伤害,依法应承担的经济赔偿责任。

六、建筑、工程技术人员责任保险

建筑、工程技术人员责任保险承保建筑师、工程技术人员因过失造成合同方或他人的财产与人身伤害而依法应承担的经济赔偿责任。

七、保险代理人和保险经纪人职业责任保险

保险代理人和保险经纪人职业责任保险承保保险代理人和保险经纪人由于业务上的错误、遗漏或其他过失行为导致他人遭受损害而依法应承担的经济赔偿责任。

5.3.3 雇主责任保险

雇主责任保险（employer liability insurance）承保被保险人所雇用的员工在受雇期间从事保险单所载明的与被保险人的业务有关的工作时，因遭受意外而导致伤、残、死亡，或患有与被保险人业务有关的职业性疾病，依法或根据雇用合同应由被保险人承担的对所雇员工的经济赔偿责任。

1.雇主责任保险的特点

（1）责任主体的特殊性。

雇主责任保险的责任主体是各企业的雇主，即与员工有直接雇用合同关系，享有解雇员工的权利，并承担员工在受雇期间遭受意外伤害的法律责任的人。

（2）保险对象的特殊性。

与其他责任保险相同，雇主责任保险的对象也是针对第三者，但是它是以企业、公司聘用的员工为第三者的，这是雇主责任保险区别于其他责任保险的重要特征。

（3）保险期限的特殊性。

雇主责任保险的保险期限一般是以雇用合同的存续期间为基础的。

2.雇主责任保险的主要内容

（1）雇主责任保险的投保人和被保险人。

各类企业及机关事业单位对其职工在工作中发生的死亡、伤残、疾病等事故依法或依据雇用合同均负有承担赔偿责任的义务，因此，这些企业、机关事业单位都可以投保雇主责任保险。需要指出的是，雇主责任保险的投保人和被保险人都是雇主，但受益人是与雇主有雇用合同关系的雇员。

（2）雇主责任保险的保险责任。

雇主责任保险的保险责任是雇主根据《民法典》中"合同编"等法律法规或雇用合同的直接规定而承担的对雇员的赔偿责任。我国雇主责任保险多以雇用合同中规定的雇主赔偿责任为保险责任，主要包括：

①被保险人所雇用的员工在保险有效期内，在受雇过程中，在保单列明的地点从事保单载明的被保险人的业务活动时，遭受意外事故而致伤、残、死亡，被保险人根据法律或雇用合同规定应承担的经济赔偿责任。被保险人所雇用的员工是指一切其直接雇用的员工，包括短期工、临时工、季节工、徒工和长期固定工等；雇用关系指雇主与员工双方之间存在着直接的权利和义务关系，且有雇用合同为依据；保险单上列明的地点指员工在被保险人处工作的场所，如有外勤工作，投保时必须申请，并以保险单上注明的为准；员工在受雇期间从事与其相应职务有关的工作所受伤害才属保险责任范围，保险人与投保人双方协商也可以约定员工在上、下班途

中视为工作时间；遭受意外是指突然的、不可预料的意外事故。

②因员工患有与业务有关的职业性疾病而致使其人身伤残、死亡的经济赔偿责任。职业病是雇员在从事职业活动中接触职业性有害因素而引起的疾病，职业病的发生具有必然性和普遍性。因为职业病与员工所从事的工作有关，所以保险人应当承担相应的责任。职业病的主要种类有职业中毒、尘肺、传染病、皮肤病、肿瘤、眼病等。保险人可以通过职业病患病率、死亡率、平均发病年龄等指标对其进行风险评估。

③被保险人依法应承担的雇员的医药费。医药费的发生以员工遭受前述两项事故而致病、伤、残为条件。

④应支出的法律费用，包括抗辩费用、律师费用、取证费用以及法院判决应由被保险人代员工支付的诉讼费用等。这些费用必须是用于处理保险责任范围内的索赔纠纷或诉讼案件，且是合理的诉诸法律而支出的额外费用。

保险人在具体经营业务中还可以根据投保人的具体情况对上述责任范围进行修订、调整。雇主责任保险多采用"期内索赔式"承保，即以索赔提出的时间是否在保单有效期内作为确定保险人承担责任的基础。

（3）雇主责任保险的除外责任。

雇主责任保险常用的除外责任有三点：①被雇用人员由于正常疾病、传染病、分娩、流产以及因这些疾病而施行内、外科治疗手术所致的伤残、死亡及医药费等，保险人不承担责任，因为正常疾病或正常手术及其导致的伤残、死亡及医药费均与被雇用人员从事的职业无关。②被雇用人员自身的故意行为和违法行为造成的伤害，保险人不承担保险赔付责任。因为雇主责任保险项下被雇用人员是最终的受益人，故保险人对雇员自己的故意或违法行为所致的伤害在任何情况下都不承担责任，否则就形成道德风险。③被保险人对其承包人雇用员工的责任。雇主责任的构成以雇主与员工之间有直接雇用关系为条件，而承包人的雇员与承包人是直接雇用关系，应由承包人直接对其负责，即由承包人投保雇主责任保险来获得保障。

（4）雇主责任保险的赔偿限额。

雇主责任保险的赔偿限额，通常以所雇员工工资收入为依据，由保险双方当事人在签订保险合同时确定并载入保险合同，每个员工只适用自己的赔偿额度。其计算公式为：

赔偿限额=被雇用员工月平均工资收入×规定月数

确定赔偿限额时，需要考虑以下因素：①每个员工的工种及月工资数。被雇用员工的月工资按事故发生之日或经医生证明发生疾病之日起该员工的前12个月平均工资计算，不足12个月的按实际月数计算。②死亡赔偿限额应为每个员工若干个月的工资额之和。具体以多少个月的工资额为宜，保险人规定了若干档次（如72个月、60个月、48个月等）供被保险人选择，患者依据有关法律、法规及雇用合同规定或保险双方协商确定。③伤残赔偿限额确定方式同死亡赔偿限额，但要考虑该员工养老或伤残扶养的生活保障，其最高限额应超过死亡赔偿限额，死亡赔偿限额与永久伤残赔偿限额不能同时兼得。保险单把伤残分为三种：永久丧失全部工作能力按保单规定的最高额度办理；永久丧失部分工作能力按受伤部位及受伤程度，参照保单所规定的赔偿比例乘以保单规定的赔偿额度确定；暂时丧失工作能力超过5天的，经医生证明，按被雇用人员的工资给予赔偿。

（5）雇主责任保险的扩展责任。

①附加第三者责任保险，承保被保险人因其疏忽或过失行为导致除雇员以外的他人人身伤亡或财产损失的法律赔偿责任。它实质上是公众责任保险的范畴，但如果被保险人要求在雇主责任保险项下加保，保险人可扩展承保。

②附加雇主第三者责任保险，承保被保险人所雇员工在保险有效期内，从事保险单所载明的与被保险人的业务有关的工作时，由于意外或疏忽，造成第三者人身伤亡或财产损失，以及引起的对第三者的抚恤、医疗费和赔偿费用，依法应由被保险人承担的经济赔偿责任。

③附加医药费保险，承保被保险人所雇用人员在保险有效期内，无论遭受意外伤害与否，因患职业病以外的疾病（包括传染病、分娩、流产）等所需的医疗费用，包括治疗费、医药费、手术费和住院费等，它实质上属于人身保险或医疗保险的范畴。除另有约定外，保险人一般只对在国内的医院或诊疗所治疗发生的费用承担赔偿责任，并凭雇用人员出具的单证赔付。无论一次或多次赔偿，医疗费的最高赔偿金额每人累计都以不超过附加医药费保险的金额为限，同时还规定对先天性疾病、性病和精神病等的医疗费不予负责。

专栏5-16•学以致用

雇主责任的判定

与雇用关系有关的伤害赔偿，其索赔定案虽然在具体的判断标准上受制于法官以及理赔人员的尺度，但总是围绕"发生于工作地点"和"因工作而起"两点进行。雇主的责任范围还有不断扩大化的倾向。相比之下，"责任"的概念被淡化，强调的是"相关"的概念。法官似乎更加相信雇主和雇员的这种雇用关系对雇员的影响可以是各方面的，乃至作为引起事故发生的关键因素看待，以至于原本来源于个人习惯和疏忽造成的伤害，只要是发生在工作时间、工作地点，或者说"与工作有关"，就可能被认定为雇主责任。以此来看，雇主责任险的概念越来越倾向于是一种与工作"相关"的"意外"险，这使得在劳动保险高度普及的国家，雇主责任险的投保比例与赔付率都非常高。阅读以下案例能够清晰地感受到理赔定案尺度的这种倾向性偏移。

案例一：有一名索赔人受雇于一贵重金属经销商，工作中经常去银行为雇主存现金。有一次被武装匪徒抢劫并打伤。法庭裁决：是工作使索赔人要面对更高的抢劫风险，所遭受的伤害由工作而起，因而裁定其应该获得赔偿。

案例二：一名矿工得到指示去雇主的办公室归还灯具，结果在结冰的路上滑倒摔伤。法庭裁决：是雇主要求索赔人在路上行走，因此导致的事故应该由雇主承担，索赔有效。

案例三：一名索赔人的工作是驾驶室外工作的筑路机。因为他患有糖尿病，所以他穿了电热暖靴保持脚部的温暖，而电热暖靴给他造成了伤害。法庭裁决：是工作让索赔人必须在寒冷的室外环境劳动，如果不是因为工作环境，他就无须穿电热暖靴，因此索赔有效。

案例四：当事人在一个偏远的工作站上班，他每天在那里过夜。工作站有一个用来取暖的火炉，火炉散发一氧化碳，当事人死于中毒。因为索赔人有充足的理由表明当事人必须待在工作站，因此法庭判决索赔有效。

5.3.4 产品责任保险

产品责任保险（product liability insurance）是指在保险有效期内，由于被保险人所生产、出售的产品或商品存在缺陷，并在承保区域内发生事故，造成使用、消费或操作该产品的人或其他任何人的人身伤害、疾病、死亡或财产损失，依法应由被保险人承担赔偿责任时，保险人根据保险合同约定的赔偿限额负责赔偿的一种责任保险。

1.产品责任保险的特点

（1）产品责任保险强调以侵权责任法律、产品责任法律为基础。一般来说，受害者（用户、消费者或其他人）与致害者（制造者、销售者）可能不存在直接民事合同关系或者其他的直接联系，因此必须以民事侵权责任法律或产品责任法律为基础，尤其是关于产品侵权的相关规定为依据，来确定产品侵权责任，为受害者提供索赔的依据。

（2）产品责任保险虽然不承担产品本身的损失，但它与产品有着内在的联系。产品本身的损失是指具有缺陷的产品本身所引起的直接损失和费用。例如，由于高压锅本身质量问题引起高压锅爆裂的损失，即产品本身的损失。但由于高压锅的爆炸导致家庭主妇受伤，这就是产品责任风险问题。产品责任保险不负责赔偿高压锅本身的损失，只承担家庭主妇伤害赔偿责任。但产品责任与产品质量有着内在联系，产品质量越好，产品责任风险就越小；产品种类越多，产品责任风险就越复杂；产品销售量和销售区域越大，产品责任风险就越广泛。

（3）产品责任保险要求保险合同双方有良好的协作与信息沟通。随着经济的不断发展和竞争的需要，产品必然要不断改进并更新换代，或者要采用新技术、新工艺和新材料，这一特征决定了产品责任保险人须随时把握被保险人的产品变化情况，并通过产品变化来评估风险。

（4）与其他责任保险相比，产品责任保险的承保区域更为广泛。产品责任保险的范围可以规定为产品生产国或出口国，乃至全世界各个地方。

2.产品责任保险的主要内容

（1）产品责任保险的投保人与被保险人。

产品制造者、销售者等一切可能对产品责任事故造成的损害负有赔偿责任的企业，都对产品责任具有保险利益，均可以投保产品责任保险。根据具体情况需要，可以由他们中间的任何一方投保，也可以由他们中间的几方或全体联名投保。产品责任保险的被保险人，除投保人本身外，经投保人申请且保险人同意后，可以将其他有关方作为被保险人，必要时必须增加保费，并规定对各被保险人之间的责任互不追偿。

在产品制造者、销售者等有关各方中，产品制造者承担的风险最大，除非其他有关方已将产品重新装配、改装、修理、改换包装或使用说明书，由此引起的产品事故责任，应由其他有关方承担外，凡产品原有缺陷引起的风险与损失，最后均将追溯产品制造者的责任。

（2）产品责任保险的保险责任。

产品责任保险的保险责任主要包括以下两项：

① 在保险有效期和承保区域内，由于被保险人生产、销售的产品或商品发生事故，造成使用、消费或操作该产品、商品的人或其他任何人的人身伤害、疾病、死亡或财产损失，依法应由被保险人承担的损害赔偿责任，保险人在保险单约定的赔偿限额内予以赔偿。一般情况下，保险人在产品责任保险项下承担的赔偿责任必须满足三个条件：其一，必须有"意外事故"发生；其二，产品责任事故必须具有"意外"和"偶然"的性质，不是被保险人事先能预料的；其三，产品责任事故必须发生在制造或销售场所范围之外的地点，而且产品的所有权已转移给产品使用者、消费者或其他人。例如，有人参观烟花爆竹的生产场所时，因烟花爆竹爆炸受了伤，保险人不予赔偿。因为该产品还未离开生产场所，产品的所有权未转移，受伤者只能从公众责任保险项下获得保险赔偿。

② 被保险人为产品责任事故所支付的法律费用，以及其他经保险人事先同意支付的合理费用，保险人也承担赔偿责任。产品责任事故发生后，是否由被保险人承担经济赔偿责任以及赔偿数额的高低，原则上应通过法院来裁定，在诉讼过程中产生的诉讼费用等，保险人应承担赔付责任。但是，如果因法律费用很高，保险人为了避免或减少这项支出，对一些索赔金额不大、责任比较明确的案件，通常与被保险人、受害人通过协商解决。此外，有些产品制造者、销售者考虑到通过法院诉讼可能会影响其对外声誉，通常也愿意和受害人私下协商解决赔偿问题。因此，在不损害保险人利益并取得保险人同意的情况下，保险人亦可承担有关费用的赔偿责任，但保险人承担的赔偿金额与法律诉讼等费用之和不得超过保险单上规定的赔偿限额。

（3）产品责任保险的除外责任。

在产品责任保险的实践中，一般将下列情况列为除外责任，保险人不承担赔偿的给付责任：

① 根据被保险人签订的其他商业合同或协议应由其承担的其他责任。产品责任保险的保险人承担的是对被保险人产品侵权赔偿的责任，因此，对其他商业合同或协议规定项下应承担的责任不属于产品责任保险的赔偿范围。

② 根据民事法律或劳动合同法律应由被保险人承担的对其员工及有关人员的

损害赔偿责任。这种责任不属于产品责任保险的范围。

③ 对由被保险人所有、照管或控制的财产的损失。这种损失应通过其他财产保险获得保障。

④ 对产品仍在制造或销售场所，其所有权尚未转移至用户或消费者手中时的事故责任。这种责任属于公众责任保险的承保范围。

⑤ 对由被保险人故意违法生产、销售的产品所造成的他人的人身伤亡或财产损失，保险人不承担赔偿责任，如生产假冒产品、出售变质食品等。

⑥ 被保险产品本身的损失及被保险人因收回有缺陷产品造成的费用及损失。这属于产品质量保证保险的责任范围，保险人不承担产品责任保险项下的赔偿。

⑦ 对被保险人事先能够预料的产品责任事故所造成的损害赔偿责任。

⑧ 对消费者或使用者不按照被保险产品的说明去安装、使用，或在非正常状态下使用时造成的损害事故。

⑨ 罚款、罚金和惩罚性赔款。

⑩ 由于战争、类似战争行为、敌对行为、武装冲突、恐怖活动、谋反和政变，由于罢工、暴动、民众骚乱或恶意行为，由于核裂变、核聚变、核武器、核材料、核辐射及放射性污染所引起的直接或间接的责任。

（4）产品责任保险的承保方式。

①期内发生式。期内发生式（occurrence basis）是以保险期内产品责任事故的发生为承保条件，即保险人仅承担在保险期内发生的产品责任事故所导致的、应由被保险人承担的产品侵权赔偿责任。也就是说，即使产品是在保险合同生效前几年生产或销售的，只要在保险有效期内发生保险事故并导致用户、消费者或其他人的损害，不论被保险人何时提出索赔，保险人均承担赔偿责任。

例如，某药厂20×3年1月投保了保险期限为1年的产品责任保险，以"期内发生式"承保。某孕妇购买该厂于20×1年生产的药品，在20×3年8月服用后造成胎儿先天性伤害，于20×5年发现并向厂家提出索赔，那么该索赔就属于保险人的产品责任赔偿范围。

可见，按照这种承保方式承保的业务，保险公司需随时准备处理那些保险合同已到期，但是因发现损失较晚而提出的索赔案件。由于索赔期过于滞后，易产生大量"长尾巴"责任的业务，因此，"期内发生式"一般适用于销售和使用后能够立即或很快得知或发现责任事故的产品投保的产品责任险业务。

②期内索赔式。期内索赔式（claims-made basis）是以第三者提出索赔的时间为承保条件，即保险人负责赔偿在保单有效期内产品侵权，受害人向被保险人提出的索赔，而不论产品责任事故是否发生在保险期间。上例中如果保险以"期内索赔式"为承保条件，则该厂家只有购买了20×5年的产品责任保险才能获取保险人的赔偿。

以期内索赔方式承保的业务，可以对保险合同生效日以前发生的产品责任事故所引起的损失在保险合同有效期内进行索赔的情形进行赔偿。它适用于某些销售或被使用后不能立即得知或发现责任事故的产品投保的产品责任险业务，如某些具有缺陷潜伏期的药品等。对某些具有缺陷"潜伏期"的产品投保产品责任保险时，就会出现"追溯期"问题。实务中，保险人只负责对保险单追溯期内发生的事故引起的人身伤害或财产损失承担赔偿责任。例如，某企业从20×1年1月1日开始投保电视机的产品责任保险，按规定当年没有追溯期，但如果该企业在20×4年1月1日在同一家保险公司续保该项产品责任保险，保险单就可以规定追溯期从20×1年1月1日起算。

5.3.5 公众责任保险

公众责任保险（public liability insurance）承保被保险人在公共场所进行生产、经营或其他活动时，因发生意外事故而造成社会公众的人身伤亡或财产损失，依法应承担的对受损害人的经济赔偿责任。

1.公众责任保险的适用范围

公众责任保险适用的范围非常广泛，其业务复杂，险种众多。最常见的险种有场所责任保险、承包人责任保险、承运人责任保险等。

（1）场所责任保险。这是公众责任保险中业务量最大的一个险种。在日常生产或生活中，固定场所（包括房屋、建筑物及其设备、装置等）因存在结构上的缺陷或管理不善，或被保险人在该固定场所内进行生产经营活动时因疏忽发生意外事故，造成他人人身伤亡或财产损失的，被保险人应当承担相应的经济赔偿责任，场所责任保险是指保险人对此类经济赔偿责任承保的责任保险。

场所责任保险广泛运用于商场、办公楼、幼儿园、学校、旅馆、展览馆、影剧院、公园、动物园、游乐场和溜冰场等各种公共场所。根据场所的不同，它又可以进一步分为旅馆责任保险、电梯责任保险、车库责任保险、展览会责任保险、娱乐场所责任保险（如公园、动物园、影剧院、溜冰场、游乐场、青少年宫和俱乐部等）、商场责任保险、办公楼责任保险、校方责任保险、工厂责任保险和机场责任保险等。场所责任保险的承保方式通常是在普通公众责任保险单的基础上，加列场所责任保险条款独立承保，也可以设计专门的场所责任保险合同予以承保。

（2）承包人责任保险。承包人是指承包各种建筑工程、安装工程、装卸作业以及承揽加工、定做、修缮、修理、印刷、测绘、测试和广告等业务的单位或个人，如建筑公司、安装公司、装卸队、搬运人、修理（缮）公司、设计所和测绘所等。承包人责任保险承保承包人在进行承包（揽）合同项下的工程或其他作业时，造成他人的人身伤亡或财产损失，依法或按合同约定应承担的经济赔偿责任。在保险实务中，承包人的分承包人也可作为共同被保险人而获得保障。

（3）承运人责任保险。承运人是指根据运输合同、规章或提货单等与发货人或乘客建立承运、客运关系，并承担客、货运输义务的单位，如铁路公司、民用航空公司、汽车运输公司和出租车公司等。承运人责任保险承保承运人（被保险人）对承保对象（包括旅客和货物）的人身伤亡或财产损失所导致的、依法应承担的经济赔偿责任。由于运输工具种类繁多，运输对象分为客、货两类，运输方式又有直接运输和联合运输之分。因此，承运人责任保险需要根据不同的运输方式和运输对象进行设计。常见的承运人责任保险有旅客责任保险、承运货物责任保险和运送人员意外责任保险等。

2.公众责任保险的主要内容

（1）公众责任保险的保险责任。

公众责任保险的责任范围主要包括两项：

①在保险合同有效期限内，被保险人在保险单列明的地点范围内依法从事生产、经营等活动时，由于意外事故造成第三者的人身伤亡或财产损失，依法应由被保险人承担的民事赔偿责任，保险人在保险合同规定的赔偿限额内负责赔偿。

这里的意外事故是指不可预料的以及被保险人无法控制并造成第三人物质损失或人身伤亡的突发性事件；第三者是指被保险人及其雇员以外的任何自然人或法人。依法是指依照发生损害责任事故当地的法律以及政府当局发布的法令、条例等。如果被保险人从事的生产、经营活动是违反国家法律、法规的，这种违法活动造成的对第三者的人身伤害或财产损失，保险人不承担赔偿责任。

②法律诉讼费用。诉讼费用包括两部分：一是索赔人的诉讼费用，即受损害的第三人按法律诉讼程序向被保险人索赔而支出的、根据法院裁决应由被保险人偿还索赔人的有关费用；二是被保险人自己支出的诉讼费用，即保险人认为有必要以被保险人的名义直接与受害的第三人在法院进行诉讼或抗辩而支出的合理的诉讼费用。在实务中，这部分费用的支出事先要征得保险人的同意。上述两项费用只有在发生保险人负责的意外事故的情况下才能获得赔偿。

（2）公众责任保险的除外责任。

公众责任保险的除外责任与产品责任保险有相似之处，如保险人不负责民商事合同项下的责任；不负责下属雇员所遭受的人身伤害赔偿责任；不负责被保险人或其代表、雇用人员所有的或由其保管或控制财产的损失责任；不负责战争、罢工、核及放射性污染、被保险人或其代表的故意行为或重大过失造成的直接或间接的任何后果所致的责任。此外，公众责任保险较常见的除外责任还包括：①由于震动、移动或减弱支撑引起的任何土地、财产、建筑物的损坏责任。②火灾、地震、爆炸、洪水、烟熏和大气、土地、水污染及其他污染引起的损害责任。洪水、地震等是巨灾，而且是普遍性的，非被保险人单一遭受的风险。对于污染责任，其影响范围大，后果难以预料，一般不在公众责任保险下承保，由专门的污染责任保险承保。

（3）公众责任保险的承保方式。

公众责任保险多以"期内发生式"来承保，即只要责任事故发生在保单有效期内，即使财产损失或人身伤害是在保单终止日期之后发生的，保险人仍需承担赔偿责任。采取这一方式的原因是由于公众责任保险承担的责任事故从发生到其后果被人发现，一般时间都比较短，以至于产生"长尾巴"责任。

（4）公众责任保险的地点范围。

一般公众责任保险条款对保险事故的发生地点都有限制，即保单列明的地点范围内，保险实务中一般列明被保险人营业场所，即必须是发生在被保险人营业场所的范围内。因此，被保险人如果有多处营业场所，应在保险单中一一列明。

专栏5-17•学习指导

企业责任风险概述

企业责任风险是指企业在生产、销售等经营过程中，造成员工或他人身体伤害或财产损失，而使企业在法律上应承担的民事赔偿责任的风险。社会的变迁、科技的不断进步，以及权益观念的日渐发达，使得企业的责任风险越来越复杂。与财产风险相比较，企业责任风险具有更大的不确定性。鉴于责任风险的特点与发展趋势，企业风险管理者应给予足够的重视。

1.企业责任风险的形成

企业责任风险来自法律对企业责任的强制规定。企业承担的法律责任有刑事责任与民事责任之分，企业对刑事责任无疑要特别注意避免，但作为可以用货币衡量的民事责任，即经济赔偿责任，可以通过保险进行转移。民事责任分为侵权责任和合同责任两类。

（1）侵权责任风险。

侵权责任风险（tort liability risk）是指企业因侵害他人合法或自然的财产权利或人身权利而被起诉并承担民事赔偿责任的风险。

企业的侵权行为分为三类：①故意侵权行为。②过失侵权行为。③无过失侵权行为。

（2）合同责任风险。

合同责任风险（liability risk for breach of contract）又称违约责任风险，是指企业因违反合同规定导致合同另一方或其他人受损而应当承担的赔偿责任的风险。

民事责任的分类如图5-4所示。

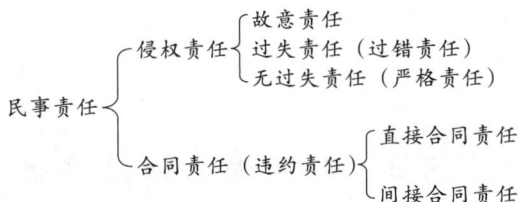

$$民事责任\begin{cases}侵权责任\begin{cases}故意责任\\过失责任（过错责任）\\无过失责任（严格责任）\end{cases}\\合同责任（违约责任）\begin{cases}直接合同责任\\间接合同责任\end{cases}\end{cases}$$

图5-4　民事责任的分类

2.企业主要责任风险

（1）雇主责任风险。

雇主责任风险是指企业的所有者或经营者同其员工之间存在着雇用关系，由于这种关系的存在，企业一方面有责任提供合理安全的工作条件，或提醒员工注意安全操作；另一方面又有责任对其员工在受雇期间从事业务活动时因发生意外或患职业病造成的人身伤残或死亡承担经济赔偿责任。

雇主责任风险产生的前提条件是企业与员工之间存在着直接雇用关系。

（2）产品责任风险。

产品责任风险是指企业对其生产、销售的产品，因有缺陷致使用户、消费者或公众受到身体伤害或财产损失时，依法应承担的经济赔偿责任。产品制造者、销售者是产品责任事故的责任方，其中产品的制造者承担着最大、最终的责任风险。

根据产品的生产或制造过程，产品缺陷有四种情况：一是设计缺陷、二是材料缺陷、三是制造装配的缺陷、四是指示缺陷

产品责任风险产生的基础是各国的产品责任法律制度。

（3）公众责任风险。

公众责任风险（public liability risk）是企业在其民事活动中因为疏忽或过失等侵权行为致使他人的人身或财产受到损害，依法对受害人承担经济赔偿责任的风险。公众责任有两个特征：其一，企业所损害的对象不是事先特定的某个人；其二，损害行为是对社会大众利益的侵犯。由于责任者的行为损害了公众利益，所以这种责任被称为"公众责任"。公众责任的构成，必须以法律上负有责任为前提。

公众责任风险的法律依据是各国的民法及各种有关的单行法规。

公众责任风险是普遍存在的。

3.企业责任风险导致的后果

（1）直接后果。

企业责任风险至少会给企业造成两类直接经济损失，即损害赔偿金及法律费用。

（2）间接后果。

企业责任风险导致的间接后果主要为名誉损失和市场份额丧失。

限于篇幅，这里仅对企业责任风险作概括性的介绍，详细内容请扫描二维码阅读。

二维码06

企业责任风险

§5.4 信用保证保险产品

信用保证保险是以信用风险为保险标的的一类保险，在国际贸易中，信用证保险是必备事项。保险人对信用关系中的一方因对方未履行义务或实施不法行为而遭受的损失负经济赔偿责任。信用关系的双方（权利方和义务方）都可以投保。权利方作为投保人要求保险人担保义务方履约，称之为信用保险；义务方作为投保人要求保险人为其自己的信用提供担保，称之为保证保险。出口信用保险、海外投资保证保险因常被列为政策性保险业务，故我们将其放在下一章的"政策保险"相应内容中介绍。本节将着重介绍应对个人信用风险的房屋贷款保证保险、机动车辆消费

贷款保证保险和教育贷款保证保险等保险产品。

5.4.1 保证保险与信用保险的区别

虽然信用保险和保证保险担保的都是债务人或义务人的信用,但是保证保险与信用保险是完全不同的两个险种。

第一,合同内容不同。保证保险的合同并不是真正意义上的保险合同,实际上是担保书,只规定担保事宜,只有在义务人不能履行义务时由保险人保证代为履行;而信用保险的合同是典型的保险合同,有保险责任,除外责任,被保险人的如实告知、通知义务等内容。

第二,投保人不同。保证保险的投保人是债务人或义务人,而信用保险的投保人是债权人。

下面我们以借款人(债务人)、银行(贷款人,即债权人)和保险人为例,具体阐释信用保险和保证保险其他的不同之处。

第三,所涉及的利益方之间的关系完全不同。在保证保险中,银行与保险人之间没有任何关系,银行和借款人之间是借款合同关系,借款人与保险人之间是连带责任关系;而在信用保险中,借款人与保险人之间没有任何直接关系,银行和借款人之间是借款合同关系,银行与保险人之间是保险责任关系。

第四,定价时考虑的因素不同。在保证保险中,借款人是投保人,不能采用作为保险定价基础的大数法则。保险人在核保时除了要考虑贷款金额和贷款期限等影响风险的共同因素之外,还必须考虑借款人的信用记录,对特定的借款人使用特定的费率;信用保险则可以适用保险费厘定中常用的大数法则。在一定的贷款标准之下,银行的坏账率(即借款人不能按时还款的风险)应该服从某种概率分布,从而可以根据大数法则来进行定价。因此,银行的历史坏账率是影响信用保险费率的重要因素。

第五,防范风险的方法不同。保证保险中,由于保险人与借款人之间具有连带责任,因此保险人为了减小自己的风险,可以要求借款人提供其他形式的反担保(如由其他个人或单位向保险公司保证借款人一定履行还款义务)。如果借款人向保险人提供的担保不充分,保险人可以拒绝承保。而且,通常在保证保险中,一旦保险人为借款人提供了保证,保险人就要为被保证的借款人设计一个风险管理计划,例如限定支出、保证收入等方面的方法,确保借款人能及时归还贷款;而在信用保险中,保险人不能直接对借款人提出任何要求,只能够协助和督促银行进行风险管理,如要求银行建立和规范例行的检查制度,建立银行内部的风险控制体系,建立风险预警体系等,或者保险公司只承担其中一定比例的赔偿。

5.4.2 房屋贷款保证保险

1.房屋抵押贷款的风险分析

对绝大多数人来说,买房的资金额很高,如果人们不能够一次性付清购房的全部款项，就需要进行购房贷款，而银行发放的房地产贷款主要采取房屋抵押形式，自然而然地就给个人和家庭带来了房屋抵押贷款还款的巨大压力和风险。房屋抵押贷款通常存在以下几类风险：

（1）火灾及其他风险。例如，所购房屋因火灾遭受物质损失，进而导致借款人还款能力的削弱。

（2）履约风险。例如，借款人由于家庭收入减少等原因无法还款的风险，或者抵押房地产依法处分后不足以清偿的风险等。

（3）抵押风险。例如，尚未办理抵押登记等购房合同过程中的法律风险。

（4）流动性风险。例如，抵押物在变现过程中的损失。

（5）其他风险。例如，银行利率波动、通货膨胀等风险。

2.个人房屋贷款保证保险的种类

个人房屋贷款保证保险（home loan insurance），也称为个人房屋贷款综合保险，通常包含个人贷款抵押房屋保险和个人房屋抵押贷款还贷保证保险。

（1）个人贷款抵押房屋保险，是指借款人（抵押贷款购房人）以作为抵押物的房屋为标的，向保险人投保，由于抵押房屋因自然灾害、意外事故或第三人责任等原因遭受损毁或损失时，由保险人承担对被保险人赔偿责任的保险。通常，投保人是符合有关住房贷款管理规定、以房屋作抵押向银行或其他金融机构申请贷款购房的具有完全民事行为能力的自然人，被保险人就是贷款人（商业银行等金融机构），保险标的指被保险人申请贷款购房时用以抵押的房屋。个人贷款抵押房屋保险主要是通过对抵押房屋的保险保障，以保全贷款人对抵押房屋的抵押权，这样贷款人就不会因为抵押物的灭失而无法行使抵押权，同时，投保人也避免了在房屋灭失的同时还要承担沉重的还款义务。

（2）个人房屋抵押贷款还贷保证保险，是指保险人承保房屋抵押贷款的贷款人因借款人不能按期偿付债务而面临的风险。还贷保证保险主要是通过对借款人的保险保障，以保全贷款人的债权利益，当借款人因自然灾害、意外伤害事故无法如期履行个人房屋抵押借款合同约定的还贷责任，致使贷款人经济损失时，由保险公司代借款人向贷款人清偿余债，同时行使追偿权，从抵押物中得到补偿或向投保人追回赔款。这样，贷款人也就无须耗费精力去行使房屋抵押权，加快了资金周转的速度。个人房屋抵押贷款还贷保证保险的投保人仍然是借款人。

3.个人房屋贷款保证保险的主要内容

（1）保险责任。

在个人贷款抵押房屋保险中，由于以下三类原因造成保险财产的直接损失，保险人依照合同约定负责赔偿：①火灾、爆炸；②暴风、暴雨、台风、洪水、雷击、泥石流、雪灾、冰凌、龙卷风、崖崩、突发性滑坡、地面突然塌陷；③空中运行物体坠落以及外来不属于被保险人所使用的建筑物和其他固定物体的倒塌。另外，发生保险事故时，投保人为防止或者减少保险财产损失所支付的合理的、必要的费用，也由保险人承担，但该项费用以保险财产的保险金额为限。

在个人房屋抵押贷款还贷保证保险中，保险人的保险责任包括：借款人在保险期限内遭受意外伤害事故导致死亡或伤残，而丧失全部或部分还贷能力，造成连续3个月未履行或未完全履行"个人住房借款合同"项下贷款余额本金的全部或部分还贷责任。

（2）除外责任。

在个人贷款抵押房屋保险中，由于以下四种原因造成的保险财产损失，保险人不承担赔偿责任：①保险财产因设计错误、原材料缺陷、工艺不善、建筑物沉降等原因以及自然磨损、正常维修造成的损失和费用；②借款人擅自改变房屋结构引起的任何损失和费用；③房屋贬值或丧失使用价值；④保险财产遭受保险事故引起的各种间接损失。

在个人房屋抵押贷款还贷保证保险中，由于下列原因之一导致借款人死亡或伤残而丧失全部或部分还贷能力的，保险人不承担还贷责任：①借款人的疾病；②借款人自杀、自伤、饮酒过度、滥用药物、吸食或注射毒品、斗殴等违法犯罪行为；③借款人从事探险、滑雪、试驾交通工具、赛车、赛马、登山、攀岩、潜水、蹦极、特技表演等高风险活动；④借款人酒后驾驶或驾驶时无相应的驾驶资格，或者驾驶无有效行驶证的交通工具。

此外，借款人对个人房屋抵押借款合同项下贷款利息、罚息，以及出险前未按照个人房屋抵押借款合同约定履行还贷义务而拖欠的借款金额，以及其他不属于保险责任范围内的损失和费用，保险人不承担赔偿责任。

5.4.3　机动车辆消费贷款保证保险

1.机动车辆消费贷款风险分析

随着我国国民经济的飞速发展和个人家庭收入的不断提高，汽车消费逐步升温，银行的个人机动车辆消费贷款业务也随之得到了快速发展。但是，机动车辆消费贷款存在多种风险，这些风险与机动车辆本身的风险并不完全相同。

（1）机动车辆物质损失风险。

如果采取向银行申请机动车辆消费贷款的方式购买机动车，在尚未还清银行贷款之前，机动车辆的物质损失无疑会加重个人的还贷压力，直接影响消费贷款人的正常还贷。机动车辆的物质损失风险主要体现为自然灾害、意外事故等外来的风险。

（2）个人信用风险。

个人信用风险与其品德、受教育程度、工作收入以及家庭的稳定性有关，是机动车辆消费贷款的主要风险。这种风险表现为：①借款人贷款购车出于一时冲动，对于日后车辆使用所需费用缺乏一定的财务安排；②借款人多头购车、购房，多头借款，负债金额超过其还款承受能力；③借款人经济收入减少或丧失，无法正常履行相应的借款合同；④借款人在还款期限内死亡、伤残、失踪，没有人代为清偿银行债务；⑤借款人的恶意行为，如采取转移、隐匿、逃债等手段拒不履行还贷义务。

（3）市场及政策风险。

市场及政策风险主要体现为由于市场供求关系、竞争关系，以及国家相关政策的变动致使车价贬值造成的借款人不能如约还贷的信用风险。

（4）法律风险。

法律风险主要包括假借他人之名购车、借款产生的法律风险，因为机动车产权转让而产生的法律风险，以及因担保方式的采用而产生的法律风险等。

2.机动车辆消费贷款保证保险的概念

机动车辆消费贷款保证保险（auto loan insurance），简称车贷险，是指当借款人不能按机动车辆消费贷款合同的约定偿还借款，导致贷款人的经济损失，由保险人负责替借款人偿还所欠款项的一种保证保险。通常，机动车辆消费贷款保证保险的投保人为符合有关消费贷款管理规定的、以贷款购买机动车辆的人。被保险人为汽车经销商或经政府有关部门批准开办汽车消费贷款业务的贷款人，如商业银行以及其他金融机构。

车贷险在我国最早出现在20世纪90年代中期，最初主要是针对团体汽车消费贷款的一种履约保证保险，并在我国深圳地区首先获得推广。

3.机动车辆消费贷款保证保险的主要内容

（1）保险责任。

当投保人未能按机动车辆消费贷款合同约定的期限偿还欠款时，视为保险事故发生；保险事故发生后3个月，投保人仍未履行约定还款义务的，保险人按保险合同的约定负责偿还投保人所欠款项，但以保险金额为限。此外，被保险人因发生保险合同责任范围内的事故所支付的诉讼费用（不含律师费）及保险人事先书面同意支付的其他费用，保险人负责赔偿，但赔偿金额通常以投保人所欠款项的一定比例为限。

（2）除外责任。

除了由于战争、军事行动、暴动、政府征用、核爆炸、核辐射或放射性污染、地震等原因导致投保人未按期偿还贷款的，保险人不负赔偿责任之外，有以下四种情况之一的，保险人也不承担赔偿责任：①由于被保险人过错或投保人与被保险人的共同过错导致订立的机动车辆消费贷款合同依法认定无效或被撤销；②贷款期间内，投保人未将贷款所购机动车辆向本合同保险人连续投保机动车辆损失险、第三者责任险、盗抢险、自燃险，且被保险人未代投保人投保上述四个险种；③被保险人未按规定对投保人进行资信调查或未按规定程序进行贷款审批；④投保人与被保险人事先未征得保险人书面同意，而对所签订的机动车辆消费贷款合同及其附件进行修订。此外，由于投保人不履行机动车辆消费贷款合同约定的还款义务所引起的逾期利息、罚息、违约金，保险人不负责赔偿。

（3）保险期限和保险金额。

车贷险的保险期限与车辆消费合同约定的贷款期限应该一致。保险金额为投保人的贷款金额加上按贷款合同签订日的利率计算的贷款利息。

（4）投保与索赔要点。

投保人在投保时，应如实填写投保单及附件的内容，按保险人的要求如实提供相应证明材料，如户口本、身份证、收入证明、开户银行名称及账号、汽车消费贷款申请书或分期付款购车申请书等。投保人应一次交清全部保险费。当保险合同成立后，在偿还贷款期间，投保人不可以将贷款所购机动车辆及担保合同约定的抵（质）押物进行转卖、转让或转赠。当保险合同生效时，除投保人提前还清贷款外，不得中途退保。提前还清贷款的，按投保人实际贷款的期限所对应的费率档次计算保险费，多收部分退还投保人。

如投保人到期未付款或付款不足，被保险人应在事先约定的时间内向投保人发出催款通知书，并书面通知保险人。如发生保险责任范围内的损失，被保险人履行赔偿责任后，应及时通知保险人，并提供相应的索赔资料。保险人履行赔偿责任后，被保险人应将追偿权转让给保险人，并协助保险人向投保人进行追偿。

5.4.4　教育贷款保证保险

当今社会，教育被看作一种人力资本投资，它不仅可以提高个人的文化水平与生活品位，更重要的是它可以使受教育者在现代社会激烈的竞争中占据有利的位置。从内容上看，教育可以分为基础教育和高等教育。大多数国家的高等教育都不属于义务教育的范畴，因而高等教育的费用通常是所有学历教育中最高的。

1.助学贷款保险的概念

在我国，针对贫困学生提供的助学贷款基本分为两类，即国家助学贷款和一般商业性助学贷款。国家助学贷款制度自1999年出台以来，虽然对贷款政策、还款年限、利息计算、贷款风险补偿机制和还款机制等方面进行过多次调整与修订，但实行的效果仍难以令人满意。

2006年6月，华安财产保险股份有限公司针对目前国家助学贷款和新设计的华安·联合就学贷款，分别推出国家助学贷款信用保险和就学贷款保证保险，统称学贷保险，这是我国保险市场上的第一款学贷保险。其中，国家助学贷款信用保险的投保人为银行；就学贷款保证保险的投保人为借款学生，被保险人为贷款银行。

2.助学贷款保险的主要内容

（1）保险责任。

学贷保险（education loan insurance）的保障范围包括三项：一是借款学生身故，包括被法院宣告死亡；二是借款学生全部或大部分丧失劳动能力；三是借款学生连续12个月未完全履行还款义务。上述情况出现时视为保险事故发生，保险公司依约履行保险责任。

（2）保险期限。

助学贷款保险的保险期限和贷款期限一致。目前，助学贷款的最长还款期限不超过22年，而且借款学生可以在毕业后2年内的任何时候开始偿还贷款。如果借款学生发生短期失业，可以向银行申请最长达6个月的豁免还款期，最多可申请两次，在此期间不还款不构成违约。

（3）蓄意逃债的后果。

借款学生应履行还款义务，如果蓄意逃脱债务，将承担下列后果：①经办银行应对其违约还款金额计收罚息，并将其违约行为载入金融机构征信系统，金融机构不再为其办理新的贷款和其他授信业务；②还款协议进入还款期后，连续拖欠还款超过1年且不与银行主动联系办理有关手续的借款学生，有关行政管理部门和银行将通过新闻媒体和网络等信息渠道公布其姓名、居民身份证号码、毕业学校及具体违约行为等信息；③对于不按时还款的学生，教育部将在相关的学历查询系统上公布名单；④对违约学生进行出境的限制。

此外，保险公司和银行还会向保证人进行追偿，由保证人承担偿还责任，而违约借款学生则要承担相关法律责任。

专栏5-18·学习指导

个人信用风险的非保险处理方式

个人信用风险的非保险处理方式有抵押、质押、保证、留置和定金等。

抵押是指债务人或者第三人不转移对财产的占有，而将财产作为债务的担保。当债务人不履行债务时，债权人有权将该财产折价或者拍卖、变卖，并对所得的价款优先受偿。通常把债务人或者第三人称为抵押人，而把债权人称为抵押权人，用于提供担保的财产则为抵押物。可以进行抵押的财产包括房屋、交通运输工具和其他财产等。而土地使用权和所有权、使用权不明或有争议的财产等其他财产是不可以进行抵押的。

质押一般分为动产质押和权利质押，是指债务人或者第三人将其动产或权利凭证移交债权人占有，并将该动产或权利凭证作为债务的担保。当债务人不履行债务时，债权人有权以该动产或权利凭证折价或者拍卖、变卖的价款优先受偿。通常把债务人或第三人称为出质人，而把债权人称为质权人，所移交的动产或权利凭证为质物。通常，汇票、支票、本票、债券、存款单、股票、商标专用权、专利权、著作权中的财产权等依法可以转让的权利都可以进行质押。

保证又称为第三方担保，是指保证人和债权人约定，当债务人不履行债务时，保证人按照约定履行债务或者承担责任的行为。

通常，签署借贷合同时，贷款人都会要求借款人必须提供某种形式的担保。为了满足市场的需要，提供更多的担保途径，保证保险应运而生，保险公司就是提供第三方担保的保证人，为借款人的信用承担保证责任。

★ 本章小结

1.人身保险可分为人寿保险（含年金保险）、健康保险和意外伤害保险。人寿保险产品根据产品功能又分为传统寿险产品和新型寿险产品，在实务中，对此二者还可以继续进行细分。健康保险是指以被保险人的身体为保险标的，保证被保险人在疾病或意外事故所致伤害时的费用或损失获得补偿的一种人身保险。意外伤害保险是指以被保险人因遭受意外伤害造成死亡或伤残为保险责任的一种人身保险。

2.机动车辆保险是以机动车辆本身及机动车辆的第三者责任为保险标的的一种运输工具保险。机动车辆保险主要承保机动车辆遭受自然灾害和意外事故所造成的损失。机动车辆交通事故强制责任保险是第三者责任险的一种，是指由保险公司对被保险机动车发生道路交通事故造成本车人员、被保险人以外的受害人的人身伤亡、财产损失，在责任限额内予以赔偿的一种强制性责任保险。这里的第三者是不包括车上人员、被保险人及其家属的。

3.家庭财产保险是以城乡居民的有形财产为保险标的的一种财产保险。目前开办的家庭财产保险主要有普通型家庭财产保险和投资保障型家庭财产保险。

4.火灾保险以存放于固定场所并处于相对静止状态的财产为保险标的，承保因火灾等意外事故及自然灾害所致的直接损失。利润损失险是传统火灾保险的一种附加险，承保传统火灾保险中不予负责的间接损失，即保险财产遭受火灾、爆炸等灾害事故致使企业停工、停产、营业中断所致的利润损失和仍须开支的必要费用。

5.个人责任保险是指以个人或其家庭的侵权行为或其所有物因意外导致的法定经济赔偿责任为保险对象，专门适用于个人或家庭的各种责任保险的总称。职业责任保险是承保各种专业技术人员在从事职业技术工作时因疏忽或过失造成第三方的人身伤害或财产损失时应负的经济赔偿责任的一种保险。雇主责任保险承保被保险人所雇用的员工，在受雇期间从事保险单所载明的与被保险人的业务有关的工作时，因遭受意外而导致伤、残、死亡，或患有与业务有关的职业性疾病而依法或根据雇用合同应由被保险人承担的经济赔偿责任。雇主责任保险的投保人和被保险人都是雇主，但受益人是与雇主有雇佣合同关系的雇员。产品责任保险是指在保险有效期内，由于被保险人所生产、出售的产品或商品存在缺陷，并在承保区域内发生事故，造成使用、消费或操作该产品的人或其他任何人的人身伤害、疾病、死亡或财产损失，依法应由被保险人承担赔偿责任时，保险人根据保险合同约定的赔偿限额负责赔偿的责任保险。公众责任保险承保被保险人在公共场所进行生产、经营或其他活动时，因发生意外事故而造成社会公众的人身伤亡或财产损失，依法应承担的经济赔偿责任。

★ 综合训练

5.1　单项选择题

1.影响人寿保险费率的主要因素是（　　）。

A.年龄　　　　　　B.死亡率　　　　　C.性别　　　　　　D.生活水平

2.不属于企业年金特点的是（　　）。

A.非营利性　　　　B.企业自愿　　　　C.政府支持　　　　D.营利性

3.火灾保险的保险金额确定，绝大多数为（　　）。

A.定值保险　　　　B.不定值保险　　　C.单一保险　　　　D.综合保险

4.雇主责任保险的被保险人是（　　　）。

A.雇主　　　　　　　B.雇主家属　　　　C.雇员家属　　　　D.雇员

5.保险人为被保证人向权利人提供信用担保的保险称为（　　　）。

A.信用保险　　　　　B.责任保险　　　　C.保证保险　　　　D.抵押保险

5.2　多项选择题

1.从承保选择的角度看，家庭财产分为（　　　）。

A.一般可保财产　　　　　　　　　B.特约可保财产

C.不可保财产　　　　　　　　　　D.部分可保财产

2.传统人寿保险产品包括（　　　）。

A.定期寿险　　　　　B.终身寿险　　　　C.生存保险　　　　D.两全保险

3.按保障范围分类，健康保险可分为（　　　）。

A.疾病保险　　　　　　　　　　　B.失能收入损失保险

C.医疗保险　　　　　　　　　　　D.长期护理保险

4.大多数国家的养老保险体系都由（　　　）三个支柱构成。

A.基本养老保险　　　　　　　　　B.终身寿险

C.企业年金　　　　　　　　　　　D.个人储蓄性养老保险

5.从国外个人责任保险的发展实践来看，比较流行的个人责任保险业务有

（　　　）。

A.住宅责任保险　　　　　　　　　B.个人运动责任保险

C.机动车第三者责任保险　　　　　D.职业责任保险

5.3　思考题

1.试述我国发展企业年金的意义。

2.火灾保险单的标准化有何利弊？

3.试述建筑工程保险的保险期限以及保险人相应的保险责任。

4.试述我国实行机动车交通事故责任强制保险的意义。

5.比较信用保险和保证保险的异同。

第6章　社会保险与政策保险

学习指南
§6.1　社会保险
§6.2　政策保险
本章小结
综合训练

★ 学习指南

【导读】

　　社会保险也是一种社会化的风险管理方式，但它因政府直接干预并由多方分担供款责任，从而具有明显的福利性，并归入各国社会保障体系。它是通过国家立法的形式，以劳动者为保障对象，以劳动者的年老、疾病、伤残、失业、死亡和生育等特殊事件为保障内容，以政府强制实施为特点的一种保障制度。我国现行的社会保险制度主要包括基本养老保险、失业保险、基本医疗保险、工伤保险和生育保险。有一些保险业务因风险性质特殊，既不便并入社会保险体系，也无法完全按照商业保险方式来经营，而是需要在国家有关政策的具体支持下才能获得长足发展，如出口信用保险、海外投资保险等，我们把这一类保险业务统称为政策保险。政策保险经营的内容是一种非人身保险业务，在具体的经营实践中通常与财产和责任保险构成不同层次的交叉关系。

【关键概念】

　　社会保险；基本医疗保险；工伤保险；政策保险；出口信用保险；海外投资保险。

【思政目标】

　　增强对我国社会保障制度和国家政策保险机制的认同感，理解国家责任与公共利益导向，树立服务人民、奉献社会的价值追求。

【学习目标】

　　理解社会保险与政策保险的基本内涵、制度特征及运行机制，掌握主要险种的保障内容与实施方式，提升对国家社会保障体系的整体认知能力。

§6.1 社会保险

社会保险起源于德国俾斯麦政府时期首创的社会保障制度。1881—1927年，德国先后颁布和实施了《疾病保险法》、《工伤保险法》和《养老、伤残和死亡保险法》，这些法规为德国现代社会保障体系提供了基本的框架，也为世界其他国家现代社会保障体系提供了借鉴。

1929年，资本主义世界大危机爆发，工厂倒闭、工人失业、示威游行此起彼伏，资本主义国家的政府承受了巨大压力。在这种背景下，各国开始考虑采用新的社会保险制度，以保持社会稳定。1935年，美国通过了《社会保障法》，美国最初的保障项目有5个：老年社会保险、失业社会保险、盲人救济金保险、老年人救济金保险和未成年人救济金保险。此后，《社会保障法》经过数次的修改，逐渐增加了保障项目，扩大了保障的覆盖面，提高了保障水平。20世纪80年代以后，现代社会保障制度在世界上绝大多数国家和地区逐步建立起来。从现代社会保障制度发展的简单历史不难看出，社会保险是在资本主义发展过程中，随着社会化大生产和商品经济的发展而逐渐建立、发展和完善起来的。

我国的社会保障体系建设正是在借鉴国际经验基础上，结合自身国情不断推进完善的。党的二十大报告明确指出，要"健全社会保障体系""健全覆盖全民、统筹城乡、公平统一、安全规范、可持续的多层次社会保障体系""扩大社会保险覆盖面"。这一重要部署，体现了我国推动共同富裕、保障基本民生、促进社会公平正义的战略方向，也标志着中国社会保险制度正在从"基本覆盖"向"全面、均衡、可持续"跃升，为实现全民福祉奠定坚实制度基础。

6.1.1 社会保险概述

社会保险是指通过国家立法的形式，以劳动者为保障对象，以劳动者的年老、疾病、伤残、失业、死亡和生育等特殊事件为保障内容，以政府强制实施为特点的一种保障制度。

1.社会保险的特点

（1）强制性。

凡属于法定范围内的劳动者必须无条件地参加，并按照规定履行缴纳社会保险费的义务，这是社会保险的首要特点。社会保险的缴费标准、待遇项目和保险金给付标准等均由国家或地方政府的法律、法规统一规定。劳动者个人对于是否参加社会保险、参加哪些社会保险项目和享受什么待遇标准等无权选择和更改。当然，对于参加社会保险的劳动者来说，在其满足取得社会保险的时候，社会保障部门有法定义务履行相应的保障责任。

（2）保障性。

保障大多数劳动者的基本生活需要，稳定社会秩序，是实施社会保险的根本目的。当劳动者部分或完全丧失劳动能力或失业时，社会保险为其提供切实可靠的基本生活保障。

（3）互助性。

社会保险的互助性贯穿于整个社会保险基金的筹集、管理和分配过程中，社会保险经办机构收集的保费可以进行地区之间、企业之间、强者和弱者之间的调剂使用，实现风险分担，其实质是参保劳动者之间的互济行为。

2.社会保险费的筹集

社会保险费的分担主体是政府、企业和个人。这三个主体的不同组合产生了不同的费用分担方式，具体包括：（1）雇主和雇员共同负担；（2）政府和雇员共同负担；（3）雇主和政府共同负担；（4）雇主、政府和雇员三方共同负担；（5）雇员个人负担；（6）雇主全部负担；（7）政府全部负担。

3.社会保险的筹资模式

社会保险的筹资模式是指通过特定的方式来筹集社会保险资金，以实现社会保险账户的收支平衡和社会保险制度稳定运行。适当的筹资模式能促进社会保障制度的有效运行。例如，养老保险基金就有现收现付、完全积累和部分积累三种筹资模式。

专栏6-1•学习指导

养老保险基金筹集的三种模式

1.现收现付模式

这是以支定收、以近期内横向收支平衡为原则来筹集资金，不承担资金的长期保值增值风险的一种筹资模式。它根据当期的给付来收取当期的保费，从而使保险基金收支保持大体平衡。

具体做法是：首先对一年内的社会保险支出作出预算，然后按照一定比例分摊到参保单位和个人，当年收取，当年支付，不留储备金。这种模式是由正在工作的一代人为他们的上一代人支付社会保险金。这种模式一般不提取准备金，其主要理论依据是：在长期稳定的人口结构下，由生产性劳动人口负担老年人口的退休养老费用，而现有劳动人口的退休费用由下一代的生产性劳动人口承担。可见，采用这种模式的前提条件是一国的人口结构必须是稳定的。收入转移再分配在劳动者代际间进行是其经济内涵，收支的短期平衡是其基本特征。

现收现付模式的优点在于费率计算简单，便于操作，同时由于不需要管理累积基金，所以不用考虑通货膨胀的因素。在人口结构稳定、经济繁荣和劳动者工资增长较快的时期，这一模式具有减轻社会保险负担的优点。但该模式的缺点也是显而易见的：第一，由于采用以支定收，不留准备金，因此需要根据情况，经常调整收支。但现代社会的一般情况是人口结构趋于老龄化，所以社会保险支出总是呈现出不断增长的趋势。而日益增长的保险费收入要求往往难以迅速实现，从而容易导致给付危机。第二，从人口分配上看，由在职一代赡养退休一代，并且在职一代所缴纳的社会保险费不断增长，这就容易引起代际矛盾，不利于社会的稳定。

2.完全积累模式

这是一种以远期纵向平衡为原则，用长期积累的基金来保障未来预测的社会保险支出的筹资模式。

这种模式就是每个人在社会保险基金里建立个人账户，从开始工作就为自己积累养老金。这种模式对影响保险费的相关因素进行测算后，确定出一个能够保证收支平衡的平均保险费，并对从保险费中提取一部分准备金而形成的保险基金进行管理。其理论依据是：根据现有的人口、经济发展水平等因素制定出一个费率来筹集保险费，作为将来给付的基础。至于保险金的最终给付金额，还要取决于社会保险基金的积累规模及投资收益。它强调了劳动者个人不同生命周期的收入再分配，也就是将劳动者工作期间的部分收入转移到退休后使用。完全积累模式受经济发展状况、工资水平及金融市场完善与否等因素影响很大。

这种模式的优点是，不必担心人口老龄化的影响，不会增加年轻职工的养老资金负担。另外，大量的积累资金投向资本市场，对经济增长有推动作用。但它的缺点是，在建立初期就要求较高的缴费率，在经济上难以被人们接受，同时积累起来的大规模储备基金对经济波动、通货膨胀的承受能力脆弱，很容易贬值。

3.部分积累模式

这是以近期横向平衡和长期纵向平衡为原则，分段调整平均缴费率的一种资金筹集模式。这种模式是介于现收现付和完全积累之间的一种折中的筹资模式，在一定程度上吸收了两种模式的优点。被保险人的缴费在满足当期社会保险金支出的同时，还需进行一定的资金积累。其保费高于现收现付模式，但又低于完全积累模式。多数面临老龄化的国家都采用这种模式。

部分积累筹资模式能够保留现收现付制代际转移收入再分配的功能，又能在一定程度上实现完全积累模式增加缴费、提高工作效率的目的。另外，部分积累筹资模式在一定程度上利用完全积累模式积累资金应付老龄化危机，同时，又能化解完全积累模式造成的企业缴费负担集中于基金保值增值的压力。所以，在人口老龄化加快的今天，许多国家的养老保险筹资都向部分积累模式改革。我国社会养老保险基金的筹资模式也正在向部分积累模式转变。

4.社会保险基金及其管理

社会保险基金是一种专款专用的社会救助后备性质的基金，是由政府、企事业单位和个人通过缴纳社会保险费而建立起来的。社会保险基金专门用于社会保险项目的补偿或给付，以确保社会保险机构和被保险人的经济利益。

由于社会保险费的收缴和给付之间有一个时间差，这样就形成了社会保险基金并产生了对社保基金进行有效管理的需求。不同社会制度下都会设立专门的社会保险基金管理机构。

6.1.2　人身保险和社会保险的关系

从社会保险的定义不难看出，社会保险所保障的对象是人身，并且是与人身的年老、伤残、疾病、失业等有关，这与商业人身保险有相似之处，事实上人身保险与社会保险之间是既有联系又有区别的。

1. 人身保险与社会保险的联系

人身保险与社会保险两者都是对遭遇某种不幸或者困难的人给予经济上的帮助，两者之间存在一定的联系。

（1）社会保险借鉴了人身保险的经营技术。

与现代人身保险产生的历史相比，社会保险的出现晚了100多年。19世纪后半叶，随着资本主义的发展，德国的劳资矛盾日益尖锐，反抗资本主义统治的工人运动空前高涨。德国政府在强硬镇压政策失败后，转而对工人实行怀柔政策，于1883年实施一系列社会保障措施，先后建立了疾病、伤害和养老保险制度。此后，欧洲与世界其他国家也相继建立了自己的社会保险制度。这些国家社会保险制度的设计在一定程度上借鉴了人身保险的经营模式和经营技术。

（2）社会保险与人身保险相互补充。

在现实社会中，存在着数量较多的低收入人群。为了保障广大低收入阶层基本生活需要，缓和阶级矛盾，促进社会发展，必须建立和完善作为基础的社会保险制度。但是，社会保险的深度和广度取决于一个国家的经济实力，并且实践中单纯社会保险也很难做到满足所有社会成员不同层次的需要。因此，社会成员有必要根据自己的经济能力投保各种人身保险，以弥补社会保险的不足。

2. 人身保险与社会保险的区别

（1）保险性质不同。

人身保险是人身保险公司经营的商业产品，其销售是保险人和投保人双方按照自愿原则通过签订保险合同来完成的。人身保险经营是以营利为目的的。社会保险是国家的基本社会政策和劳动政策，是通过国家或地方立法强制执行的。社会保险是社会保障事业的一部分，具有非营利的性质。

（2）保障对象不同。

人身保险的对象是履行一定交费义务的自然人。社会保险的对象是劳动者及其供养的直系亲属，其作用在于保障劳动者在丧失劳动能力和失业时的基本生活。社会保险是通过对国民收入的再分配实现的，有利于维护社会公平，安定社会秩序。

（3）权利和义务关系不同。

人身保险的权利与义务是基于商业保险合同关系而产生的，公民或法人只要与保险公司自愿订立了人身保险合同，并按合同约定交纳了保险费，就可以按照合同约定享受权利，获得相应的人身保障。在商业人身保险中，被保险人享有保险金额的多少取决于其所交纳保险费数额的多少，成正比关系。社会保险是建立在劳动关系基础上的，只要劳动者履行了法定的社会劳动义务，就获得了享有社会保险待遇的权利。为了增强被保险人的保险意识，社会保险中除要求劳动者为社会提供劳动外，还要求劳动者适当缴付保险费。劳动者在未来领取的保险金与所缴付的保险费数额并不成正比关系。

（4）待遇水平不同。

在商业人身保险中，保险人给付保险金的多少一般只与投保人保费数额有关。在社会保险中，国家从保障人们基本生活、维护社会秩序安定的角度出发，只为劳动者提供基本生活保障。需要指出的是，劳动者基本生活保障水平会随着物价水平的上升和社会生产力的提高而相应提高。

（5）法律基础不同。

在商业人身保险中，保险合同是在平等、自愿、互利、等价的基础上签订的，保险合同的双方当事人享有的权利和义务也在合同中具体约定，以合同为依据。从涉及的法律来看，人身保险的法律基础包括《民法典》中"合同编"和《保险法》等。社会保险则涉及国家各种社会政策、经济政策和劳动政策等，它反映国家、企业和劳动者三者之间的物质利益关系。因此，社会保险法律基础包括《中华人民共和国宪法》、《民法典》中"合同编"和《中华人民共和国社会保险法》等。

进一步，请思考商业保险和社会保险的主要区别有哪些？扫描二维码可阅读有关分析。

二维码07

商业保险与社会保险的主要区别

6.1.3　我国社会保险制度的主要内容

1.基本养老保险

养老保险不仅是社会保障制度的重要组成部分，更是社会保险体系中最重要的险种之一。养老保险是国家根据相关法律、法规规定，为解决劳动者达到法定退休年龄而退出劳动岗位，或因丧失劳动能力退出劳动岗位后的基本生活需要而建立的一种社会保险制度。

1997年，国务院颁布《关于建立统一的企业职工基本养老保险制度的决定》（以下简称"1997年决定"）建立起来的。2005年12月，《国务院关于完善企业职工基本养老保险制度的决定》（以下简称"新决定"）颁布，对"1997年决定"进行了修订和完善。2010年10月，《中华人民共和国社会保险法》通过，并于2018年12月第十三届全国人民代表大会常务委员会第七次会议修正。

根据上述法律、法规，可以从以下几方面来理解基本养老保险：

（1）保险覆盖面。基本养老保险的覆盖范围包括城镇各类所有制企业的职工以及城镇个体工商户和其他从业人员。

（2）保险费的筹集。基本养老保险费主要由企业和员工个人各自按比例缴纳，国家财政负责弥补基本养老保险计划的赤字。企业按照本地区政府规定的企业缴费比例向社会保险机构缴纳保费。

（3）运行模式。基本养老保险实行社会统筹与个人账户相结合的运行模式。目前我国是按照职工个人工资的8%缴费，为职工建立基本养老保险个人账户。现阶段，个人账户全部由个人缴费形成。企业缴费不再计入个人账户，而全部进入社会统筹基金，用于向已退休的职工发放各种退休费用。个人账户的存储额每年参考银行同期存款利率计算利息；这部分只能用于职工养老，不得提前支取。职工调动时，个人账户里的存储额全部随同转移；职工或退休人员死亡，个人账户中的个人缴费部分可以继承。

（4）养老金待遇。目前，养老金的计发采取"新人新制度、老人老办法、中人逐步过渡"的方式。所谓新人，是指"1997年决定"实施后参加工作的参保人员，这部分人员在缴费期限累计满15年后，退休后将按月发给基本养老金，基本养老金待遇水平与缴费年限的长短、缴费基数的高低、退休时间的早晚直接挂钩。他们的基本养老金由基础养老金和个人账户养老金组成。退休时的基础养老金月标准以当地上年度在岗职工月平均工资和本人指数化月平均缴费工资的平均值为基数，缴费每满1年发给1%。个人账户养老金月标准为个人账户存储额除以计发月数，计发月数根据职工退休时城镇人口平均预期寿命、本人退休年龄和利息等因素确定。所谓"老人"，是指"1997年决定"实施前已经离退休的参保人员，他们仍然按照国家原来的规定发给基本养老金，同时随基本养老金调整而增加养老保险待遇。所谓"中人"是指"1997年决定"实施前参加工作、"新决定"实施后退休的参保人员。由于他们以前个人账户的积累很少，交费年限累计满15年的，退休后在发给基础养老金和个人账户养老金的基础上，再发给过渡性养老金。

（5）养老保险基金管理。在基金管理上，养老保险基金实行收支两条线管理，即养老保险基金的缴费收入要纳入财政专户储存；支出要专款专用，并要经过严格的审批程序。养老保险基金的结余除预留两个月的养老金开支外，其余主要购买国家债券或存入银行专户。目前，国家允许养老保险基金在保证安全的前提下尝试进行营利性投资。

2．失业保险

失业保险（unemployment insurance）是国家以立法形式集中建立保险基金，对因失业而暂时中断收入的劳动者提供经济保障的一种社会保险制度。我国从1986年开始率先在国有企业中实施失业保险。1999年1月，国务院颁布了《失业保险条例》，将失业保险范围进一步扩大，从而建立了现行失业保险制度。可以从以下几方面来理解失业保险：

（1）覆盖范围。根据《失业保险条例》的规定，城镇企业和事业单位均应参加失业保险。其中城镇企业包括国有企业、城镇集体企业、外商投资企业、城镇私营企业以及其他城镇企业。

（2）保险费用的筹集。按照《失业保险条例》的规定，城镇企业、事业单位按照本单位职工工资总额的2%缴纳失业保险费；职工个人按照本人工资的1%缴纳失业保险费，但城镇企业、事业单位招用的农民合同制工人不缴纳失业保险费。

（3）保险金的发放。失业保险金应按照低于当地最低工资标准、高于城市居民最低社会保障标准的水平发放。失业保险金的发放时限与企业和本人的缴费时限相关联，失业人员失业前所在单位和本人累计缴费不足1年的，不能领取失业保险金；累计缴费满1年不足5年的，领取失业保险金的最长期限为6个月；累计缴费时间满5年不足10年的，领取失业保险金的最长期限为12个月；累计缴费时间达10年以上的，领取失业保险金的最长期限为24个月。

3.基本医疗保险

基本医疗保险（basic medical insurance）是指劳动者因疾病、受伤等原因需要诊断、检查和治疗时，由国家和社会为其提供必要的医疗服务和物质帮助的一种社会保险制度。1998年12月，国务院下发《关于建立城镇职工基本医疗保险制度的决定》，创建了我国现行的基本医疗保险制度。基本医疗保险在覆盖范围、保险费的筹集以及运行模式上具有以下特点：

（1）覆盖范围。城镇所有用人单位，包括各种所有制企业、机关、事业单位、社会团体和民办非企业单位等都要为职工投保基本医疗保险；乡镇企业、城镇个体户是否需要为职工投保基本医疗保险，由当地省级政府决定。

（2）保险费的筹集。按照规定，基本医疗保险费由单位和职工个人共同缴纳：单位缴费率控制在职工工资总额的6%左右；个人缴费率一般为职工本人工资收入的2%。

（3）运行模式。我国基本医疗保险实行社会统筹和个人账户相结合的运行模式。职工个人缴纳的基本医疗保险费全部计入个人账户。企业缴纳的基本医疗保险费分为两部分：一部分用于建立统筹基金，另一部分划入个人账户，具体比例由统筹地区根据个人账户的支付范围和劳动者年龄等因素确定。统筹基金和个人账户要划定各自的支付范围，分别核算，不能相互挤占。要确定统筹基金的起付标准和最高支付限额。起付标准以下的医疗费用，从个人账户中支付或直接由个人支付；起付标准以上的、最高支付限额以下的医疗费用，从统筹基金中支付，但个人仍要负担一定比例；超过最高支付标准的医疗费用，可以通过商业医疗保险等途径解决。统筹基金的具体起付标准和最高支付限额，以及在起付标准以上和最高支付限额以下医疗费用的个人负担比例，由统筹地域根据"以收定支，收支平衡"的原则确定。统筹基金与个人账户之间的关系如图6-1所示。

4.工伤保险

工伤保险（workers' compensation）又称职业伤害保险，是指劳动者由于工作原因并在工作过程中遭受意外伤害，或因接触粉尘、放射线、有毒有害物质等职业危害因素引起职业病后，由国家或社会给致残、致死者及其家属提供医疗、生活保障及必要的经济补偿的一种社会保险制度。

我国现行的工伤保险制度是根据国务院2003年4月讨论通过、2004年1月1日实施的《工伤保险条例》建立的。2010年12月，《工伤保险条例》根据《国务院关于修改〈工伤保险条例〉的决定》修订。工伤保险在覆盖范围、费用筹集、伤害程度鉴定、工伤保险金给付等方面具有以下特点：

用人单位	个人
保费收缴 职工工资总额的6%左右	职工本人工资收入的2%

单位缴费的70%　单位缴费的30%

医疗保险基金 职工工资总额的6%左右	职工工资总额的6%左右

支付 大额和住院医疗费用（主要支付起付标准以上、最高支付额以下的费用）	小额和门诊医疗费用（起付标准以下的费用及一定比例起付标准以上、最高限额以下的费用）

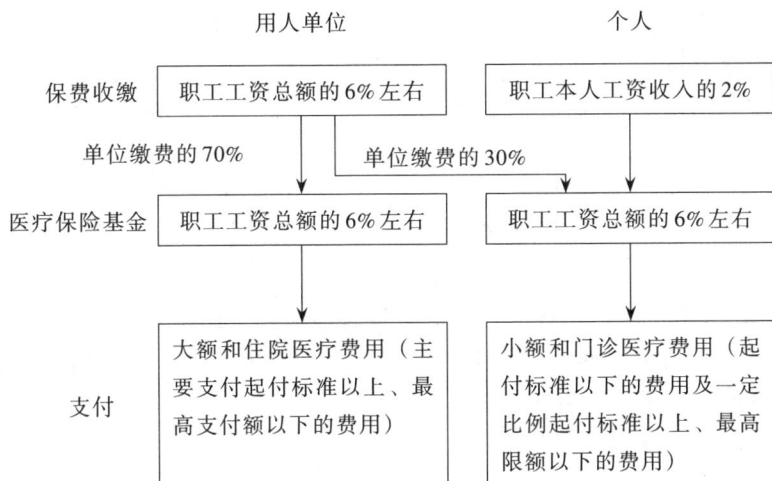

图6-1　统筹基金与个人账户之间的关系说明

（1）覆盖范围。按照《工伤保险条例》的规定，我国境内所有企业及有雇工的个体工商户均应参加工伤保险，境内各类企业的职工和个体工商户的雇员都有权享受工伤保险待遇。

（2）费用筹集。工伤保险基金的收入全部由用人单位缴纳的工伤保险费以及工伤保险基金的利息和依法纳入工伤保险基金的其他资金构成，职工个人不需要缴纳工伤保险费。国家根据"以支定收、收支平衡"的原则来确定工伤保险的缴费率。在确定费率时，要考虑不同行业的工伤风险程度，并根据工伤发生率等情况在每个行业内确定若干费率档次。工伤保险平均缴费率原则上控制在职工工资总额的1.0%左右。

（3）伤害程度鉴定。工伤事故发生后，需要由专门的机构进行伤害程度鉴定。《工伤保险条例》规定了劳动能力两级鉴定机构，即区（县）劳动能力鉴定委员会和市劳动能力鉴定委员会，明确了伤残复查鉴定的时间，即距上次鉴定1年后，工伤职工在伤情发生变化时，可申请复查鉴定。

（4）工伤保险金给付。一次性伤残补助金、伤残津贴和护理费自劳动能力鉴定委员会作出结论的次月起开始支付。1~4级工伤职工伤残津贴扣除个人缴纳的社会保险费司，实际领取金额低于本市最低工资标准的，如果用人单位参加了工伤保险，由工伤保险基金补足差额；如果用人单位未参加工伤保险，则由用人单位支付差额部分。

5.生育保险

生育保险（maternity insurance）是妇女劳动者因生育子女而暂时丧失劳动能力时，由国家和社会给予医疗保健服务和必要的物资保障的一种社会保险制度。根据我国社会发展和计划生育政策的需要，规定生育保险的给付对象必须是达到法定结婚年龄、符合计划生育政策而生育的女职工。

我国现行的生育保险制度是根据1994年12月劳动部颁发、1995年1月1日执行的《企业职工生育保险试行办法》而建立的。生育保险在覆盖范围、保险费的筹集以及保险金给付上具有以下特点：

（1）覆盖范围。《企业职工生育保险试行办法》要求城镇企业及其职工都要参加生育保险。

（2）费用筹集。生育保险费由企业按照工资总额的一定比例（不超过1%，多数地区为0.6%）向社会保险机构缴纳，职工个人不需要缴费。生育保险费实行社会统筹安排。

（3）保险金给付。当女职工生育时，除按照法律、法规享有规定的产假外，产假期间的生育津贴按照本企业上年度职工月平均工资计发，由生育保险基金支付；女职工生育的检查费、接生费、手术费、住院费和药费等由生育保险基金支付；超出规定的医疗服务费和药费由职工个人负担。

专栏6-2•特别关注

社会保险的市场化趋势

在我国，由政府强制实施的社会保险的主要内容包括基本养老保险、基本医疗保险、失业保险、工伤保险和生育保险等。而在西方，许多国家曾经或者正在实施的以社会保险为重要内容的"从摇篮到坟墓"的福利制度，其范围包括了儿童补助、抚养补助、生育补助、寡妇补助、伤残补助、失业救济、就业培训补贴、丧失生活来源救济、养老金、丧葬补助、医疗和康复服务等几乎与人的一生方方面面息息相关的所有内容。这些以市场经济模式为主要特征的福利国家，鼓励自由竞争，又兼顾社会公平，向社会所有成员提供全面的社会保障和福利服务，促进了西方发达国家经济和社会的协调发展。但是，过于奢侈的社会福利在长期的运行中逐渐积累了一些严重的问题，并形成一个不良的怪圈，即从高福利的起点开始，依次导致了高税收、高生产成本、企业低竞争力、失业增加、税收来源减少、政府赤字增长和GDP降低等结果。这样就在社会福利的可持续性和社会需求之间形成了必须引起重视并需要不断加以解决的矛盾。

西方各国面对上述问题早已开始积极研究并采取措施加以解决。从过去的实践来看，社会保险总的改革方向是从普及性向选择性转变，从系统性向实用性转变，从国家和企业的责任向个人与社区的责任转变，从政府垄断向市场化管理转变，呈现市场化的趋势。这一趋势，并不是各国简单地将政府责任推向个人和市场，而是通过构建多层次社会保险制度，即强调基本保障、发展补充保障和引入个人账户机制，来实施社会保险的市场化改革，以充分发挥市场机制的灵活性和专业化优势，更好地达到政府公共服务的目的。由于各国的国情不同，各国的社会保险市场化的范围和程度表现出明显的差异性。早在20世纪80年代，英国和瑞典等国家就开始突出补充养老保险计划的作用。实践证明这样做有利于提高养老保险的质量，有利于缓解政府的财政困难。之后，意大利、法国和瑞典等欧洲国家在养老保险方面也陆续进行了市场化改革，进一步加强了企业在养老保险中的作用和增加个人储蓄账户余额。美国社会保险私有化改革一直未停止过，如养老保险强调建立个人账户机制，放松投资限制，大力发展401（K）计划。另外，美国是西方发达国家中唯一没有建立全面医疗保险制度的国家。美国现行的卫生保障体系是私人医疗保险和公共医疗保险、一般医疗保险和特殊医疗保险相结合的混合型医疗保障体系。这种医疗保障体系的建立基于注重市场选择、政府适当干预的美国社会价值取向。智利、阿根廷、秘鲁、墨西哥和乌拉圭等拉美国家在养老保险市场化改革方面取得了积极成果，大大减轻了强制性基本养老保险的负担。此外，波兰、匈牙利和捷克等东欧国家以更快的步伐建立起了私营竞争性的社会保险制度，社会保险的市场化运作趋势更加明显。

§6.2　政策保险

保险公司的经营大多是以营利为目的的，因此，在保险市场的开发及保险品种的经营方面，保险公司都会考虑具体的效益，这样的后果就是在保险市场上经常会有一些保险业务竞争十分激烈、保险产品丰富，而在某些业务领域则鲜有保险公司涉足，或者即便有保险公司经营，也是数目稀少、保险产品单一，如农业保险等。如何解决保险市场需求与保险公司经营产品之间的不一致，从而满足对相关保险产品的需求，就成了各国相关政府部门需要思考的问题。这就使得政策保险应运而生。

6.2.1　政策保险概述

政策保险是为实现特定的政策目标并在政府的干预下，特定保险公司开展的一种保险业务。它是在一定时期、一定范围内，国家为促进有关产业的发展，运用政策支持或财政补贴等手段对该产业领域的风险给予保护或扶持的一类特殊形态的保险业务。与社会保险相区别，政策保险经营的是一种非人身保险业务，在政策保险的具体经营实践中，它通常与商业性财产和责任保险构成不同层次的交叉关系。

1.政策保险的基本特征

（1）政策保险介于商业保险和社会保险之间，其性质突出地体现在它的政策性上。一方面，政策保险通常不受各国商业保险法的具体规范和制约，也与社会保险法规政策没有关系，而是由另行制定的专门政策法规来规范；另一方面，将何种保险业务作为政策保险，或在什么时期将其列为政策保险，并享受国家直接的政策支持，亦是国家在商业保险和社会保险制度安排之外另行安排的，这种安排突出地表现在相关政策对政策保险的经营内容、方式、费率、承保金额和赔偿方式等的统一规范上，保险双方缺乏自主权。

（2）政策保险的目的不是营利，而是为特定的产业政策服务。政策保险的基本出发点在于为实施特定的产业政策服务。国家为了促进相关产业的发展，通常会对其风险保障机制加以特殊考虑，只要国家的相关产业政策得到落实和发展，政策保险业务即使亏损也会开办，而国家则会充当经营主体的经济后盾，对政策保险的经营主体给予经济上的补偿。例如,国家为了促进出口,就可能实施政策性的出口信用保险制度。

(3)政策保险的业务经营有特色。这主要体现在以下几个方面:①政策保险业务经营主体有特色。经营政策保险的主体,一般是国家或由国家指定的特定保险机构,既可以是政府职能部门中设置的专门机构,也可以是单独成立的专门经营保险公司,还可以委托商业保险公司经营此类业务。②政策保险实施方式有特色。在三大保险类别中,社会保险以高度强制实施为基本特征,商业保险(除交强险等个别险种外)强调等价交换、意思自治,而政策保险通常表现为对承保方强制而让投保方自愿的经营方式,即在多数情形下,政策保险并不强制投保人实施投保行为,但对承保方的承保行为加以管制,承保方不能拒绝保险客户的政策保险投保要求,从而形成一方强制、一方自愿的经营方式。③政策保险承保金额的确定有特色。社会保险的保障待遇是按照公平性原则由国家统一规定的,社保部门所提供的是基本保障,经营主体和保障对象对社会保障的水平均无自主权;商业保险金额的确定,奉行的是不投不保、少投少保、多投多保的原则,完全由保险公司和保险客户通过协商自主确定;而政策保险承保金额的确定,通常根据投保标的价值的一定比例来确定,不能足额承保。④政策保险在保险风险与保险费率方面有特色。在承保风险方面,通常由相关政策法规规定统一的承保责任范围,保险业务经营主体与投保人均无选择的权利。保险责任范围的统一,为保险费率的统一提供了条件,因此,政策保险通常采取单一费率制。在保险责任、保险费率和保险赔偿等方面的统一规范,正是政策保险的政策性特色的具体体现。

2.政策保险的业务体系

由于各国产业结构与产业发展政策存在着差异,因此,在各国之间,尤其是在发达国家与发展中国家之间,政策保险业务体系存在着一定程度的差异。例如,在西方国家,农业保险通常被视为政策保险,但不同国家所界定的范围存在着差别,有的国家将农作物保险列为政策保险,有的国家将牲畜保险列为政策保险。不过,从世界范围内考查,常见的政策保险业务主要有农业保险、出口信用保险、海外投资保险等。下面具体介绍出口信用保险和海外投资保险。

6.2.2 出口信用保险

1.出口信用保险概述

出口信用保险(export credit insurance)是承保出口商以商业信用付款方式签订的出口合同中,以买方不付货款而对卖方造成损失为对象的一种保险业务。它保障的是本国出口方的收汇风险,即国外进口方的信用风险。

出口信用保险是基于国家的出口贸易而产生的,是适应国际贸易发展的客观要求而发展起来的。出口信用保险对各国出口贸易的发展起到了巨大的推动作用,主要表现在:第一,它是国际公认的贸易促销手段;第二,它是出口商获得银行贷款的前提条件;第三,它是出口商采取灵活支付方式,开拓国际市场,增加出口安全的保证。我国从 1983 年开始试办出口信用保险至今，出口信用保险在支持外贸企业出口创汇以及为其提供外汇贷款保障方面起到了十分重要的作用。出口信用保险具有如下特征：

（1）出口信用保险是一种特殊的信用保险。信用保险是指债权人以债务人的信用风险向保险人投保的一种保险。信用保险合同当事人是债权人（投保人或被保险人）和保证人（保险人）。实际上，信用保险就是把债务人的保证责任转移给保险人，当债务人不能履行其义务时，由保险人承担赔偿责任。出口信用保险是一种特殊的信用保险。它是以进口商的信用为保险内容，既承保出口贸易中进口商的商业风险，又承保进口商所在国家的政治风险。

（2）出口信用保险不以营利为目的。出口信用保险产生的直接原因在于保护本国的出口商，发展出口贸易。但是从深层次的原因来看，它的产生还与各国的经济策略有关。因此，出口信用保险属于政策性业务，具有很强的政策导向性，出口信用保险业务的开展与一个国家的外贸、外交政策结合紧密。各国的出口信用保险所收取的保费都以保本为原则，有时为了支持出口，实现国家整体经济利益的要求，甚至还可能产生亏损。但是，不以营利为目的并不意味着出口信用保险可以忽视经济效益，恰恰相反，出口信用保险中的高风险要求出口信用保险机构应当严格控制风险、加强管理，力求以最小的成本取得最大的利益。

（3）政府扶持极为重要。从世界范围看，根据政府支持程度的不同，出口信用保险的经营形式可以分为政府直接经营、政府间接经营和政府委托经营等方式。无论采用哪种方式，政府都在不同程度上参与出口信用保险机构的管理或参与重大经营决策，并在财政上提供帮助，以实现支持出口的贸易政策。实务中出口信用保险大多依靠政府支持而存在，所以说它是一种政策保险业务。

（4）风险复杂，难以控制。出口信用保险保障的是出口商的收汇安全。影响出口商安全收汇的风险主要有商业风险和政治风险，如买方无力偿还债务、买方破产或拖延支付货款、买方所在国家禁止或限制汇兑、实施进口管制、发生战争和暴乱等。这些风险极为复杂，加之出口商所在国与进口商所在国彼此在政治、经济、外交、文化、法律、经营理念和贸易习惯等方面都存在差异，因此出口信用保险难以像普通商业保险那样依据大数法则来计算其风险发生的概率，而是要从各方面获取有关进口商或进口国家的信息，并据以作出风险评估，来确定出口信用保险的费率。

2.出口信用保险的种类

（1）按承保责任起讫的时间划分，出口信用保险可分为出运前的出口信用保险和出运后的出口信用保险。

出运前的出口信用保险又称生产期出口信用保险，保险责任起于贸易合同生效日，止于货物出运日。保险人负责赔偿货物在出运前因商业风险或政治风险致使买方取消或中止贸易合同给出口商带来的直接损失。这种保险通常作为短期出口信用保险的附加险承保。

出运后的出口信用保险是指货物一旦交付承运人，保险合同即刻生效；一旦出口商安全收汇，保险责任即告结束。在出口合同规定的信用期届满后，因保单责任范围内的风险致使出口商不能收到外汇货款，保险人在规定的等待期满后负责赔偿。

（2）按出口合同的信用期划分，出口信用保险可分为短期出口信用保险和中长期出口信用保险。

短期出口信用保险的信用期在180天以内，经扩展有时也可延长至1年。它适用于一般商品的出口，包括所有消费性制成品、初级产品及工业用原材料的出口，汽车、农用机械、机床工具等半资本性出口货物也可投保。

中长期出口信用保险是指信用期在1年以上的资本性或半资本性货物出口项目的信用保险。它适用于电站、大型生产线等成套设备项目或飞机、船舶等大型运输工具等资本性货物的出口，以及海外大型工程项目承包等。

3.出口信用保险的主要内容

在实务中，我们经常接触到的出口信用保险多是按照信用期划分的，因此有必要对这两类出口信用保险进行详细介绍。

（1）短期出口信用保险。

短期出口信用保险承保的货物一般是大批量、重复性的初级产品和消费性工业产品。投保短期出口信用保险的出口贸易合同必须同时具备以下三个条件：第一，付款条件为商业信用方式。这主要是指付款交单（D/P）、承兑交单（D/A）和赊账（O/A）方式。付款交单和承兑交单都是银行跟单托收方式。第二，信用期不超过180天。信用期是指买卖合同中规定的买方从提单日起、或见单日起或交货日起到应该支付货款的最大时间间隔。第三，出口产品全部或部分在国内生产或制造。

①短期出口信用保险的保险责任和除外责任。

短期出口信用保险主要承保出口商面临的政治风险和商业风险。政治风险又称国家风险，包括出口贸易过程中发生的当事人无法控制或影响的国家或政府行为所产生的风险，同时也包括因不可抗拒的原因导致的风险。例如，进口国发生国内战争、政治动乱、进口限制或者禁止、关税上调、外汇交易限制或者禁止等；进口国发生特大自然灾害等原因致使进口国无法进口货物等。商业风险是指在国际贸易中由于买方自身原因带来的风险。例如，进口商被宣告破产或已资不抵债；进口商拖欠货款达6个月（或4个月）以上；进口商违约拒收货物，致使货物被运回等。

短期出口信用保险一般不承担以下损失：货物运输保险项下的损失；汇率变动损失；被保险人违约或违法所致的损失；买方违约在先情况下被保险人坚持发货所致的损失；由于买方违反本国法令未获进口许可所致的损失；被保险人的代理人或买方的代理人所致的损失；被保险人未按时办妥投保手续的出口业务发生的损失；被保险人向未经信用保险公司批准买方信用限额，或不适用被保险人自行掌握的信用限额的买方出口所发生的损失；在损失发生之日起2年内，被保险人仍未向保险公司索赔的损失等。

②短期出口信用保险的责任限额。

第一，被保险人自行掌握的信用限额。为了实现经济效益，减少被保险人办理手续的时间以及降低管理费用，保险人授权被保险人对每一买方自行掌握承担相应赔偿责任的信用限额。只要每一个付款周期内出运货物的保险金额不超过被保险人自行掌握的信用限额时，被保险人无须事先向保险人申请，即可直接出运货物，事后再行申报。

第二，保单赔偿限额。保单赔偿限额是指保险人在保险单期限内承担责任的最高累计限额，也称保单限额。保险公司在承保业务之前，要求被保险人填写投保单，并将其前一年的出口累计金额通知保险公司，保险公司根据被保险人的经营情况、产品销售情况、出运目的地的分布情况以及出口金额的大小，制定出保险单的最高赔偿限额。一般会按照投保人出口总额的1/3～1/2来具体确定。

③短期出口信用保险的承保。

短期出口信用保险的承保工作分为保单的承保、国家的承保、买方的承保和出运的承保。四个步骤是依次进行的，由简单到复杂，由一般到具体，不能颠倒。

第一，保单的承保。保险人通过研究投保人提供的资料，并据以正确地签发保险单，尤其是填好保单明细表，包括保单开始生效的时间、核准被保险人自行掌握的每一买家的信用限额、赔偿百分比、保单赔偿限额和保险费率等内容。

第二，国家的承保。保险人通常在对各国国家风险进行评估的基础上制定国家表，规定出各国的风险等级。一般来说，国家表的制定不仅要考虑各国的具体风险，还应符合本国的对外贸易政策。国家的承保高于买家的承保。如果某一国别的风险不可接受，就没有必要考虑是否承保该国的买家。

第三，买方（进口商）的承保。买方的承保是通过逐一审批买方信用限额来实现的。买方信用限额规定了信用保险公司对被保险人向某一特定买方出口商品所承担的最高赔偿责任。所以，审批买方信用限额是短期出口信用保险承保管理中一项重要的工作。通常的做法是，在被保险人提交信用限额申请后，保险人将在资信调查的基础上对买方风险进行评估，若符合条件，则审批买方信用限额。如果被保险人没有为某一买方向保险公司申请信用限额，或虽然提出申请，但不能提供任何有关该买方的资信资料，就不能获得保险公司的批准。如果被保险人向保险公司申报此类没有信用限额的出口项目，保险公司就只能给被保险人一个由保险公司根据自己的标准确定的信用额度。

第四，出运的承保。被保险人在取得上述三种承保之一后，在每批货物出运时，应及时向保险公司申报其每批出口货物的具体情况，以便保险公司计算和收取保险费。这一步骤对于未来被保险人获得保险公司的理赔至关重要，如果漏报将会导致有关出口货物漏保，严重漏报甚至会造成保单无效。

专栏6-3•学习指导

买方（进口商）信用限额

买方信用限额是指保险单对被保险人向某特定买方出口货物所承担的最高赔偿

限额，保险人对与被保险人进行贸易的每一买家有一个"买方信用限额申请、审批"的过程。保险人要求被保险人就保险单范围内的买家逐一申请其适用的信用放账额度，此额度经保险人批准后可循环使用，被保险人在申请买方信用限额的同时，需为保险人提供该买方的有关资料，供保险人参考。买方信用限额的控制是短期出口信用保险的关键，它既要尽量满足被保险人对外放账的需要，又要在一定程度上控制超量的放账额度，避免可能导致的外汇风险。买方信用限额一旦确立，就成为保险人可以承担的责任限额。在实务中，对于那些有丰富经验并拥有广大市场的被保险人，保险人不需要对其每一买家的资信进行仔细调查，而是在一定范围内给予其灵活处理日常业务的权利。因此，对此类业务，每一保险单通常都会规定一定数额作为被保险人自行掌握的信用限额，以鼓励出口商同买方进行更多的交易，而不用事先征得保险人同意，如果发生损失，被保险人亦可在此信用限额内向保险人进行索赔。

（2）中长期出口信用保险。

中长期出口信用保险是国家为鼓励出口企业积极参与国际竞争，特别是促进高科技、高附加值的机电产品和成套设备等资本性货物出口以及承包海外工程项目而开办的一种政策性保险业务。中长期出口信用保险各个险种，从风险承担到具体的项目承保都与国家的政策导向密不可分。

中长期出口信用保险承保出口商或银行面临的商业风险和政治风险，通过该保险使得出口商的应收延期付款风险和银行收回贷款本金及利息的风险得以转嫁。根据实务经验，中长期出口信用保险的主要险种有卖方出口信贷保险和买方出口信贷保险。卖方出口信贷保险承保在卖方信贷项下由卖方向买方出口资本品或半资本品时，因买方所在国的国家危险和买家危险而使卖方遭受的经济损失，它适用于卖方使用银行贷款项下的出口合同；买方出口信贷保险承保卖方在向使用银行贷款的买方出口资本性货物时因买方所在国的国家危险和买家危险导致的经济损失，它适用于买方使用银行贷款项下的出口合同。

专栏6-4·学以致用

出口信用保险的金融服务功能

企业的资产规模往往满足不了出口融资需求，这制约了企业出口规模与银行融资额及结算业务的增长。信用保险的介入，规避了来自进口方的大部分风险，为企业提供了收汇保障，降低了银行的贷款风险。银行与保险机构的合作将银行的信贷业务与保险机构的保险主业有机地结合起来，使企业的融资能力大为提升，有效地增强了企业出口的能力与信心，同时银行的国际业务领域与规模也得以扩大。保险后出口押汇就是出口信用保险的实际应用，它是由中国出口信用保险公司与多家银行联合推出的服务。

中国的国民经济虽逐步向内需驱动转型，但出口占GDP比重仍较高，保持对国际市场的高度依存。出口经营主体显著增多，中小型出口企业融资难现象仍十分突出。传统依靠抵押贷款或担保融资的方式门槛高，许多中小企业因无法提供足额抵押或主体资质不符而难以获得银行信贷支持。然而，信用保险的介入，规避了来自进口方的大部分风险，为企业提供了收汇保障，降低了银行的贷款风险。银行与保险机构的合作将银行的信贷业务与保险机构的保险主业有机地结合起来，使企业的融资能力大为提升，有效地增强了企业出口的能力与信心，同时银行的国际业务领域与规模也得以扩大。

例如，中国出口信用保险公司与多家银行联合推出了银行出口短期贸易融资产品——保险后出口押汇。保险后出口押汇的实质是押汇申请人（出口商）已在保险公司投保了出口信用保险，并将保险权益转让给银行的一种出口押汇形式，是一种保留追索权的短期贸易融资方式，它将保险机构承保短期信用风险与银行提供的出口贸易融资业务相结合，可满足出口商保险和融资的要求。银行要求出口企业投保出口信用保险，与企业签订保险押汇总质押书，银行、保险机构和企业三方签署保险赔偿权益转让协议，在保险机构核定的买方信用额度内，银行对出口企业不同国际结算方式下的出口予以出口押汇融资。

这一短期贸易融资产品在有效控制风险的基础上大大降低了企业融资门槛，受到了企业的欢迎，尤其是对于采取赊销与托收方式结算的出口企业，使其获得银行融资成为可能，从而提升其出口竞争能力。对于银行来说，信用保险的介入规避了来自进口方的大部分风险，为企业提供了收汇保障，长期困扰银行的买方商业信用问题得到了解决，降低了银行的贷款风险。银行积极地开展此项业务，对贸易融资额及国际结算业务的增长也起到了良好的推动作用。

6.2.3　海外投资保险

1.海外投资保险概述

海外投资保险是承保被保险人因投资引进国政治局势动荡或政府法令变动而使被保险人投资损失的保险，亦称为海外投资保证保险。海外投资保险作为国际投资保护的重要手段之一，是资本输出国政府为了鼓励本国资本投向海外以获取高额利润所采取的一种风险预防和经济补偿措施，海外投资者只要向特定保险公司投保了海外投资保险，一旦因资本输入国发生政治危险而遭受投资损失时，即可以从承保人那里获得相应的经济赔偿。

海外投资保险产生于第二次世界大战以后，它是随着发达国家海外投资尤其是对发展中国家的投资不断增长以及投资目的地国政治风险的异常应运而生的一种保险业务。美国是世界上最早实行海外投资保险制度的国家。作为一种资本输出保险，海外投资保险实质上是一种保证保险业务，在实际经营中有如下特点：

（1）海外投资保险是政府的保证保险。与其他政策保险业务相比，海外投资保险提供的实质上是一种对海外投资者的"国家保证"或"政府保证"，具有明显的公共性质，是由投资者所在国政府承担投资接受国国家风险的一种特殊保险制度。

（2）海外投资保险促进了私人海外投资。海外投资保险制度的目的之一是促进私人海外投资活动，即通过对本国私人海外投资所可能面临的资本输入国国家风险提供政府保证，促使本国过剩的私人资本投向海外，进而达到提高本国国际竞争地位、增强本国国际竞争力的目的。

（3）海外投资保险既有单边投资保险，也有双边投资保险。从发达国家的海外私人投资保险的法律形式看，既有属于国内法律范畴的单边投资保险制度，也有属于国家法律范畴的双边投资保险制度。其中，在单边投资保险制度下，由投资者所在国家单独制定海外投资保险制度，设立保险机构，并且不要求投资接受国确认或缔结双边协定，从而属于国内法律调整范围；双边投资保险制度以对外投资国与投资接受国共同签署具有法律效力的协议（双边协定）为前提，它要求投资接受国予以确认。与双边投资协定相似的还有多边投资协定，即一国与多国同时签订投资协定。无论是双边投资协定还是多边投资协定，都属于政府间的协议，均具有国际法性质。

2.海外投资保险的基本内容

（1）基本运作程序。

综观各国的海外投资保险制度，其业务经营程序大体如下：①在海外私人投资者确定海外投资计划并开始实施投资前，向海外投资保险机构提出投保申请；②海外投资保险机构对投资者的保险申请进行审核批准；③签订海外投资保险合同，即保险机构经审查确认申请合格后予以批准，双方签订保险合同，投保人按规定缴纳保险费；④当发生承保范围内的风险事故后，由被保险人依照保险合同向承保人索赔并获得赔偿，赔偿数额一般约定为保险人承担补偿损失的90%，被保险人承担10%的损失，也有一些国家会要求投资者承担更多的损失；⑤对实行双边或多边投资保证协定的国家而言，当海外投资保险机构赔偿被保险人的损失后，可依照双边或多边协定代位取得对东道国的索赔权，但实行单边投资保险制度的国家则只能依国际法中关于外交保护权的一般原则行使代位权。

（2）承保风险。

海外投资保险承保的风险责任仅限于国家风险，包括如下三种：

①战争险。战争险又称战争、革命、暴乱风险，它是海外投资保险承保的一项基本风险，是指在保险期间内被保险人在东道国的投资财产由于当地发生战争、战乱、暴动等所造成损失的风险。此处的损失是指由上述风险所造成的直接财产损失，无形财产损失及间接损失均不在此列。

②征用险。征用险又称国有化风险，是指被保险人的合格投资（此处合格投资是从保险人的角度所做的认定）在保险期内因东道国政府征用、国有化或没收而遭受全部或部分损失的风险，它是海外投资保险中承保人承保的又一项基本责任。不过，承保人在履行此项保险责任之前，要检查被保险人是否履行了抗议东道国征用行为、及时向海外投资保险机构书面报告详细征用情况、协助本国海外投资保险机构向东道国行使索赔权等相关义务。

③外汇险。外汇险也称禁兑险，是指投资东道国因突发事件而导致的投资者有关款项无法兑换成本国或他国货币，进行资本转移而产生的风险。作为海外投资

保险中的一项基本保险责任，由于东道国外汇汇兑禁止所导致的损失由保险人依照保险合同规定负责赔偿。外汇险承保的具体内容是：投保人（投资者）在保险期内作为投资的收益或利润而获得的当地货币，或因变卖投资企业财产而获得的当地货币，如遇东道国禁止将这些货币兑换成自由货币时，则由海外私人投资保险机构用自由货币予以兑换。

（3）除外责任。

海外投资保险的除外责任主要有：①投资项目受损后，被保险人所承担的一切商业损失（如利润等）；②因被保险人及其代表违背或不履行投资合同或故意违法行为导致东道国政府征用或没收而造成的损失；③被保险人没有按照规定期限汇出相关款项所造成的损失；④由原子弹、氢弹等核武器造成的损失；⑤投资合同范围之外的任何其他财产的征用、没收所造成的损失。

（4）保险期限、保险金额、保险费率。

海外投资保险的保险期限一般分为短期保险与长期保险两类，其中短期保险的保险责任期限为1年，长期保险的保险责任期限则无规定。

海外投资保险的保险金额，以被保险人在海外的投资金额为依据确定，一般是投资金额与双方约定比例的乘积，通常规定保险金额为投资金额的90%。长期投资项目则按年度投资金额确定保险金额，当年的保险金额为当年的预算投资金额的90%，期满时据实进行调整。

海外投资保险的保险费率，一般根据保险期间的长短、投资东道国的政治形势、投资者的能力、投资项目及地区条件等因素确定。例如，美国外汇险的保险费率为0.3%，征用险的保险费率为0.4%~0.8%，战争险的保险费率为0.6%，总计年保险费率为1.3%~1.7%。

（5）保险理赔。

在海外投资保险理赔中，由于各种政治风险造成的投资损失有可能在不久后通过不同途径予以挽救，损失发生与否需经过一段时间才能确定。因此，海外投资保险在处理索赔案件中，有赔偿期限的规定。保险责任不同，赔偿期限规定亦有区别：①凡东道国政府征用、没收引起的投资损失，在征用、没收发生满6个月后赔偿；②凡战争、类似战争行为、叛乱、罢工等造成的投资损失，在提出财产损失证明后或被保险人的投资项目终止6个月后赔偿；③凡汇兑限制造成的投资损失，自被保险人提出申请汇款3个月后赔偿。

海外投资保险理赔中对赔偿金额还有如下规定：①当被保险人在保险单所列投资合同项下的投资发生保险责任范围内的损失时，保险人根据投资金额与保险金额的比例赔付，最高赔偿额为投资金额的90%；②由于投资额的承保比例一般为投资额的90%，因而被保险人所受损失若将来追回，也应由被保险人和保险人按照各自承担损失的比例进行分摊。

★ 本章小结

1.社会保险是指通过国家立法的形式，以劳动者为保障对象，以劳动者的年老、疾病、伤残、失业、死亡和生育等特殊事件为保障内容，以政府强制实施为特点的一种保障制度。我国现行的社会保险制度主要包括基本养老保险、失业保险、基本医疗保险、工伤保险和生育保险。养老保险是国家根据相关法律、法规，为解决劳动者达到法定退休年龄而退出劳动岗位，或因丧失劳动能力退出劳动岗位后的基本生活需要而建立的一种社会保险制度。失业保险是国家以立法形式集中建立保险基金，对因失业而暂时中断收入的劳动者提供经济保障的一种社会保险制度。基本医疗保险是指劳动者因疾病、受伤等原因需要诊断、检查和治疗时，由国家和社会为其提供必要的医疗服务和物资帮助的一种社会保险制度。工伤保险是指劳动者由于工作原因并在工作过程中遭受意外伤害，或因接触粉尘、放射线、有毒有害物质等职业危害因素引起职业病后，由国家或社会给致残、致死者及其家属提供医疗、生活保障及必要的经济补偿的一种社会保险制度。

2.政策保险是为实现特定的政策目标并在政府的干预下开展的一种保险业务。它是在一定时期、一定范围内，国家为促进有关产业的发展，运用政策支持或财政补贴等手段对该领域的风险保险给予保护或扶持的一类特殊形态的保险业务。常见的政策保险业务主要有农业保险、出口信用保险、海外投资保险等。出口信用保险是以出口贸易和海外投资中的外国买方信用风险为承保责任的一种信用保险。出口信用保险可分为短期出口信用保险和中长期出口信用保险，前者适用于一般商品的出口，信用期多为180天；后者适用于资本性货物的出口，信用期往往较长。海外投资保险是承保被保险人因投资引进国政治局势动荡或政府法令变动所引起的投资损失的保险，亦称为海外投资保证保险。海外投资保险承保的责任仅限于国家风险，包括战争险、征用险和外汇险。

★ 综合训练

6.1 单项选择题

1.社会保险起源于（　　）。

A.德国　　　　　B.法国　　　　　C.美国　　　　　D.中国

2.社会保险基金专门用于（　　）。

A.财政支出　　　　　　　　　B.退休金

C.投资　　　　　　　　　　　D.社会保险项目的补偿或给付

3.目前，我国养老金的计发采取的方式是（　　）。

A.新人新制度　　　　　　　　B.老人老办法

C.中人逐步过渡　　　　　　　D.以上都是

4.为实现特定的政策目标并在政府的干预下开展的一种保险业务是（　　）。

A.社会保险　　　B.商业保险　　　C.政策保险　　　D.出口信用风险

5.投保短期出口信用保险的出口贸易合同信用期不超过（　　）。

A.90 天　　　　　　B.180 天　　　　　　C.270 天　　　　　　D.360 天

6.2　多项选择题

1.社会保险具有（　　）特点。

A.自愿性　　　　　B.强制性　　　　　C.保障性　　　　　D.互助性

2.我国现行的社会保险制度主要包括（　　）。

A.基本养老保险　　　　　　　　B.失业保险

C.基本医疗保险　　　　　　　　D.工伤保险

E.生育保险

3.按出口合同的信用期划分，出口信用保险可分为（　　）。

A.1 年期出口信用保险　　　　　　B.半年期出口信用保险

C.短期出口信用保险　　　　　　　D.中长期出口信用保险

4.海外投资保险承保的责任仅限于国家风险，包括：（　　）。

A.战争险　　　　　B.征用险　　　　　C.外汇险　　　　　D.经济风险

5.从世界范围内考查，常见的政策保险业务主要有（　　）。

A.质量保证保险　　　　　　　　B.农业保险

C.出口信用保险　　　　　　　　D.海外投资保险

6.3　思考题

1.试述人身保险和社会保险的异同。

2.出口信用保险和海外投资保险各有什么特征？

3.某大公司的财务总监宣布："养老金资产今年的投资回报是负的，所以未来几年中企业必须向基金投入超过预计水平的资金。"请问该公司采取的是固定缴费计划还是固定给付计划？这两者各有什么优点？

4.你认为短期出口信用保险能否进行市场化运作？理由何在？

5.试比较单边投资保险与双边或多边投资保险的异同。

第7章　再保险

★ 学习指南

【导读】

　　再保险是对保险人所承担的风险赔偿责任的保险。保险是再保险的基础，保险活动中所应用的基本原则同样适用于再保险。再保险按照自留额和分保额的计算基础不同，可划分为比例再保险和非比例再保险。再保险合同是指明确分出公司和再保险接受公司之间的法律关系的协议，是有关双方权利和义务的规定。再保险合同种类繁多，条款根据不同的再保险方式和业务类别有所差异，并且在再保险合同中，除了已约定的条款外，还有一些国际上的通用条款，其内容已为大家所共识，一般不用事先约定，只需在合同中列明。再保险活动应遵循的经营原则有：稳定性原则、分散风险原则和盈利性原则。再保险的经营管理包括账务和财务管理以及分出业务和分入业务的经营管理。

【关键概念】

　　再保险；风险单位；自留额；分保额。

【思政目标】

　　强化系统思维与全球视野，认识风险共担机制在构建现代金融安全体系中的战略意义，树立服务国家风险治理能力现代化的责任意识。

【学习目标】

　　掌握再保险的基本原理、合同形式及经营管理要点，理解其在风险转移与保险稳定运行中的重要作用。

§7.1 再保险概述

随着社会经济和科学技术的不断发展，社会财富日益增长，风险事故造成的损失不断增大。与之相应的是，保险人的责任越来越大，保险组织开展保险经营所面临的风险也越来越大。为了分散风险、稳定经营，保险人需要将超过自身承受能力的保险责任转嫁给其他保险人来分担，于是，再保险应运而生。世界各国的保险公司，无论规模的大小，都需要根据自身经营状况，将其所承保的保险责任在国内或国际再保险市场上转移出去。再保险已成为现代保险公司保险经营中必不可少的重要环节。

7.1.1 再保险的含义

1.再保险的基本概念

再保险（reinsurance）是对保险人所承担的风险赔偿责任的保险。 相对于再保险，发生在投保人和保险人之间的业务活动是原保险，也叫作直接保险业务。当保险人承保的直接保险业务金额较大且风险过于集中时，根据风险分散原则，保险人就有必要进行再保险以通过与其他保险人订立再保险合同、支付规定的再保险费（分保费）的方式，将其承保的风险和责任的一部分转嫁给其他保险人，以分散风险，保证自身业务经营的稳定性。简单来说，再保险就是保险人向另一个保险人投保的行为。

再保险业务中，分出业务的保险人称为原保险人或分出公司，接受业务的保险人称为再保险人、分入公司或分保接受人。分入公司按照再保险合同的规定，对原保险人由于在原保单下的赔偿引起的经济责任损失负补偿责任，所以再保险合同属于补偿合同，是以保护原保险公司偿付能力为目的的。德国《商法》第79节对再保险的定义是："对保险人分担危险的保险。"美国保险监管国民协会的定义是："从分出公司转移危险损失给再保险接受人。"我国《保险法》第二十八条规定："保险人将其承担的保险业务，以分保形式部分转移给其他保险人的，为再保险。"如果分保接受人又将其接受的再保险业务再分给其他保险人，被称为转分保，双方分别被称为转分保分出人和转分保接受人。

再保险是一种特殊性质的责任保险。无论原保险是财产保险、人身保险还是责任保险，原保险人在原保险合同下对被保险人都负有损失补偿或给付责任。以此责任为基础，原保险人和再保险人签订再保险合同，再保险人承保的是原保险人对被保险人所负的保险责任。再保险合同与原保险合同虽然在法律上是相互独立的，但在经济赔偿责任和给付责任方面是相互依存的。再保险人不直接对原保险合同的标的损失给予补偿，而是对原保险人所承担的责任给予补偿。所以，再保险合同的标的是分出人承担的损失补偿责任或给付责任，再保险合同的标的是非物质性的。再保险合同的保险事故是指原保险人对被保险人损失补偿或给付责任的发生，是原保险合同约定的保险责任范围内的责任事故。

2.再保险和原保险的比较

保险和再保险从实质上讲都是对风险损失的承担、分散和转嫁。保险是投保人以交纳保费为代价将风险损失转嫁给保险人，实质上是在被保险人之间分散风险损失、互助共济。再保险是原保险人以交纳分保费为代价将风险损失转嫁给再保险人，在保险人之间分散风险损失，再保险是保险的进一步延伸。保险和再保险相辅相成、相互促进，原保险是再保险的前提和基础，再保险反过来对原保险的发展起到了支持和促进作用，但两者之间仍存在许多不同之处。

（1）保险标的不同。原保险业务的保险标的是被保险人的财产、人身及相关利益，原保险人承保的是保险标的发生风险事故造成的经济损失。再保险业务的保险标的是再保险分出人根据原保险合同所承担的契约责任，即原保险所产生的保险赔偿责任或给付责任，不是某种具体的标的物。虽然二者的保险标的不同，但是，再保险合同的标的是以原保险合同的标的为基础的，两者之间存在密切联系。

（2）合同双方主体的性质不同。原保险合同中，合同主体一方是投保人，这是指除了保险公司以外的其他单位和个人；另一方是保险人，可以是保险公司，也可以是个人保险商，如英国的劳合社。而再保险合同中，合同主体双方都是保险公司或是个人保险商，一方为原保险人；另一方为再保险人。

（3）保险合同性质不同。在原保险业务中，不同性质的保险合同遵循的原则不同。非人寿保险合同遵循的是补偿原则，属于补偿性合同；人寿保险合同遵循给付原则，属于给付性合同。而在再保险业务中，无论原保险是财产保险还是人身保险，所有的再保险合同遵循的都是补偿性原则。因为再保险的保险标的是原保险人承担的保险责任，无论是财产保险还是人身保险，当原保险合同中的约定事故发生后，原保险人进行赔偿或者给付，都将会在经济上遭受损失，再保险人的责任就是对保险分出人所遭受的损失进行补偿。

需要指出的是，虽然从逻辑上看，再保险业务产生于原保险业务基础之上，先有原保险才有再保险，但再保险与原保险是两个完全独立的保险行为。对于原保险人而言，是否进行再保险，分出多少业务，选择哪一个再保险人，是根据自身的资产和经营状况完全自主决定的。再保险合同与原保险合同在法律上没有任何继承关系，再保险人与原保险的投保人没有任何直接业务关系。原保险人对投保人的保险责任是由原保险合同确立的，原保险人不得借口再保险人不对其履行补偿责任而拒绝、减少或延迟向投保人支付保险赔偿金。所以，再保险是一种独立的保险业务。

专栏7-1•特别关注

中国再保险（集团）股份有限公司历史沿革

中国再保险（集团）股份有限公司源于1949年10月成立的中国人民保险公司，具有70余年的经营历史背景。

1996年，在中国人民保险公司再保部的基础上，中保再保险有限公司组建成立，填补了新中国保险史上只有再保险业务却没有再保险公司的空白。

1999 年 3 月 18 日，国家再保险公司——中国再保险公司成立，成功实现了向现代商业再保险公司的历史性转变。

2003 年 12 月 22 日，经过重组改制，中国再保险（集团）公司成立，开始了我国民族再保险业产寿险分体改制、集团化经营的崭新一页。

2007 年 10 月，整体改制为中国再保险（集团）股份有限公司，跨入专业化、集团化、国际化经营的全新时期，成为亚洲最大的再保险集团。

2011 年 12 月 12 日，中国再保险（集团）股份有限公司正式发布消息称，已经通过其在英国设立的中再英国有限责任公司（简称"中再 UK"，英文名称 China Re UK Ltd），获得了英国劳合社（Lloyd's）成员公司资格，并由中再 UK 公司在劳合社设立了中再辛迪加。按照劳合社的组织架构要求，中再 UK 公司聘请凯林集团（Catlin）旗下的 Catlin Underwriting Agencies Limited 公司为中再辛迪加 2088 的管理代理公司。双方已签署了管理代理协议。

2015 年 10 月 26 日，中国再保险（集团）股份有限公司成功登陆香港资本市场，在香港联合交易所有限公司主板正式挂牌交易，成为首家在港上市的再保险公司。

2016 年 6 月 3 日，经新加坡金融管理局批准，中再集团新加坡分公司作为再保险人开始在新加坡经营财产再保险业务。中国再保险新加坡分公司的设立，将成为中再集团在亚太地区发展再保险业务的重要立足点，为深度参与国际再保险市场竞争又添重要砝码。

2018 年 9 月 13 日，中再集团与美国汉奥威保险集团（The Hanover Insurance Group, Inc., 简称"汉奥威集团""The Hanover"）签署股权购买协议，以 8.65 亿美元总对价收购全球特种险公司——桥社（Chaucer）100% 股权。本交易将有利于进一步增强中再集团再保险主业竞争力，有利于提升中再集团的全球市场地位、国际影响力以及服务共建"一带一路"倡议的能力。

7.1.2 再保险的原则和职能

1.再保险的原则

原保险是再保险的基础，在原保险中应用的大数法则及保险基本原则同样适用于再保险经营活动。

（1）大数法则。

大数法则是现代保险赖以建立和发展的数理基础。保险公司可以根据以往大量的统计数据预测出风险事故发生损失的频率及损失程度，确定保险费率，计算出合理的保险费，从而保证保险公司经营的稳定性。但这种经营稳定性是相对的，大数法则以大量相同的风险为基础，而保险公司承保具有相同风险的风险单位是有限的，因此实际发生的损失与预期损失分布会有一定的偏差，为了降低这种偏差给保险经营带来的困难，保险公司通过再保险的形式来分散风险。大数法则原理在再保险中的运用，使保险标的扩大到更大的范围，同时使风险性质不同、数额大小不一的各种风险分散于许多再保险人之间。理论上，保险公司降低经营风险的方法主要有：增加保险标的的数量；提高保险费率；增加保险金额的平均程度。在实际运营过程中，增加保费是比较困难的，只能以增加保险标的数量为主，通过接受业务或通过再保险交换使风险得以分散，使保额得以平衡化，达到财务稳定性的目的。根据均衡原理，再保险是增加总承保标的数量、使保险金额平均化的关键，这也是再保险根据大数法则原理赖以生存和发展的条件。

（2）最大诚信原则。

最大诚信原则同样适用于再保险活动。在直接保险业务签发保险合同前，保险人要求投保人必须向保险公司说明全部与实质性风险有关的情况，履行告知义务。而在再保险中，则要求分出公司对分保接受人说明每个关系到原保险风险的灾害情况。所不同的是，再保险合同双方都是保险业的经营者，这就使告知义务的履行更为明朗和透彻。另外，由于再保险业务是在世界范围内进行的，再保险业务的接受以及合同的签订，都是根据保险分出人提供的情况、数字来确定的，很难进一步调查了解，分保接受人只是根据过去积累的对分出人的了解和分出人的诚信水平来决定是否接受和接受多少分出业务。这就要求再保险分出人和再保险接受人双方都要从始至终遵守最大诚信原则。

（3）可保利益原则。

再保险合同以原保险合同存在为条件，虽然再保险合同是原保险人与再保险人之间签订的合同，是脱离原保险合同而独立的契约，再保险接受人与原保险投保人之间并无合同的关系，且原被保险人不能向再保险接受人提出索赔，但原保险合同的可保利益原则仍适用于再保险合同。原保险合同的保险标的是指财产、责任或人的生命和身体，而再保险保障的是原保险人对保险标的的保险事故负有补偿与给付责任，因而与保险标的有经济上的利害关系，这种责任和利害关系是再保险合同存在的条件，即原保险合同的保险人对其承保标的具有可保利益，可将其承担的责任进行再保险。

（4）损失补偿原则。

保险的基本职能是补偿与给付，保险人对投保人所发生的合同规定责任范围内的经济损失或事故进行补偿或给付，这是保险人必须遵守的基本原则。再保险的目的也是对保险公司承担的上述责任进行补偿，即再保险的损失补偿是在保户向保险公司索赔后，再保险接受人根据再保险合同规定的条件予以赔偿。应该说明的是，再保险接受人对原投保人没有损失补偿义务，因此原保险人不能以再保险接受人没有赔偿而拒绝对投保人进行理赔。同理，再保险接受人也不能因原保险人没有履行理赔义务而拒绝承担其对原保险人的赔偿责任。

2.再保险的职能

一方面，再保险的职能是分散风险，是把保险人所承担的保险责任在同业之间分摊，通过利用世界范围内的保险资金，以补偿可能遭遇的巨大灾害和保险事故的损失；另一方面，分散风险就是为了保证补偿。再保险的职能主要表现在以下几个

方面:

（1）通过再保险，原保险人可以分散风险，控制承保责任，稳定业务经营，确保自身的偿付能力。虽然保险公司是经营风险的企业，但是在其经营过程中也会面临各种风险，主要有实际发生的业务赔款与预期赔款之间发生偏差的风险，当业务赔款和费用超过保费收入时就会使保险公司经营困难，因此保险公司通过再保险将自身的经营风险转移给再保险公司，通过保险公司之间的再保险活动分散风险，减少损失的波动，使保险业务经营趋于稳定。另外，保险公司通过再保险，可以控制自身的赔付责任，确保本公司的偿付能力。

（2）通过再保险可以增强原保险人的承保能力，扩大业务范围。保险公司的承保能力，受其资本金和总准备金等自身财务状况的限制。保险公司自有资金额是有限的，因而其自身的承保能力是一定的。但是，通过再保险，保险公司可以将承保业务的一部分分给再保险公司，自己只保留与自身承保能力相适应的自留额，这样就有助于原保险人扩大承保能力而不受自身偿付能力的限制。另外，从保险公司经营的角度来看，通过再保险还可以使保险公司多做业务，增加保险经营的业务量。通常，保险人在开发新业务过程中，由于经验的不足，往往十分谨慎，这就不利于新业务的迅速开展。由于再保险具有控制责任的特性，可以使保险人通过分保使自己的赔付率维持在某一水平之下，所以准备拓展新业务的保险公司可以放下顾虑，积极运作，使很多新业务得以迅速发展起来。

（3）通过再保险可以增加原保险公司的净资产，提高其偿付能力。这主要表现在两个方面：一方面，通过再保险可以使分出公司通过提取未到期赔付责任准备金、未决赔款准备金、分摊赔款和分摊保险经营费用而聚集大量资金并加以运用，来增加保险公司的收益；另一方面，在再保险业务中，分出公司所分出业务的各类准备金，可以扣除经营费用，这样就减少了准备金的提留数额，即降低了公司的负债。同时，分出保险公司在分保业务中还可以得到一定数量的分保佣金，从而增强了分出公司的财务力量。通过再保险可以增加原保险公司资产、降低公司负债，因而可增加原保险公司的净资产，提高偿付能力。

（4）通过再保险可以增进原保险公司对国际保险市场的了解，增进业务交流。由于再保险业务主要是在国际范围内进行的，通过再保险联系，可以增进对国际保险市场、再保险市场情况的了解。通过业务往来，学习其他国家保险先进经验和技术，促进同业之间的技术交流和友好往来。

7.1.3　再保险的种类和形式

1.风险单位、自留额和分保额

自留额和分保额是决定再保险方式的两个核心因素，它们都是根据风险单位来确定的。

（1）风险单位。

风险单位是保险标的发生一次风险事故可能波及的最大损失范围。由于自留额和分保额是按照一个风险单位来确定的，所以风险单位的划分非常重要。风险单位的划分比较复杂，要根据不同的保险标的和风险类别来确定。例如，汽车险以每一辆车为一个风险单位。至于火险，考虑因素比较复杂，一般以一栋独立的建筑物为一个风险单位，如果数栋建筑物毗连在一起或是仅承保了一栋楼中的若干楼层，则应综合考虑楼房的使用性质、间距、周围环境和消防设施情况等因素后再做决定。对于巨灾事故风险单位的划分则更为复杂，要根据不同方式以及再保险合同的具体规定来确定。

划分风险单位的关键是估计一次风险事故可能造成的最大损失范围，并根据该最大损失范围确定一个风险单位。例如，在同一艘船上可能有不同货主的货物，每位货主都为其货物投保了，由于一次风险事故就可能毁掉船上全部货物，所以虽然有数份保单，该船货物仍属于同一风险单位。根据这一标准，当可能的最大损失范围发生变化之后，风险单位的划分也应该改变。例如，两栋原本没有任何联系的楼房之间搭建了某种连接物后，发生火灾就容易相互波及，可能的最大损失范围不再仅限于一栋楼房，而是扩大到了两栋楼房，那么相互独立的两个风险单位就变成了一个风险单位。要想准确地估计出可能的最大损失范围是件复杂的工作，有时需要非常专业的知识。再保险合同一般规定，如何划分风险单位由分出公司决定。

（2）自留额和分保额。

自留额又称自负责任，是指对于每一风险单位或一系列风险单位的责任或损失，分出公司根据其本身的财力确定的所能承担的限额。 分出公司在对单独或多个保险标的确定自留额时，应综合考虑风险类别、风险程度、标的物使用性质、建筑等级等因素。原保险公司对自留额的管理是业务经营管理中的首要问题，一个公司根据它的资金力量确定对每一风险单位可以自留多少责任，超过部分就要办理分保。**分保额，又称分保接受额或分保责任额，是指分保接受人所能承担的分保责任的最高限额。** 需要注意的是，这里所说的自留额是强调自留的保险责任，保险责任的大小可以由保险金额表示，也可以由赔款额表示。所以，在后面章节中提到自留额有时是指保险金额的自留额，有时是指赔款的自留额。

自留额与分保额可以根据保险金额计算，也可以根据赔款金额计算。所依据的基础不同，决定了再保险的方式也不同。以保险金额为计算基础的分保方式属于比例再保险，以赔款金额为计算基础的分保方式属于非比例再保险。自留额和分保额可以用百分比或绝对数两种方式表示，百分比表示如自留额和分保额各占保险金额的50%，绝对数表示如自留额为200万元，超过部分为分保额。保险公司确定自留额的大小时，主要考虑三个因素：一是保险公司自身的财务状况。资本金越大，保险基金越雄厚，自留额就可以越大。二是承保业务的风险状况。发生损失的风险越大，自留额就应越小。三是保险人经营管理水平。保险人经营管理水平越高，对保险标的物的情况掌握越充分，经验越丰富，就越能合理准确地确定自留额。

2. 比例再保险

比例再保险是以保险金额为计算基础，分出公司和接受公司之间的自留额和分保额都是按总保险金额的一定比例确定的，并按照这个比例分配保险费，分摊赔付责任。比例再保险可分为成数再保险和溢额再保险两种。

（1）成数再保险。

成数再保险是比例再保险的基本方式。分出公司的自留额和分入公司的接受额都是按照双方约定的百分比确定的，无论分出公司承保的每一风险单位的保额如何，只要在合同规定的限额内，都是按双方约定的固定比例来分担责任，且每一风险单位的保险费和发生的赔款，也按双方约定的比例进行分配和分摊。总之，成数再保险的责任、保费和赔款的分配，为按照一定的百分比进行。

成数再保险的特点主要表现为：①手续简单，管理费用低，节省人力、时间和费用；②对于所获得的经营成果，即无论盈亏，保险人和再保险人的利益是一致的；③由于无论原保险业务规模和质量好坏，分保人和接受人双方均按约定比例分担，因而分出公司需要支出较多的分保费；④按成数决定责任，不能达到分散巨大风险的目的。成数再保险的上述特点决定了这种方式比较适用于小公司、新公司、新业务和某些特种业务，以及那些保额和业务质量比较平均的业务，在国际再保险交往中，成数再保险可用于分保交换。集团分保和转分保业务，一般也采用成数再保险方式。

（2）溢额再保险。

溢额再保险是分出公司按每个风险单位确定自留额，将超过自留额的剩余数额，即溢额，根据再保险合同的约定分给接受公司，并以分出公司的自留额和分出数额，确定每一风险单位的再保险比例。如果某一业务的保险金额在自留额之内，就不必办理再保险，这是溢额再保险与成数再保险的最大区别。

风险单位、自留额、合同线数即限额，是溢额再保险的三个要素。风险单位的划分以及自留额的多少都由分出公司来决定，然后确定分保额是多少，即合同最高接受限额，这一限额是以自留额的一定倍数，即合同线数来计算和确定的。例如，自留额为50万元，合同最高限额为10线，则最高限额为500万元，分出公司的承保能力为550万元，其中自留额为50万元、分保额为500万元。保险公司根据承保的风险单位的损失率、承保业务量的规模、保费收入的多少及公司准备金的多少等来制定自留额和安排溢额再保险合同的最高限额。如果第一溢额分保的限额不能满足分出公司的业务需要，则可组织第二甚至第三溢额分保来补充，以适应业务的需要。但只有第一溢额分满后，才能进行第二溢额分保；第二溢额分满后，再进行第三溢额分保；依此类推。

溢额再保险是比例再保险中最早和最广泛应用的方式，它可以灵活确定自留额，确保分出公司业务的安全性和盈利性，比较适用于分出公司业务质量优劣不齐、保险标的的保险金额不平衡的业务。

3.非比例再保险

非比例再保险也称超额赔款再保险。这类再保险以赔款为计算基础，首先规定一个由分出公司自己负担的赔款额度，对超过这一额度的赔款由再保险接受人承担赔偿责任。在这一模式下，分出人和分保接受人之间对风险发生的赔款责任、保费的分配没有固定的比例关系。这种再保险方式能够将分出公司赔偿责任限定在固定的数额内，从而保障其在遭受超过约定的赔款限额的较大损失时不致受到冲击。

非比例再保险保险费率的厘定采取单独的费率制度，它与比例再保险按原保险费率收取保险费的方法不同，而是由双方协商另订费率，其费率由赔款成本和附加费用两部分确定。

非比例再保险的方式又可分为超赔付额再保险、超赔付率再保险和巨灾超赔再保险。

（1）超赔付额再保险。

超赔付额再保险是以每一风险单位所发生的赔款来计算分出公司的自负责任额和分保接受人的再保险责任额。若原保险的总赔款金额不超过分出公司的自负责任额，则全部赔付责任由分出公司负担；若原保险的总赔款金额超过分出公司的自负责任额，则超过部分由接受公司负担。

（2）超赔付率再保险。

超赔付率再保险是以赔付率为分保基础，分保接受人负责支付分出公司1年中累计总赔偿额超过保费总收入一定比例的部分，它是一种对分出公司总体损失的保障，而不对个别风险负责。具体而言，这种方式是按赔款与保费的比例即赔付率来计算自负责任额和分保责任额的，它是按年度赔付的。当赔款责任在自留赔付率之内，由分出公司负责赔付；当赔款责任超过自留赔付率时，超过的部分由分入公司负责赔付。实践中，超赔付率再保险一般有赔付率的限制，也有一定金额的责任限制。和超赔付额再保险相比，超赔付率分保方式更有利于保险公司经营的稳定性。

（3）巨灾超赔再保险。

巨额超赔再保险是以一次巨灾事故所发生赔款的总和来计算自负责任额和分保责任额的，再保险接受人支付当任何一次事故累计的损失超过规定自负责任以后的赔款。巨灾事故超赔责任的计算，有时间限制和事故次数的划分，是十分复杂的。

4.再保险的安排方法

再保险的安排方法主要有临时再保险、合同再保险和预约再保险三种基本形式。

临时再保险是再保险早期的分保方法。临时再保险对于某一风险，分出人决定需要安排分保后，就要选择向谁分保，用最迅速有效的方式把分保条件、全部保险细则提供给再保险接受人，该接受人是否接受或接受多少完全可以自由选择，无强制性。

合同再保险是由保险人与再保险人签订合同明确双方的再保险关系，双方通过契约将业务范围、地区范围、除外责任、分保手续费、自留额、合同最高限额等分保条件用文字写明，明确双方的义务和权利，一经双方签订合同，再保险合同即具法律效力，双方都应共同遵守。

预约再保险是介于合同再保险和临时再保险之间的一种分保形式，往往用于对合同再保险的一种补充。在这种方式中，对分出公司没有强制性，业务是否要办理再保险或分出多少完全可以自由决定，对于接受公司则有一定的强制性，一经接受，对预约再保险范围内的每一笔业务都不能加以选择，即使分入公司有拒绝的权利，也需要在一定期限内通知分出保险公司。所以，预约再保险对于分出公司是有利的，而对于接受公司来说这种方法并不受欢迎。

专栏7-2•特别关注

我国再保险的发展历程

一、1949年以前，再保险始终具有半殖民地性质

在抗日战争胜利之后的两三年内，保险机构迅速增长，仅上海市就从1946年的133家增加到1948年的241家，其中华商178家、外商63家；重庆市也从1946年的14家增加到1948年的76家。表面看来，保险业似乎呈现出繁荣景象，而实际上，那是虚假的、短暂的"繁荣"，在表面的景象背后隐藏着极其严重的问题。就再保险而言，主要存在如下问题：一是资本实力不足。华商联合保险股份有限公司的实收资本只有40万元，中央信托局参股控制的中国再保险公司的资本金也仅有2亿元法币，几大分保集团的资本金少则400多万元，最多的也不到5 000万元，参加分保集团的保险公司中，大多数公司的资本金为15万～50万元。二是机构很不稳定。由于市场监管不力，报批手续不严，加上市场竞争激烈而无序，致使经营再保险业务的机构一会儿变更，一会儿改组，一会儿倒闭，表现出极不稳定的特点。三是自留额低、依附性强。我国民族保险机构由于受资金、技术、经验限制，自留额普遍定得很低，超过限额部分虽然也在民族保险机构之间进行一些分保，但主要还是依靠瑞士、英国、美国等国的保险公司和再保险市场解决分保问题。例如，中国产物保险公司与英商的火险分保合约11线中，英商就占10线，水险分保则全部由英商接受。还有些华商公司甚至将业务直接介绍给外商承保，只求收取佣金，甘当外商附庸或保险经纪人，毫无独立性、自主性可言。据估计，当时我国的再保险业务至少有90%通过固定分保、预约分保和临时分保等方式分往国外。由此可见，1949年以前我国再保险市场具有明显的半殖民地性质。

二、1949—1979年，再保险呈现出波浪式发展的特点

从总体上看，自1949年以后，我国再保险呈现出波浪式发展的特点，在发展过程中既出现过"波峰"，也出现过"波谷"。

第一次"波峰"出现在新中国成立初期。1949年5月上海解放之后，上海市军事管理委员会财政经济接管委员会金融处根据当时政治经济形势的需要，着手对保险市场进行清理整顿，在很短的时间内批准了100多家保险公司复业。鉴于复业后的大部分保险公司承保能力十分有限，原有的分保集团大多数已经解体，经军管会金融处批准，于1949年7月成立了民联分保交换处。上海民联与当年9月在天津成立的华北民联分保交换处一起，为消除旧中国再保险市场对外商的依附心理及半殖民地性质发挥了积极的作用，同时也为新中国成立初期再保险市场的恢复和重建积累了宝贵经验。1949年10月中国人民保险公司和中国保险公司成立之后，我国再保险进入快速发展阶段。由于得到人民政府的大力支持，这两家国营公司与其他华商公司相比，具有明显的展业优势和强大的承保能力，获得了大发展。到1952年底，中国人民保险公司的分保业务收入达344亿元，而中国保险公司的分保费收入多达722.2亿元。这说明，在新中国成立之后的3年时间内，再保险的发展达到了第一次高峰，并形成了国家垄断的局面。

由于受"左"的思潮影响，继20世纪50年代初停办国内再保险业务几年之后，国家有关部门又在1958年底作出了停办国内保险业务的决定。自1959年起，中国人民保险公司从财政部划归中国人民银行国外业务局领导，成为该局下属的一个处级单位，继续办理国外保险业务，而国内保险市场则进入收缩、停办、清理阶段。这种局面虽在后来有所变化，对保险管理体制也进行过一些调整，但从根本上说，1959—1979年的20年时间里，中国的保险和再保险一直处于发展的低谷，即使是国际业务也处于勉强维持的状态。

三、1980—2000年，我国再保险呈现出稳步上升的态势

自1978年以后，我国进入改革开放和以经济建设为中心的新时期。在新的环境条件下，我国再保险业结束了过去那种波浪起伏、曲折坎坷的发展历程，呈现出稳步上升的发展态势。

1980—1996年，在我国再保险市场上发生了一些具有重要意义的变化，主要表现在：其一，再保险的市场主体由单一向多元变化。其二，再保险业务从单一的国际业务向多种业务并存的局面转变。

四、2001年至今，再保险市场进入有序竞争、专业再保险主体逐渐增多的阶段

自2000年以后，我国再保险市场借力"入世"契机，兑现加入世贸组织时逐步开放我国保险市场的承诺，首先选择开放再保险市场。在我国"入世"后，国内的再保险业务逐步实现了全面的商业化运作，开始接受来自全世界的挑战。故2003年是我国再保险市场主体发生重大变化的一年。在这一年，我国第一家也是唯一一家国家专业再保险公司——中国再保险公司顺利完成集团化改制。

2007年10月，中央汇金注资40亿美元，财政部与中央汇金联合发起，在原中再集团的基础上成立中国再保险集团股份有限公司，实现了二次改制。

目前，中国再保险市场初步形成了国有控股集团、股份制公司和外资公司多种形式并存、专兼业经营相结合、公平竞争、多元化发展的市场竞争格局。截至2025年7月，中国再保险市场已经形成6家中资+9家外资+若干家自贸区辛迪加+离岸再保险公司的有序竞争格局。其中，6家中资公司分别是中再产险、中再寿险、太平再、前海再、人保再和中国农再；9家外资公司分别是瑞士再、慕尼黑再、德国通用（General Re）、法国SCOR、汉诺威再、美国RGA再、信利再、曼福再（Mapfre）和安盛旗下AXA XL。此外，劳合社持直保牌照经营再保业务；上海自贸区辛迪加若干家；与中国发生业务的离岸再保险公司200家左右。

与此同时，外资机构不断加大资本投入，夯实业务发展根基。2019年以来，

德国汉诺威再保险公司上海分公司、瑞士再保险公司北京分公司、德国通用再保险公司上海分公司、法国再保险公司北京分公司 4 家外资再保险公司发起 6 次增资，累计增资 54.29 亿元，外资再保险机构资本金增幅高达 84%。此外，瑞士再保险公司北京分公司再次提出 30 亿元增资意向，并于 2021 年 8 月完成增资事项。在新冠肺炎疫情冲击和世界经济形势严峻复杂的情况下，外资再保险机构持续加大资本投入，为其在华长期稳健发展提供了重要保障，更彰显出国际保险市场对中国市场的积极展望和强大信心。

2023 年及 2024 年，外资再保险布局持续加码，瑞士再、汉诺威再、通用再、法国 SCOR 等重点机构继续投资中国市场。例如，瑞士再保险北京分公司在 2019 年的基础上再次提出增资，并且其全球业务中中国市场产出在 2023 年达 15.37 亿美元，凸显中国市场的重要性与增长潜力。此外，上海国际再保险交易展示中心（原自贸区辛迪加交易平台）吸引了 AXA XL、汉诺威再等外资机构设立运营基地，进一步融入中国再保险市场并提升交易效率。

总体来看，中国再保险市场是一个高度开放、有序竞争、稳健成长的市场，在中资机构占据主体地位的基础上，外资机构加大投入、充分竞争，已经成长为中国再保险市场的一支重要力量。下一步，中国保险监督管理部门将一如既往地贯彻落实党中央、国务院关于推动形成全面开放新格局的决策部署，支持外资再保险机构积极参与我国再保险市场建设，不断提高中国再保险市场化、国际化程度，推动实现高水平对外开放。

二维码 08

再保险行业大有可为

§7.2 再保险合同

7.2.1 再保险合同概述

再保险合同是指明确分出公司和再保险接受公司之间的权利义务法律关系的协议。在合同有效期内，按照合同的规定，分出公司必须将它所承保业务的一部分分给接受公司，接受公司必须毫无保留地承担，并对于分出公司由于承保保险标的遭受保险事故而受到的经济损失，按照再保险合同的规定给予补偿。再保险合同是分出公司与接受公司之间的契约，在合同中规定的双方的权利和义务，双方必须遵守并相互约束。

由于保险人进行再保险的目的不同，所采取再保险的方式也各异，再加上不同国家的保险管理机构和外汇管理部门对保险人的自留额和赔款准备金等都有各自具体的规定，因此在全球范围内，再保险合同的格式和程序没有统一的标准。但无论是比例再保险还是非比例再保险的保险合同，都必须有某些重要的、相同的组成部分，概括起来包括：①再保险合同双方的名称；②合同的开始日期；③执行条款，包括再保险方式、再保险业务种类、地理范围及合同限额等；④除外责任；⑤保费条款，规定再保险费的计算基础，包括再保险接受人需要支付的税款及其他费用；⑥手续费条款；⑦赔款条款，关于对再保险接受人赔款发生或支付的通知；⑧账务条款，规定关于账单寄送及账务结算的事宜；⑨货币条款，标明保费和赔款使用的货币种类，以及结付时应用的折合率；⑩合同终止条款，规定终止合同的通知和厘清责任的方法。

再保险合同种类繁多，条款根据不同的再保险方式和业务类别也有所差异，并且在再保险合同中，除了已约定的条款外，还有一些国际上通用的条款，其内容已为大家所共识，一般不用事先约定，只需在合同中列明。下面仅对比例再保险合同和非比例再保险合同中的一些基本条款加以简单说明。

7.2.2　比例再保险合同基本条款

1.共命运条款

再保险合同规定再保险接受人要与原保险人共命运，这就使原保险人获得再保险接受人的确实保证，在合同约定范围内充分发挥主动作用，灵活地开展业务。原保险人为了维护共同利益，会自觉加强业务选择，合理厘定费率和恰当处理赔款，做好经营管理，从而获得适当的利润。共命运条款促使合同双方为共同利益开展良好的合作。

共命运本条款的主要内容为：凡是有关保费收取、赔款结付、避免诉讼或提起诉讼等事项都由原保险人为维护共同利益作出决定，或出面签订协议；但如果是为了原保险人单独利益而刊登广告、发布公告等，再保险接受人不负共同责任，不承担所发生的费用。

2.过失或疏忽条款

过失或疏忽条款规定，对原保险人的过失或疏忽所造成的损失，再保险接受人仍应负责。过失或疏忽条款要求订约双方不能因某一方在工作中发生了疏忽、延迟、遗漏和错误而推卸其对另一方本应承担的责任。但原保险人一旦发生过失或疏忽，应立即通知再保险接受人，并迅速纠正错误。所以，一般再保险合同规定这类过失或疏忽只要不是故意的，就不影响合同的有效性。

3.仲裁条款

再保险合同都有仲裁条款的规定。因为再保险合同都是按照双方各自独特的需要订立的，所以合同条文结构差异很大，很难有统一的准则，而且再保险合同常常涉及不同的法律制度，再保险当事人双方都是保险从业者，专业性很强，因此订约双方对合同条款的执行或解释有异议而发生争议时，为了解决这种争议，一般都聘请有专业知识和经验的专家进行仲裁而加以解决。该条款规定：在发生争议时，订约双方各自指定一名仲裁人，并由双方所指定的仲裁人共同推选一名公证人，公正人和两名仲裁人员组成三人仲裁庭对争议问题进行仲裁。

7.2.3 非比例再保险合同基本条款

1.恢复条款

在非比例再保险合同中，特别是在承保巨灾风险的再保险合同中，会在有关条款中规定，当再保险接受人赔款总数达到规定限额时，它的第一次责任已经终了了。但原保险人一般都希望继续取得再保险保障，因此，非比例再保险合同往往规定有恢复条款。责任恢复就是在发生赔款使分保接受人分保责任减少或完成后，原保险人为了获得充分保障，将再保险责任额恢复至原有的额度。恢复条款规定，当再保险接受人支付一定赔款或赔足最高限额后，合同可自动恢复，继续有效，由再保险接受人继续承担再一次的损失责任。非比例再保险中的事故超赔有恢复次数的限制，有的规定恢复一次，有的规定恢复两次，次数多少根据超额赔款再保险的具体成效和市场情况而定。

2.最后纯损失条款

最后纯损失是指原保险人最终支付的一次事故包括诉讼费用的实际损失数额。超额赔款再保险经常按确定的纯损失计算，即赔款中减去损余和向第三者追回及赔款后收回的其他款项，但再保险接受人不能因此拖延赔付，而只能由再保险分出人将这些收回的款项再付给再保险接受人。此项条款的规定是由于非比例再保险是按赔款额计算再保险责任，而不是按保险金额计算的。本条款并不意味着再保险赔款须在分出人的最后净损失确定后支付。

3.一次事故特殊扩展条款

此条款也可称为"小时"条款。现行保险条款中通常规定再保险人承保由一次事故引起的"任何一次损失，或一系列损失"，也就是一次事故内引起的所有损失。而所谓的一次事故的"一次"通常是按时间规定的。例如，龙卷风、台风、暴风雨、冰雹等持续48小时作为一次事故，并有地区限制等。

4.任何一次事故条款

此条款又称为损失发生条款，接受公司对任何一次事故所致的任何一次赔款或一系列赔款超过其约定金额时，负责赔付其超过部分。它可定义为由同一事故造成的，不管由几张保单承保的个别损失。

5.最高责任限额条款

最高责任限额是超额赔款再保险对每一次事故的最后赔款净额，约定由再保险人承担的最高责任限额。

6.分层再保险条款

再保险分出人为了分散巨灾风险，将巨灾风险分割为若干层次超额赔款再保险，使各层次再保险接受人责任额不至于过高，亦可降低再保险费率，对订约双方均有利。

§7.3 再保险的经营管理

7.3.1 再保险的经营原则

再保险活动是保险公司分散风险、扩大承保数量和承保范围、保障业务经营稳定性和经济效益的最佳途径。再保险政策、再保险计划、再保险方案和再保险策略的选择和确定是再保险活动成败的关键。无论是再保险分出公司还是再保险分入公司，再保险经营的原则，即保险公司在再保险活动中所要遵循的原则，都是相同的，主要有：

1.稳定性原则

保险公司进行再保险的目的是提高承保能力，保持保险公司财务的稳定。对于再保险分出公司而言，实现公司财务稳定的主要环节是合理确定自留额；而对于再保险分入公司而言，实现公司财务稳定则是根据自身实力确定自己可承担的再保险责任。

2.分散风险原则

保险公司进行再保险的另一个目的是保持业务经营的稳定性，即降低实际发生损失额和预期发生损失额之间的偏差程度，此偏差的大小直接受风险分散程度的影响。合理分散风险是保持业务经营稳定的重要条件。分散风险原则就是通过再保险实现险种分散和地区分散的目的。

3.盈利性原则

保险公司经营的直接目的就是盈利，再保险活动表面上好像是影响了公司的预期利润，但是，通过再保险可实现保险公司的财务稳定和经营稳定，确保盈利的安全性和可行性。由此可见，盈利性原则在服从财务稳定性和分散风险的前提下始终贯彻于保险活动之中。

再保险的经营原则是保险公司选择再保险方式、确定各种数量指标的依据，使保险公司在实现财务稳定和业务经营稳定的基础上获得最大可能的利润。

7.3.2 再保险的账务和财务管理

1.再保险的账务管理

再保险账务管理是保险事务中一项繁重的工作。再保险账务反映再保险业务的全部过程，是会计收付的完整记录，是再保险交易的总结和考核再保险业务经济效益的依据。

再保险的账单有两方面的作用：一是作为缔约双方会计财务结算的记录，总结合同项下全部交易，反映一定期间原保险人与再保险人之间应收应付的金额；二是反映承保统计所要求的许多资料，是编制各种统计报表和对各个再保险合同评价的依据。

再保险账单一般分为合同再保险账单和临时再保险账单。合同再保险账单按合同规定编制和寄送；临时再保险账单一般是在成交以后即行寄送。比例再保险和非比例再保险合同的账单也有所不同，账单的格式和账单所要求的基本项目都有所差异。在国际再保险中，再保险账务涉及再保险业务的特殊性，需要允许多种币制和使用各种汇兑率，对不同国家要有符合各种财务标准和规则的不同账单和报告。在资金运用和投资管理方面，也要考虑理赔支出的国际性特点并了解各国的资金和货币市场信息。

2.再保险的财务管理

再保险财务管理涉及的主要内容有：资金的运用和管理，基金投资收入的分配，货币的调节，业务拓展和管理费用，账务方面的结算时间等。再保险的财务管理，对再保险费收入及扣存准备金的运用，在再保险业务经营中起着非常重要的作用。下列几个问题是再保险活动中备受关注的财务问题：

（1）通货膨胀对再保险的影响。

通货膨胀对直接承保、再保险、理赔、保费、准备金、资金的运用影响很大。在再保险活动中，通货膨胀因素使得根据以往记录统计出来的理赔成本很难符合实际理赔的情况，对损失数额、责任分配、每次事故赔偿数额起到一定的制约作用。特别是在超额理赔再保险中，再保险接受公司的责任是以赔款超过规定数额为基础的，这样，通货膨胀造成的赔款提高的后果，就全部落在再保险接受人的身上。超额再保险接受人因此要求在合同中规定应付通货膨胀影响的方法，使合同双方所支付的赔款数额达到一定的平衡，以求足额补偿。

（2）准备金的管理和运用。

原保险人扣存保费和赔款准备金对再保险接受人的资金运用是不利的。在一些国家里通常以再保险接受人运用信用证代替赔款准备金或替代现金和证券。在比例再保险合同中，原保险人为了避免因货币贬值而遭受的准备金损失，有时会在合同中规定可代表再保险接受人将所积存的保费准备金作为投资基金，用来购买证券等，再保险接受人有权享受所得利益。如果在合同中没有规定准备金运用的条款，则原保险人对再保险接受人所积存的准备金只支付所规定的准备金利息，再保险接受人不享受投资分红，也不承担原保险人的投资损失。再保险接受人可将证券信托给原保险人作为准备金，收取全部的利息和证券产生的红利，但也要负担证券贬值的损失。

（3）总的账务和财务审查。

由于原保险人返还准备金的时间可能因某些因素而变动，造成准备金在返还时和扣存时的数额差别，特别是实际赔款和未决赔款往往是不同的，因此准备金的确定只能在实践中进行，并加以调整。另外，由于再保险业务的国际性，对再保险的外汇管理，使资产和负债在某些货币下不相吻合，所以，审核某再保险合同的业绩，要作比较长期的考查，不要被短期的盈亏蒙蔽。再保险的性质决定了保费的收取、赔款的支付要延续很长时间，而每一年度的业务经营成果往往要几年后才能编制最后决算，因此在考核时，对会计或统计数字都要有细致的分析。

7.3.3 再保险分出业务和分入业务的经营管理

在再保险活动中，分出和分入是两种不同性质的保险活动，其业务程序亦有所不同，因此经营管理的重点也有所不同。

1.分出业务的经营管理

分出业务的程序可简单表述为：分出公司将业务报表、过去若干年的经济效益表和再保险条款提供给再保险接受人；再保险接受人接到报表后，确认自己的保险责任并将信息反馈给分出公司；分出公司收到再保险合同后，通知财会部门入账，将分保合同提供给各有关业务部门。

分出业务的经营管理有：分出业务的一般管理，临时再保险和合同再保险的手续，分出业务的统计分析和会计账务。对于分出业务的一般管理，主要包括：

（1）了解再保险业务质量，制定再保险规划，合理确定自留额。

分出部门必须对所安排的分出业务的承保条件、费率及风险程度等情况有全面了解，并掌握同类业务在国际保险市场上的费率及分保情况。在此基础上，根据业务的具体类型、再保险市场的情况，以及公司的经营方针和自身的经济能力，制定再保险规划，合理确定自留额。再根据自留额、分保额、保费、赔款、手续费、利息及其他收益、费用开支等，对业务的经营结果进行测算。

自留额的确定是分出业务管理中非常重要的工作。自留额是保险公司根据自身偿付能力确定自己承担的保险责任，它直接关系到保险公司经营的稳定性和预期利润。自留额如果确定得过低，尽管可以使保险公司经营相对稳定，但会使保险公司丢失较大的预期利润；反之，则不能确保经营和财务的稳定。因此，确定自留额必须考虑国家法规、保险市场以及保险公司的经营方针、财务和业务情况等，在安全和盈利之间选择恰当的平衡点。简单来讲，确定自留额应考虑的因素有：①自有资金额度，主要包括资本金和总准备金。保险公司的自留额受保险公司自有资金额的限制，自留额不能超过自有资金额的一定百分比。②保费收入。自留额的大小与保费收入的规模有一定的比例关系，且与保险公司各种准备金的数额有一定的关系。一般而言，这种关系是正相关的，但不能同步增长或降低，自留额提高的比例小于保费收入增加的比例。③赔款和费用。保险公司确定自留额的目的是加强业务经营的稳定性，尽量减少保费收入低于赔款与费用的情况发生，因此，过去的赔款记录及赔款的波动情况、费用的高低都是影响自留额的因素。自留额确定后，保险公司在做再保险规划时，还应选择恰当的再保险方式，比例再保险方式和非比例再保险方式在不同的情况下可能产生不同的效果。

（2）了解分出业务与直接业务之间的关系。

直接业务的承保和管理与再保险的安排是保险公司经营的不同环节，但它们之间有密切的联系。直接业务是再保险业务的基础，分出部门对业务承保条件必须进行审查，如果发现有问题或有不清楚之处，应及时从直接业务部门得到必要的说明，对再保险接受人所提出的有关风险的具体问题，分出部门的回答以直接业务部门提供的资料为依据。再保险业务安排完成后，应将合同摘要表、再保险成分表，以及账务的结算事项提供给财务部门，若有所变动，也应及时通知财务部门。

临时再保险和合同再保险的手续主要有：再保险的安排；再保险条件的编制和项目；再保险合同的发送、签回和保管；赔款的处理以及再保险合同账单的编制等。

分出业务的统计分析是将发生的账务数字、业务数字加以归纳，系统地整理分析，总结所确定的自留额和制定的再保险规划的执行情况，从而找出业务发展的规律性。而分出业务的会计账务是在原保险人和再保险接受人之间进行核算的，是正确核算经营成果的必要保证。完整的分出业务的会计制度包括会计凭证、会计科目、账册和年度结算报表的设立和规定等。

2.分入业务的经营管理

分入业务是承担由其他保险公司转让的风险或责任，其业务程序可简述为：接到分出公司提供的有关文件；认定承保单和其他文件并返回分出公司；分保部门通知会计部门入账。

分入业务与分出业务是两个相反的过程，遵循不同的经营原则，管理上也有很大区别。分入业务经营管理的主要内容有：

（1）分保额的确定。

自留额是分出公司所能承担风险的限额，而分保额是分入公司对分出公司转让的风险或责任所能承担或接受的限额。分保额的确定受再保险公司各因素的制约，特别是对于不同的再保险方式和业务，由于方式、保费计算基础、赔款支付方式的不同，确定分保额的因素亦有所不同。同时，为了防止承担的责任过大，再保险接受人还规定了最高承受限额。

（2）分入再保险业务的承保。

与直接承保业务相似，再保险业务的接受人也要根据条件来决定是否承保及承保多少。此项工作应该考虑的因素有：业务来源地区的政治、经济、外汇管制等情况；业务的一般市场趋势，包括这种业务的费率和佣金等；分出公司的资信情况；业务种类、再保险方式、承保范围和地区；分出公司自留额与分出额之间的关系以及分保额与再保险费之间的关系；再保险条件的考查以及对于分入业务收益的估算等。

（3）分入公司的转分保。

经营再保险的保险公司，有时也需将其所接受的再保险业务进行分散和转让，从而保障业务经营的稳定性和经济效益。转分保是将再保险业务进行进一步分保。

分入业务的经营管理还包括分入业务手续、分入业务转分保手续、分入业务的统计分析和分入业务的会计账务等。

专栏7-3·特别关注

中国核保险共同体

中国核保险共同体是我国保险业的两大重要联合体组织之一，接受国家金融监督管理总局（原银保监会）的领导。其宗旨是集中我国境内的核保险承保能力，加强与境外核保险市场的分保业务往来，为我国核电事业的发展提供保险服务。

中国核保险共同体执行机构设在中国再保险（集团）股份有限公司，是中国核保险业的业务运作中心，代表境内各大财产保险公司和中国再保险（集团）股份有限公司经营境内和境外核保险业务，也是我国核保险业联系境外市场的枢纽。

截至 2025 年 7 月，中国核保险共同体已从最初的 9 家成员公司扩展至包括中再集团、人保财险、太保财险、平安产险等在内的 31 家成员单位，涵盖 23 家财产险公司、7 家再保险公司和 1 家核电自保机构。共同体保障范围已覆盖全国 60 台运行中的核电机组，业务已由传统核电站财产险、第三者责任险等扩展至核燃料制造、乏燃料运输、科研试验堆等整个核产业链，年承保运输路程超过 20 万千米。共同体已与全球 300 余台核反应堆建立风险分保合作，并与伦敦核保险池等国际组织保持常态化合作。通过统一的巨灾责任准备金制度，共体累计提取并滚存专用资金超 10 亿元人民币，在应对重大核风险事件时具备较强的财务韧性。

随着中国自主三代核电技术（如华龙一号、CAP1400）及新一代小型堆项目的推广建设，共同体持续支持关键技术首堆、示范堆的核保险需求，成为我国核电安全与"走出去"战略的重要风险支撑力量。近年来，中国核保险共同体不断强化专业化运营机制，完善承保、核查、评估与国际互保等流程，推动核保险业务质量和规模持续提升，已成为具有国际影响力的核保险专业平台。

中国核保险共同体的业务范围包括：

（1）以下标的的核物质损失险、利损险、责任险等：①电站，核燃料及核废料等核材料的贮存、运输；②其他科研民用核设施。

（2）成员公司一致认可的其他非军事目的的核保险业务。

★ 本章小结

1. 再保险是对保险人所承担的风险进行赔偿的保险。原保险是发生在投保人和保险人之间的业务活动，称为直接保险业务。当保险人承保的直接保险业务金额较大且风险过于集中时，就有必要进行再保险。通过与其他保险人订立再保险合同，支付规定的再保险费（分保费），将其承保的风险和责任的一部分转嫁给其他保险人，以分散责任，保证自身业务经营的稳定性。再保险就是保险人向另一个保险人投保。再保险业务中，分出业务的保险人称为原保险人或分出公司，接受业务的保险人称为再保险人或分入公司、分保接受人。再保险是一种特殊性质的责任保险。再保险适用大数法则、最大诚信原则、可保利益原则和损失补偿原则。

2. 自留额与分保额是决定再保险方式的两个核心因素，它们都是根据风险单位来确定的。风险单位是保险标的发生一次风险事故可能波及的最大损失范围。自留额又称自负责任，是指对于每一风险单位或一系列风险单位的责任或损失，分出公司根据其本身的财力确定的自己所能承担的限额。分保额，又称分保接受额或分保责任额，是指分保接受人所能承担的分保责任的最高限额。以保险金额为计算基础的分保方式属于比例再保险，以赔款金额为计算基础的分保方式属于非比例再保险。比例再保险又可分为成数再保险和溢额再保险。非比例再保险的方式主要有超赔付额再保险、超赔付率再保险和巨灾超赔再保险。

3.再保险合同是指明确分出公司和再保险接受公司之间的法律关系的协议，是有关双方权利和义务的规定。比例再保险合同的基本条款包括：共命运条款，过失或疏忽条款，仲裁条款；非比例再保险合同的基本条款有：恢复条款，最后纯损失条款，一次事故特殊扩展条款，任何一次事故条款，最高责任限额条款，分层再保险条款。

4.再保险经营的原则主要有：稳定性原则、分散风险原则和盈利性原则。再保险财务方面的主要内容有：资金的运用和管理，基金投资收入的分配，货币的调节，业务争取和管理费用，账务方面的结算时间等。分入业务与分出业务是两个相反的过程，遵循不同的经营原则，管理上也有很大区别。分入业务经营管理的主要方面有：分保额的确定、分入再保险业务的承保和分入公司的转分保。

★ 综合训练

7.1 单项选择题

1.再保险业务中，分出业务的保险人称为（　　　）。

A.再保险人　　　　B.分入公司　　　　C.分保接受人　　　　D.原保险人

2.再保险是一种特殊性质的（　　　）。

A.社会保险　　　　B.商业保险　　　　C.责任保险　　　　D.信用风险

3.风险单位是保险标的发生一次风险事故可能波及的（　　　）。

A.最大损失范围　　　　　　　　　B.损失范围

C.损失程度　　　　　　　　　　　D.损失金额

4.成数再保险和溢额再保险都属于（　　　）。

A.非比例再保险　　　　　　　　　B.比例再保险

C.超赔付额再保险　　　　　　　　D.巨灾超赔再保险

5.经营再保险业务的保险公司将其所接受的再保险业务进一步分保，称为（　　　）。

A.转分保　　　　　　　　　　　　B.进一步分保

C.再分保　　　　　　　　　　　　D.重新分保

7.2 多项选择题

1.再保险按照自留额和分保额的计算基础不同，可划分为（　　　）。

A.比例再保险　　　　　　　　　　B.非比例再保险

C.超额再保险　　　　　　　　　　D.停止损失再保险

2.溢额再保险的三要素包括（　　　）。

A.风险因素　　　　　　　　　　　B.风险单位

C.自留额　　　　　　　　　　　　D.合同线数/合同限额

3.再保险安排方法主要有（　　　）。

A.临时再保险　　　　　　　　　　B.合同再保险

C.预约再保险　　　　　　　　　　D.直接再保险

4.再保险经营的原则主要有（　　　）。

A.稳定性原则　　　　　　　　　　B.分散风险原则

C.流动性原则　　　　　　　　　　D.盈利性原则

5.再保险分出业务的经营管理有（　　　）。

A.分出业务的一般管理　　　　　　B.临时再保险和合同再保险的手续

C.分出业务的统计分析　　　　　　D.分出业务的会计账务

7.3　思考题

1.简述再保险的含义及职能。

2.影响自留额的因素有哪些？

3.投保人就同一财产利益分别与保险人甲和保险人乙签订了财产保险合同（即两份保险合同）。其中，保险人甲又将承保的投保人的财产险转嫁给了保险人丙。结合此例，请指出重复保险、原保险、再保险的关系。

4.再保险对分出公司和分入公司有什么影响？

5.临时再保险、合同再保险和预约再保险各有什么特点？

第8章　保险经营

★ 学习指南

【导读】

保险经营是对保险企业经营活动所做的运筹、谋划工作。它一般经过展业、承保、分保、防损、理赔及保险资金运用等环节。保险企业经营具有不同于一般工商企业的特点，因此，保险经营除遵循一般工商企业应遵循的经济核算等原则外，还要遵循集合大量危险单位原则、风险经营分散原则和进行风险选择原则。保险经营范畴，一般包含保险市场、保险的成本、保险定价、保险展业、保险核保、理赔、保险准备金、保险投资几大方面的内容。

【关键概念】

保险主体；保险客体；保险成本；公平保费；保险展业；保险核保；理赔；保险准备金；保险投资。

【思政目标】

提升对保险经营规律与行业使命的理解，增强金融为民、稳健经营、服务实体的职业操守和社会责任感。

【学习目标】

掌握保险经营的主要环节及基本原则，理解保险企业在风险控制、资金运用与客户服务中的运行机制与管理逻辑。

§8.1 保险市场

保险市场是指保险商品交换关系的总和或是保险商品供给与需求关系的总和。它既可以是有形、固定的交易场所，也可以是无形、非固定的交易方式（如网络保险）。保险市场的交易对象是各类保险商品和相关服务。

随着保险业务的不断发展，承保技术日趋复杂，市场竞争日趋激烈，保险市场呈现区域化、一体化和全球化的趋势，仅由买卖双方直接参与交易的方式已经不能适应这种变化，保险市场的中介力量应运而生，并取得飞速发展。当今的保险交换关系更加复杂，同时也使得保险市场更加多样化，市场运行的效率也大为提高。伴随信息技术的高速发展，借助于网络信息技术，许多保险活动都可以高效便捷地完成。

8.1.1 保险市场概述

1.保险市场的构成要素

保险市场必须具备的两大要素就是保险市场的主体与客体。

（1）保险市场的主体。

保险市场的主体是指保险市场交易活动的参与者，包括保险商品和相关服务的供给方、需求方以及充当供需双方媒介的中介。

① 供给方。保险商品的供给方是指在保险市场上，提供各类保险商品，承担、分散和转移他人风险的各类保险人。它们包括经过保险监管部门审查认可，获准经营保险业务的各类保险组织。

② 需求方。保险商品的需求方是指保险市场上所有保险商品的购买者，即各类投保人。

③ 保险市场中介。保险市场中介既包括处于保险人与投保人之间，充当保险供需双方媒介、把保险人和投保人联系起来并建立保险合同关系的人，即保险代理人和保险经纪人，也包括独立于保险人与投保人之外，以第三者身份处理保险合同当事人委托办理的有关保险业务的公证、鉴定、理算和精算等事项的人，如保险公估人、保险律师、保险理算师、保险精算师和保险验船师等。

（2）保险市场的客体。

保险市场的客体是指保险市场上供求双方具体交易的对象，即保险商品和相关服务。从经济学的角度看，保险市场的客体是一种无形的服务。保险公司经营的是看不见、摸不着的风险转移服务，提供的产品仅仅是对保险消费者的一纸承诺，而且这种承诺的履行只能在约定的事件发生或约定的期限届满时才兑现，与可以实际感受其价值或使用价值的一般有形商品不同。这也决定了保险市场的特殊性。

2.保险市场的特征

保险市场的特征是由保险市场交易对象的特殊性决定的。如前所述，保险市场的交易对象是一种特殊的商品，因此，保险市场表现出其独有的特征：

（1）保险市场是直接的风险市场。

所谓的直接的风险市场，是就交易对象与风险关系而言的。任何市场都存在风险，交易双方都可能因市场风险的存在而遭受经济上的损失。但是，普通商品市场的交易对象本身不与风险联系。保险市场所交易的对象是保险商品，其使用价值是对投保人转嫁给保险人的各类风险提供保险保障，本身直接与各类风险相关联。保险商品的交易过程，在本质上就是保险人聚集与分散风险的过程。风险的客观存在与发展是保险市场形成和发展的基础和前提。"无风险，无保险"，所以，保险市场是一个直接的风险市场。

（2）保险市场是非及时清结市场。

一般的市场在交易活动结束后，买卖双方立刻就能够知道交易结束，交易活动即时清结。而保险市场里，因风险的不确定性和保险合同的射幸性，交易双方不可能确切知道交易结果，不能立即清结。保险单的签发，看似保险交易的完成，实则是保险保障的开始，最终的交易结果则要视保险合同双方约定的保险事故是否发生而定。所以，保险市场是非及时清结市场。

（3）保险市场是特殊的"期货市场"。

由于保险合同的射幸性，保险市场所成交的任何一笔交易，都是保险人对未来风险事故发生所致经济损失进行赔付的承诺或者对一定期限内约定事故的发生承担给付责任的承诺。而保险人是否对某一特定的对象进行赔付或给付，取决于保险合同约定时间内是否发生约定的风险事故，或者该约定风险事故造成的损失是否达到保险合同约定的赔付条件。因此，保险市场上交易的是一种特殊期货，即"灾难期货"。因此，可以说，保险市场是一种特殊的"期货市场"。

8.1.2 保险市场经营主体

保险市场的经营主体是指提供保险商品或服务的组织及个人，主要包括保险人和保险中介。

1.保险人

由于社会经济制度、经济管理体制和历史传统等方面的差异，保险人以何种组织形式出现、开展经营，各个国家的规定不尽相同。例如，美国规定的保险组织形式是股份有限公司和相互保险公司两种；日本规定的是股份有限公司、相互保险公司和保险互济合作社三种；英国较为特殊，除股份有限公司和相互保险社以外，还允许以个人保险组织形式经营保险，即允许在"劳合社"里采用个人保险组织形式从事保险业务。根据我国《保险法》和《中华人民共和国公司法》的相关规定，保险人的组织形式有国有独资公司和股份有限公司两种。下面对这几种不同保险公司组织形式进行简要介绍。

（1）国有独资保险公司。

国有独资公司（state sole funded corporation）是指国家单独出资、由国务院或者地方人民政府授权本级人民政府国有资产监督管理机构履行出资人职责的有限责任公司。国有独资保险公司曾是我国保险公司的主要组织形式。但是，随着中国人民保险公司、中国人寿保险公司、中国再保险公司等国有独资公司的股份制改造完成，国有独资保险公司这种组织形式已经消失。

（2）股份有限公司。

股份有限公司简称股份公司（stock company），是由一定数目以上的股东发起成立，全部注册资本被划分为等额股份，通常发行股票筹集资本，股东以其所认购股份承担有限责任，公司以其全部资产对公司债务承担民事责任。从世界范围来看，股份公司是最为普遍的一种保险人组织形式。

（3）相互保险公司。

相互保险公司（mutual insurance company）是由所有参加保险的人自己设立的保险法人组织，是保险业特有的公司组织形式。与股份保险公司相比，其有以下特点：

① 相互保险公司的投保人具有双重身份。相互保险公司没有股东，或者说没有投资股东，换个角度，也可以说相互保险公司的股东是数量巨大的投保人。保单持有人的地位与股份公司的股东地位相类似，公司为他们所拥有。因此，投保人具有双重身份，既是公司所有人，又是公司的顾客；既是投保人或被保险人，同时又是保险人。他们只要交纳保险费，就可以成为公司成员，而一旦解除保险关系，也就自然脱离公司，成员资格随之消失。

② 相互保险公司是一种非营利性公司。相互保险公司没有资本金，以各成员交纳的保险费形成公司的责任准备金，以此来承担全部保险责任。各成员也以交纳的保险费为依据，参与公司盈余分配和承担公司发生亏空时的弥补额，因而没有所谓的盈利问题。

③ 相互保险公司的组织机构类似于股份公司。相互保险公司的最高权力机关是会员大会或会员代表大会，即由保单持有人组成的代表大会，由他们选举董事会，由董事会任命公司的高级管理人员，但随着公司规模的扩大，董事会和高级管理人员实际上已经控制了公司的全部事务，会员很难真正参与管理，而且现在已经演变成委托具有法人资格的代理人营运管理，负责处理一切保险业务。

（4）相互保险社。

相互保险社（insurance society）是同一行业的人员，为了应付自然灾害或意外事故造成的经济损失而自愿结合起来的集体组织。相互保险社是最早出现的保险组织，也是保险组织最原始的形态，在欧美国家现在仍然相当普遍，如在人寿保险方面有英国的"友爱社"、美国的"同胞社"等。与相互保险公司及下面介绍的保险合作社相比较，相互保险社主要有以下特征：一是参加相互保险社的成员之间相互提供保险，真正体现了"我为人人，人人为我"。二是相互保险社无股本，其经营资本来源仅为社员交纳的分担金，一般在每年年初按暂定分摊额向社员预收，在年度结束计算出实际分摊额后，再多退少补。三是相互保险社保险费采取事后分摊制，事先并不确定。四是相互保险社的最高管理机构是社员选举出来的管理委员会。

（5）保险合作社。

保险合作社（insurance cooperative）是由一些对某种风险具有同一保障需求的人，自愿集股设立的保险组织。保险合作社与相互保险社很相似，而且相互保险社通常又是按照合作社的模式建立的，因此，人们往往对两者不加区别。实际上两者存在着很大的差异。首先，保险合作社是由社员共同出资入股设立的，加入保险合作社的成员必须交纳一定金额的股本。社员即为保险合作社的股东，其对保险合作社的权利以其认购的股金为限，而相互保险社并无股本。其次，只有保险合作社的社员才能作为保险合作社的被保险人，但是社员也可以不与保险合作社建立保险关系。也就是说，保险关系的建立必须以成为社员为条件，但社员不一定必须建立保险关系，保险关系的消失也不会导致社员关系和社员身份的消失，因而保险合作社与社员间的关系比较长久。而相互保险社与社员之间是为了一时目的而结合的，如果保险合同终止，双方即自动解约。再次，保险合作社的业务范围仅局限于合作社的社员，只承保合作社社员的风险。最后，保险合作社采取固定保险费率，事后不补交。而相互保险社保费采取事后分摊制，事先并不确定。

（6）劳合社。

劳合社（Lloyd's）是当今世界上最大的保险组织之一。劳合社并不是一个保险公司，它仅是个人承保商的集合体，其成员全部是个人，各自独立、自负盈亏，进行单独承保，并以个人的全部财力对其承保风险承担无限责任。因而，劳合社实际上又是一个保险市场，它的保险交易方式通常是由保险经纪人为其保户准备好一份承保文件，写明保险标的，然后将此保单置于桌上，由劳合社中的承保会员承保，如愿意承保，即在承保文件上签字，并写明所愿接受的金额。往往一张承保单需要许多承保会员签字承保，直到所需承保的金额全部有人承保为止，再交签单部门签单，交易才算达成。这种在承保文件下方签字的习惯，就是当今所采用的"承保人"（underwriter）一词的由来。

专栏 8-1•特别关注

国内保险公司的股份制改造与上市

2003 年，中国人寿保险公司、中国人民保险公司、中国再保险公司完成了重组改制。其中，中国人民保险公司更名为中国人保控股公司，并发起设立中国人民财产保险股份有限公司和中国人保资产管理有限公司。中国人寿保险公司重组为中国人寿保险（集团）公司和中国人寿保险股份公司。中国再保险公司重组为中国再保险（集团）公司，并控股设立中国财产再保险股份有限公司、中国人寿再保险股份有限公司、中国大地财产保险股份有限公司。

2003 年 11 月 6 日，中国人民财产保险股份有限公司股票在香港联合交易所成功挂牌交易。

2003 年 12 月 17 日，中国人寿保险股份有限公司股票在纽约证券交易所上市，

18 日在香港联合交易所正式挂牌交易。中国人寿在海外融资规模高达 35 亿美元，创造了 2003 年度全球资本市场筹资额最高纪录。

2004 年 6 月 24 日，中国平安保险集团首次公开发行股票在香港联合交易所正式挂牌交易。

2007 年 12 月 25 日，中国太平洋保险（集团）股份有限公司 A 股股票正式在上海证券交易所挂牌上市。

2011 年 12 月 15 日，新华保险登陆上海证券交易所，完成从发行到上市的全过程，成功跻身两地资本市场。

2013 年 7 月 25 日，中国保险监督管理委员会批复同意"中国太平保险集团"名称正式启用，太平保险集团开始着手民安控股股权私有化、在香港联合证券交易所摘牌退市的活动。10 月 7 日，民安宣布停牌。中国太平和民安双双发表公告称，中国太平将发行近 20% 新股支付收购价款，中国太平对民安控股每股收购价为 1.31元，溢价 45.56%，总价值约为 38 亿港元。同时，按收购协议，其他股东将以每 10股民安股份换 1 股中国太平新股。这一全面收购方式私有化民安的建议于法院会议及股东特别大会上获大比例通告，民安控股于 11 月 2 日收市后摘牌退市，太平保险集团完成重组改制上市。

2015 年 10 月 26 日，中国再保险（集团）股份有限公司成功登陆香港资本市场，在香港联合交易所有限公司主板正式挂牌交易。

2017 年 9 月 28 日，国内首家互联网保险公司——众安在线财产保险股份有限公司正式在香港联合交易所有限公司主板正式挂牌交易。2025 年 6 月，众安再次增资 39 亿港元，进一步加码其金融科技创新投入并重塑市场估值。

2024—2025 年期间，多家保险科技公司与中介机构在 A/H 股及美股市场积极谋划上市。

我国保险公司通过创新组织制度，规范了公司的法人治理结构。这一切都反映了在保险市场对外开放的竞争压力下，中资保险公司积极应对的态度。

2.保险中介

保险中介是指为保险交易提供辅助性服务的个人或组织，包括保险代理人、保险经纪人和保险公估人。

（1）保险代理人。

保险代理人（insurance agent）是受保险人的委托，向保险人收取代理手续费，并在保险人授权的范围内代办保险业务的组织或个人。保险代理人的行为具备民事代理的一般特征：一是保险代理人以保险人的名义进行保险销售活动；二是保险代理人可以作出独立的意思表示，但必须在保险人授权范围内，因而属于委托代理；三是保险代理人与投保人之间发生的民事法律行为，具有确立、变更或中止一定民事权利义务的法律意义；四是保险代理人和投保人之间签订的保险合同所产生的权利和义务，视为保险人自己的民事法律行为所产生的权利义务，法律后果由保险人承担。

由于各国的法律不同，对保险代理人的资格、种类和业务范围的限定也有所不同。根据我国相关法律、法规的规定，保险代理人可以分为专业代理人、兼业代理人和个人代理人三类：①专业代理人，是指专业从事保险代理业务的保险代理公司。在保险代理人中，它是唯一具有独立法人资格的保险代理人。根据我国《保险代理机构管理规定》，专业保险代理机构可以是合伙企业、有限责任公司或股份有限公司。②兼业代理人，是指受保险人委托，在从事自身业务的同时，指定专人为保险人代办保险业务的组织机构。常见的兼业代理人主要有银行代理、行业代理和单位代理三种。保险人利用银行与社会各行业接触面广的特点，通过银行代理向企业和个人进行保险宣传，可取得十分显著的效果；行业代理的保险业务一般为专项险种，如由货物运输部门代理货物运输保险业务，由航空售票点代理航空人身意外伤害保险等，行业代理可充分运用各行业的优势；单位代理主要是由各单位工会、财务部门代理，办理一些与职工生活关系密切的保险业务，方便群众投保。③个人代理人，是指受保险人的委托，向保险人收取手续费，并在保险人授权范围内代办保险业务的个人，其业务范围是代理销售保险单和代理收取保险费。目前，我国的保险个人代理人主要是保险营销员。

专栏8-2·学习指导

保险代理制度的基本作用

保险代理有利于沟通保险需求方与供给方。通过保险代理人，保险人能够更直接地与市场接触，扩大市场交换行为，从而增加保险供给方与需求方的接触。另外，由于保险所涉及的面广量大，保险代理人发挥自身特有的专长和技术优势，可以有针对性地推动保险业务向纵深领域发展。

保险代理有利于沟通保险信息，提高保险企业的经营水平和经济效益，增进社会效益。首先，保险代理人在展业过程中，接触面广，信息来源多，因而成为保险人了解保险需求与保险标的的重要渠道。保险人能够通过代理人对市场信息进行分析，不断完善各种保险单、保险条款及经营策略，以适应市场变化，最终提高保险企业的服务水平和自身的经营管理能力。其次，就保险企业的经济效益而言，保险人采用代理方式开展业务，一方面可以开拓市场，增加保费收入；另一方面可以节约保险企业自营机构的场地和人员开支，降低经营成本，提高企业的经济效益。

保险代理有利于发挥行业和个人优势，改善保险服务。保险代理人往往具有自身独特的优势，如熟悉某些客户的行业技术，在某个特定的范围内具有良好的业务背景，在当地公众心目中有一定威望和影响等，因而能够利用代理机构的行业特点和人员优势，提高保险服务质量。

（2）保险经纪人。

保险经纪人（insurance broker）是基于投保人的利益，为投保人与保险人订立保险合同提供中介服务，并依法收取佣金的单位或个人。依据我国现行的法律、法规，我国的保险经纪人只能是单位，即保险经纪公司。

保险经纪人具有以下职能：为客户进行风险评估，制订保险计划或制订包括财务风险、发展战略风险等在内的综合风险管理计划；为客户选择最合适的保险公司，并为客户代办投保手续；监督保险合同的执行情况，并协助索赔。作为投保人的代表，保险经纪人在投保人的授权范围内开展业务，其行为所产生的后果对投保人具有约束力，但不能约束与投保人订立合同的保险人。保险经纪人协助投保人签订的保险合同是投保人自身的行为，由投保人承担合同所产生的所有权利与义务。但是，投保人因经纪人的过失而遭受损失时，经纪人在法律上要承担赔偿责任。

（3）保险公估人。

保险公估人（insurance loss adjuster）是指站在第三方的立场上，受保险当事人委托，专门从事保险标的评估、勘验、鉴定、估损和理赔款项清算业务，并据此向保险当事人收取费用的单位或个人。依据我国现行的法律、法规，我国的保险公估人只能是单位，即保险公估公司。

保险公估人的主要任务是，在风险事故发生后判定事故发生的原因和损失程度，并出具公证书。公证书虽然不具备强制性，但它是有关部门处理保险争议的权威性依据。由于保险公估人通常是由具有专业知识和技术的专家担任，并且保持公平、独立和公正的立场，因而其职业信誉较高，所作出的公证书通常为保险当事人双方所接受，成为建立合同关系、履行保险合同和解决保险纠纷的有力保障。保险人和被保险人都有权委托保险公估人办理有关事宜。

（4）保险代理人和保险经纪人的区别。

保险经纪人与保险代理人同属保险中介范畴，均凭借自身的保险专业知识和优势活跃在保险人与投保人及被保险人之间，成为保险市场的重要组成部分。但是两者具有明显的区别，具体表现在：

① 保险代理人是受保险人的委托，代表保险人的利益办理保险业务，实质上是保险自营机构的一种延伸；保险经纪人则是基于投保人及被保险人的利益从事保险活动，为投保人及被保险人提供各种保险咨询服务，进行风险评估，选择保险公司、保险产品和设定承保条件等。

② 保险代理人通常是代理销售保险人授权的保险产品；保险经纪人则接受投保人及被保险人的委托为其协商投保条件，提供保险服务。

③ 保险代理人按代理合同的规定向保险人收取代理手续费；保险经纪人则根据投保人及被保险人的要求向保险公司投保，保险公司接受业务后，向经纪人支付佣金，或者由投保人及被保险人根据经纪人提供的服务给予一定的报酬。

④ 保险经纪人的法律地位和保险代理人的法律地位截然不同，经纪人是投保人及被保险人的代表，其疏忽、过失等行为给保险人及被保险人造成损失，应独立承担民事责任；保险代理人的行为则视为保险人的行为，由保险人承担责任。

⑤ 保险经纪人的职能及行为的法律特征等特殊性使经纪人资格的取得、机构的审批等较代理人更为严格，为了维护投保人及被保险人的利益，很多国家还规定经纪人必须投保职业责任保险。

8.1.3　保险市场国际化

20世纪以来，发达国家的大型保险公司不断开拓海外市场，国际再保险业务快速发展。另外，随着互联网技术的发展，网上保险业务也使得跨境保险合作日益普遍，保险市场呈现出国际化的趋势。

1.保险市场国际化的动因

保险作为一种风险补偿机制，并不是孤立于实体经济的，而是和其他经济活动相辅相成、共同发展的。全球化是当代世界经济的重要特征，在推动生产要素在全球范围内自由流动的同时，经济全球化也促使市场竞争在更广阔的领域和更深的层次展开。反映在保险市场，经济全球化也迫使保险经营主体极力拓展业务领域，在全球范围内更加有效地配置资源，以提升自身应对外部环境变化的能力。可以说，随着经济全球化的日益加深，保险市场国际化也将不断深化发展。具体来说，保险市场国际化有如下促成因素：

（1）保险市场国际化是保险业分散承保风险的客观需要。根据大数法则，风险单位的数量越大，分布越广，风险就越能被有效地分散和控制。在相对封闭的经济环境中，保险公司在一国甚至一个地区内分散风险就可以实现维系经营并保持长期的财务稳定。但随着经济全球化的逐步深入，地区之间的风险相关性愈加明显，风险要素愈加复杂，风险损失也愈加高昂。保险公司传统的承保方式已经难以适应这些新的变化，因此必须在更大的范围内分散承保风险。例如，"9·11"事件使美国经济遭受了巨大的损失，如果没有国际性的再保险分摊机制，其巨额的赔付足以使多家保险公司破产。然而，由于大部分美国保险公司都通过国际再保险的方式将部分损失转移到了国外，因此并没有出现众多保险公司倒闭的情况。保险市场国际化是实现保险承保风险分散的一个重要途径。

（2）保险市场国际化是保险公司分散投资风险的有效手段。在经济全球化的背景下，金融自由化和一体化也取得了显著发展。金融管制的放松和新兴金融工具不断涌现，为保险资金运用提供了更加广阔的投资渠道和多元化的投资模式。保险公司通过实施区域投资战略，构建最优投资组合，不仅可以有效地稀释和冲抵投资风险，还可以获得较高的投资收益。事实上，即使在发达国家，受经济政策、经济周期等多种因素影响，其国内金融市场依然蕴含着较大的系统风险，例如，美国股市在20世纪80年代和90年代中期都曾出现过大崩盘的现象。因此，需要通过全球化投资的方式来降低本国金融系统风险对保险投资资金安全的潜在威胁。

（3）保险市场国际化是保险公司追求规模经济的必然结果。和其他金融机构一样，保险公司也经历了收购与兼并的浪潮，例如，德国保险业巨人安联集团收购德国第三大银行德累斯顿银行，瑞士再保险公司收购GE保险集团等。从理论上讲，保险公司可以通过兼并与收购来扩大经营规模，从而降低平均成本。同时，兼并与收购也有助于保险公司更加充分地利用既有设施和资源，提供多元化的保险产品和服务。

（4）保险市场国际化是推动保险业发展和创新的重要途径。保险市场的国际化可以拓宽保险公司高层管理人员的视野，为其战略决策提供更多的帮助，而且可以学习到先进的管理经验和营销体系，从总体上推动本地保险业的跨跃式发展。

2.保险市场国际化的表现形式

（1）跨国保险公司及相关经营机构的设立。通过在国外设立分支机构，保险公司可以有效地利用国际资源达到分散风险、提高自身竞争力的目的。

（2）国际化的再保险。再保险市场的国际化对保险业的发展有着举足轻重的作用。许多本国的保险项目若失去了国际再保险公司的支持就无法开展。

（3）保险公司境外投资。随着金融一体化的不断演进，发达国家中各保险公司的投资早已超越了国界，成为纽约、伦敦等全球金融中心的重要投资力量。

（4）保险公司的境外融资。境外融资正在成为保险公司重要的、不可或缺的筹资渠道。例如，中国人寿保险股份有限公司在美国纽约和中国香港同步上市，募集资金34.75亿美元，创造了当年全球资本市场首次公开发行融资额最高纪录。

3.我国保险市场的国际化

（1）我国保险市场开放的历史背景。

1992年10月，我国确立了建立社会主义市场经济体制的改革目标。随着我国经济社会发展水平的提高和社会主义市场经济体制的不断完善，人民群众对保险的认识进一步加深，保险需求日益增强，保险业发展的基础和条件日趋成熟，加快保险业发展成为促进社会主义和谐社会建设的必然要求。

2001年11月，我国正式加入世界贸易组织。作为金融服务贸易的主要内容之一，保险业实施对外开放成为我国经济融入世界贸易体系的重要环节。根据我国政府的承诺，我国保险市场开始分阶段地对外实现开放，保险市场的准入规则、市场运行机制和监管体系等诸多方面也将逐渐与国际规则接轨。

（2）我国保险市场对外开放的历程。

改革开放以来，我国保险市场的对外开放经历了以下几个阶段：

① 准备阶段（1980—1992年）。在这一时期，中央政府只允许一些境外保险公司在国内设立代表处。虽然只是代表处，但也为增进中外保险业相互了解与合作发挥了积极作用，为外资保险公司进入我国保险市场奠定了基础。

② 试点阶段（1992—2001年）。1992年7月，中国人民银行颁布《上海外资保险机构暂行管理办法》，明确规定了外资保险公司设立的条件、业务范围、资金运用以及对外资保险公司的监管等。1992年9月，美国友邦保险公司作为第一家进入我国的外资保险公司在上海设立分公司，这标志着我国保险业开始实施对外开放。

③ 过渡阶段（2001—2004年）。2001年底，我国正式加入世界贸易组织，这标志着我国保险业对外开放进入一个新的阶段。按照世界贸易组织原则和中国"入世"承诺，国务院于2001年12月颁布了《外资保险公司管理条例》，为进一步扩大保险市场对外开放、加强对外资保险公司的管理提供了法律依据。2002年，全国人大常委会通过了对《保险法》的修改，于2003年1月1日起正式实施。同年，保

监会清理了《保险公司管理规定》中与世贸原则和"入世"承诺不相符的有关条款，并对其作出整体的修订和完善，以更好适应"入世"后我国保险业发展的需要。

④ 全面开放阶段（2004 年至今）。2004 年 12 月 11 日，保险业"入世"过渡期结束，标志着我国保险业进入全面对外开放的新时期。从持股比例放松，到业务范围放开，保险业开放进程正在提速。这既折射了中国保险业在改革开放中发展壮大的事实，也释放了中国保险业将继续在改革开放中迈步成熟的信号。2018 年 4 月 11 日，时任中国人民银行行长易纲在博鳌亚洲论坛 2018 年年会上表示，未来人身险公司外资持股比例的上限将放宽至 51%，3 年以后不再设限。允许符合条件的外国投资者来华经营保险代理业务和保险公估业务。放开保险外资保险经纪公司经营范围，与中资机构一致。2018 年年底以前，全面取消外资保险公司设立前需开设两年代表处的要求。

（3）我国保险市场对外开放的成效。

在我国"入世"承诺中，保险业是开放最早、力度最大和最早实现全面开放的金融行业。实践表明，我国保险业实施对外开放，充分利用国内、外两个市场、两种资源，增强了保险业在全面对外开放条件下的竞争能力和发展能力，保险市场对外开放的质量不断提高，保险业开放取得了明显成效：①促进了保险市场发展，服务和谐社会的能力得到增强。②促进了中资保险公司改革，行业发展质量得到提高。在开放和市场竞争中，保险企业的经营理念和经营机制有了明显转变。保险公司的经营管理逐步走向成熟，开始从注重机构规模、保费规模向重视效益转变。③加强了保险监管能力，国际影响力得到提升。"入世"对保险监管提出了新的要求，促使保险监管依法行政，科学监管的观念逐步增强，监管服务意识不断提高。

§8.2　保险成本和定价

8.2.1　保险成本

1.保险成本的含义

保险成本是指保险公司为了提供保险产品而消耗的生产要素的总和，它包括显性成本与隐性成本。保险公司的显性成本包括办公场地费用、设备添置费用、理赔费用、佣金手续费用、办公费用、员工工资及福利、管理费用以及其他在会计账面反映出来的各类生产要素的购买支出；隐性成本包括自有场地和自有办公设备的使用与"自由"准备基金（以应对有可能发生的不可预期的经营风险）。

2.保险组织运营成本

保险组织运营成本是由于保险公司运营所产生的费用，只包括营业费用，不包括赔偿风险事故损失的费用。因为，赔偿风险事故损失的费用主要由技术方面的因素决定，与经营的方针政策关系较小。无论是否存在保险制度，风险事故一旦发生，损失就会形成。《金融保险企业财务制度》对保险企业成本的内容作出了详细规定，即保险企业在经营业务过程中发生的与经营业务有关的支出，包括各项利息支出、赔款支出、金融机构往来利息支出、各种准备金以及有关支出都要计入成本。其中赔款支出和准备金中的未决赔款准备金属于赔偿承保风险事故经济损失的费用，将这一部分扣除，就是保险组织的营业费用，也即运营成本，具体包括：

（1）利息支出。它是指企业以负债的形式筹集的各类资金（不包括金融机构往来资金），按国家规定的适用利率提取的应付利息。

（2）固定资产折旧费。它是指保险企业按照国家规定计提的固定资产折旧。

（3）手续费支出。它是指企业在办理保险业务过程中发生的支出。

（4）业务宣传费。它是指企业开展业务宣传活动所支付的费用。

（5）业务招待费。它是指保险企业为经营业务的合理需要而支付的交际费用。

（6）业务管理费。它包括电子设备运转费、钞币运送费、诉讼费等。

（7）防灾费。它是指保险企业为提高参加保险的企事业单位及有关部门抵御自然灾害和意外事故的能力，减少人身伤害和财产损失所支付的专项费用。

（8）外汇、金银和证券的买卖损失。

（9）各种准备金（扣除保险未决赔款准备金）。它包括呆账准备金、风险投资准备金和坏账准备金。

（10）人员费用。它包括员工工资、奖金、福利及社会保险费等。

3.解决逆向选择问题的成本

保险中的逆向选择是指在同等保费水平下，具有高期望损失的投保人与低期望损失的投保人相比，前者将表现出更多购买保险的趋势。逆向选择是当保险客户比保险公司对期望索赔成本有更多了解时产生的。

对于保险人来说，将投保人按照低风险和高风险进行划分可以减少逆向选择。而保险人如果要根据其对客户期望索赔成本的估计对被保险人进行分类，就需要在收集和处理相关信息上支出一定的费用，这部分费用就是风险分类成本，也是解决逆向选择问题的成本。下面以一个例子来解释为什么会出现逆向选择问题以及解决这一问题需要付出的成本。

【例 8-1】 表 8-1 给出的是"书迷"（bookworm）和"滑板爱好者"（skateboarder）两类投保人不同的损失分布，对每个书迷类投保人来说，其期望意外伤害损失（以下简称期望损失）为100美元，每个滑板爱好者类投保人的期望损失则为200美元。为了论述简单起见，我们假设每一类投保人的数目都是相等的，并且投保人的数目多到足以满足大数法则的要求，这样每类投保人的平均损失就等于期望损失。

现在我们来看在这种情况下保险市场是如何运作的。假设 Equal Treatment（ET）保险公司对每类投保人都卖出同样数目的保单并向每人收取150美元，那么对滑板爱好者类投保人卖出的保单，保险人会有50美元的损失，但对于书迷类投保人来说，保险人则有50美元的利润，平均下来盈亏持平。

表 8-1　　　　　　　　　　书迷类和滑板爱好者类投保人的损失分布

投保人类型 期望损失	遭受损失概率	不遭受损失概率	损失程度
书迷类 100 美元	0.10	0.90	1 000 美元
滑板爱好者类 200 美元	0.20	0.80	1 000 美元

如果 Careful Selection（CS）保险公司通过对客户的文化程度、历史背景和保险状况进行调查等（假如信息调查付出的成本是 25 美元），可以区分出哪些人是书迷类投保人，情况又将发生什么样的变化呢？CS 公司将对书迷类投保人收取低于 150 美元的保费，但是不再对滑板爱好者类投保人进行承保（或者会在 200 美元甚至更高收费的情况下承保），这样公司就可以获得利润。例如，向每个书迷类投保人收取 130 美元保费，假如公司对于每个投保人的索赔成本将非常接近于 100 美元，此时，CS 公司每份保单的期望利润为 5 美元（130 美元的收入减去 100 美元的期望索赔成本和 25 美元的风险分类成本）。

此时，对于 ET 公司，情况又会如何呢？当 CS 公司向书迷类投保人收取更低的保费时，ET 公司将失去书迷类顾客而仅剩下滑板爱好者类顾客，最终 ET 公司将会体验到逆向选择，即书迷类投保人倾向于 CS 公司的结果。在逆向选择的作用下，如果 ET 公司对所有投保人仍收取 150 美元的保费，它将出现亏损，因为此时它唯一能够吸引的只是那些期望索赔成本为 200 美元的投保人（滑板爱好者类投保人）。所以，ET 公司一方面要增加保费，另一方面还要像 CS 公司那样对投保人群体进行划分。

逆向选择本是源自信息经济学的一个概念，它是指由于交易前的信息不对称而导致的市场上出现"次品"驱逐"良品"的现象。信息经济学给出了解决逆向选择问题的办法。既然逆向选择源于信息不对称，解决问题的办法自然是消除交易前的信息不对称，使信息劣势方能够获得充分的信息，将"次品"和"良品"区分开来，信息经济学称之为信号传递。根据信号是由信息优势方发出还是由信息劣势方发出，解决办法可以分为"信号传递模型"和"信号筛选模型"两种。

"信号传递模型"中，信号由信息优势方发出。应用在前面的例子中，就是书迷类投保人提供信息向保险公司表明自己是低风险投保人，这样保险公司就可以区别对待不同风险程度的投保人，向高风险投保人收取高保费，向低风险投保人收取低保费，防止逆向选择问题的发生。"信号筛选模型"中，信号由处于信息劣势方发出，比如在前面的例子中，保险公司可以通过对投保人的文化程度、历史背景和保险状况等进行调查来判断是否为书迷爱好者，区分不同的投保人，收取不同的保费。无论信号由谁发出，信号的生产和传递都会产生成本，这是我们为了解决逆向选择问题、维持保险制度的运行不得不付出的成本。

4.解决道德风险问题的成本

与逆向选择发生在交易前相反,道德风险发生在交易之后。它指的是保险保障对投保人防损、减损动机的影响。对于投保人而言,道德风险又分为事前道德风险和事后道德风险。事前道德风险是指被保险人在防损方面的行为产生的背离。例如,某人购买了偷盗险,他实施预防措施降低偷盗可能性的动机就会减小。这是因为投保后,其要承担所有额外预防行为的成本,但是从这些额外预防行为中得不到任何收益。事后道德风险是指被保险人在减损方面的行为产生的背离。例如,一个人给家庭财产投了足额保险,当发生火灾时他可能不会采取积极措施来抢救财产,防止损失进一步扩大,甚至他可能完全袖手旁观,以避免抢救财产时遭受伤害,任凭全部财产化为灰烬,因为他可以获得赔偿。

保险公司知道购买保险会降低投保人防损、减损的动机,保险市场会通过多种方法防止这种道德风险。但是道德风险几乎不可能被完全消除,所以它增加了由于期望索赔成本的增加而导致的保障成本。

解决道德风险问题的一个可能的办法是,根据保险期内投保人的行为制定保费和保险范围。例如,如果一个司机由于开车速度快而增加了期望索赔成本,保费很快会增加或是保险范围缩小。这一解决方法需要承保者对保户的行为紧密监控,而这需要支出高昂的费用,而且有时也无法实现。

8.2.2 保险定价

保险定价的第一基本原则是,当保险人销售保险时,其保费收入必须满足如下条件:第一,能够为其期望索赔成本和管理成本提供充足的资金;第二,能够产生期望利润,以补偿销售保险所必需的成本。

1.保险公平保费

如果保费收入能够为保险人的期望成本提供充分的资金,并且能够为保险公司所有者所投入的资本带来公平的回报,就称为"公平保费"(fair premium)。公平保费就是在一个完全竞争的保险市场环境下应该收取的保费,其主要决定因素如图8-1所示。

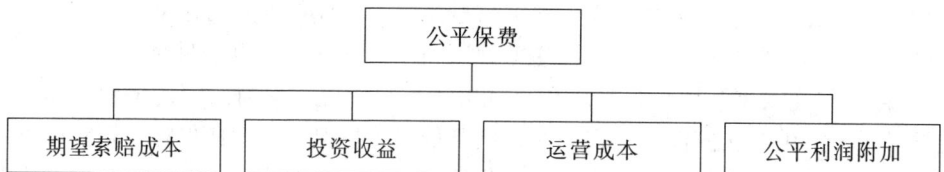

图8-1 公平保费的主要决定因素

公平保费取决于未来索赔成本的期望值和运营成本费用附加以及合理的利润附加,而并不取决于过去的一年里保险人所赚的钱与所期望的相比是高还是低。所以,公平保费反映了对未来的期望。我们需要清楚地了解"对未来的期望"是什么意思。

【例 8-2】现在考虑一个保险人已经完成了第一年的运作并准备在第二年里继续承保的例子。第一年的结果、第二年的期望索赔成本以及公平保费列示在表 8-2 中，为简单起见，本例忽略了投资收入、费用和利润附加。

表 8-2　　　　　　　　保险人在第一年和第二年的运作结果　　　　　　　单位：万元

年　　度	期望索赔成本	公平保费	实际索赔成本	利　润
第一年（过去）	100	100	110	−10
第二年（未来）	115	115	？	？

由于第一年实际索赔成本超过了期望索赔成本，所以保险人要承受经营损失（负利润）。第二年的期望索赔成本升至 115 万元，于是公平保费也上升到 115 万元。期望索赔成本上升的部分原因在于保险人收到了关于第一年结果的信息，也就是说，由于第一年的索赔成本高于期望值，所以保险人对于第二年期望索赔成本的估计值也有可能上升。第二年的实际索赔成本和利润在年初时都是未知的，而利润的期望值则为 0。

人们通常认为，保险人如果在前一年经历了任何损失，那么它在第二年通常会提高价格以补偿损失。但上面的例子却说明，发生损失年度后的价格上升并不一定表明保险人提高费率是为了弥补前一年度较高的索赔成本。如果索赔成本意外上升，随后公平保费通常也会上升，但后者的上升是因为保险人对未来期望索赔成本的估计值上升的缘故。

由于竞争的存在，保险人在经历一个损失年度后往往无法通过提高费率的方式来补充资本。上面的例子中，如果一个保险人在经历了上述第一年的损失后，为了弥补第一年 10 万元的损失和第二年 115 万元的期望索赔成本，它将保费提高至 125 万元，那么其他的保险人就会在收取低于 125 万元但仍能弥补自身承保成本的保费的情况下抢走它的客户。从更一般的意义上讲，投保人往往更喜欢价格的稳定性，所以，如果保险人在发生随机变动的时候能够保证被保险人不受保费波动的影响，那么它就比其他保险人更具有优势。

（1）期望索赔成本。

在这一部分我们将忽略投资收益、运营成本以及所要求的利润，来单独讨论期望索赔成本（expected claim cost）。在保险业务中，其他可表明期望索赔成本的术语还有纯粹保费或纯保费（pure premium）和精算公平保费（actuarially fair premium）。对大多数险种来说，期望索赔成本是公平保费的主要组成部分。

①同质投保人。

【例 8-3】假设在一群投保人当中，每个人都具有如下的损失分布：遭受 1 000 元损失的概率是 0.15，不遭受损失的概率是 0.85。由于每个投保人的损失分布是相同的，我们称他们是"同质的"（homogenous）。同时还假设，每个投保人所遭受的损失相对于其他投保人所遭受的损失来说是独立的（即投保人所遭受的损失之间不具备相关性）。

如果保险人对这些投保人进行承保，同意在其损失发生时进行偿付，那么保险人需要向每个投保人收取多少保费才足以弥补自身的索赔成本呢？既然保单是对被保险人的损失进行全额赔付，那么每个投保人的期望索赔成本就等于其期望损失，即：

1 000×0.15+0×0.85=150（元）

实际索赔成本会不同于期望索赔成本，但是根据大数法则，由于每个投保人所遭受的损失彼此之间是不相关的，而且投保人的数目足够多，所以保险人就会认为平均损失将非常接近于期望值150元。在实际运作中，保险人的索赔成本总会有一些不确定性，但在这里我们忽略掉这些复杂因素，假设平均索赔成本将等于150元，即平均索赔成本等于期望索赔成本，那么保险人向每个投保人收取150元就可以弥补其索赔成本。如果每个投保人遭受损失的概率从0.15上升到0.20，那么平均索赔成本将会升至200元，而此时为了弥补其索赔成本，保险人收取的保费也将从150元上升为200元。

从上面这个简单的例子可以看出，对于数目很多的同质投保人，保险人向其收取的保费只要等于期望索赔成本，就可以弥补自身的索赔成本。由此可以得出保险费的一个重要决定因素就是期望索赔成本。如果保险人收取的保费低于期望索赔成本，那么平均索赔成本就会高于其平均收入。由于市场竞争的存在，竞争又会使得保险人的收费不会高于期望索赔成本。

②异质投保人。

简单地说，异质投保人（heterogeneous）就是损失分布不同的投保人，回顾例8-1，其中的书迷投保人和滑板爱好者投保人就是异质投保人，并且从ET公司和CS公司的情况可以归纳出以下两点：第一，对于保险人来说，将投保人按照低风险和高风险进行划分可以带来潜在的高收益（至少在短期内是如此）；第二，保险人如果无法根据投保人不同的期望索赔成本来设置不同的保费，那么在逆向选择的作用下它将面临亏损。

由上述两点，我们可以得到保险定价的第二基本原则：在一个竞争的市场环境当中，只要下述三个条件成立，投保人彼此之间不同的期望索赔成本就将相应地产生不同水平的保费：第一，保险公司想要赚钱或者至少不亏损；第二，在承保的量和程度都相同的情况下，投保人通常趋向于购买保费较低的保单；第三，一个或多个保险人能够以足够低的成本了解到投保人之间期望索赔成本的差异。

至此我们可以看出，当期望索赔成本的差异可以被识别时，竞争、利润驱动以及投保人对低保费的追求都将导致基于成本的价格（cost-based price）的出现。基于成本的价格是指与每个投保人的期望索赔成本相对应的保费。在实际中，为了估计投保人之间期望索赔成本的差异，保险人往往要在收集和处理相关信息上花费一定的成本。这些花在信息上的成本，再加上投保人的期望索赔成本具有的内在不确定性，自然使得这种只在理论上可行的运作方式——让每个投保人都根据其客观但却难以量化的期望索赔成本来支付保费的方式——在实际运作中无用武之地。而实际运作的方式是：只要获得信息所花费的成本合理，保险人就通过这些信息来预测不同期望索赔成本之间的差异，从而对投保人的期望索赔成本进行估计。

保险人对不同投保人的期望索赔成本进行估计，并根据不同的期望索赔成本来收取不同的保费，这个过程我们称之为风险分类（risk classification）或者是归类（categorization）。注意，在风险分类当中，一个"高风险"的投保人具有高期望索赔成本。

（2）投资收益。

理赔支付的时间因素，以及保险人能够在理赔支付之前获得投资收益的能力，同样对公平保费构成影响。在一些保险合同中，例如企业责任保险，总索赔成本中很大的一部分是在保险期结束后的几年内支付的。因为保险人一方面要协商和解决已知的理赔，另一方面还要了解保险期间内发生的其他意外，所以理赔支付需要在一段时间内逐步完成。我们把从承保到理赔支付的时间延迟称为理赔延迟（claims delay）。

公平保费反映了保险人将保费用于投资，并在理赔支付之前获得投资收益的能力。当利率上升时，由于保险人可以获得更多的利息收入，所以理赔支付所需的保费数目也就会下降。同理，当理赔延迟延长（既定的理赔在更长的时间段内支付），因为投资者可以在理赔支付之前获得投资收益，所以理赔支付所需的资金同样会下降。由此，我们得出保险定价的第三基本原则：公平保费反映出保险人将保费用于投资，并在理赔支付之前获得投资收益的能力。换句话说，也就是公平保费体现了货币的时间价值。公平保费与利率水平和理赔延迟的程度是负相关的。下面的两个例子将有助于理解保费、利率和理赔支付时间之间的关系。

【例 8-4】假设一个保险人卖出的保单在一年末时需要支付 100 元的理赔额。保费和理赔支付的时间因素如图 8-2 所示。

图 8-2 保费和理赔支付的时间因素

忽略运营成本以及公平利润附加，在年初时保险人需要收取多少保费才能满足其支付年末的 100 元？

设 P 为所需的资金量，r 为年利率，将 P 投资一年获得的利息收入为 rP（等于利率乘以投资总额）。在一年末时保险人拥有的资金量为 $P + rP = P(1 + r)$，这个量应该等于在年末需要支付的理赔额 100 元，即 $P(1 + r) = 100$。将该式两侧同时除以 $(1 + r)$ 得到：$P = 100/(1 + r)$。当 $r = 10\%$ 时，$P = 90.91$ 元；当 $r = 5\%$ 时，$P = 95.24$ 元。也就是说，利率越高，所需资金量 P 越低。

【例 8-5】我们来进一步考虑在第二年末而不是第一年末时需要一次支付 100 元保险赔付的情况。保费和理赔支付的时间因素如图 8-3 所示。

第一年初　　第一年末　　第二年末

收到保费　　　　　索赔支付=100元

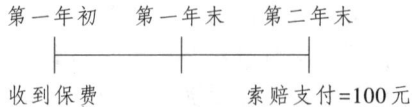

图8-3　保费和理赔支付的时间因素

我们仍然用 P 来表示保险人在保单卖出时收到的保费，用 r 表示利率。正如我们在上面所论述的那样，保险人在第一年末的时候拥有的资金量为 $P(1+r)$。如果继续用这些钱来投资，那么在第二年获得的利息收入为 $rP(1+r)$（即利率乘以第二年的投资总额）。在第二年末的时候保险人的资金总量将等于 P 加上两年的利息收入，即 $P(1+r)+rP(1+r)$，这个量应该等于100元：

$$P(1+r)+rP(1+r)=100$$

解得：

$$P=100/(1+r)^2$$

当 $r=10\%$ 时，$P=82.64$ 元；当 $r=5\%$ 时，$P=90.71$ 元。对比前一种情况，我们可以发现 P 值比第一年末支付理赔时要低。

在计算期望索赔成本时如果考虑保险人获得投资收益的能力，那么计算得出的就是贴现期望索赔成本（discounted expected claim cost），也就是将期望索赔成本乘以一个贴现因子（或现值因子）以反映货币的时间价值。在上例中，一年末支付时贴现因子为 $1/(1+r)$，两年末支付时贴现因子为 $1/(1+r)^2$。理赔支付时间越长，贴现因子的形式越复杂。

（3）运营成本和利润附加。

①运营成本费用附加。

在设计和销售保单时保险人要承担很大的运营成本，这些成本通常被称为承保费用。此外，保险人在处理理赔时还需要承担理赔费用。因此，公平保费必须包括附加费用（expense loading），以弥补承保和理赔费用。表8-3给出了总承保费用以及其中的两类主要费用——付给代理人的佣金和一般费用——在相关财产/责任保险的保费中所占的百分比。一般费用包括花在产品设计、营销以及发行无代理保单方面的费用。表8-3还同时列出了理赔费用占保费的百分比。责任保险与财产保险相比，前者的理赔费用要更高一些，因为责任保险在进行支付谈判或者打官司时还要有诉讼成本（例如聘请律师的费用）。

表8-3　　　　　　　所选险种承保费用和理赔费用占保费比例

险种	佣金	一般费用	总承保费用	理赔费用
物主保险	15.8%	15.0%	30.8%	11.5%
个人汽车责任保险	8.5%	14.0%	22.5%	13.0%
个人汽车自然损害保险	8.5%	13.9%	22.4%	8.6%
员工赔偿保险	5.6%	14.3%	19.9%	12.0%
其他责任保险	11.0%	15.1%	26.1%	28.1%

资料来源：数据来自 Best's Averages，Property-Casualty，1997.

从表8-3中可见，不同险种的附加费用占保费的比例有所不同，附加费用约占个人汽车自然损害保险保费的30%，而占其他责任保险保费的比例则约为50%。

在很多种类的保险中，如果被保险人或投保人是第一次从保险人处购买保险，那么与续签保险合同相比，保险公司往往要收取更高的承保费用。在这种情况下，第一年费用的来源只有一部分来自第一年的保费，其余部分则要在与被保险人/投保人保持保险关系的时间跨度中提取。在其他因素不变的情况下，这意味着被保险人/投保人续期的期望值越大，则公平保费费率就越低。因为在这种情况下，保险人只需要较低的定期费用就可以弥补初始支出。可用于弥补第一年费用的续期保费是许多保险人特许价值的重要来源，这也可以激励保险人保持资本，以减少无偿付能力的概率。

②利润附加。

当索赔成本具有不确定性时，固定保费保险合同使得保险人有必要保持充裕资本——持有超过期望索赔成本的资产——以增强其可支付所有理赔的能力。为了获得充裕资本，保险人必须为投资者提供合理的期望税后收益——投资者在相似风险条件下投资于别处也能够获得的收益。投资于保险公司的一个劣势在于：保险人通过金融资产获得的投资收益要被二次征税。当然，保险人可投资于免税债券以降低成本，虽然这些债券的收益较低，但是仍然有成本存在。除了纳税方面的劣势，投资于共同基金与投资于保险公司相比，在资产投资组合相同的情况下，后者可能会带来更高的代理费用和更高的风险。为了弥补这些不足，保险人必须为投资者找到其他的收入来源，否则他们就不会投资。其他的收入可通过保费来实现，即收取高于期望索赔成本和运营成本贴现值的保费，换句话说，也就是由被保险人来弥补投资人投资于保险公司的损失。被保险人为弥补投资者投资于保险公司的损失而额外支付的部分称为利润附加（profit loading）。利润附加存在的一个根本原因在于索赔成本的不确定性，所以利润附加有时也被称为风险附加（risk loading）。

2.资本震荡和承保周期

前面的内容是关于公平保费的相关理论，但是以下两个相关现象用公平保费的基本理论来解释就有困难。

（1）资本震荡。

在实际损失或投资失误导致保险全行业大规模资本减少之后，一些保险市场经历了保费的急剧上升。我们将这种大规模的资本减少称为资本震荡（capital shock）。公平保费可能的变化不能合理地解释保费增长的数量（即通过索赔成本的贴现值、费用和正常利润的变化来解释）。相反，似乎是失误和与之相关的资本递减使得实际的保费高于公平保费。

保险价格理论上的扩展和一些实际证据表明：如果一个市场内的大多数保险人在承保或投资方面同时遭受到巨大的损失，那么引起某些时候保费增长的因素就不仅仅限于期望索赔成本的贴现值、费用和正常利润。如果大多数保险人同时受到这种大规模意外损失的冲击，全保险行业的资本将出现下降，于是保险人手中掌握的用于支付理赔的资金也出现不足。保险人在已发行的保单上遭受损失后,为了在不增加无偿付能力可能性的情况下续保,需要在短期内筹集大量的资本,但是鉴于保险人所承受的大规模损失和其财务状况,筹资成本可能会非常高。如果无法在短期内以适当的成本筹集到资本,保险人可以选择要么增加无偿付能力的概率,要么减少在既定价格下承保的数量。保险人减少承保的数量,保险的供给量将下降,在任何市场当中,当行业的供给下降时,在需求不变的情况下,价格就会上升。

图8-4描述了资本震荡可能导致的后果,图中简单假设需求曲线在一段时期内不发生变化。需求曲线的斜率为负:价格下降则需求上升。行业(短期)供给曲线的斜率为正:价格上升则供给增加。现在考虑在初始年份有大规模损失发生时情况会怎样。例如,假设地震袭击了旧金山和洛杉矶,飓风席卷了迈阿密。

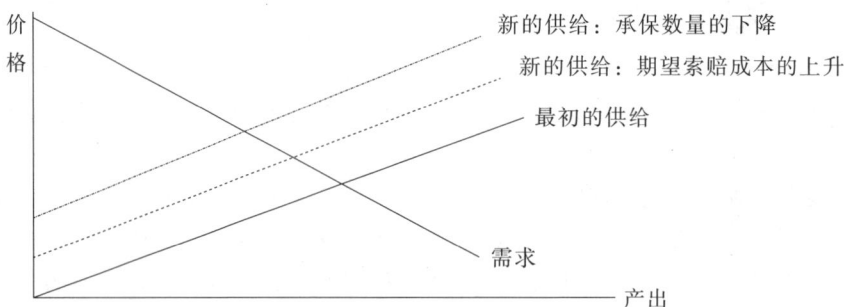

图8-4 资本震荡可能导致的后果

首先,大规模损失可能会导致新保单的期望索赔成本上升。例如,在20世纪80年代中期,当商业责任保险的索赔成本意外上升后,保险人改变了它们对新业务的损失期望。在地震和飓风的例子中,损失程度显示:财产比想象的更容易遭到破坏。因为期望索赔成本的上升带动价格的上升,所以新业务更高的期望索赔成本使得行业供给曲线向上移动。这样的结果符合公平保费的基本原理:高期望索赔成本蕴含着高保费。

其次,初始年份的大规模损失使得保险人的资本不足,同时鉴于短期内的筹资成本以及保险人自身不愿意大幅度增加无偿付能力的概率,保险人将降低承保数量。于是供给再次出现变化,并导致价格的上升(保险供给量的减少)。第二种结果显然与公平保费的基本原理不一致,因为此时保费的增加不仅仅是期望索赔成本的贴现值、费用和正常利润作用的结果。

保费高就意味着短期利润将超过资本提供者所获得的长期的公平收益。这种高收益并不是因为保险人之间缺乏竞争,相反,大规模的损失使得保险人的资本匮乏,而筹资的成本又非常高,所以保险人现存的资本就成为稀缺要素。而在资源稀缺的情况下,该资源能够产生较高的回报就不足为奇了。但是这种情况不会持续很久,因为价格高于期望索赔成本将有助于保险人重筹资本。另外,随着时间的推移,新股的发行以及保险人的借贷也会起到募集资本的作用。随着资本的积累,保险人将扩大供给(供给曲线将下移),使得价格下降。注意,如果价格上升有助于保险人重筹资本，那么投保人要和保险人一起承担全行业范围内大规模损失的风险。

（2）承保周期。

大多数财产保险和责任保险行业的分析人士认为，许多企业的历史数据都表明保险费率和利润具有周期性。价格的周期运动也表明实际的保费依赖于过去的获利能力，我们称之为"承保周期"（underwriting cycle）。承保周期可以通过周期性的疲软市场和繁荣市场来说明。疲软市场的特征是大量的保险人在价格稳定甚至是下降的情况下寻求卖出新的保单；而繁荣市场的特点则为保险供给量下降、价格急剧上升。一些评论者认为，承保周期使得实际保费围绕公平保费进行周期性波动。图8-5描述了实际保费围绕公平保费波动呈现出的假设的循环周期。

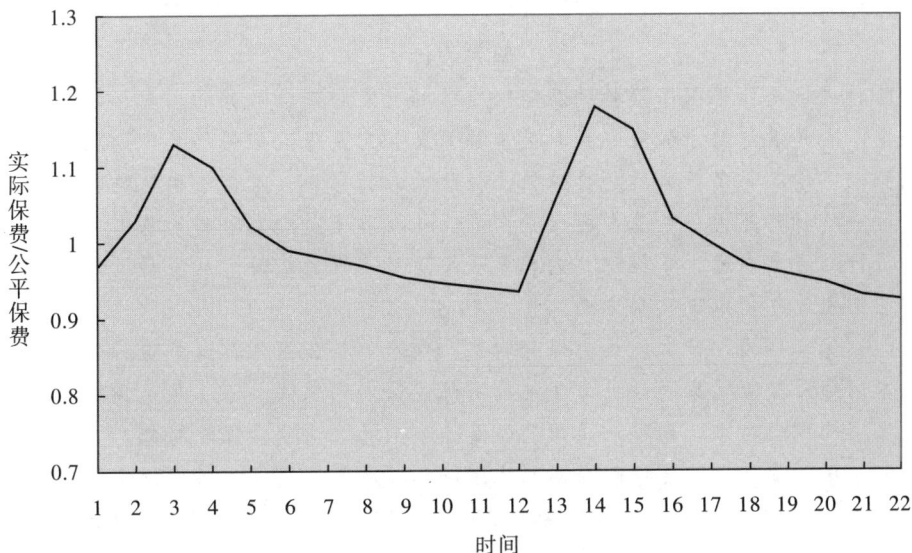

图8-5　实际保费与公平保费的比率的周期性变化

历史资料显示，承保周期与一般商业周期之间似乎并不存在很强的相关性。在20世纪80年代以前，两个繁荣市场之间的保险周期通常持续6年。最近一次的繁荣市场出现于1985—1986年，它对商业责任保险构成了主要的影响。而此前的繁荣市场则出现于1974—1975年。自1986年以后，繁荣市场的匮乏以及位于两个繁荣市场之间周期的拉长使得一些"周期守望者"宣称：承保周期已经不复存在。

有一种对承保周期的解释和前面所介绍的资本震荡理论有相同之处：大规模的损失使得资本匮乏，随后保费升至高于公平保费，保险的供给量降低（繁荣市场）。市场繁荣期的高价格接下来有助于保险人募集资本，于是新的资本得以积累。资本的所有来源都使得保险行业的供给增加，导致保险价格下降、保费降低（疲软市场）。如果保险人之间的竞争使得保费低于公平保费，经营损失和资本减少将再次出现，于是推动价格上升，下一个繁荣市场随之到来。

但是这个理论并没有清楚地说明，为什么疲软市场中的竞争总是使得保费降到低于公平保费的水平。一些评论者认为，价格之所以会大幅度地重复下降，是因为对于一些险种来说准确预测其索赔成本是十分困难的。也有人认为，保险人对于期望索赔成本过于乐观的估计导致了它们定价过低。因为准确预测期望索赔成本并对保险人的定价作出合理判断是十分困难的，这就使得投保人和监管部门无法区分出财务状况并不理想的保险人。财务状况不佳的保险人以过低的价格承保，而后以收到的资金来支付先前保单的理赔，这样监管部门就不会轻易发现它们并将它们踢出局。而一些公司的定价过低也会造成其他公司通过降价的办法来留住客户：因为客户群体是其投资收入的直接来源。

总之，对于承保周期的解释是多种多样的，但是在承保周期为什么会出现以及它现在是否仍然存在等问题上，大家仍然没有达成共识。

专栏8-3•学习指导

险种设计

险种设计是指根据保险标的及保险经营的特点对保险业务的内容、规则及程序的规定。险种设计对于保险经营具有重要意义，它是保险经营的基础。险种设计主要依据以下情况而定：风险的特殊性、保险需求的客观性及保险供给的可能性。

每一险种都是由一些基本要素构成的，这些要素是构成险种的基本单位，也是险种设计的重要内容，掌握这些内容是从事险种设计的基础。从险种设计的角度而言，它们主要包括以下几个方面：

（1）保险标的。什么能成为保险对象？何人何物能投保？这是险种设计需明确的基本问题。保险对象的设计方法主要有陈述法和列举法。陈述法是指用直接叙述的方法明确保险对象。列举法是用列举具体事例的方法明确保险对象。

（2）保险责任。这是保险合同双方经济利益的具体限定，可以说它是险种设计的核心内容。设计此项内容的关键在于明确在什么情况下，发生什么样的损失时，保险人承担保险补偿或给付的责任。保险责任是一个可变量，它可以随相关因素的变化而扩大或缩小，这就要求设计该项内容时应考虑两个问题：第一，是扩大责任还是缩小责任，是单一责任还是综合责任；第二，是否需要设置附加条款和特约款项。

（3）保险期限。保险期限是计算保险费的依据，是险种设计的基本内容。保险期限一般为一个连续的时间段，它的特征就是以时间为标度。

（4）保险金额及保险金的给付方式。保险金额也是计算保险费的依据，是赔款责任的最高限额，在设计保额上应考虑三方面的因素：首先，应考虑保险对象的价值状况；其次，应考虑保险需求者的需求情况及支付能力；最后，应考虑保险人的承保能力。保险金的给付方式是针对人身保险而言的，它可以设计成多种给付方式，可采取一次全部给付，也可按年或月份分期给付，也可以期首或期末给付，还可以延期给付。

（5）保险费率及保费交付方式。保险费率由纯费率和附加费率两部分构成。财产保险费率的计算基础是财产损失率，人寿保险费率的计算依据是死亡率和利率。

费率的制定务求做到客观、准确、合理。关于保费的交纳，可以有多种方式。通常财产险中一次交纳保费的方式居多；人身险的中长期寿险业务除了趸交方式以外，考虑到投保人的支付能力差异，往往采用分期交费方式。

险种设计的主要程序由四个步骤构成：机会研究；初步可行性研究；险种构思与设计；鉴定与申报。机会研究是根据对保险市场需求的调查、预测和分析，寻找开发险种的机会，提出开发建议。

险种设计的主要方法有：组合法、反求工程法、移植法、类比法等。组合法是通过险种要素的重新组合而设计险种的方法。构成险种的要素主要有保险责任、保险费率、保费的交付、保险期限、保险金及其给付。在设计险种时，必须考虑这些要素可能出现的变异以及它们之间的组合方式。反求工程法是一种建立在对国际保险市场和国内保险市场已有险种进行分析的基础上，根据本地区的情况，取长补短，并在此基础上构思新险种的方法。其具体步骤是：第一，搜集国际或国内保险市场设计的险种；第二，剖析诸险种，对其结构、特性进行分析，作出评价；第三，择其长处组合成新险种。例如，意外伤害险保额较高，简易人身险的意外伤害部分保额偏低，将两者进行结合，可提高简易人身险的意外伤害保障程度，使简易人身险更具市场吸引力。移植法是将对一种标的的承保原则和方法，应用到另一标的的险种设计方法。例如，将我国的城镇集体养老保险应用于乡村养老保险。保险险种之间具有克隆性，根据一个险种，往往可以设计出另一个险种。应用移植法进行险种设计，应注意风险性质及保险对象的同一性，应注重数据的收集与计算。类比法是一种通过同类或不同类险种的比较，异中求同，同中求异，来进行险种的设计。其过程是：第一，选择同类或不同类险种若干；第二，按一定原则进行各险种的分类，进行险种比较；第三，根据需要进行异类或同类的重新组合。

§8.3　保险展业、核保和理赔

展业是保险经营的第一个环节，是保险活动运行的起点，没有展业，也就没有保险活动的其他环节。保险核保是一项专业性、技术性很强的工作。要保证每笔业务都符合保险人的经营方向和原则，业务来源有利于分散风险，就必须对保险标的相关信息进行进一步的审核并对保险合同的内容做进一步的控制，这个过程我们称为保险核保。核保是保险公司经营的一个重要环节，核保质量的好坏直接关系到保险人经营的财务稳定性和企业经济效益的好坏。同时，它也是反映保险人经营管理水平高低的一个重要标志。理赔是实现保险补偿或给付职能的环节，也是保险经营的主要环节。

8.3.1　保险展业

1.保险展业的含义及必要性

保险展业是指以销售保险产品为目的而进行的发展保险业务的各项活动及其过

程。具体而言，展业就是保险人利用各种手段和方法，以加强保险意识和普及保险知识为内容，促使人们购买保险的活动。

展业活动对保险公司经营具有重要意义。

首先，根据大数法则，承保大量风险是保险公司经营的客观要求。保险公司只有大量招揽业务，才能实现风险在众多的被保险人之间的分散，才能有效发挥大数法则的作用，从而达到集合风险、分散风险，实现保险保障的目的。

其次，保险销售与消费的特殊性决定保险人必须积极展业。一般企业生产的商品是有形的物品，销售者只要介绍商品的性能、价格、用途、质量等事项，消费者就可以感觉到商品的使用价值，以作出购买与否的决定。但是，众所周知，保险商品是无形的，消费者所购买的保险商品只有在相关风险或约定事件发生时才实际体验到保险产品的价值和使用价值。更重要的是，作为普通消费者，大多数人往往并不了解自身或与其相关的人或物所面临的潜在风险，或者即便了解到这些风险的存在也总存在侥幸心理，认为能够避免。人们对风险及其后果的畏惧和对保险的必要性的认识常常局限于风险事故发生之后。这就要求保险公司保险产品的销售必须以加强保险意识和普及保险知识为必要内容，进行适当的展业活动。

最后，人们对保险的需求不仅受到风险的制约，还受制于经济、社会、文化及心理等因素。另外，通过保险展业活动可以帮助保险公司大量招揽业务，可使保费收入增加，积累雄厚的保险基金，增强保险公司在保险市场上的竞争力。

因此，展业是保险公司经营的基础和首要活动。

2.保险展业的环节、方式和要求

（1）保险展业的主要环节。

保险展业主要包括宣传、选择投保标的、开价和签发暂保单等几个环节。

① 宣传。保险宣传是保险展业过程的第一个环节。保险宣传的目的在于为展业活动的其他环节及承保奠定舆论和思想基础，以使更多的人具有保险意识和保险知识，最终促使展业对象向保险公司投保。保险宣传的主要内容是向客户介绍各种保险商品的内容、功能以及对客户的益处，并使客户明确投保后应享有的权利和应尽的义务，保险宣传要坚持实事求是的原则，不可欺瞒宣传对象。

② 选择投保标的。虽然保险宣传的最终目的是使保险公司具有众多的投保者，但这并不意味着保险经营者对投保者不加任何选择随意承保。由于保险经营者所从事的经济补偿活动是以取得盈利为条件的，因此，保险展业所承揽的保险业务既要保证一定的数量，更须保证质量。为了保证保险业务质量，就需要对投保标的加以选择。

③ 开价。开价是指承保人对经过选择并决定承保的保险标的确定保险费率，它是在选择投保标的之后的又一个展业环节。在进行保险开价时应注意考虑以下四点：一是等价关系，保险开价要以保险商品的价值为基础。二是供求关系和竞争关系。在等价交换的前提下，可根据保险市场的供求关系、竞争情况适当地调整保险价格。三是差别费率。即使在相同险种或险别的情况下，由于投保者及保险标的的

具体情况不同，在开价时也应该有所区别。四是其他因素，包括投保者的信用程度、投保标的的安全等级等。

④ 签发暂保单。经过以上所述的各个环节，保险展业人员向投保人出具暂保单或临时承保通知书。该暂保单是展业人员经过考查和审定，初步决定对基本符合承保条件的投保标的给予非正式的承保。

（2）展业方式。

展业方式主要有直接展业和间接展业两种。

① 直接展业。直接展业是保险公司的专职展业人员直接向客户推销保单，承揽保险业务。这种展业方式的优点是保险业务的质量较高，由于保险公司的业务人员素质较高，经验较丰富，因此能保证所承揽业务的质量。其不足是，由于受保险公司业务人员数量的限制，保险业务开展的范围较窄，业务数量较少。另外，由于保险公司业务人员的工资以及有关费用的支出较大，因此业务成本较高。一般来说，这种展业方式较适合于规模较大、分支机构健全的保险公司。

② 间接展业。间接展业是由保险公司利用自身展业人员以外的个人或机构，代为保险公司承揽业务的展业形式。实践中，代为保险公司承揽业务的主要有保险代理人和保险经纪人。保险代理人又分为专业代理人、综合代理人和兼职代理人等具体形式。专业代理人是专门为某一家保险公司代理保险业务的代理人。综合代理人是同时为多家保险公司代理保险业务的代理人。兼职代理人是指代理人本身有自己的主体业务活动，同时兼办保险代理业务。间接展业方式的优点是：代理范围广，承揽的业务量大，费用少、成本低。其不足是，由于代理人员素质参差不齐，往往不能保证所代理的所有保险业务的质量。

（3）展业要求。

如前所述，保险展业对保险公司的发展具有重要意义，因此，良好的保险展业活动应当满足以下几项要求：保证质量、分散风险、防范道德风险和明确除外责任等。

① 保证质量。保险业务的质量直接关系到保险公司经营的稳定性，因此展业人员要严格按照保险条款的要求承揽业务，对投保标的进行认真仔细的检验、调查和审定。

② 分散风险。保险的数理基础要求保险公司及展业人员在展业过程中应合理分散风险。因为同一种风险过度集中，可能会发生集中出险从而导致保险公司的巨额损失事故。分散风险不仅包括险种、险别在空间上的分散，还包括对每一风险单位的分散。

③ 防范道德风险。道德风险在保险活动中是不可避免的，总有一些投保者想利用保险进行投机获利。因此，保险展业者在展业过程中应对投保者的动机、投保标的的情况加以鉴别和判断，避免盲目承揽保险业务。同时，保险公司还应当加强对保险展业人员的培训和教育，避免保险展业人员为了追求自身利益而盲目揽保形成的道德风险。

④ 明确除外责任和附加条款。保险公司或者保险代理机构应当加强对保险展业人员的培训和教育，要求展业人员在工作过程中严格以保险条款为依据，尤其应注意条款中的除外责任，一定要向客户解释清楚。同时，对正式保险条款固定责任范围以外的风险责任加以承保时应增加的附加条款也要认真解释和说明。

8.3.2　保险核保

1.保险核保的含义和基本要求

保险核保是保险人对希望购买保险产品的客户所提出的投保申请进行审核，从而决定是否接受其投保行为的过程。核保是保险经营的一个重要关键环节，核保质量的好坏直接关系到保险人经营的财务稳定性和企业经济效益的好坏。同时，核保质量的高低也在一定程度上反映了保险人经营管理水平的高低。

综合实践经验，一般来说，保险公司核保应遵循以下基本要求：

（1）扩大承保能力并保证保险人经营的稳定性。

保险公司经营是否稳定不仅直接关系到企业自身的生存和发展，而且关系到对被保险人赔偿责任、给付责任的履行，直接影响着整个社会经济生活的运行和发展。这就要求保险公司的具体承保额要与其承保能力相适应，避免超额承保或者承保严重不足。所谓承保能力，是指基于保险公司净资产规模基础之上的公司业务容量，它是通过净保费与公司净资产的比率，即业务容量比率来衡量的。承保能力是决定保险公司接受新业务的关键限制因素，因为：①一方面，保费从本质上来看是保险人对投保人或被保险人的负债，保险人承保的数量越多，意味着其负债越大；另一方面，发售新保单还意味着保险人要支付新的费用，如保单的制作、代理人的佣金、展业的各项成本等，这在短期内必然会造成保险公司净资产的减少。②在一定时期内，如果保险公司承保的新业务太多，而对被保险人的赔偿或给付和运营费用又超过净承保保费，那么公司就必须动用以前的盈余来弥补这些不足。这两种情况无疑都将增大保险人的经营风险，造成保险人偿付能力的不足或运营困难。因此，保险人必须在其业务容量允许的范围内进行承保。

（2）保证核保质量，获得最大经营收益。

核保是保险经营活动的入口审核，核保水平和能力的高低决定了保险公司经营的质量。为了把好这一关口、提高核保质量，保险公司要对投保标的进行认真选择，区别对待。从理论上来说，对于高出一般风险程度的投保标的可以通过提高费率进行承保，对于一般保险责任以外的风险可以在增加附加条款的前提下给予承保。实际上，对是否给予承保的分析是在保费收入和损失支出之间进行比较和取舍的基础上得出的。与其他经济活动一样，保险经营需要在保险财务稳定的前提下获得最大的盈利。在正常核保、费率一定的情况下，保险费的多少取决于所承保的总金额的大小，承保金额越大，保险费就越多，承保保费收入就越多，盈利也会越多。但是，如前面分析所指出的，如果承保金额超过了保险人承保能力的限度，又会导致其财务的不稳定。承保金额与保险公司的最大盈利既统一又矛盾。解决这一矛盾就是寻找承保金额与最大盈利之间的最佳结合点。

2.保险核保的环节与程序

保险核保通常包含以下环节和程序：

（1）制定核保方针，编制核保手册。

保险公司一般都有专门负责核保的机构和部门来制定与公司经营目标相一致的核保方针和编制核保手册。一般来说，核保手册都会具体规定核保的险种、业务开展的地区、所适用的保险单和费率计划，规定可以接受的、难以确定的和拒保的业务类型，规定保险金额，确定需要由上一级核保人员批准的业务等内容。核保手册往往还具体规定了不同等级的核保人员的权限，在实践中会根据每一位核保人员的业务熟悉程度和经验而划分为若干等级，每一个等级享有相应的核保权限。

（2）核保信息的收集和整理。

核保信息的来源一般有三个渠道，保险公司通过这三个渠道来收集核保信息并加以整理，为作出承保决策做好准备：①投保单是核保信息来源的最初渠道，也是基本渠道。②核保人员直接向保险展业人员和投保人了解情况，收集信息，直接检查保险标的，收集各种与保险标的有关的单据、资料，对被保险人进行调查等，这是核保信息的另一个主要渠道来源。③通过社会公共部门的渠道来收集与投保人、被保险人、保险标的等相关的信息并加以整理。例如，可以通过企业上级安全生产管理部门了解企业安全生产记录，可以通过医院了解被保险人的病史等。

在具体保险实践中，就人身保险而言，所需要收集的核保的基本信息有两类：一类是纯健康因素，包括被保险人的年龄、性别、身体状况、病史和现症；另一类是非纯健康因素，包括被保险人的职业、生存环境、业余爱好和收入状况等。就财产保险而言，所需要收集的核保基本信息有投保标的的状况、投保标的的所处环境、投保标的是否在危险状态中、各类安全管理制度的制定和实施情况等。

（3）信息审核。

保险审核是保险人对将要承保的新业务加以全面评价和选择的过程。审核是核保业务的关键环节，通过审核，可以防止承保不具有可保性的风险，排除不合格的被保险人和保险标的。在信息审核、决定是否承保以及以怎样的条件承保时，保险人需要考虑的因素有：逆向选择、道德风险、保险人的承保能力、市场占有率高低、监管部门的相关规定以及社会舆论的影响等。

（4）核保决策。

在收集整理信息，并对承保的相关影响因素进行审核分析之后，接下来进行的就是核保决策。核保决策的过程主要包括：①对保险客户的控制。要确保保险投保人必须是具有完全行为能力并对保险标的具有保险利益的自然人或法人，除了法律资格，同时如果有必要还需要审核客户的资信、品格和作风等情况。②对投保标的的控制。除了审核投保标的是否符合相关法律规定外，主要是审核投保标的的风险状况，对于风险较大的标的，核保人员应拒绝承保或采用较高的保险费率。③对保险责任的控制。通过对保险标的风险的评估，确定承保责任范围，明确对所承保风险应付的赔偿或给付责任。对于具有特殊风险的投保标的，保险人须采用附加条款和特约条款进行约定，或者增加保费数额。④对保险金额的控制。保险金额的确定依据是标的的价值及投保方对标的所具有的保险利益额度。任何背离这两个依据的保险金额都可能诱发道德风险，因此一定要避免超额承保。⑤对保险费率的控制。在对前四项控制的基础上，进一步核定保险费率。

核保决策的结果有以下三种情况：一是拒绝承保；二是同意承保；三是在一些条件变动后同意承保。

（5）签发正式保险单。

签发正式保险单是与通过核保确认可以承保的投保人签订正式保险合同。签发的保险单的基本内容主要有保险人的名称和住所，投保人、被保险人的名称和住所，保险标的，保险期限，保险金额，保险费率，保险费以及支付方式，保险责任范围，免责事项，双方权利义务的规定等。保险单的签发意味着保险经济关系的正式确立。

（6）单证管理。

正式签发保险单后，经过投保人或被保险人交付保险费和签收保险单环节，有关单证应立即归档，并妥善保管，尤其是人寿保险有关单证，更是需要长期保管。

8.3.3 保险理赔的环节与程序

理赔，即处理投保人或被保险人向保险公司的索赔申请，是在保险标的发生保险事故后，保险人对被保险人所发生的保险合同责任范围内的经济损失履行经济补偿义务，对被保险人提出的索赔进行处理的行为。理赔是实现保险补偿或给付职能的环节，是保险经营的最后主要环节。

根据保险法律法规，在保险事故发生后，被保险人或受益人应将事故发生的时间、地点、原因及其他有关事项，以最快的方式通知保险人，并提出索赔请求，理赔的程序因索赔而启动。理赔过程通常包括通知出险、受理赔案、现场查勘、保险审核、赔款计算、履行保险赔偿和给付义务等环节。这些环节顺序发生，任何一个环节中断，都会使其后的步骤终止，导致理赔事项的结束；一项理赔活动不一定要走完以上全部过程，但一定是顺序经过。

1.通知出险

通知出险是保险标的出险时被保险人向保险人发出的信息。它一般采用书面通知的形式，在实践活动中，通知可以是先以电话或口头形式告知保险人，但过后要补填书面通知。

2.受理赔案

保险人在接到出险报案以后，应立即受理。在这一环节，主要有如下工作内容：（1）保险理赔部门接到保险索赔或给付保险金申请后，应迅速做好登记工作，如保险客户名称、地址、保单编号、出险时间、地点、自述的原因和自述的损害情况；（2）查抄案底，根据保险客户的申请，查抄留存公司的保险底单；（3）核对保险客户的申请与保险底单；（4）对核对无误的索赔申请立案编号登记。

3.现场查勘

现场查勘是指保险公司接到出险通知后，派人到出险现场进行调查。现场查勘的内容包括以下三个部分：（1）出险情况及出险原因；（2）施救与整理受损财产；（3）核计财产损失情况。

4.保险审核

保险审核人员要将现场查勘人员所写的查勘报告与保险单对照，根据保险单内容对现场调查报告进行审核。审核人员应复核出险日期是否在保险有效期内，出险地点是否符合保单所列地点要求，受损财物是否符合保险人承保条件等，之后，还要进行责任审核：（1）审定赔付责任，明确赔付范围；（2）分析疑难案件。对此类案件要慎重处理，不要操之过急，应当运用有关的知识和原理对案情进行客观周密的分析之后再做决断。

5.赔款计算

它是计算已经确定为赔付的投保标的的准确赔付款额。如前文所述，计算赔付额的方法因险种、险别和保险合同的规定的不同而各异。保险公司工作人员根据各险种、险别的特点，采用相应的计算方法进行计算。

6.进行保险赔偿或给付

以上五步是保险理赔的一般程序。如果保险双方对保险理赔处理没有争议，那么就按保险公司最后确定的赔款数额进行赔付和结案。如果保险合同双方对保险理赔处理有争议，经协商和调解不能解决的，可以通过法律程序解决。

此外，在财产保险中，保险人对被保险人赔付后，根据实际情况可以行使处理损余或代位追偿的权利。

专栏8-4•学习指导

不同险种的理赔程序

由于险种不同，理赔的程序也不相同，现就几种主要保险种类的理赔程序分别予以说明。

火灾保险理赔程序：首先，被保险人向保险公司发出出险报告；保险公司与公估人进行现场查勘；倘若不属于承保责任则不予理赔，保险公司向被保险人明确表示结案。如果被保险人不同意，则应通过公估人或律师给予调解、结案。若属于保险合同所规定的赔付责任，则由公估人作出公证。如果公估人公证合理，业务部门作出决算书报到会计处，经出纳将赔款交与被保险人，结案。如果保险合同的一方认为公估人公证不合理，双方不能达成共识，可以通过法律程序解决。

货运险理赔程序：保险公司接到出险报告后由审核人员进行审核；审核结果若认为保险公司无责任，则不赔付；若有责任，则由审核部门开出赔款通知书，再由复核部门复核文件，文件齐备进行赔款，写出结算书；若文件不齐备，向有关部门索取文件后，再写出结算书；向客户发出理赔信件及支票；客户退回收据。若不可追偿即可结案，若可追偿，保险公司与客户签订代理追偿书，向第三者追偿。

责任保险理赔程序：保险公司收到出险报告，与此同时第三方起诉；保险公司与律师同时到达现场查勘；律师提出报告，并提出赔付意见；若对方接受给予赔款，收款回执，会计入账，结案。若对方不接受，起诉至法院，法院判决，据其判决赔付结案。

人寿保险的理赔程序：死亡者的家属提交死亡证明；医院提供死亡报告；保险公司根据保险合同条款赔付。如果被保险人失踪，若干年后其家属或受益人提出索赔，保险公司经审核后给予赔付。如果是意外事故致残，由医院提供证明，并确定残疾等级，保险公司审核给予赔付。

§8.4 保险准备金与保险投资

保险准备金是保证保险公司偿付能力的重要因素，也是保险公司资金运用的主要来源。保险市场竞争的存在及激烈化，使得保险人利用保险资金进行投资、创造投资收益显得十分必要，而保险资金从收到付之间存在的时差又为保险公司进行投资活动提供了现实条件。

8.4.1 保险准备金及其计提

保险准备金是指保险公司为保证其如约履行保险赔偿或给付义务而提取的、与其所承保的保险责任相对应的资金。为了保障保险客户的利益，各国一般都以保险立法的形式规定保险公司应提存保险准备金的数额或比例，以确保保险公司具备与其保险业务规模相适应的偿付能力。按照对要求提存的约束力不同，保险准备金可以分为：（1）保险公司根据有关法律规定必须提取的准备金，如未到期责任准备金、未决赔款准备金等，这些准备金的计算办法、提取规定由法律作出；（2）保险公司根据公司章程或主管机关的指定而提存的准备金，如保险保障基金等；（3）保险公司根据自身经营需要任意提存的准备金。

在保险公司经营活动中，我们需要掌握和了解的保险准备金有以下几种：

1.非寿险赔款准备金

非寿险赔款准备金是衡量非寿险保险人某一时期应承担的赔款责任及支付理赔费用的估计金额，具体包括以下内容：

（1）未决赔款准备金。被保险人已经提出索赔，但被保险人和保险人尚未对保险赔付额达成一致协议，这类赔案称为未决赔案，与之相应的赔款准备金称为未决赔款准备金。

（2）已决未付赔款准备金。保险人对索赔案件已经处理完毕，应赔付金额也已经确定但尚未支付，这类赔案称为已决未付赔案，与之相应的赔款准备金称为已决未付赔款准备金。

（3）已发生未报告赔款准备金。保险事故已经发生但被保险人尚未报告，这类赔案称为已发生未报告赔案，与之相应的赔款准备金称为已发生未报告赔款准备金。

对非寿险赔款准备金来说，其计提方法一般有三种，即个案估计法、平均值法和赔付率法。

（1）个案估计法。这种方法是保险公司通过检查赔付案件登记表，就尚未解决的案件逐笔估计所需要的赔付金，再加上少数尚未报告的赔付案件的估计金额，即为应提取的赔款准备金。这种方法较大程度上依赖于保险公司理赔部门的经验，较适用于大额赔付案。

（2）平均值法。在这种计算方法下，保险公司首先根据以往的损失数据计算出各类赔付案件的平均值，并根据其变动趋势对其加以调整，再将这一平均值乘以已报告赔案数目就能得出未决赔案额。这一方法适用于索赔案多，且索赔金额大致相同的业务，如汽车险。

（3）赔付率法。在这一方法下，保险公司选择某一个时期的赔付率来估计某类业务的最终赔付数额，从估计的最终赔付额中扣除已支付的赔款和理赔费用，即为未决赔付款。用这种方法计算出来的赔付准备金，包括了已经报告的损失和已发生但未报告的损失，而前面两种计算方法只涉及已报告的赔案，对已发生但未报告的赔案还需另行估计。值得注意的是，赔付率法下所设定的赔付率与实际赔付率可能会有很大出入。

2.非寿险未到期责任准备金

由于保险公司会计年度与保单有效期不完全一致，按照权责匹配的原则，保险公司不能把当年的保费收入全部计入损益，而应将保费在各保险责任期内进行分摊。因此，所谓未到期责任准备金，就是指保险公司在会计年度年终决算时，把属于未到期责任部分的保费提存出来，用作将来赔偿准备的基金。

如果严格按照未到期责任准备金的定义进行提取，保险公司需要先计算出每份保单的未到期责任，再按未到期责任的比重求出应提留的准备金。这种方法尽管比较直观，但工作量太大，在实际操作中往往不易做到。因此，保险实务中一般采用近似计算方法。比较准确的近似计算方法是日平均估算法，它根据每张保单在下一会计年度的有效天数计算未到期责任准备金，计算公式如下：

$$未到期责任准备金 = \frac{下一会计年度有效天数}{保险期总天数} \times 保费收入$$

3.寿险责任准备金

人寿保险公司在经营过程中也必须提取各种准备金，如责任准备金、未到期责任准备金（适用于1年定期寿险、健康保险和意外伤害保险）、赔款准备金及其他任意准备金。由于未到期责任准备金及赔款准备金的内容与非寿险中有关概念相近，在此不再重复。责任准备金是专门针对1年期以上的长期人寿保险计提的，是寿险中最重要的准备金。在不同的寿险种类和交费方式下，责任准备金的计提是有差别的。我们通常所说的寿险责任准备金是指均衡纯保费责任准备金。

在计算均衡纯保费责任准备金时，有两个基本的前提假设：（1）保险人在年初收取保费；（2）保险人在年末支付保险金。然后再依据生命表和资金收益率进行具体的计提。它的基本原则是收支平衡，即一定时点上保险人收取的保费应等价于保险人支付的保险金额。其计算公式为：

未来保险金支出的现值−未来纯保费收入的现值＝已收取纯保费的终值−已支付保险金的终值

一般情况下，上述等式的两端不为零，其差额即为应提取的寿险责任准备金。另外且，由上述等式还可以推导出计算准备金的两种方法，即预期法和追溯法。所谓预期法，就是预先确定将来可能赔付的金额，扣除将来可能的保费收入及投资收益后，其余额即为应提取的责任准备金数额。所谓追溯法，是指保单生效后历年的保费收入，加上假定的投资收益，扣除假定支付的保险金，其余额即为应提取的责任准备金数额。

具体来说，根据过去的业务，将年初所收的纯保费，加上依照预定利率计算得出的全年利息，减去年末给付的保险金，其余额即为年末责任准备金。第一年的期末准备金加上第二年所收的纯保费，即为第二年的期初准备金，依照上述原理，即可计算得到各年应计提的责任准备金。

8.4.2 保险投资

保险投资亦称为保险资金运用，是指保险公司为扩充保险补偿能力，分享社会平均利润而利用所筹集的保险资金在各国资本市场上进行的有偿营运。 如果提供风险保障和开展保险业务是保险公司产生和存在的基础，那么，保险投资则是保险公司发展和壮大的重要保证。

保险行业负债经营的特点和保险公司资金运动的规律决定了保险公司拥有相当数量的闲置资金，这些资金的有效运用会有益于保险公司的发展。因此，保险公司的资金运用具有可能性和必要性。保险公司的经营担负着对广大投保人的保障承诺，本着对保险客户负责任的精神，保险资金在投资过程中要始终坚持稳妥性、分散性、择优性、收益性和流动性的原则，以使保险资金在运营过程中实现安全与收益的双重目标，做到资金运用的整体最优化。

1.保险投资的组织模式

从欧美国家的保险投资实践来看，保险投资的绩效与保险公司的投资组织模式有着很大的关系。合理的投资组织模式可以避免重大的投资失误或投资失败，实现稳健投资、稳定收益的目标。分析西方国家的保险投资组织模式，大体上可以分为专业化控股投资模式、集中统一投资模式、内设投资部门投资模式和委托外部机构投资模式四种。

（1）专业化控股投资模式。

这种保险投资组织模式是指在一个保险集团或控股公司之下设立专门的投资子公司，由投资子公司分别接受保险集团或控股公司其他子公司的委托进行保险投资活动，这可以视投资子公司是代其他保险业务子公司理财，而集团或控股公司则只负责日常资金安全与正常运作的计划、协调和风险控制。其典型代表是美国国际集团的投资组织模式，如图 8-6 所示。

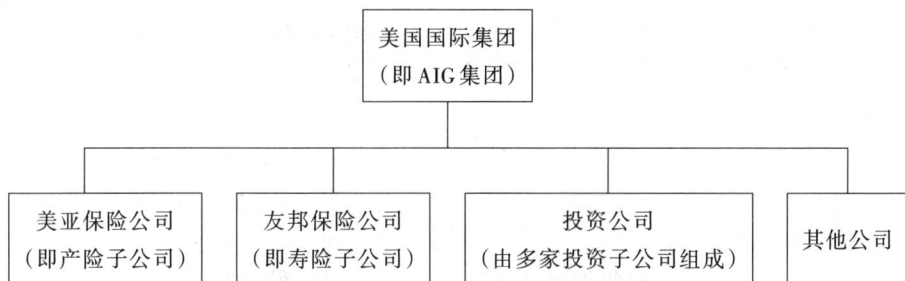

图 8-6　美国国际集团的投资组织模式

（2）集中统一投资模式。

这种保险投资组织模式是指在一个保险集团或控股公司下设产险子公司、寿险子公司和投资子公司等，其中产险子公司和寿险子公司均将保险资金统一上交到集团或控股公司，再由集团或控股公司将保险资金下拨到专业投资子公司，专业投资子公司将产、寿险子公司的资金分别设立账户，独立进行投资。其典型代表是英国皇家太阳联合保险集团的投资组织模式，如图 8-7 所示。

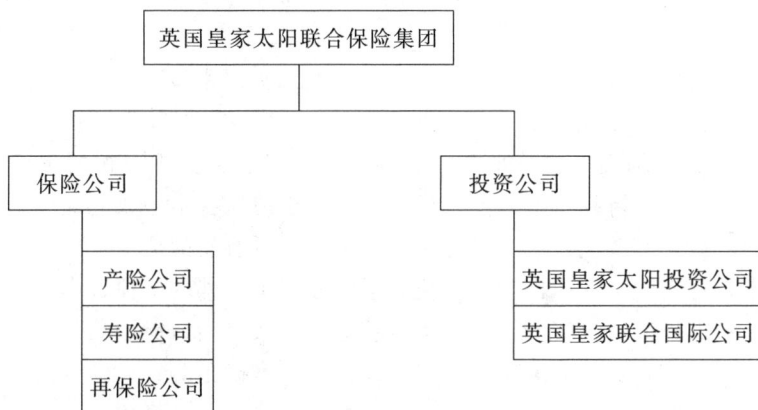

图 8-7　英国皇家太阳联合保险集团的组织模式

（3）内设投资部门模式。

这种保险投资组织模式是指在保险公司内部设立专门的投资管理部门，具体负责本公司的保险投资活动。

（4）委托外部机构投资模式。

这种保险投资组织模式是指保险公司自己不进行投资和资产管理，而是将全部的保险资金委托给外部的专业投资公司进行管理，保险公司则按照保险资金的规模向受委托的投资公司支付管理费用等。

从西方保险投资活动的发展进程来看，四种投资组织模式虽然各有其优缺点，但均是保险公司投资活动中较常见的模式，只是在保险公司内部设立投资部门来负责保险投资和委托外部机构进行投资管理属于比较初级的投资组织模式，而专业化控股投资模式和集中统一投资模式则属于较为高级的投资管理模式。保险公司在确定自己的投资组织模式时，需要根据资本市场的情形和公司自身的情况进行选择。从发达国家保险行业的投资组织模式来看，多数保险公司都是通过设置投资子公司即选择专业化控股投资组织来进行保险投资活动的。

2.保险投资的渠道

保险投资的渠道多种多样，主要的投资渠道可以概括为储蓄存款、有价证券、贷款、不动产投资和项目投资等。

（1）储蓄存款。

储蓄存款是指保险公司将保险资金存入银行并获取利息收入。这种投资渠道的特点是安全性高，投资收益低，不可能带来保险资金运用真正意义上的投资利润和扩大保险基金的积累。因此，根据国外保险公司资金运用的实践，储蓄存款往往不是保险资金运用的主要形式，各保险公司的储蓄存款只是留作必要的、临时性的机动资金，一般不会留太多的数量。

（2）有价证券。

有价证券是指具有一定券面金额、代表股本所有权或债权的凭证。它作为资本证券，属于金融资产，持有人具有收益的请求权。有价证券可以分为股票、债券、证券投资基金三大类。

①股票。股票是股份有限公司公开发行的用以证明投资者的股东身份和权益，并据以获得股息和红利的凭证。股票一经发行，持有者即为发行股票的公司的股东，有权参与公司的决策，分享公司的利益，同时也要分担公司的责任和经营风险；股票一经认购，持有者就不能以任何理由要求退还股本，只能通过证券市场将股票转让和出售。实质上，股票只是代表股份资本所有权的证书，它本身并没有任何价值，不是真实的资本，而是一种独立于实际资本之外的虚拟资本。

保险公司进行股票投资的优点在于可转让，方式灵活，能够获得较高的投资收益和资本利润；缺点在于股票价格的变动往往难以准确预测，风险较高，其安全性亦低于其他有价证券。

②债券。债券是保险公司投资有价证券的又一重要途径，依据债券发行主体可以划分为政府债券、金融债券和公司债券。从债券投资的实践来看，它拥有比股票更好的自由流动性和收益安全性，债券投资是国外保险公司有价证券投资的主体项目。

③证券投资基金。证券投资基金是指通过发行基金集中投资者的资金，交由专业人士从事股票、债券等金融工具的投资，投资者按投资比例分享其收益并承担风险的一种投资方式，属于有价证券投资范畴。保险公司购买证券投资基金实际上是一种委托投资行为，即保险公司通过购买专门的投资管理公司的基金完成投资行为，由投资基金管理公司专门负责资金的运营，保险公司凭所购基金分享证券投资基金的投资收益，同时承担证券投资基金的投资风险。

（3）贷款。

贷款是指保险公司作为信用机构以一定利率和必须归还等为条件，直接将保险资金提供给资金需要者的一种放款或信用活动。按其形式可以分为抵押贷款、流动资金贷款、技术项目改造贷款和寿险保单贷款等。

抵押贷款即财产担保贷款，分为动产或有价证券抵押、不动产抵押、银团担保、银行保付等，是期限较长而又比较稳定的投资业务。谨慎选择的抵押贷款通常有较高的安全性和收益率，特别适用于人寿保险公司保险资金的长期性运用。流动资金贷款是指以需要流动资金的企业为对象而发放的贷款。它属于短期性投资。技术改造项目贷款是指保险公司为支持企业进行技术改造、技术引进并由此而获取收益的固定资产投资性贷款。寿险保单贷款是在寿险保单具有现金价值的基础上，根据保险合同的规定，寿险公司应保单持有人的申请而发放的贷款，其贷款以寿险保单为抵押。

（4）不动产投资。

不动产投资是指保险公司投资购买土地、房产，并从中获取收益的投资形式。不动产投资的特点是投资期限一般较长，一旦投资项目选择准确就可能获得长期、稳定且较高的收益回报，但流动性弱，单项投资占用资金亦较大，且因投资期限太长而存在着难以预知的潜在风险。

（5）项目投资。

项目投资属于保险公司直接投资，是保险公司利用所拥有的保险资金直接投资到生产、经营中去，或建立独资的非保险企业，或与其他公司合伙建立企业，以获取投资收益。

由于保险经营的特殊性，各国保险法往往对保险人的各投资渠道和在各投资渠道的投资比例加以限制，其主要目的是使保险人的资金保持一定的流动性和安全性。

专栏8-5•特别关注

我国保险资金运用大事记

1985年3月，国务院颁布《保险企业管理暂行条例》，从法规的角度明确了保险企业可以自主运用保险资金。

1995年颁布的《保险法》对保险资金运用的范围和形式等都作了严格的规定。规定资金运用的形式限于银行存款，买卖政府债券、金融债券，以及国务院规定的其他资金运用模式。保险企业的资金不得用于设立证券经营机构和向企业投资。保险资金陆续退出证券市场。

1996年9月，中国人民银行发布《保险管理暂行规定》。该规定明确指出，对于保险资金的运用，仅限于银行存款、买卖政府债券、买卖金融债券，以及国务院规定的其他资金运用方式。

1999年10月，保监会批准保险资金间接入市。根据当时证券投资基金市场的规模，确定保险资金间接进入证券市场的规模为保险公司资产的5%。以后视具体情况适当增加。

2000年，保监会先后批复泰康人寿、华泰财产保险等多家保险公司投资于证券投资基金的比例提高至不超过上年末总资产的10%。

2001年3月，保监会将平安、新华、中宏三家保险公司的投资连结保险在证券投资基金上的投资比例从30%放宽至100%。

2002年10月，《保险法》修改案获得通过。原第一百零四条第三款"保险公司的资金不得用于设立证券经营机构和向企业投资"，修改为第一百零五条第三款"保险公司的资金不得用于设立证券经营机构，不得用于设立保险公司以外的企业"。

2002年12月，保监会宣布取消包括"保险公司投资基金比例核定"在内的58项行政审批项目。

2003年1月，保监会重新修订了《保险公司投资证券投资基金管理暂行办法》。

2004年10月，保监会颁布《保险机构投资者股票投资管理暂行办法》。

2005年8月，保监会颁布《保险机构投资者债券投资管理暂行办法》。

2005年9月，保监会颁布《保险外汇资金境外运用管理暂行办法实施细则》。

2006年3月，保监会颁布《保险资金间接投资基础设施项目试点管理办法》。

2007年7月，保监会会同有关部门发布《保险资金境外投资管理暂行办法》。

2010年9月，保监会颁布《保险资金投资股权暂行办法》。

2010年9月，保监会颁布《保险资金投资不动产暂行办法》。

2012年7月，保监会发布《关于保险资金投资股权和不动产有关问题的通知》。

2012年7月，保监会发布《保险资金投资债券暂行办法》。

2012年10月，保监会印发《保险资金境外投资管理暂行办法实施细则》。

2013年8月，保监会发布《关于加强保险资金投资债券使用外部信用评级监管的通知》。

2014年4月，保监会发布《关于授权北京等保监局开展保险资金运用监管试点工作的通知》。

2014年2月，保监会发布《关于加强和改进保险资金运用比例监管的通知》。

2014年3月，保监会发布《关于规范保险资金银行存款业务的通知》。

2014年10月，保监会发布《关于保险资金投资优先股有关事项的通知》。

2014年12月，保监会发布《保险资金投资创业投资基金有关事项的通知》。

2015年3月，保监会下发《关于调整保险资金境外投资有关政策的通知》。

2015年7月，保监会发布《关于提高保险资金投资蓝筹股票监管比例有关事项的通知》。

2016年7月，保监会公布《保险资金间接投资基础设施项目管理办法》。

2016年9月，保监会发布《关于保险资金参与沪港通试点的监管口径》。

2017年1月，保监会发布《关于进一步加强保险资金股票投资监管有关事项的通知》。

2017年5月，保监会发布《关于保险资金投资政府和社会资本合作项目有关事项的通知》。

2017 年 6 月，保监会发布《保险资金参与深港通业务试点监管口径》。

2018 年 1 月，保监会印发《关于保险资金设立股权投资计划有关事项的通知》。

2018 年 1 月，保监会发布《保险资金运用管理办法》。

2018 年 6 月，银保监会发布《关于保险资金参与长租市场有关事项的通知》。

2018 年 7 月，银保监会印发《个人税收递延型商业养老保险资金运用管理暂行办法》。

2019 年 1 月，银保监会发布《关于保险资金投资银行资本补充债券有关事项的通知》。

2019 年 5 月，银保监会发布《关于保险资金参与信用风险缓释工具和信用保护工具业务的通知》。

2019 年 6 月，银保监会发布《关于保险资金投资集合资金信托有关事项的通知》。

2020 年 3 月，银保监会印发《保险资产管理产品管理暂行办法》。

2020 年 7 月，为支持保险资金参与国债期货交易，有效防范风险，根据《关于商业银行、保险机构参与中国金融期货交易所国债期货交易的公告》的精神，银保监会发布《保险资金参与国债期货交易规定》，并同步修订《保险资金参与金融衍生产品交易办法》和《保险资金参与股指期货交易规定》。

2020 年 7 月，银保监会制定《保险资金参与金融衍生产品交易办法》、《保险资金参与国债期货交易规定》和《保险资金参与股指期货交易规定》。

2020 年 9 月，银保监会发布《关于保险资金投资债转股投资计划有关事项的通知》。

2020 年 11 月，银保监会发布《关于保险资金财务性股权投资有关事项的通知》。

2021 年 11 月，银保监会发布《关于保险资金投资公开募集基础设施证券投资基金有关事项的通知》。

2021 年 11 月，银保监会发布《关于调整保险资金投资债券信用评级要求等有关事项的通知》。

2021 年 12 月，为进一步激发市场主体活力，提升保险资金服务实体经济质效，有效防范相关领域风险，银保监会对部分规范性文件进行了集中修订，发布了《关于修改保险资金运用领域部分规范性文件的通知》。

2021 年 12 月，银保监会发布《关于保险资金参与证券出借业务有关事项的通知》。

2022 年 5 月，银保监会出台《保险资金委托投资管理办法》，标准化保险资金委托投资流程、风险考核和治理机制。

2023 年 6 月，银保监会完善《保险公司拓宽保险资金运用形式审批事项服务指南》，对重大股权投资、基础设施 ABS 及信贷 ABS 等领域审批标准提供更明确指导。

2024年，国家金融监管总局开展试点，允许保险资金投资基础设施证券化产品（如交通、能源等核心资产ABS），并提出黄金等特种资产试点方案，扩展保险资金资产配置维度。

2024年12月，国家宣布启动"第三支柱"私人养老金账户全国推广计划，参保人可每年向账户注资上限1.2万元，通过债券、基金等多元化工具进行投资。此项改革让保险资金体系与养老目标的私募资产形成良性互动。

2025年4月，国家金融监管总局发布《保险资金未上市企业重大股权投资有关事项的通知》，明确保险资金的重大股权投资界限与审批要求，强化穿透监管原则。

2025年上半年，国家金融监管总局发布系列配套政策，包括"保险资金投资黄金业务试点通知"和"进一步扩大金融资产投资公司股权投资试点通知"，为保险资金拓宽投资渠道、提高资产灵活配置能力提供制度支持。

二维码09

保险资金支持实体经济发展进展

★ 本章小结

1.保险市场是指保险商品交换关系的总和或是保险商品供给与需求关系的总和。保险市场必须具备的两大要素就是保险市场的主体与客体。保险市场的主体是指保险市场交易活动的参与者，包括保险商品和相关服务的供给方、需求方以及充当供需双方媒介的中介。保险市场的客体是指保险市场上供求双方具体交易的对象，即保险商品和相关服务。保险市场表现出其独有的特征：直接的风险市场、非及时清结市场、特殊的"期货市场"。

2.保险成本是指保险公司为了提供相应的保险产品，需要消耗的生产要素的总支出。它主要包括赔偿风险事故损失的费用和组织运营成本。保险组织运营成本是由于保险制度运行所产生的费用，除了营业费用，还包括解决信息不对称导致的逆向选择和道德风险问题的成本。

3.保险定价的首要基本原则是：当保险人销售保险产品时，其保费收入必须满足如下条件：第一，能够为其期望索赔成本和管理成本提供充分的资金；第二，能够产生期望的利润，以补偿销售保险所必需的资本成本。

4.保险经营过程包括从展业到理赔的一系列环节。展业是保险经营的第一个环节，是保险运行的起点。保险核保是一项专业性、技术性很强的工作，要保证每笔业务都符合保险人的经营方向和原则，业务来源有利于分散风险，就必须对保险标的的信息进行进一步的审核并对保险合同的内容做进一步的控制，这个过程我们称之为保险核保。理赔，即处理赔案，是在保险标的发生保险事故后，保险人对被保险人所发生的保险合同责任范围内的经济损失履行经济补偿义务，对被保险人提出的索赔进行处理的行为。理赔是实现保险补偿或给付职能的重要环节，是保险经营的最后主要环节。

5.保险准备金的充裕与否，不仅直接关系到保险公司偿付能力的高低，而且构成了保险投资基金的主要来源。按照要求提存的约束力不同，保险准备金可以分为：保险公司根据有关法律规定必须提取的准备金，如未到期责任准备金、未决赔款准备金，其计算办法由法律规定；保险公司根据公司章程或主管机关指定提存的准备金，如保险保障基金等；保险公司任意提存的准备金。保险投资亦称为保险资金运用，是指保险公司为扩充保险补偿能力，分享社会平均利润而利用所筹集的保险资金在各国资本市场上进行的有偿营运。从欧美国家的保险投资实践来看，保险投资的组织模式大体上可以分为专业化控股投资模式、集中统一投资模式、内设投资部门投资模式和委托外部机构投资模式四种。保险资金主要的投资渠道可以概括为储蓄存款、有价证券、贷款、不动产投资和项目投资等。

★ 综合训练

8.1　单项选择题

1.（　　）是最早出现的保险组织，也是保险组织最原始的状态。

A.相互保险社　　　B.劳合社　　　　　C.保险公司　　　　D.保险合作社

2.不属于保险公司显性成本的是（　　）。

A.设备添置费用　　　　　　　　B.自有场地

C.理赔费用　　　　　　　　　　D.佣金手续费用

3.逆向选择是指在同等保费水平下，具有高期望损失的投保人与低期望损失的投保人相比，前者将表现出（　　）购买保险的趋势。

A.更少　　　　　B.更快　　　　　C.更多　　　　　D.更慢

4.道德风险发生在交易（　　）。

A.之前　　　　　B.中间　　　　　C.之前或之后　　　D.之后

5.公平保费就是在一个（　　）的保险市场环境下应该收取的保费。

A.完全竞争　　　　　　　　　　B.完全垄断

C.半垄断　　　　　　　　　　　D.完全自由

8.2　多项选择题

1.保险市场必须具备的两大要素是（　　）。

A.保险市场主体　　　　　　　　B.保险机构

C.投保人　　　　　　　　　　　D.保险市场客体

2.保险中介是指为保险交易提供辅助性服务的个人或组织，包括（　　）。

A.保险人　　　　　　　　　　　B.保险代理人

C.保险经纪人　　　　　　　　　D.保险公估人

3.公平保费取决于（　　）。

A.未来索赔成本的期望值　　　　B.投资收益

C.运营成本费用附加　　　　　　D.合理的利润附加

4.保险投资的组织模式有（   ）。

A.专业化控股投资模式   B.集中统一投资模式

C.内设投资部门投资模式   D.委托外部机构投资模式

5.保险资金主要的投资渠道可以概括为（   ）。

A.储蓄存款   B.有价证券

C.不动产投资   D.贷款和项目投资

8.3　思考题

1.试述保险代理制度对保险业发展的基本作用。

2.保险核保和理赔的基本环节和程序是什么？

3.试述相互保险公司的优势与劣势。

4.请为一组保单确定公平保费。假设每份保单都有如下的损失分布：0.1的概率损失1万元，0.9的概率没有损失。假设所有的理赔都在第一年末支付，利率为10%，即刻支付的运营成本等于期望索赔成本的20%，保单要求的利润附加（在承保时支付）等于期望索赔成本的5%。

5.试述保险资金四种投资组织模式的优缺点分别是什么。

第9章 保险监管

★ 学习指南

【导读】

保险监管是指一国政府的保险监督管理机构为了维护保险市场秩序、保护被保险人及社会公众的利益，对保险业实施的监督和管理行为。保险监管的目标是维护公平竞争的保险市场秩序、维护被保险人的合法权益、维护保险业的整体安全与稳定、促进保险业健康发展。保险监管的方式有现场检查和非现场检查两种。保险监管的内容主要包括偿付能力监管、公司治理结构监管、市场行为监管等。任何一个国家要实现保险监管的目标，都不是仅仅通过政府监管来完成的，广义的保险监管体系，还包括企业内控、行业自律和社会监督等重要手段。

【关键概念】

保险监管；偿付能力；保险公司治理结构监管。

【思政目标】

增强对国家金融治理体系的认同感，树立守法合规、遵守规则的职业意识，理解监管在保障公共利益中的制度价值。

【学习目标】

掌握保险监管的基本内容、组织体系与实施方式，理解监管制度在维护保险市场秩序与保障公众利益中的关键作用。

§9.1 保险监管概述

保险监管（insurance regulation）是指一国政府的保险监督管理机构为了维护保险市场秩序、保护被保险人及社会大众的利益，对保险业实施的监督和管理。在经济学中，无论是从内部还是外部角度看，保险监管本质上是保险各方不同利益协调和综合的产物。保险监管的目的在于，确保保险行业稳定和健康有序地发展，确保公平合理地对待现存的和潜在的投保人及保险合同的预期受益人，确保实现投保人及保险合同预期受益人的利益并对其加以保护。国家的保险监管体系通常由两大部分构成：一是国家通过制定有关保险法规，对本国保险业进行宏观指导与管理；二是国家专司保险监管职能的机构依据法律或行政授权对保险业实施行政管理。

9.1.1 保险监管的必要性

保险产品的性质及在经营方面所表现出的特点决定了保险监管的必要性，具体表现在以下几个方面：

1.保险产品的性质决定了必须对保险业实施监管

人们购买一般商品后，生产企业的后续经营与客户利益相关度不高，而保险产品的供给和消费具有一定的特殊性，保险产品本身是无形产品，是对保险合同规定的未来损失进行赔偿或给付的承诺，这种承诺有的时效长达几十年，在长时间的跨度内，单纯地靠保险公司的自我约束来保证承诺的有效性，是不现实也不可行的，因此要对保险行业进行监管，以确保保险公司具有偿付能力来履行其合同义务。此外，如我们在介绍保险的本质时所分析的，保险本身是一种共济制度和风险分散制度，其客户涉及各行各业、千家万户。一旦保险公司的自我约束失效，社会公众利益将会受到损害，甚至影响到金融市场的稳定和经济发展进程，造成严重的损失。为保证社会公众利益，确保保险公司偿付能力，政府对保险业的监管十分必要。

2.保险交易存在信息不对称性和不完全性

保险业是一个技术含量高、专业性强的复杂行业，多数消费者对保险知之甚少，不能充分了解保险公司提供的产品和经营运作过程，也无力与保险公司就合同内容进行专业谈判，更谈不上跟踪监督保险公司的行为。另外，对保险公司来说，投保人所掌握的被保险人或者保险标的的信息也是不透明、不能够充分掌握的。这些都导致保险业中的信息不对称和信息不完全的问题十分突出。如果缺乏外部监管，保险公司可能利用信息不对称和信息透明度较低来损害被保险人的利益，而投保人、被保险人利用信息不对称和不透明而不如实告知相关信息也会影响保险业的健康发展。因此，政府监管是必要的。

3.市场失灵和恶性竞争要求对保险业进行监管

近现代世界经济发展的历史告诉我们，市场这只看不见的手不是总能正常发挥作用，也不能完全实现对市场经济的有效调节，市场失灵的情况时有发生，因此需要对市场进行必要的监管以纠正市场失灵。保险市场也不例外。现实的保险市场通常是垄断竞争型市场，保险公司财务状况和社会保险需求状况等信息透明度不高，从而导致恶性竞争以及无效率等问题的发生。此外，由于保险业经营的特点，在保险市场竞争中，保险公司存在牺牲客户长远利益以换取短期经营利益的倾向，也容易出现恶性竞争或过度竞争甚至欺诈误导等行为，进而威胁到保险公司的偿付能力乃至社会公众利益。对保险行业的监管是解决这些问题的手段之一。

综上，一方面，保险监管可以维护保险市场的稳定，是维护公众利益的重要手段；另一方面，对保险行业的监管也能够提高公众对整个保险行业的信任度，进一步促进保险市场的发展。可以说，保险业的持续、快速、健康、协调发展离不开保险监管。

1998年11月18日，中国保险监督管理委员会成立，是国务院直属正部级事业单位，根据国务院授权履行行政管理职能，依照法律、法规统一监督管理全国保险市场，维护保险业的合法、稳健运行。保监会与中国人民银行和银监会、证监会合称"一行三会"，执行金融领域的监管职能。

2018年3月，银监会和保监会合并组建为中国银行保险监督管理委员会（简称银保监会），履行银行和保险领域的有关监管职能。

2023年5月，根据《关于深化党和国家机构改革的方案》，成立国家金融监督管理总局，由国务院直接领导，接替中国银保监会，承担除证券行业外的金融监管职责，并吸收央行与证监会部分职责，强化系统和协同监管。国家金融监督管理总局首次对地方342个原银保监机构完成统一更名改革。

2025年初，为进一步推进监管专业化，国家金融监督管理总局开展"三明确"改革，重点聚焦金融消费者保护、穿透式监管与跨部门协调，增强了监管的协同性、统一性，由此，围绕中央金融委员会，"一行一总局一会"的现代金融监管体系基本形成。

专栏9-1•特别关注

银保监会的组建和撤销

1.银保监会的组建

2018年3月，根据国务院机构改革方案，决定组建中国银行保险监督管理委员会，不再保留银监会、保监会。之前，保险行业的监管机构是中国保监会。

根据改革方案，新组建的中国银行保险监督管理委员会主要职责是，依照法律法规统一监督管理银行业和保险业，维护银行业和保险业合法、稳健经营，防范和化解金融风险，保护金融消费者合法权益，维护金融稳定。原银监会、保监会拟定银行业、保险业重要性法律法规草案和审慎监管基本制度的职责均被划入中国人民银行。

2018年3月13日，十三届全国人大一次会议在北京人民大会堂举行第四次全体会议。受国务院委托，国务委员王勇作关于国务院机构改革方案的说明。他表示，金融是现代经济的核心，必须高度重视防控金融风险、保障金融安全。

王勇称，为深化金融监管体制改革，解决现行体制存在的监管职责不清晰、交叉监管和监管空白等问题，强化综合监管，优化监管资源配置，更好统筹系统重要性金融机构监管，逐步建立符合现代金融特点、统筹协调监管、有力有效的现代金融监管框架，守住不发生系统性金融风险的底线，方案提出，将中国银行业监督管理委员会和中国保险监督管理委员会的职责整合，组建中国银行保险监督管理委员会，作为国务院直属事业单位。

2018年4月8日，银保监会正式挂牌成立，标志着我国金融监管体制改革迈出重要一步。银保监会的成立旨在加强银行业和保险业的统一监管，提高监管效率和协调性，促进金融市场的健康发展。

2.银保监会的撤销

随着金融市场的发展和监管需求的变化，2023年5月18日，根据国务院机构改革方案，银保监会正式撤销，其职责被整合至新组建的国家金融监督管理总局。国家金融监督管理总局统一负责除证券业之外的金融业监管，强化机构监管、行为监管、功能监管、穿透式监管、持续监管，统筹负责金融消费者权益保护，加强风险管理和防范处置，依法查处违法违规行为，作为国务院直属机构。银保监会的撤销标志着我国金融监管体制进入新的阶段，监管职能进一步整合，监管效率和协调性得到提升。

银保监会的成立和撤销是我国金融监管体制改革的重要历程，体现了我国政府在金融监管方面的不断探索和创新。通过整合监管资源，优化监管结构，提高监管效率，我国金融监管体制逐步向现代化、专业化、国际化方向发展，为金融市场的健康稳定运行提供了有力保障。

9.1.2 保险监管的目标和基本原则

1.保险监管的目标

从世界各国保险监管的现状和历史来看，监管部门都根据各自的实际情况和行业发展要求确定不同的监管目标。一般而言，各国都把维护保险市场和行业的健康发展，维护被保险人合法权益作为基本的目标。我国自保险监督管理机关成立以来，在实践过程中，逐步明确了我国保险监管的基本目标，主要包括：

（1）维护保险市场的公平竞争秩序。

市场经济的规律要求保险市场必须存在竞争，没有竞争就没有活力，没有竞争就没有繁荣，没有竞争就没有公平。但竞争必须有规则，如果没有规则或不按规则进行竞争，只能是无序的竞争，其结果必然是少数人侵害多数人的利益，导致市场的混乱和无序。因此，维护保险市场的公平竞争秩序是保险监管的基本目标。

（2）维护被保险人的合法权益。

如我们在前面所分析的，在保险市场上，保险公司和投保人或被保险人之间存在信息不对称，要解决这一问题，仅依靠双方的自觉自愿是不能实现的。因此，保险监管机构通过立法强制双方进行必要的信息披露。但是，相对于保险公司，投保人或被保险人永远处于弱势的地位，保险的专业性和复杂性要求必须对保险公司的行为进行更加严格的约束。保险监管部门正是通过保险法律和法规对保险公司的偿付能力、准备金以及保险合同的条款的具体规定来实现对投保人、被保险人合法权益的维护。确保投保人、被保险人的利益不因信息不对称而受到保险机构和保险中介公司的恶意侵害是保险监管的另一重要具体目标。

（3）维护保险业的整体安全与稳定。

保险监管机构通过对保险市场主体行为的必要约束，也实现了保险业的整体安全和稳定。保险市场体系运转的安全和稳定与维护社会公众的合法权益及保险市场秩序是相辅相成的，前者是后者必要的基础和条件。相反，如果整个保险市场体系运转是不安全、不稳定的，那么，被保险人的合法权益就难以得到保障，市场秩序也难以维护。因此，维护保险业的整体安全与稳定是保险监管的宏观目标。但是，需要注意的是，维护保险市场体系的整体安全与稳定，不能以损害被保险人利益、抑制竞争和降低效率为代价。

（4）促进我国保险业健康发展。

促进保险业健康发展是我国监管机构的主要工作目标或者长期目标。具体地讲，就是要强调保险业全面协调可持续发展、坚持市场价值取向发展、坚持有秩序并充满活力的发展以及坚持有广度和深度的发展等。

2.保险监管的基本原则

保险监管机构在实施保险监管具体活动时，应当遵循一定的原则，这些原则是保险监管行为的基本要求。我国保险监管的基本原则归纳起来有以下几方面：

（1）依法监管原则。

依法监管原则是市场经济的客观要求，保险监督管理机构必须依照有关法律或行政法规实施保险监管行为。保险监督管理行为是一种行政行为。对于行政行为，法律允许做的或要求做的，行政主体才能做或必须做。保险监督管理机构不得超越法律或者行政法规的规定实施监督管理行为。同时，保险监督管理机构又必须履行法律或者行政法规规定的职责，否则属于失职行为。

（2）独立监管原则。

保险监督管理机构应独立行使法律、法规赋予的监督管理的职权，不受其他单位和个人的非法干预。同时，保险监督管理机构实施监督管理行为而产生的责任（如行政赔偿责任）应由保险监督者自己独立承担。

（3）公正监管原则。

公正监管原则要求保险监督管理机构对被监管对象要公平对待。保险监督管理机构对各保险公司和保险中介人必须采用同样的监管标准，不能厚此薄彼。只有公正监管才可以创造公平竞争的保险市场环境。此外，保险监管者所掌握的各种可以公开的市场信息，应该向所有被监管对象公开，以体现保险监管的透明度和公正性。

（4）引领发展原则。

提供良好的保险市场发展环境已被多数国家列为保险监管的重要目标，因此，在保险监管过程中，以监管促发展，寓服务于监管，是我国政府转变职能的必然要求，也是初级阶段我国保险业加快发展的客观需要。要充分发挥保险监管对保险业发展的规划、指导和协调作用，引领保险业又好又快地持续稳定发展。

（5）防范风险原则。

保险业是经营风险的特殊行业，稳健经营是各保险公司最基本的目标，因此，保险监管机构在行业监管过程中要始终贯彻防范风险的原则，重视风险预防和监测，及时防范和化解保险经营风险。同时，保险监管机构制定的各项监督管理规定及细则也应当以防范行业风险为出发点。

（6）间接监管原则。

在市场经济条件下，市场规律要求市场主体自主经营、自负盈亏。保险业被监管对象是独立的企业法人，它们享有在法律、法规允许的范围内，自主决定经营方针和经营策略的权利。因此，虽然保险监督管理机构对被监管对象享有监督管理的权力，负有监督管理的职责，但是，保险监督管理机构不得干预监管对象的经营自主权，也不对监管对象的盈亏承担责任。这是保险监督管理机构应当遵循的基本监管原则。

（7）保护被保险人合法权益原则。

保险监管的根本目的是保护被保险人权益和社会公众利益，这一目的应当是保险监督管理的落脚点，同时也是评价保险监管工作成效的主要标准。

2022年"3·15"消费者权益日，原中国银保监会专门召开"银行业保险业深入推进金融消费者保护"专场新闻发布会，介绍银行业保险业深入推进金融消费者保护情况，限于篇幅，详情请扫码阅读。

二维码10

金融消费者保护新闻发布会

9.1.3 保险监管的方式和内容

1.保险监管的方式

（1）非现场监管。

从世界各国保险监管的经验来看，各国保险监管机构都建立了有效的非现场检查（non-spot inspection）机制。其主要内容包括：规定保险公司提供财务报告、统计报告、精算报告以及其他信息的频率和范围，设定编制财务报告的会计准则，确定保险公司外部审计机构的资格要求，设定技术准备金、保单负债及其他负债在报告中的列示标准等。

在非现场检查过程中，保险监管机构主要通过对以下内容的要求来实现对保险公司的监管：

要求保险公司就财务状况和业绩提供个别或全面的信息；

对向监管机构提供报告的会计标准的原则和条款作出规定；

要求保险公司使用连续、实际和谨慎的估值原则；

对辖区内保险公司财务报告中技术准备金和其他负债的列示标准作出规定；

要求保险公司及时准确地提供信息；

要求一定级别以上的高层管理人员对信息的准确性负责，要求对不准确的信息进行修正；

要求保险公司提供的信息中包括对表外活动的详细描述；

通过建立高效的监管信息系统，对保险公司经营状况和业绩进行有效监控；

保险监管机构有权亲自或通过外部审计和其他机构对监管对象进行定期现场检查，以保证信息的准确性；

要求保险公司提供经过审计的年度财务报告，如果对财务报告产生疑问，监管机构有权要求保险公司依靠其自身资源或雇用外部审计师（或精算师）对其财务报告中的特定项目进行审核。

（2）现场检查。

与非现场检查不同，现场检查（on-spot inspection）可以为监管机构提供日常监管所无法获得的信息，发现日常监管所无法发现的问题，特别是当公司存在资产方面的问题、会计违规现象或管理不善时，监管机构可以通过现场检查发现公司的问题。监管机构也可以通过现场检查评估被监管对象管理层的决策过程及内部控制能力，可以制止公司从事非法或不正当经营行为。现场检查对于解决保险公司的问题也大有裨益，例如，监管机构可以通过现场检查和与管理层交谈而劝说公司管理层采取措施避免现存或潜在的问题。监管机构在拟订现场检查计划之前，应当对被监管机构的有关业务和财务报告及其他信息进行认真分析研究。需要指出的是，现场检查中监管机构必须以法律为依据行使其监管权力，不能逾越法律、法规规定干涉被监管对象的正常生产经营活动。

现场检查既可以是全面检查，也可以是专项检查。如果进行全面检查，则至少应包括对管理层和内部控制系统的评估、检查分析公司的经营行为、检查评估保险业务的技术操作、检查分析公司与外部实体的关系、评估公司的财务状况、评估客户服务情况等。如果实施的只是侧重于某一特定领域的专项检查，检查组可以只完成上述内容中的某一部分。

2.保险监管的内容

保险监管部门对被监管对象的监管行为在不同的历史时期有不同的侧重点，监管的内容也有所不同，并且各个国家对保险监管的内容也因各国自身具体情况而有差异。从历史上来看，保险监管曾经着重于对保险费率、保险合同以及保险公司市场行为的监管方面。随着现代企业制度的建立和完善，新世纪以来，世界上大多数国家对保险监管的重点也发生了转移。国际保险监督官协会总结世界上大多数国家保险监管的实际情况后，认为在当今国际保险监管活动中，对保险公司偿付能力、保险公司治理结构和市场行为的监管已经成为保险监管的三大支柱。在此，我们着重介绍这三方面的监管。

（1）偿付能力监管。

偿付能力（solvency）是指保险公司偿付其到期债务的能力。偿付能力大小以偿付能力额度表示。偿付能力额度等于保险人的认可资产与认可负债之间的差额。保险公司的偿付能力分为实际偿付能力和最低偿付能力。前者是指在某一时点上保险公司认可资产与认可负债的差额；后者是指依据保险法或保险监管机构颁布的有关管理规定所要求保险公司必须满足的偿付能力额度，如果保险公司认可资产与认可负债的差额低于这一规定的金额，即被认为是偿付能力不足。

保险监管机构对保险公司的偿付能力实行的监督和管理包括评估偿付能力和对偿付能力不足的处理。在保险监管的具体实践中，偿付能力监管的实际内容比简单偿付能力额度的监管要复杂得多，它涉及保险公司经营的许多方面。这是因为，影响保险公司偿付能力的因素很多，包括资本额和盈余、产品定价、投资收益率、再保险安排、保险准备金提存、资产负债匹配情况、关联交易情况和公司管理水平等。因此，如果简单地将偿付能力监管视为偿付能力额度的监管，而忽视对影响偿付能力因素的监管，实质上将偿付能力监管变为事后监管，这样就无法达到对偿付能力进行有效监管的目的。对保险公司来说，应当全面地掌握影响偿付能力的各因素变化的情况，确保自身偿付能力符合保险监管部门的具体要求。

（2）保险公司治理结构监管。

根据现代公司治理理论，保险公司治理结构监管包括对股权和委托代理关系层面的公司治理监管，以及对公司内部经营风险管控层面的内部控制监管两方面的内容。

①公司治理监管（governance regulation）。现代公司治理理论明确指出，公司治理的关键是明确公司内部决策的权利与义务关系。董事会应该对偿付能力或其他监管标准的实现负首要责任，并成为遵守这些标准的第一道防线。为达到这一目的，公司治理监管要求董事会和保险公司的管理层在任何时候都要谨慎经营，对维护公司的偿付能力和资本充足性以及遵守法律和监管机构的其他要求承担责任。公司治理监管要求保险公司的管理层必须能够承担和规避风险，能够将保险公司的偿付能力保持在高于最低偿付能力标准的水平。根据公司治理监管的理念，董事会和管理层还必须清楚，保险经营的首要问题是保护投保人、被保险人和受益人的利益，而不是保护股东的利益。

良好的公司治理结构框架，有助于改善保险公司与监管机构的关系，有助于增强市场信心。完善的公司治理能够降低政府的监管成本，使监管机构干预的程度最小化，并使保险监管工作的质量和效率得到提高。现代公司治理理论认为，强化保险公司的治理结构是对稳健、审慎监管的有效补充，通过对保险公司治理的强化，可以促进保险公司与监管机构更好地合作。通过保险公司治理，从而实现保险公司尊重监管机构，监管机构信赖保险公司的董事会和经理层提供的信息这样一种良好的局面。

②内部控制监管（regulation on internal control）。内部控制是保险公司的一种自律行为，是公司为完成既定工作目标，防范经营风险，对内部各种业务活动实行制度化管理和控制的机制、措施和程序的总称。保险公司的内部控制一般包括组织机构控制、授权经营控制、财务会计控制、资金运用控制、业务流程控制、单证印鉴管理控制、人事和劳动管理制度、计算机系统控制、稽核监督控制、信息反馈控制、其他重要业务和关键部位控制等内容。

根据现代公司治理理念，保险公司的内部控制应当能够确保保险公司董事会执行谨慎、稳健的经营方针，能够识别、计量、控制保险业务经营风险和资金运用风险，能够保证公司资产的安全，能够保证各项报表、统计数字的真实，能够保持充足的偿付能力。公司治理监管要求，保险公司内部控制机构设置应严格遵守国家法律、法规和行政规章的规定，坚持合理、精简、高效的原则。内部控制岗位设置应遵循相互监督、相互制约、协调运作的原则，各个部门和业务岗位应明确职责，制定规范的岗位责任制度、考核标准和管理措施。另外，应当制定回避和重要岗位轮换制度。

（3）市场行为监管。

保险市场行为监管（market behavior regulation）是指保险监管机构对保险公司或保险中介机构的经营活动过程所进行的监督管理。其内容包括保险机构设立监管、高级管理人员任职资格监管，以及对保险费率、保单条款、保险资金运用和再保险等经营行为的监督管理。

①机构设立监管。保险监管机构对保险公司的监管首先表现在对保险人组织形式的限制。保险人以何种组织形式进行经营，各个国家和地区根据本国国情均有特别规定。其次，各国保险监管机构均规定了保险公司申请设立的许可制度。根据保险业专营的原则，创设一家保险公司必须得到监管机关的批准。任何机构和个人未经政府批准不得经营保险业，这是当今世界各国的普遍做法。在保险市场准入的处理原则上，目前各国大致有两种制度，即登记制和审批制。我国对于保险市场的准入采用的是审批制。再次，监管部门对保险机构的监管还包括对保险公司停业解散的监督管理。保险监管机构如发现保险公司存在某些违反保险法的行为时，可以责令保险公司限期改正，若保险公司在限期内未改正，保险监督管理机构可以决定对保险公司进行整顿；对于违法、违规行为严重的公司，保险监督管理机构可以对其实行接管；被接管公司已资不抵债的，经相关机构批准可依法宣告破产。最后，对保险机构的监管还包括对外资保险企业的监管。外资保险企业是指外国保险公司在本国设立的分公司和合资设立的保险公司。

②经营范围的监管。经营业务范围的监管是指政府通过法律或行政命令，规定保险企业所能经营的业务种类和范围。经营范围的监管主要包括兼业问题和兼营问题。根据我国保险监管法律、法规的规定，保险公司的经营范围由保险监督管理部门核定，保险公司只能在被核定的经营范围内从事保险经营活动。

③保险条款的监管。保险条款是保险合同的核心内容。对保险条款的规范，许多国家都是通过保险合同法来进行的。鉴于保险产品的专业性以及保险合同的附和性，几乎所有国家保险监督管理机构都对保险条款进行比较严格的监管。对保险条款的监管，重点是监管保险条款的内容，如保险标的、保险责任与责任免除、保险价值与保险金额、保险费率、保险期限等。除此之外，有些国家还对保险条款的格式、字体和用词等作出严格规定。

④保险费率的监管。对保险费率进行监管的目的在于维护公平合理的保险交易价格，避免保险公司之间为竞争客户而恶意降低保费，降低保险公司偿付能力不足发生的概率，以及维护被保险人的权益。历史上，在某些国家和地区，保险费率的监管曾经是保险监管机构的主要职责和内容。一般来说，保险费率监管的方式可以分为强制费率、规章费率、事先核定费率、事先报批费率、事后报备费率和自由竞争费率等。多数国家对人寿保险费率并不直接监管，每个保险企业之间因竞争费率有高有低是正常的，但间接控制还是普遍存在的。但对于非人身保险费率的订立和调整，各国政府大都规定必须先经核定，方可使用。另外，一些国家则采取折中的办法，一方面必须报政府主管部门核定；另一方面可以先行实施，事后再报备。但就大多数国家情况而言，仍采用事先报批的办法。

⑤再保险的监管。对再保险业务进行监管，有利于保险公司及时分散风险，保持经营稳定，有利于限制保险费外流，保护本国保险业的发展。一般来说，由于发达国家保险公司实力雄厚、管理技术先进以及保险市场的自由化和商业化程度比较高，因此对再保险很少直接进行行政监管，也无具体的法定分保内容，但在发展中国家和地区，一般都由政府出资成立官方专业再保险公司或开展半官方的政策性再保险业务，并对再保险进行监督管理。在2009年我国《保险法》修订之前，明确规定，保险公司需要办理再保险分出业务的，应当优先向中国境内的保险公司办理。

⑥资金运用的监管。我们知道，保险公司可运用的资金有资本金、准备金（包括未到期责任准备金、未决赔款准备金、寿险责任准备金、长期责任准备金、长期健康险责任准备金和保户储金等）和其他资金等。现代保险业的发展使得保险资金运用成为保险公司经营和保险市场竞争的重要内容，也是保险公司发展的关键。但是，如果保险资金运用失败，不仅使保险公司遭受损失，产生大量的不良资产，而且也将影响保险公司的偿付能力，使保险公司无法履行保险责任，影响被保险人的利益。所以，保险监督管理机构必须加强对保险资金运用的监管。保险资金运用应当遵循的基本原则有安全性原则、多样性原则、流动性原则和收益性原则。截至2025年6月，中国保险资金运用已从传统银行存款、债券扩展至资本市场、基

金管理、实物资产及战略性新兴行业投资，并设立长期投资机制，推动与A股市场、国际资本市场深度联动。在监管框架内，通过多层次资产配置与增量资本注入，有效平衡风险与收益，同时服务于稳定实业与经济高质量发展。在稳妥推进中，监管部门持续强化透明度、对冲机制与责任制度，保障保险资金安全与效率并重。

专栏9-2•特别关注

保险消费者的最后安全网——保险保障基金

根据我国《保险法》的要求，为了保障被保险人的利益，保证保险公司稳健经营，保险业应该建立保险保障基金。我国保险保障基金是根据《保险法》和《保险保障基金管理办法》的规定交纳形成的行业风险救助基金，集中管理，统筹使用，用于救助保单持有人、保单受让公司或者处置保险业风险。建立全行业的共济基金，也是国外成熟保险市场上的通行做法。

根据《保险保障基金管理办法》，如果保险公司被撤销或被宣告破产，其清算财产不足以偿付保单责任的，保险保障基金按照比例补偿限额与绝对数补偿限额相结合的方式对保单持有人或保单受让公司进行救济。具体来说，对非寿险保单，保单持有人的损失在5万元（含5万元）以内的部分予以全额救济；超过5万元的部分，保单持有人为个人的，救济金额为超过部分金额的90%，保单持有人为机构的，救济金额为超过部分金额的80%。一家寿险公司被撤销或被宣告破产，其持有的寿险合同应依法转让给另一家寿险公司。保险保障基金向人寿保单的受让公司提供的救济金额，如果保单持有人为个人，以转让后其保单的利益不超过转让前保单利益的90%为限；如果保单持有人为机构，以转让后其保单的利益不超过转让前保单利益的80%为限。

2006年3月，由财政部、中国人民银行、国家税务总局、国务院法制办、中国人寿保险股份有限公司、中国平安人寿保险股份有限公司、泰康人寿保险股份有限公司、美国友邦保险股份有限公司上海分公司、中国人民财产保险股份有限公司、太平洋财产保险股份有限公司、永诚财产保险股份有限公司、中国人寿再保险股份有限公司、慕尼黑再保险公司北京分公司等13个理事单位组成的保险保障基金理事会正式成立，对保险保障基金的管理和使用实施监督，这标志着内部管理和外部监督相结合的保险保障基金运作机制已初步形成。保险公司应当按照保险监督管理机构的规定提存保险保障基金。保险保障基金被称为"保单持有人的最后安全网"。

2008年9月11日，中国保监会、财政部、中国人民银行三部门共同颁布了新的《保险保障基金管理办法》，并由政府出资设立了中国保险保障基金有限责任公司，为保险保障基金制度建设带来了重大变革，开启了保险保障基金公司化管理的新篇章。作为保障基金筹集、管理和使用的主体，保障基金公司是一个提供公共服务的机构，是监管机关防范和化解行业风险的重要机构；又是一个实行公司化管理、市场化运作的法人企业。自成立以来，公司始终坚持"为监管服务、为行业健康发展服务、为保险消费者服务"的发展方向，努力成为行业风险的识别器和预警器、风险公司的起搏器和灭火器、行业健康发展的稳定器和助推器。

9.1.4 保险监管的国际化

在经济全球化的背景和形势下，保险监管国际化伴随保险业务国际化、保险机构国际化和保险风险国际化应运而生。所谓保险监管国际化，是指：

第一，在全球范围内保护保单持有人和投保人的利益，防范系统性保险风险的跨国传播和蔓延，维护国际保险市场的安全和稳定。各国保险监管机构之间建立有效的沟通、交流以及合作的组织和机制。

第二，保险监管国际规则是对各国保险监管实践的经验总结和共性抽象，是对各国保险监管机构及其运作的基本要求和最低标准。保险监管国际化是不同国家保险监管制度共性与个性的统一，它不应当也不可能代替各国保险监管具体法规和各具特色的不同监管方式及习惯做法；保险监管国际化是一个逐步完善和深化的过程，应当允许不同国家的保险监管机构在保险监管国际化过程中逐步适应。

1.保险监管国际化的背景

保险监管国际化的产生有其重要的客观背景，一般说来，有如下内容：

第一，保险业务国际化。保险业务的国际化，使得对保险的监管也要与之相适应。保险业务国际化的产生是由于：保险与再保险业务的国际性特点决定了保险业务必须国际化，跨国公司的保险需求推动保险业务朝国际化发展，巨额保险标的的出现进一步推动了保险业务国际化，保险自由化也为保险业务国际化提供了机遇等。此外，20世纪80年代以来，发达国家保险市场主体在完成本国保险市场份额的瓜分之后，在全球掀起了兼并、收购和战略联盟的浪潮，使得许多保险公司纷纷涉足跨国保险业务。

第二，保险机构国际化。在经济、金融全球化的形势下，迫于内在发展需要和外在竞争压力，保险公司纷纷采取自身扩张和战略联盟的方式组建国际化的保险机构，以分散自身的经营风险。保险机构国际化的发展，也要求保险监管国际化以应对。

第三，保险风险国际化。风险的客观性和广泛性特点决定了风险是无国界的。一场环太平洋飓风可能导致数个国家的财产损失。随着科学技术的进步和经济全球化、一体化进程的加快，许多风险因素都可能在国际范围内出现。保险监管的重要目标是防范风险，保障保险公司的偿付能力，保险风险的国际化也要求保险监管国际化以实现国际化风险的防范。

2.保险监管国际化的标志

保险监管国际化是一个逐步发展和形成的过程，在这一过程中，保险监管国际化的标志有两个：

第一，国际保险监督官协会（International Association of Insurance Supervisors，IAIS）的成立。国际保险监督官协会起源于美国保险监督官协会定期主办的国际保险监管年会。1993年，来自53个国家的保险监督官员在美国芝加哥召开会议，决定筹建该组织，并于1994年正式成立国际保险监督官协会，总部设在瑞士巴塞尔。其宗旨是保障各国保险监管机构的共同利益。通过这个独立的机构，使各国的保险监管机构增强对有关共同利益和共同关注问题的认识，鼓励保险监管机构之间开展广泛的个人和官方接触，增强保险监管机构在保护投保人利益、维护和提高保险市场效率方面的能力。目前已有200多个国家和地区的保险监管机构参加了这个最具广泛代表性和权威性的国际保险监管组织，其成员覆盖全球约97%的保险保费市场，成为全球最具代表性和权威性的保险监管组织。

第二，《保险监管核心原则》（Core Principle of IAIS）的制定。随着经济全球化进程的加快，大多数国内保险市场正迅速融入国际市场当中，保险业及保险市场在国内外经济和社会生活中的地位和作用日益重要，客观上要求各国的保险监管机构不断提高对共同利益和共同关注问题的认识，增强保险监管机构维护保单持有人利益和市场多样性的能力。各国保险监管机构一致认为，应当致力于国内、国际保险市场监管水平的提高，从投保人的利益出发，维护保险市场的高效、公平、安全和稳定。各国保险监管机构一致认为，应当集中众人之力和集体智慧，制定一些切实可行的保险监管标准和规则。鉴于此，国际保险监督官协会于1997年出台了《保险监管核心原则》，为各国保险监管活动确立了统一的监管框架和评估基准。2000年10月，国际保险监督官协会对该原则进行了第一次系统修订和完善。此后，随着保险市场的发展和风险特征的演变，ICPs经历了多轮迭代更新，尤其是2011年和2019年两个阶段性修订进一步丰富了对公司治理、偿付能力、集团监管、消费者保护等方面的监管要求。截至2025年，IAIS已将ICPs作为其监管评估和能力建设的重要基础，与集团监管通用框架（ComFrame）共同构成全球保险监管规则体系的核心支柱。ICPs不仅被广泛采纳为各国监管机构的制度依据，也被国际货币基金组织和世界银行在金融部门评估规划（FSAP）中作为衡量国家保险监管有效性的权威标准，在推动全球保险监管趋同、提升监管透明度和一致性方面发挥了关键作用。

3. 我国保险监管国际化

监管国际化是我国保险业对外开放的一个重要特征。加入WTO以来，为了适应保险业发展的需要和履行我国对国际社会的承诺，我们先后对《保险法》进行了四次修订：2002年修改以符合WTO承诺，2009年进行了大幅完善（扩大险种范围、强化偿付能力、规范公司治理、放宽外资融资和投资渠道），2014年与2015年分别进行补充修订。2001年与2009年相继颁布并修订《外资保险公司管理条例》及其实施细则，明确外资保险机构在华设立和经营规则。同时稳步推进了保险条款费率制度改革、保险资金运用管理体制改革和行政审批制度改革，逐步完善保险业对外开放的法律体系。我国保险监管机构认真借鉴和吸收国际保险监管的先进经验，使我国保险监管逐步实现与国际接轨，并根据国际保险监管的经验，建立了以偿付能力监管、市场行为监管和公司治理结构监管为三大支柱的现代保险监管体系，同时积极参与国际保险监管规则的制定。2006年国际保险监督官年会在北京召开，这是我国保险监管实现国际化的一个重要标志。此后，我国监管部门多次参与 IAIS 核心标准（如 ICPs、ComFrame、ICS）制定与推广。我国保险监管要不断适应保险监管国际化的趋势，不断提高监管的能力和水平，对保险监管部门来说，还有很多工作要做，包括：

（1）创造良好的监管环境。保险监管机构应当加强对保险公司管理成效的监督，限制不良动机，避免外界对保险机构商业活动的干预。促进保险公司在良好的财务状况基础之上，实现股权多元化。保险监管机构应确保保险机构建立良好的管理制度，制定内容广泛的内部控制和决策程序，提高保险公司高级管理人员的素质与水平。在谨慎监管的前提下，保险监管机构应当逐步取消不必要的限制，创造保险市场良好的竞争氛围，允许业绩较好的保险机构发挥其优势，积极推进保险业对外开放，严格履行"入世"承诺，广泛引进外国保险机构，逐步丰富我国保险市场。

（2）构建严密的审慎监管制度体系。保险监管机构应当通过保险监管法律、规章和标准的推行，使市场参与者确信保险市场的规则和经营是可靠的，进而提高市场的透明度，增强参与者的信心。应当认识到，当前我国的保险监管法规在多个方面已逐步对标《保险监管核心原则》的评估标准，并基本建立起以《保险法》为基础、以行政法规和监管规章为支撑、以细化指引为配套的现代保险监管体系，但在制度衔接、规则协调性和实施效能方面仍存在优化空间，有待进一步系统整合和完善。保险监管部门应当努力建立和完善一个适合我国保险业经营与监管需要、符合国际惯例、比较完备的保险监管法律、规章体系，使我国的保险经营和监管活动完全纳入有法可依、有法必依、执法必严、违法必究的法治化轨道。

（3）确立完善的保险监管会计、审计和精算制度。保险会计制度是实施有效监管的基本条件，是保险机构内部管理的有效手段。保险监管部门要确保会计制度和相关规定适用于所有的保险机构，并且与国际认可的会计标准保持一致。为确保保险机构遵守规定的会计制度和内部控制程序，还应当建立有效的外部、内部审计和保险精算制度来进行约束和审核。

（4）建立现代化的保险数据库和严格的信息披露制度。为适应保险业信息化发展趋势，应加快监管数据库和非现场监控基础建设，加大硬件配备和软件开发力度，尽早将监管工作由手工操作转变到充分利用计算机等现代化信息手段上来，切实提高监管效率。同时，保险监管机构应当建立规范的信息披露制度，逐步提高信息披露的标准、质量、及时性和相关性，不断提高保险机构经营状况的透明度，为社会公众选择保险产品和保险公司提供真实可靠的参考信息，保障保险消费者的知情权和选择权。

（5）构建反应灵敏的风险预警系统。保险监管机构应当在完善保险风险监管指标体系的基础上，借鉴国际经验和先进做法，建立一套适合我国国情的保险风险评价和预警系统。利用先进的风险评价和预警体系所监测和分析的结果，及时发出风险预警信号，从而对被监管对象采取纠正措施。利用现代化的非现场监管手段以及保险风险评价和预警系统，可以实现对中资和外资、国有和股份制保险公司实行统一和持续的风险监管。

（6）构建高效的保险监管交流与协作制度。随着金融全球化和金融行业混业经营的发展，要求保险监管机构进一步加强与其他金融监管机构的协调与沟通，充分发挥银行、证券和保险业监管部门联席会议制度的作用，研究金融全球化和加入世界贸易组织新形势下，我国银行、证券和保险业改革发展面临的共同问题，以及金融监管部门之间协调行动的具体内容和方式。密切关注金融业发展趋势和动向，通力合作，防范金融风险在银行、证券和保险机构之间蔓延和扩散，共同维护我国金融体系的安全和稳定。

（7）完善科学规范的监管人员培训制度。全面提高监管人员的素质是我国保险监管国际化的关键。保险监管不仅是一种制度，同时也是一种文化、一种理念。文化和理念上的转变问题是不可能通过什么协议或规则就可以简单解决的。应当健全保险监管机构的教育培训体系，有针对性地开展多层次、多渠道、多种方式的专业培训，快速全面地提高监管人员素质，以适应我国保险监管国际化的迫切需要。同时，要积极吸收引进人才，广开选贤之路，把保险业各领域的优秀人才吸引到保险监管机构中来。

专栏9-3·特别关注

从中央经济工作会议看保险业2025年发力点

※发力点一：扩内需

在2024年中央经济工作会议上，"大力提振消费、提高投资效益，全方位扩大国内需求"被作为2025年要抓好的九项重点任务之首，可见其重要性。而扩内需最根本的是提升消费意愿，完善社会保障水平，促进中低收入群体增收。同时，要着力满足居民在健康、养老、托幼、家政等方面的消费需求。这些重点发力领域与保险行业的主体业务紧密交织、息息相关，这意味着保险业在扩大内需方面有着广阔的发展前景。

保险业既是经济的减震器和社会的稳定器，也是生产生活的"压舱石"。当人们面临疾病、意外、财产损失等风险时，保险可以为其提供经济补偿，减轻经济负担，这有助于稳定消费者的消费预期，使他们在面对不确定性时更有信心进行消费。例如，健康保险可以为消费者提供医疗费用的保障，让他们在生病时无须因担忧高昂的医疗费用而不敢就医。根据金融监管总局数据，2024年前11个月，我国健康险保费规模为9 220亿元，如果按月平均保费预测，2024年的健康险保费规模将超过万亿元。

然而，业内人士指出，我国保险业仍存在水平、结构和区域不平衡等问题，有效供给不能满足社会日益增长的保险服务需求，在养老、健康、医疗、农业、责任、巨灾等领域，仍然存在巨大的保障缺口。例如，财险市场车险过大、寿险市场过度依赖利差等，保险产业结构合理化和高度化有待提升。

要发挥保险的稳预期作用，进一步加强行业与扩内需重点发力领域的融合，保险业必须不断提升自身的供给质量。"金融供给能力提升将衍生出更多的需求类别和场景，长期看有'创造需求'的能力。相反，供给没跟上，也会严重制约需求。"太平人寿保险有限公司党委书记、总经理程永红此前表示，在新发展阶段，要牢牢抓住高质量供给这条工作主线，要把扩大内需和优化结构统一到高质量发展的要求上来，推动供给和需求在更高水平上的良性循环。

※发力点二：促发展

2024年中央经济工作会议将"以科技创新引领新质生产力发展，建设现代化产业体系"确定为2025年九大重点任务之一。与2023年中央经济工作会议提出的"以科技创新引领现代化产业体系建设"相比，2024年的表述出现了一个新变化，即更加突出"新质生产力发展"在建设现代化产业体系中的重要作用。

保险行业作为金融领域的重要组成部分，无论是资金"输血"，还是风险"兜底"，保险业在支持科创企业、助力新质生产力发展方面都大有可为，已成为科技创新发展不可或缺的"助推器"。

※发力点三：托民生

加大保障和改善民生力度，增强人民群众获得感幸福感安全感；加强灵活就业和新就业形态劳动者权益保障；发展社区支持的居家养老，扩大普惠养老服务……2024年中央经济工作会议为增进民生福祉擘画了清晰的蓝图，保险业在养老保险、健康保险、普惠保险等方面大有可为。

资料来源：孙榕.从中央经济工作会议看保险业2025年发力点［N］.金融时报，2025-01-08.此处为节选.

§9.2　保险监管机构与法律规范

9.2.1　保险监管机构职责

保险监管机构是依法履行保险监管职责的行政机构。有的国家由财政部、金融监管局、商业部和中央银行等政府行政部门中某一个来承担保险监管机构的职责；有的国家则由多个行政部门共同承担保险监管机构的职责；更多的国家是设立专门的行政机构——保险监管机构具体负责本国的保险监管事宜。

在我国，保险业的监管职责也几经变化，中国人民银行、财政部等部门在不同时期都曾经行使过监督管理保险业的职能。1949年前夕，在已解放的地区，保险业的监管暂由该地军管会金融处负责；1949年后，中国人民保险公司受中国人民银行领导并监督；1952年6月后，保险业划归财政部领导。1959年后，全国的保险业务除上海、天津、广州等城市维持下来外，其余全部停办，中国人民保险公司又划归为中国人民银行领导，成为国外业务局下面的保险处。1979年国内保险业务恢复办理后，保险业仍由中国人民银行监督管理。

1998年11月18日，随着银行业、证券业、保险业分业经营，国务院批准设立中国保险监督管理委员会，专门负责保险行业的监督管理职能。2018年3月，为应对混业经营趋势、消除监管盲区，保监会与银监会合并成立中国银行保险监督管理委员会（简称银保监会），统一了银行业与保险业行为监管标准，严控销售误导、资金运用风险。保监会的有关职责由原中国银保监会承继，保险业重要法律法规草案和审慎监管基本制度的职责划入中国人民银行。

2023年5月18日，国家金融监督管理总局正式挂牌，接替中国银保监会，承担除证券行业外的金融监管职责。金融监管机构改革迈出了重要一步，这标志着我国金融监管体系的进一步完善，并为保险业的持续健康发展提供了更加坚实的制度保障。此次改革是贯彻党的二十大精神的重要举措，确保金融监管更加高效、灵活地服务实体经济，并推动金融行业整体治理能力的提升。

国家金融监督管理总局是国务院直属正部级事业单位，在保险领域，根据国务院授权履行行政管理职能，依照法律、法规统一监督管理全国保险市场，维护保险业的合法、稳健运行。其主要职责是：拟定保险业发展的方针政策，制定行业发展战略和规划；起草保险业监管的法律、法规；制定业内规章。其具体工作有：

（1）审批保险机构的设立，包括保险集团公司、保险控股公司、保险资产管理公司、境外保险机构代表处、保险代理公司、保险经纪公司、保险公估公司、境内保险机构和非保险机构在境外设立保险机构等的设立审批。

（2）审批保险机构的合并、分立、变更、解散，决定接管和指定接受。参与、组织保险公司的破产、清算。审查、认定各类保险机构高级管理人员的任职资格。

（3）制定保险从业人员的基本资格标准。

（4）审批关系社会公众利益的保险险种、依法实行强制保险的险种和新开发的人寿保险险种等的保险条款和保险费率，以及对其他保险险种的保险条款和保险费率实施备案管理。

（5）依法监管保险公司的偿付能力和市场行为。

（6）负责保险保障基金的管理，监管保险保证金。

（7）根据法律和国家对保险资金的运用政策，制定有关规章制度，依法对保险公司的资金运用进行监管。

（8）对政策性保险和强制保险进行业务监管。

（9）对专属自保、相互保险等组织形式和业务活动进行监管。

（10）归口管理保险行业协会、保险学会等行业社团组织。

（11）依法对保险机构和保险从业人员的不正当竞争等违法、违规行为，以及对非保险机构经营或变相经营保险业务进行调查、处罚。依法对境内保险及非保险机构在境外设立的保险机构进行监管。

（12）制定保险行业信息化标准，建立保险风险评价、预警和监控体系，跟踪分析、监测、预测保险市场运行状况，负责统一编制全国保险业的数据、报表，抄送中国人民银行，并按照国家有关规定予以发布等。

9.2.2　保险监管法律体系

保险监管法律体系是指由现行的所有保险法律、法规（包括规范保险市场行为的单行法律、条例、决定或办法等）等组成的一个系统的法律框架。在我国，保险监管法律体系主要由法律、行政法规、部门规章和规范性文件等构成。

1.法律

法律包括全国人民代表大会常务委员会通过并颁布实施的有关保险的法规，如《中华人民共和国保险法》、《中华人民共和国海商法》和《中华人民共和国道路交通安全法》等。

2.行政法规

行政法规包括国务院通过并公布或由国务院授权颁布的法规，如《中华人民共和国外资保险公司管理条例》、《中华人民共和国道路交通安全法实施条例》、《机动车交通事故责任强制保险条例》和《中华人民共和国信访条例》等。

3.部门规章

部门规章包括政府有关部门制定并颁布的部门规章，如《保险公司管理规定》、《保险经纪公司管理规定》、《保险代理机构管理规定》、《保险公估公司管理规定》、《保险企业财务制度》、《保险监管报表管理暂行办法》、《保险公司偿付能力额度及监管指标管理规定》、《保险公司偿付能力报告编报规则》、《财产保险公司分支机构监管指标》、《人身保险新型产品信息披露管理暂行办法》、《健康保险管理办法》、《保险公司设立境外保险类机构管理办法》、《保险营销员管理规定》、《中国保险监督管理委员会行政处罚程序规定》、《中国保险监督管理委员会行政许可事项实施规程》、《中国保险监督管理委员会行政许可实施办法》和《保险资金间接投资基础设施项目试点管理办法》等。

4.规范性文件

规范性文件包括保险监管机构制定并颁布的规范某类业务或经营行为的制度，如《关于加强机动车交通事故责任强制保险中介业务管理的通知》、《关于规范保险经纪、公估机构法人许可证期满换发流程的通知》、《关于加强保险统计数据质量管理的通知》、《关于保险保障基金汇算清缴有关问题的通知》、《关于保险机构投资者股票投资交易有关问题的通知》、《关于规范银行代理保险业务的通知》、《关于规范团体保险经营行为有关问题的通知》、《关于进一步做好旅游保险工作的意见》、《关于外国财产保险分公司改建为独资财产保险公司有关问题的通知》和《关于规范大型商业风险经营行为的通知》等。

5.其他相关法律、法规

这是指其他涉及保险监管内容并可能成为保险依据的法律、法规，如《中华人民共和国公司法》、《中华人民共和国民法典》（"合同编"）、《中华人民共和国刑法》、《中华人民共和国证券法》、《中华人民共和国证券投资基金法》、《中华人民共和国对外贸易法》、《中华人民共和国会计法》、《中华人民共和国反不正当竞争法》

和《中华人民共和国消费者权益保护法》等。

9.2.3 广义保险监管体系

任何一个国家要实现保险监管的目标，都不仅只是通过政府监管来完成的。广义的保险监管体系，还包括企业内控、行业自律和社会监督等重要手段。

企业内控是指保险公司为了有效地配置各种资源，实现既定的经营目标，而对内部各职能部门及工作人员从事的业务活动进行自我规范、约束、评价和控制的一系列制度、程序和方法，是对公司经营所面临的各种风险进行事前防范、事中控制、事后监督及纠正的动态过程和机制。保险监管是否能够实现其目标，最终取决于保险监管的对象，即保险公司和中介机构，它们是否真正做到了完全意义上的依法合规经营。因此，企业内控成了整个监管体系的基础。

行业自律是指保险行业的自我约束制度，是各保险公司及中介机构为了保证其个体利益和整个行业共同的、长远的发展战略利益，以及体现行业的社会责任而自愿组成具有社团性质的协会或公会组织，并依托这类行业组织对自身的经营管理行为进行自我约束、自我协调、相互监督。从国外保险业的经营实践可以看到，相当一部分经营管理问题是可以通过行业内部协商达成一致后加以解决的，有效的行业自律不仅可以为政府监管提供支持和补充，甚至在某些方面可以替代政府监管，从而实现社会资源的优化利用。

社会监督则是指整个社会（包括保险产品的消费者、媒体、社会公众以及其他政府职能部门等）对保险行业进行监督，其内容广泛、形式多样，如对保险公司及中介机构的经营管理行为提出意见、建议或检举、控告；对保险公司及中介机构进行独立的专业资信评估；对经营者乃至监管者的行为进行舆论监督等。将保险业置于社会监督之下，一方面，有助于强化政府监管部门自身的依法监管意识，规范行政执法行为；另一方面，有助于借助社会力量以及通过舆论监督，对违法违规行为起到震慑和教育作用。可以说，有力的社会监督，可以通过促进信息的透明化，进一步增强其他各种监管手段的有效性。

政府监管、企业内控、行业自律和社会监督作为广义保险监管体系的有机组成部分，相互之间既有分工，又有合作；而各种监管手段之间如何取得平衡，在很大程度上取决于保险业的发展状况。在保险市场机制尚不健全的情况下，市场容易滋生投机行为，行业自律机制也相当不稳定，而对保险业的经营原则及基本规律尚不熟悉的公众参与外部监督的能力尚不完备，此时，政府监管无疑在监管体系中发挥主要的作用。随着保险业的逐渐成长和市场机制的逐步发育，行业自律水平将逐步提高，企业内控也会日益成为保险公司及中介机构的自觉行为，社会监督的作用也日益凸显，政府监管部门的监管活动便可相应精简。在这个动态的平衡过程中，为了促进市场的发育，维持良好的市场秩序，确保保险业的可持续发展，政府监管部门必然要坚持"有所为、有所不为"的原则，既不缺位也不越位，合理配置监管力量，不断提高监管效率。

★ 本章小结

1.保险监管是指一国政府的保险监督管理机构为了维护保险市场秩序、保护被保险人及社会大众的利益，对保险业实施的监督和管理。国家的保险监督体系通常由两大部分构成：一是国家通过制定有关保险法规，对本国保险业进行宏观指导与管理；二是国家专司保险监管职能的机构依据法律或行政授权对保险业实施行政管理。保险业务的性质及其在经营方面所表现出的特点决定了保险监管的必要性。我国保险监管的目标是维护公平竞争的保险市场秩序、维护被保险人的合法权益、维护保险业的整体安全与稳定和促进我国保险业健康发展。

2.保险监管的基本原则包括依法监管原则、独立监管原则、公正监管原则、防范风险原则、间接监管原则和保护被保险人合法权益原则。保险监管的方式包括现场检查和非现场检查。保险监管的内容包括偿付能力监管、公司治理结构监管和市场行为监管。

3.保险监管机构是依法履行保险监管职责的行政机构。保险监管法律体系是指由现行的所有保险法律、法规（包括规范保险市场行为的单行法律、条例、决定或办法等）等组成的一个系统的法律框架。在我国，保险监管法律体系主要由法律、行政法规、部门规章和规范性文件等构成。

4.广义的保险监管体系，还包括企业内控、行业自律和社会监督等重要手段。

★ 综合训练

9.1 单项选择题

1.保险监督管理的出发点是（　　）。

A.维护公平

B.维持秩序

C.促进发展

D.保护被保险人权益和社会公众利益

2.偿付能力大小以（　　）来表示。

A.保险金额   B.偿付能力额度

C.赔偿额度   D.赔偿速度

3.公司治理的关键是（　　）。

A.明确保险公司的权利

B.明确保险公司的义务

C.明确领导分工

D.明确保险公司内部决策的权利与义务关系

4.1998年11月18日，国务院批准设立（　　），专门负责保险监督管理工作。

A.保险公司   B.代理制度

C.经纪公司   D.中国保险监督管理委员会

5.保险监管机构是依法履行保险监管职责的（　　　）。

A.行政机构　　　　　B.权力机构　　　　　C.管理机构　　　　　D.司法机构

9.2 多项选择题

1.保险公司的偿付能力分为（　　　）。

A.实际偿付能力　　　　　　　　　B.名义偿付能力

C.最低偿付能力　　　　　　　　　D.综合偿付能力

2.保险监管的方式包括（　　　）。

A.调查问卷　　　　B.现场检查　　　　C.随机抽查　　　　D.非现场检查

3.保险监管的内容包括（　　　）。

A.偿付能力监管　　　　　　　　　B.公司治理结构监管

C.市场行为监管　　　　　　　　　D.利润监管

4.我国保险监管的目标是（　　　）。

A.维护公平竞争的保险市场秩序　　B.维护被保险人的合法权益

C.维护保险业的整体安全与稳定　　D.促进我国保险业健康发展

5.在我国，保险监管法律体系主要包括（　　　）。

A.法律　　　　　B.行政法规　　　　C.部门规章　　　　D.规范性文件

9.3 思考题

1.试述实施保险监管的必要性。

2.如何理解保险监管的基本原则？

3.试述保险监管国际化的概念、背景及标志。

4.试述保险监管的目标、方式及监管内容。

5.如何构建完备的保险监管体系？

参考文献

［1］池晶.保险学教程［M］. 2版. 北京：科学出版社，2013.

［2］池小萍，刘宁，等. 保险学［M］. 北京：高等教育出版社，2011.

［3］付菊，李玉菲. 财产保险核保核赔［M］. 北京：中国金融出版社，2013.

［4］郭颂平，赵春梅. 保险营销学［M］. 4版. 北京：中国金融出版社，2018.

［5］何惠珍. 保险基础［M］. 北京：科学出版社，2010.

［6］江生忠，等. 寿险业务结构研究［M］. 天津：南开大学出版社，2012.

［7］李玉泉，邹志洪. 保险法学——理论与实务［M］. 2版. 北京：高等教育出版社，2010.

［8］刘永刚，等. 保险学［M］. 3版. 北京：人民邮电出版社，2021.

［9］刘新立. 风险管理［M］. 2版. 北京：北京大学出版社，2014.

［10］刘志刚. 保险中介实务［M］. 北京：中国财政经济出版社，2014.

［11］龙卫洋，米双红. 新编保险学［M］. 北京：电子工业出版社，2011.

［12］瑞达，麦克纳马拉. 风险管理与保险原理［M］. 刘春江，译. 12版. 北京：中国人民大学出版社，2015.

［13］粟芳，许谨良. 保险学［M］. 2版. 北京：清华大学出版社，2011.

［14］孙蓉，兰虹. 保险原理与实务［M］. 5版. 北京：清华大学出版社，2021.

［15］孙祁祥. 保险学［M］. 7版. 北京：北京大学出版社，2021.

［16］陶存文. 保险百年［M］. 北京：中国财政经济出版社，2010.

［17］庹国柱. 保险学［M］. 10版. 北京：首都经济贸易大学出版社，2021.

［18］王国军. 保险经济学［M］. 2版. 北京：北京大学出版社，2014.

［19］王海艳，郭振华. 保险学［M］. 北京：机械工业出版社，2010.

［20］魏华林，林宝清. 保险学［M］. 4版. 北京：高等教育出版社，2017.

［21］吴定富. 保险原理与实务［M］. 北京：中国财政经济出版社，2010.

［22］徐爱荣. 保险学［M］. 3版. 上海：复旦大学出版社，2020.

［23］许谨良. 保险学原理［M］. 5版. 上海：上海财经大学出版社，2017.

［24］姚海明，段昆. 保险学［M］. 2版. 上海：复旦大学出版社，2012.

［25］应世昌. 新编海上保险学［M］. 3版. 上海：同济大学出版社，2016.

［26］袁建华. 海上保险原理与实务［M］. 6版. 成都：西南财经大学出版社，2020.

［27］张虹，陈迪红. 保险学教程［M］. 北京：中国金融出版社，2018.

［28］张洪涛，张俊岩. 保险学［M］. 4 版. 北京：中国人民大学出版社，2014.

［29］赵苑达. 保险学［M］. 2 版. 上海：立信会计出版社，2013.

［30］郑功成，许飞琼. 财产保险［M］. 6 版. 北京：中国金融出版社，2020.

［31］郑伟. 中国保险业发展研究［M］. 北京：经济科学出版社，2011.

［32］钟明. 保险学［M］. 3 版. 上海：上海财经大学出版社，2015.

［33］朱疆，雷华北. 保险实务［M］. 2 版. 北京：北京师范大学出版社，2013.

［34］魏丽. 中国保险业的新征程：效应与道路［J］. 中国保险，2023（1）：20-22。

［35］魏丽，曲荣华，魏平. 构建我国巨灾保险制度的思路［J］. 中国金融，2024（17）：64-65。

［36］魏丽，魏平. 保险提升新市民金融服务水平［J］. 中国金融，2022（11）：22-23。

［37］魏丽，魏平. 从2025年两会看我国保险业面临的机遇和挑战——兼论多层次医疗保障体系和个人养老金积累［J］. 中国保险，2025（3）：22-25。

［38］CUMMNINS J D.Statistical and financial models of insurance pricing and the insurance firm［J］. Journal of Risk and Insurance，1991（2）：261-302.

［39］HARRINGTON S E，NIEHAUS G R.Risk management and insurance［M］. New York：McGraw-Hill，Inc.，2004.

［40］KENNETH B，SKIPPER H.Life insurance［M］. 12th ed. Englewood Cliffs，NJ：Prentice-Hall，1994.

［41］PATRICK B，WITT R，AIRD P.An overview of reinsurance and the reinsurance markets［J］. Journal of Insurance Regulation，1991（9）：432-454.

［42］REJDA，MACNAMARA.Risk and Insurance Management Society，Cost of Risk Survey［M］. 12th ed. New York：Person，2014.

［43］SUWANNMALAI W，ZABY S. Research trends in insurance risk from 2000 - 2022：A bibliometric analysis［J］. Risk Governance & Control：Financial Markets & Institutions，2024，14（3）：29 - 38.

［44］TRIESCHMANN J S，GUSTAVSON S G，HOYT R E. Risk management and insurance［M］. Bridgewater：Baker & Taylor，2003.